抵抗権論とロック、ホッブズ

菅野喜八郎 著

信 山 社

本書を我が生涯の最良の友　故尾吹善人に捧ぐ
霊あらば享けよ

序　文

私が抵抗権論に興味をもったのは宮沢俊義教授の『憲法Ⅱ』有斐閣法律学全集一九五九年を一読して以来のことなので、四十年前に遡る。いつものことながらスタートが極めて遅く、教授の抵抗権論への私の批判が新潟大学人文学部の機関誌に掲載されたのは一九六七年のことであった。それ以降、教授の抵抗権概念の当否を検討するため、J・ロック、T・ホッブズの政治哲学関係の著書の読解に努めて現在に至っている。ロックとホッブズに関する拙論は十篇にもおよび、拙著『国権の限界問題』、『続・国権の限界問題』、『論争憲法－法哲学』に収めたものだけでも四篇を数え、それ以外に六つの小論を日本大学法学部の機関誌に寄稿している。私のロック、ホッブズの政治哲学の捉え方の特徴は、Norberto Bobbio のいう分析的方法に終止していること、および、法理論と関連づけて分析・把握することにある。「歴史的方法」を決して軽んずるものではないが、私の資質はこの方法に馴染まないので、いきおい法理論的視点からの彼等の政治哲学の分析・検討、時としては両者の説の合理的再構成をも試みた。H・ケルゼン、C・シュミットの諸著に対する私の態度と異なるところがない。このような仕方でのロック、ホッブズ研究が客観的にどれだけ彼等の政治哲学の理解に寄与することになるのか分からないが、主観的には、従来のロック、ホッブズ解釈に些少なりとも新たなものをつけ加えた、もしくは少なくとも学界に問題提起を為し得たと自負している。

本書に収められた拙論はロック、ホッブズ研究に限っても二十数年の長期間にまたがっている。そのため、送り仮名のつけ方、文献引用の仕方等の体裁について、及ぶ限りの統一の必要を感じている。それより問題なのは、内容に関し私見に変更があったことである。その最たるものは第Ⅱ論文「J・ロックの抵抗権概念」で示したホッブズの自然法についての捉え方と第Ⅴ論文「ホッブズの抵抗権?・」以降の当該問題についての私見との食い違いである。第Ⅱ論文ではホッブズの自然法を通説（?）に従い、自己保存を欲する者にとっての「一種の処世訓」として捉えた。いささか新味があるとしたら、ケルゼンの言明 Aussage 概念を活用してホッブズの自然法は自己保存を目的とするならばどう振舞うのが合目的的なのかについての認識判断内容の言表、真理値を有する命題なのであって規範ではない、と論じたことである。ところが第Ⅴ論文以降ではH・ウォーリンダーの影響をうけ、ホッブズの自然法は、少なくとも『旧新約聖書』の権威を認める有神論者にとっては神命であり規範であるとの見解に改説した。本来ならば、第Ⅱ論文の当該箇所を書き改めるべきところであるが、それは甚だしく困難なので手をつけずじまいになった。また、体裁と内容の双方に係わることだが、'civis'、'citizen' の訳語も統一することができなかった。「市民」という語は余りにも手垢がつきすぎているので、この際一挙に国民に統一しようかとも一時考えたが、ホッブズが 'citizen' という語と 'subject' という語の双方を殊更区別しないで用いていること、'populus'、'people' と 'citizen' とを区別し訳し分けする必要のあることを考慮して、「国民」に統一することを敢えて避けた。ホッブズのいう 'citizen' は国家 'civitas' の構成員としての 'civis' の意味であることは言うまでもない。内容、体裁ともに統一しなければならないのに、枝葉末節の、しかも不完全な修正でお茶を濁したこと、御寛恕賜りたい。

第Ⅱ、第Ⅲ、第Ⅴ、第Ⅸ、第Ⅺ論文は木鐸社から出した『国権の限界問題』、『続・国権の限界問題』、『論争 憲法–法哲学』に収めた拙論に若干手を加えたものであるが、本書でこれら拙論から引用するとき、もしくは、これらに参照を求めるとき、本書○○頁とのみ記すことにする。爾余の六つの小論に関しても同様である。なお、本書に収めなかった前掲拙著所収の論文から引用するとき、またはそれへの参照を求めるときは、原則として前掲拙著を『国権』、『続・国権』、『論争』と略記することを、予めお断わりしておく。

大分以前からロック、ホッブズ関係の拙論をまとめて単行本として公にしたいと願っていたが、出版事情が悪化の一途をたどっていたので、半ば諦めていた。たまたま金沢大学の神橋一彦君が信山社の村岡侖衛氏に私の希望を伝えたところ、氏は快く引き受けられた。まことに望外の幸せであり氏の御好意に感謝の念を禁じ得ない。氏の承諾を得て逸早く信山社に拙論の全コピー送付の労を執られた神橋君に謝意を表する。本書所収の十一の論文中の八篇は、私が日本大学法学部在職中に作製したものである。私の研究を理解し評価され援助を惜しまれなかった日本大学法学部の柳澤弘士教授に対し、この場を借りて、衷心からの謝意を表明するものである。

菅野　喜八郎

平成一三年五月吉日

目次

Ⅰ　抵抗権論とロック、ホッブズ
――私がロック、ホッブズ研究に深いりした理由――

本稿は平成一一年三月八日、日本大学法学部本館の第一会議室で開催された平成一〇年度日本大学法学部学内学会・合同研究会の席上で、三〇分の時間を与えられて行なった私の退任記念特別講演の草稿に基づいて作製されたものである。講演といっても私は生来口下手なので予め作った原稿を読みあげ、ところどころ口頭で補足するという形式を採った。本文はその時の原稿に多少の手を加えたものであり、註の一部は口頭で補足した箇所である。だが、本稿を草するに際しては、新たに註で宮沢抵抗権論とそれを巡る若干の論議に関し私見を披瀝すると共に、ロックの政治理論やホッブズの「臣民の自由」の解釈についても、私見と異なる諸家の説を検討・批判したことを、お断わりしておく。既に公表された私の考えの単なる反覆ではない。註が本文の三倍量となった所以である。

昭和二九年九月、新潟大学人文学部の専任講師に就任して以来、平均してほぼ一年に一本の割合で論文を公表していますので、その数四六本になっていますが、うち九本はJ・ロックとT・ホッブズに関するものです。表看板が「憲法」なのに直接これと結びつかない、この種の論文をこんなにも書いたのは何故か、と不審に思われるむきがございましょう。その発端は宮沢俊義先生の抵抗権論より正しくは抵抗権否認論に対する私の批判にあります。

昭和四二年（一九六七年）『新潟大学法経論集一七巻三・四合併号』に寄稿した「抵抗権論についての若干の考察――宮沢教授の抵抗権論の分析・検討――」（拙著『国権の限界問題』木鐸社一九七八年　所収。本書Ⅺ論文として再録、引用は本書から行なう）と題する論文で、先生の「抵抗権論」を様々な角度から批判いたしました。

先生は『憲法Ⅱ』有斐閣一九五九年で四〇頁以上も割いて「人権宣言の保障の担保」として抵抗権について論じておられます。[1] 宮沢説に対する私の批判の一つ、しかもその最たるものは、先生の「抵抗権」の定義 definition に向けられたものです。先生は「抵抗権」を「合法的に成立している法律上の義務を、それ以外の何らかの義務を根拠として、否認することを正当とする主張……」と定義されています（宮沢前掲書一三七頁、「新版再版」一九七四年一四〇頁）。[2] こうした「抵抗権」定義を前提されているはずなのに、先生は次のように主張されます。「抵抗権に関する明文の規定を人権宣言に入れ」ても、[3]「それによって抵抗権が少しでも実定法化・制度化されるわけではなく、こうした規定は、ひとつの宣言的性格を有する規定にすぎないと見るべきであって、その効用は、一方において、立法者や公務員に対して人権への侵害について極度に神経質であるようにとの警戒を与えると同時に、他方において、国民の心の中に人権はそのための戦いによってのみ終局的には守られることができるものであるとの自覚を確立することに少なからず役立つであろう」、と（参照、宮沢前掲書一六二―一六三頁、「新版再版」一六五―一六六頁）。

これを要するに、ドイツのヘッセン憲法のように抵抗権についての「明文の規定」を持ってみても、そのような規定は裁判規範として機能する余地はなく、為政者や国民に対する政治教育的効果しか期待できない、というわけです。果たしてヘッセン憲法の規定が先生の定義したような抵抗権を明文化したものといえるかどうか、それ自体すでに疑問ですが、[4] それは措くとしても、先生のいわゆる抵抗権が「実定法化・制度化」され得ない、つまり、裁判所によって救済可能な実定法上の権利になり得ないのは、余りにも当然と申せます。先生の抵抗権概念は、これを平たく言えば、国の命令と個人の良心の命令とが食い違った場合、個人の良心の命令に従う権利ということになるからです。(5)

良心なるものが自己の内なる神の声だというのであれば話は別ですが、価値相対主義者である先生のように、『良心』は、必然的に、個人的そして主観的な性格をもつ」ことを認める立場に立つと（参照、宮沢前掲書一六六頁、[新版再版]一六九頁）、先生のいわゆる抵抗権が仮に万一「実定法化・制度化」されたとしたならば、およそ確信犯人は処罰できないという、それこそとんでもない不都合が生じます。例えば、二・二六事件の前触れとなった、相沢三郎中佐による永田鉄山軍務局長の刺殺の如きも、相沢は自己の良心の命ずるところに従って殺人を禁ずる国の命令に従わなかったのですから、相沢のこの行為は宮沢流にいうと彼の抵抗権の行使ということになります。権利の行使であれば違法性が阻却されますので、先生のいう抵抗権が「実定法化・制度化」されたとしたら、この行為を理由に相沢を有罪として処罰できないことになってしまいます。(6)

そこで私は、我々が通常抵抗権と呼んでいるものが果たして宮沢先生が定義されたようなものかどうかを問題として、私なりに「抵抗権」を次のように定義しました。「……国家機関担当者による憲法的秩序（その中核を成すのが人権保障）の破壊を阻止するため、それ自体としては有効な国家行為への受忍・服従を拒否する権利……憲法的秩序擁護のため、それ自体としては合法的に成立している実定法上の義務履行を拒否するを正当とする主張」、と（本書三〇二―三〇三頁）。(7)そして私のいう意味の抵抗権であるならば、実定憲法の規定の仕方いかんによっては、これを実定法上の権利たらしめるのは必ずしも不可能といえないのではあるまいか、と論じました（参照、本書三〇二―三二〇頁）。

敢えて不遜の譏りを恐れずにいうならば、抵抗権論の一つの重要な問題は、宮沢先生の「抵抗権」の定義と私のような「抵抗権」の定義の何れが採択されて然るべきかだ、と考えております。[8] 言葉の定義は、その言葉の使い方についての約束ないし提案にすぎませんから定義は真理値を持ちません。それ故、どちらの定義が真でどちらの定義が偽なのかは、初めから問題にならないことになります。しかし、その言葉の従来の用例に著しく反するような定義は不適当ですので、定義の当・不当の問題は残ります。そこで問題は、宮沢先生の「抵抗権」の定義と私のそれとのどちらが抵抗権という言葉のこれまでの用例に即し適当なのかだ、ということになります。[9]

この点をはっきりさせるためには、代表的抵抗権論者であるJ・ロックがright of resistingという言葉のもとに何を思念していたのかを確かめる必要があると考え、五十歳近くになって初めてロックの*Second Treatise of Government*（統治論第二篇・市民政府論）を精読いたしました。ロック自身はright of resistingという言葉の定義をしていません。そこで私は『統治論第二篇』の全体を分析・検討の対象として彼の抵抗権概念の折出を試み、その結果、ロックはこの言葉のもとに、自然法が実効性を持つための、そして自然法に基づく自然権《プロパティ》擁護のための抵抗の権利を思念しているとの結論を得ました（参照、本書五〇―六二頁、とくに五四―五五頁）。このようなロックの抵抗権概念と宮沢先生のそれとの大きな隔たりは明白です。先生は個人の良心の内容を何ら特定されていませんから、相沢による永田刺殺行為の如きも、相沢その人の良心の命ずるところに従っての行為、先生のいう意味での抵抗権の行使ということになります。[10]

これに反し、ロックの自然法は正当防衛および自然法違反者に対する処罰の場合を除くならば、他人のものali-enumたる生命、自由、財産を侵害しないことを命じているという意味で個人尊重を要求するものですから（cf. *Second Treatise*, §6. なお参照、本書五五頁、三二―四〇頁）、相沢の上記行為を正当化するはずがありません。よって、宮沢抵抗権論の要石である先生の「抵抗権」の定義は、この言葉のこれまでの用例に即さず、不適当であるとの指摘を行なったのが、昭和五二年（一九七七年）発表した拙論「J・ロックの抵抗権概念」『社会科学と諸思想の展開――世良教授還暦記念下――』創文社（後に『国権』に所収。本書Ⅱ論文として再録、以下、引用は本書から行なう）であります。この論文のいわば副産物が本学部の平成四年度学内学会において口頭で発表し後に註を付して『法学紀要第三五巻』に掲載した、「『自然状態において人間は自由かつ平等である』という命題について――J・ロックの場合」と題する拙論（『論争　憲法－法哲学』木鐸社一九九四年所収、以下、『論争』と略記。本書Ⅲ論文として再録、以下、引用は本書から行なう）、そして近く『法学紀要第四〇巻』に掲載が予定されている「J・ロックの広義のプロパティ概念について」（本書所収。引用は本書から行なう）であります。

他方、ドイツのP・C・マイヤー＝タッシュは ***Hobbes und Widerstandsrecht*** と題する著書を昭和四〇年（一九六五年）刊行しドイツの学界の話題になりました。ホッブズの新解釈と高く評価する人もあれば、学問的価値全く無しと貶《けな》す書評も出ました。[11] 三吉・初宿両氏の共訳でその全訳『ホッブズと抵抗権』は一九七六年に木鐸社から出ています。

マイヤー＝タッシュがこの著書で展開したホッブズ解釈は多岐にわたりますが、その中核を摘出すると、ホッブズのいう臣民の自由は抵抗権に他ならないこと、それどころか、「臣民の自由」のうちには暴力革命の権利まで内包されているという、およそこれまでのホッブズ理解からすると破天荒としか言いようのないホッブズ解釈でありました。これは抵抗権概念に係わる主張ですので放置する訳にはゆかず、五年ほどかけてホッブズの著書や様々な人のホッブズ論を読みあさって、以下のような結論に到達しました。

ホッブズが臣民の自由と呼んでいるもの、「主権者の命令であっても、臣民が不正でなしにそれに従うことを拒否できる事柄」（*Leviathan,* chap. 21, p. 284. 以下、本文および註で『リヴァイアサン』の頁数を示すとき、すべてマクファースン版のそれであることをお断わりしておく)、例えば、自殺せよという主権者の命令とか、お前の父親を殺せといった主権者の命令に従わない「自由」は、ドイツ刑法三五条一項前段の規定する免責緊急避難entschuldigender Notstandに類似し、従来、正当防衛Notwehrのアナロギーで捉えられてきた抵抗権とその性格を異にするので、「臣民の自由」を抵抗権と呼ぶのは甚だしくミスリーディングであること、暴力革命の首謀者や煽動者は反逆者rebelsであって「臣民」ではなく、ホッブズのいわゆる国家の敵であるから、彼が「臣民の自由」を是認したからといって、暴力革命の権利まで認めたことにはならない、ということを昭和五七年(一九八二年)発表の拙論「ホッブズの抵抗権?・」法学四六巻二号(後に拙著『続・国権の限界問題』木鐸社一九八八年所収、『続・国権』と略記。本書V論文として再録、以下本書から引用し又は本書に参照を求めることとする)で縷々論じました(参照、本書一五一―一六八頁、一四二―一四四頁、一四八―一四九頁、一八四―一八八頁、一九三―一九四頁)。[12] その副産物が「ホッブズ法理論覚書――配分法と刑罰法」政経研究二八巻一号(『論争』所収。本書IX論文として再録)、「T・ホッブズの自然法論についての一考察」法学紀要三六巻(本書VI論文)、「単眼ホッブズ論」法学紀要三八巻(本書VII論文)、「L・シュトラウスのホッブズ解釈についての一つの疑義」政経研究三五巻二号(本書VIII論文)、「『リヴァイアサン』〈序説〉中の‘Fiat’の訳について」法学研究年報一八号(本書X論文)、の計五つの小論であります。

それはともあれ、「臣民の自由」と抵抗権が如何に異なるかは、次のことを想起すれば足ります。ミサイル迎撃システム開発のための特別税を課すことを法律で定め、これに基づいて税を徴収しようとしたとき、自分の政治的信念に従って税の納付を拒否する国民の行為は、その個人の受動的抵抗権の行使と解す余地なきにしも非ずですが、こうした行為は断じて「臣民の自由」に属するものではありません。また他方、合憲の法律の適用として死刑を宣告された国民が、獄吏を殺害して逃亡を企てた場合、そのような行為を誰しも――法律家であるならば――抵抗権の行使と言いませんが、「臣民の自由」の範囲に入ります。「何びとも彼を殺害ないし傷害その他の方法で害しようとする者に対し、いかなる契約によるも抵抗しないよう義務づけられない」（*De Cive*, chap. 2, art. 8.）、「生命を奪うために力で襲う人間に対し抵抗する権利を、人は手放すことができない」（*Leviathan*, chap. 14, p. 192.）とはホッブズその人の主張だからです。

彼は、人間の自己保存の本能とか骨肉の情愛等を考慮するならば、その履行が通常人にとうてい期待できないような事柄は、法律や契約――その契約が社会契約たろうとも――によるも義務づけするのは不可能という考え方から「臣民の自由」を認めたのであります（参照、本書一六三―一六四頁、一七三―一七四頁）。主観的・相対的であることを免れない個人の良心の命ずるところに従って国権行使に抵抗する自由・権利、抵抗する正当性を認めたのではありません。あるいは又、ある国家行為が「憲法的秩序」・「自由で民主的な基本秩序」を破壊するか、もしくは破壊に通ずることになるかに関して、国民各人が、少なくとも第一次的にこれを判断して国権行使に抵抗する自由・権利、抵抗する正当性を認めたのでもありません（参照、本書一六五―一六七頁）[13]。ホッブズが何よりも恐れたのは内乱による国家の統一性の崩壊、chaos の出現でありまして、宮沢先生の念頭にあるような抵抗権論、私が考えているような抵抗権論を、「国家の病の原因」となる「煽動的学説」として厳しく斥けています（cf. *Leviathan* chap. 29, p. 365.）。いわんや暴力革命の権利までホッブズが是認していたと主張するに至っては、彼の所説を曲解すること甚だしいというべきです。

以上、宮沢先生の抵抗権論より正しくは抵抗権否認論のアキレス腱は先生の「抵抗権」の定義であるとの認識から出発して、この定義の当否を検討するため、ロックとホッブズの政治理論の分析・検討に取りくんだのが、私が両者の政治思想研究に深いりした契機であること、お分かりいただけたことと思います。ただ私には玩物喪志の悪癖がございまして、抵抗権概念の究明に止まるならば、先の二つの論文で足りたはずなのですが、自己流にロックとホッブズの政治思想関係の著書を読んでみますと、もとより私の目にとまった限りのことですが、日本の政治思想史専門の方々のロック解釈、ホッブズ解釈には納得ゆかない点が少なからず在るのに気づきました。また、曲がりなりにも法律学を専攻した私から見ると、ロックとホッブズの政治理論中には、これを取りあげて究明に値する問題があるのに、これまで看過されてきたのではあるまいかと思われる節も多々ございます。例えばロックの自然的自由・平等の概念、信託概念、プロパティ概念、ホッブズの「臣民の自由」概念、刑罰と敵対行為の峻別論、刑法理論、配分法概念等がそれであります。

先に私はロックとホッブズの著書を自己流に読んだと申しましたが、長尾龍一先生と同様、H・ケルゼンとC・シュミットの著作とくに前者のそれを精読することによって身についた読書法による読解であります。但し、ケルゼン、シュミットから私が得たのは彼等の思考法でありまして、彼等のロック解釈、ホッブズ解釈ではありません。ケルゼンは民主主義や自然法について論ずるとき、両者の主張に言及していますが（e.g. Vgl. H. Kelsen, *Demokratie und Sozialismus* : The Natural Law Doctrine before the Tribunal of Science in : *What is Justice*, p.152.）、追随できない点があります(14)。シュミットはホッブズを高く評価して *Der Leviathan in der Staatslehre des Thomas Hobbes* と題する著書で、彼独自のホッブズ論を展開しています。大分以前、私も一読したことありますが、殆ど印象ございません。いずれ、シュミットのホッブズ解釈を検討してみたいと念じていますが、将来のこと故、どうなるか分かりません。御静聴、感謝いたします。

（1） 宮沢教授は『憲法Ⅱ』第三章「人権宣言の担保」第三節「抵抗権」の「9 抵抗権についてのあとがき」で、次のように述懐されている。「ここに扱われた抵抗権の問題は、実をいうと、私がはじめて憲法——あるいは法というべきかもしれない——についての研究に手をつけて以来、三〇年以上にわたって、私の頭にこびりついてはなれない問題、そして、いったん自分なりに解決できたと思っても、もういちど考えなおしてみるとすぐにその解決が少しも解決になっていないと気がついてがっかりする問題のひとつ……というよりはむしろ随一である」（『憲法Ⅱ』一九五九年、一七〇頁、［新版再版］一九七一年、一七二―一七三頁）。そして「抵抗権史上に於けるロック」我等七巻二号一九二五年と「法の義務づけよう（副題 Leges mere poenales の理論について）」法学協会雑誌五〇周年記念論文集一九三三年は、抵抗権についての教授の問題意識の所産であることを明らかにされている（参照、前掲書一七〇―一七一頁、［新版再版］一七三―一七四頁）。上記二論中前者は後に『憲法の思想』岩波書店一九六七年に収められ（二三一―二五一頁）、後者は『法律学における学説』有斐閣一九六八年に収録された。どちらも宮沢教授らしい geistreich な好論文である。ちなみに、「法の義務づけよう」で展開された教授の論旨に対して、私は「義務の衝突」と題する小論（社会科学の方法四号）で批判を加え、後にこの小論を拙著『国権』に収めた。

（2） 宮沢教授は、「法律上の義務」履行を否認する根拠となる非法律義務がそれに由来する規範秩序を「……ひろく自然法秩序と呼ぶことにしよう」と提案されている（参照、前掲書一五〇頁、［新版再版］一五三頁）。教授のいわゆる自然法秩序には「道徳秩序」、「宗教秩序」、「芸術秩序」、「習俗秩序」の如きも含まれる。実定法秩序以外の規範秩序のすべてが「自然法秩序」ということになる。しかも、その内容は全く特定されていない。典型的自然法論者のＪ・ロックの自然法 Law of Nature は神意 the Will of God であり（cf. *Second Treatise*, §135. テキストとしてラスレット版を用いる）、その内容は、正当防衛もしくは自然法違反者に対する処罰の場合を除くならば他人の生命、自由、財産、広義の Property を害すべからずであって（cf. *op. cit.* §6.）これに加うるに、自然法に反する如何なる人定法 Humane Sanction も有効であり得ないとされているのと（cf. *op. cit.* §135.）、宮沢教授のいわゆる自然法とは極めて対照的である。そこで私は、実定法秩序以外の凡ての規範秩序を「自然法秩序」と命名すること自体に賛成しない。樋口陽一教授は、宮沢教授の自然法という言葉の使い方に一応疑念を表明されながらも、「しかし、ザッハリッヒに見るならば、自然法は、その主張者それぞれにとって実定法たるべきものにほかならず、必ずしも現にそうであるとはかぎらないから、右にのべたような用語［宮沢教授のような自然法という言葉の使用法］は決して不当ではない」という、私には不可解としか言いようのない理由づけで、宮沢教授の自然法という言葉の使い方を踏襲しつつ、抵抗権を「自然法上の権利」としての抵抗権と「実定法上の権利」としての抵当権とに区別する必要性を強調されている。（参照、『近代立憲主義と現代国家』勁草書房一九七三年、二〇四―二〇五頁）。教授が宮沢教授の念頭にある抵抗権を「自然法上の権利」としての抵抗権であると考えられているとするならば、私はそれに同調できない。宮沢教授の「広きに失する」自然法概念に基づく抵抗権概念の特殊性および教授が価値相対主義者であること、この二つを考慮に容れると、宮沢教授の「抵抗権」を「自然法上の権利」としての抵抗権と呼ぶのは失当であり、ミスリーディングでもある。まだしも、「個人の良心に基づく抵抗権」と呼ぶ方が良いと私は考える。

（3） 「抵抗権に関する明文の規定」の例として教授が前掲書で挙げておられるのは、一九四六年一二月一日のヘッセン憲法一四七条、「憲法に違反して行使された公権力に対する抵抗……は各人の権利であり義務である」、一九四七年一〇月二一日のブレエメン憲法一九条、「憲法で確立された人権が憲法に反して公権力によって侵されたときは、抵抗は各人の権利であり、義務である」、一九四七年一月三一日のマルク・ブランデンブルク憲法六条二項、「憲法と人間性……に反する法律に対しては……抵抗権が成立する」等である（参照、宮沢前掲書一三五―一三六頁、［新版再版］一三六―一三七頁）。なお、『憲法Ⅱ』の初版が出た後、一九六八年六月二四日の法律で追加された、ドイツ連邦共和国基本法二〇条四項、「この秩序を除去しようと企てるすべての者に対し、他の防衛の手段がない場合には、すべてのドイツ人は抵抗権を有する」を挙げることができよう（参照、『世界憲法集第四版』岩波文庫一六六頁 Vgl. Jarass/Pieroth, *G G Kommentar* 1989, S. 336.）。

（4） 宮沢教授は自分が定義されたはずの抵抗権の明文化の例としてヘッセン憲法一四七条を挙げておられるが、ヘッセン憲法のいう抵抗権は、違憲の公権力行使に対する抵抗の権利である。カール・ハイラントの語を借りれば、「……憲法擁護のために、そしてそれと共に、憲法に碇着せしめられた基本権擁護のために、各人に、違憲に行使された公権力に対する抵抗の権利と同時に義務を認めた」（C. Heyland, *Das Widerstandsrecht des Volkes*, S. 83.）のがヘッセン憲法一四七条なのである。非法律上の義務を根拠に法律上の義務――この義務が合憲であることは前提されている――の履行を拒否する権利、教授のいわゆる抵抗権を明文化したものではない。ヘッセン憲法の規定する抵抗権は、実定法以外の規範秩序擁護のための抵抗の権利を意味する宮沢教授の抵抗権と截然区別されねばならぬ（参照、本書三〇五―三〇六頁）。

（5） 教授は、抵抗権の「問題は、終局において、実定法秩序とこれによって義務づけられる各個人の『内の声』ないしは『良心』との矛盾・衝突である」とされる（前掲書一七二頁、［新版再版］一七四―一七五頁）。これを以て見るならば、宮沢教授の考える抵抗権の問題とは、実定法秩序による規律・実定法の命令・国の命令と個人の「内の声」・「良心」の命令とが矛盾衝突した場合、どちらの命令に従うべきかという問題であって、教授の念頭にある「抵抗権論」とは、こうした場合、個人の「良心」の命令の方に従うべしとする主張だということになるだろう。私が先に註（3）で、教授の思念する抵抗権を「自然法上の権利」と呼ぶのはミスリーディングであって「個人の良心に基づく抵抗権」と呼ぶ方が適切なのではあるまいか、と述べた所以である。教授のいわれる良心とは何かについての私見は註（6）で述べることにする。

（6）　良心とは、作用としてこれを見るならば、善悪を判断する心の働きである。ところで善悪判断は価値判断の一種だから、判断主体である個人は、何らかの理由――彼が生まれ育った時代、彼がその一員である民族、幼少時に受けた教育、彼が所属する職能団体や宗教団体等によって規定される理由――で其の内容の正しさを確信している規範を、個別・具体的な事柄とくに人間行為に適用することによって、これを行なうことになる（Vgl. H. Kelsen, *Reine Rechslehre* 2 Aufl, S. 16 ff.; J. Austin, *Lectures on Jurisrudence* vol. I, p. 218 et. seq.）。このことを考慮に入れると、各人の良心とは、実体としてこれを見るならば、善悪を判断するとき彼が用いる規範、その人間の心に内面化し定着している、彼が所属する部分社会の規範だと言えないだろうか。清水幾太郎氏は次のように述べられている。「良心という言葉は、とかく、或る個人の心の奥にある孤独なものを思わせますが、しかし、伝統的学説によれば、万人の内部に潜んでいるもの、万人共有のものということになってしまいます。また、最近の学説によれば、或る社会に久しく行われてきた道徳的規範が人々の内部に沈澱し結晶したものということになります」（『戦後を疑う』講談社文庫一九八五年、五八頁）。すなわち、「最近の学説によれば」良心とは各人の心内に沈澱し結晶化した、その人間が所属する特定社会に久しく行われてきた「道徳規範」だ、という訳である。私はこれと独立に、「抵抗権論についての若干の考察」中で以下のように論じた。「仮にもし『神の言葉に拘束された良心』、或はより広く、『神の秩序に拘束された良心』……といったものが在るとすれば、そうした良心とは、実は、真正の自然法の主観的発現形態に他ならないから、かかる良心によって反価値的と評価される法に由来する『義務』の履行は当然拒否されるべきだ、良心の方に従うべきだ、ということになるだろう。……しかし神と共に真正の自然法を否定する立場に立つならば、良心と呼ばれるものは、その本体においては、個々人の意識に内面化し定着化したところの部分社会の規範にすぎず、如何なる社会規範も普遍妥当性を持つものではないのだから、その主観的発現形態としての『内の声』を実定法秩序に特に優越せしめる客観的根拠はないということになる。したがって学問的には、良心に従うべきだと主張することはできない」（本書三一八頁）。もとより宮沢教授は語の真正の意味の自然法論者ではないので、良心という言葉を括弧して用い、しかも「良心」に従うべきだと主張されていない。価値相対主義に留まる限り当然というべきである（参照、『続・国権』三三三―三三六頁）。だが他方、価値相対主義に徹するならば、良心の主観性・相対性は認めざるを得ないはずであり（宮沢前掲書一六六頁、〔新版再版〕一六九頁）、本文で例示した相沢の永田刺殺の如きも、相沢の「内の声」に従っての行為、「伊勢の大神が相沢の身体を一時借りて天誅を下し給うたのでおれの責任ではない」、ということになるだろう（参照、松本清張『昭和史発掘7』九〇頁）。これは、価値相対主義よりする帰結ではなかろうか。宮沢教授の抵抗権の定義は、神意である自然法の存在を肯定すると共に、良心は各人の内なる神の声であって何びとも正しくこれを聞きとることができるということが前提されて、初めて抵抗権という言葉の従来の用例に即した定義ということができる。かくしてのみ、氏のいわゆる抵抗権を「自然法上の権利」と呼ぶことが可能となろう。価値相対主義を採りながら「抵抗権」を教授のように定義するのは、抵抗権論否認のための伏線と見るのは、果たして僻目だろうか。

（7）　抵抗権は違憲の、とりわけ自由権保障規定に反する国家行為への受忍・服従を拒否する権利、かかる国家行為に抵抗する権利ではない。そのような抵抗行為は個々の憲法規定（例えば信教の自由保障規定）によって正当化できるのだから、敢えて抵抗権を持ち出すまでもない（参照、本書三〇二―三〇三頁 Vgl. J. Isensee, *Das legalisierte Widerstandsrecht* 1969, S. 21; H. Roman. Art. 20 IV in: Maunz=Dürig=Herzog, *Grundgesetz Kommentar* Bd. II, S. 98.）。抵抗権のいわば保護客体は近代的意味の憲法（理想的意味の憲法 Vgl. C. Schmitt, Verfassungslehre, S. 36 ff.）の実体・魂ともいうべき「憲法的秩序」である。私の抵抗権定義中で使用した憲法的秩序という言葉はドイツ連邦共和国基本法の verfassungsmassige Ordnung の訳語であるが、この場合の憲法的秩序は、同基本法九条二項のそれ、「自由で民主的な基本秩序」と言い換え可能な憲法的秩序（Vgl. Jarass/Pieroth, *G G Kommentar* 1989, S. 180.）、近代的意味の憲法の die positive Verfassung（Vgl. C. Schmitt, a. a. O., S. 61. なお参照、『論争』二〇八―二〇九頁、二二七―二二八頁）を指す（Vgl. J. Isensee, *a. a. O.*, S. 139, S. 40.）。「憲法的秩序（その中核を成すのが人権保障）」と記した所以である（人権を定礎づける個人主義と民主主義との関係についての私見は、本書六二頁註〈2〉を参照されたい）。なお、抵抗権は優れて国民の権利 le droit du citoyen、しかも非常的参政権と見られる（参照、本書一一九頁）。抵抗権の行使が容認されるのは、近代的意味の憲法が全体として崩壊の危機に瀕するような、非常例外的な場合に限られる（Vgl. J. Isensee, *a. a. O.*, S. 18, S. 20 f.; H. Roman, *a. a. O.*, S. 99.）。フイデル・カストロが抵抗権〔叛乱権〕を規定している条項と憲法との関係を救命ボートとそれを搭載している海上の船舶との関係に喩えているのは、船舶が沈没の危険に直面したとき初めて救命ボートの効用が痛感されることの比喩と見る限り正当である（参照、L・ヒューバマン、P・M・スウィージ著　池上幹徳訳『キューバ』岩波新書一九六〇年、七五頁）。樋口教授は「実定法上の権利」としての抵抗権に関しては私の定義を採用しているが、いかなる場合抵抗権を行使できるかについては私見と異なるようである（参照、樋口前掲書二一三頁、『国権』三五六－三五七頁）。

（8）小林直樹教授も抵抗権論における「抵抗権」定義の重要性を承認され、次のように述べられている。「『抵抗権』論においても、ややオーバーだが『これを定義するだけですでにこの問題についてほとんどすべてを語ってしまうことになる』——といわれるほど、定義には重みがある」（「抵抗権論再考」国家学会雑誌百周年記念『国家と市民』第一巻一九八七年、五頁）。教授は、「異なった視点から、抵抗権を純化して見ていけば……対極的な見解に分かれることは、免れない結果ともいえよう」とされ、宮沢教授の抵抗権論と拙論とを「対極的な見解」とみて、双方を批判的に検討されている（参照、前掲書八頁、七－八頁）。教授は樋口教授と同様、宮沢教授による、自然法という言葉の広きに失する使用法をそのまま踏襲されたためか、宮沢教授の価値相対主義と表裏一体化している良心の主観性・相対性に由来する、教授の抵抗権概念から帰結される結論を看過された憾みがある。私の抵抗権論に対する小林教授の批判は鋭く傾聴すべきものがあるが（例えば、前掲書二三頁註〈23〉〈24〉）、私は抵抗権の問題は近代的意味の憲法・理想的意味の憲法の学理解釈（佐々木惣一博士のいわゆる理論的解釈）の問題の一つと考えている（参照、『続・国権』二七三頁、二七七－二七八頁）。抵抗権の問題と憲法改正の限界の問題とは共に学理解釈の問題だという点（参照、『国権』二四〇－二四二頁 Vgl. René Schneider, *Das Widerstandsrecht im Staatsrecht und Staatstheorie der Gegewart* 1964, S. 41f.）、および、どちらも通常の情況ではその発生が殆ど考えられないような極端なケースを想定している点（Vgl. H. Roman, a. a. O., S. 103.）、この二点で両者は軌を一にしているということを付言しておこう。なお、小林教授は前掲書三七頁註（39）で拙稿「ホッブズの抵抗権？」法学四六巻二号一九八二年（本書V論文）を「推せんすべき労作」と高く評価されたことに衷心より謝意を表する。この論文作製にはほぼ五ケ年を要し、その内容いささか独自性ありと自負しているが、今日まで好意的な評価を公けにされたのは小林教授お一人に止まる。

（9）定義に関する私の考えは、私の理解できた限りでの碧海純一教授の所説に負っている（参照、『法哲学論集』木鐸社一九八一年とくに一四〇－一四一頁）。言葉の定義は、その言葉の使用法についての約束ないし提案にすぎないから原理的には自由であって真偽の問題が生じないが、「真の定義」と区別されるべき「記号説明」の方は、ある言葉が如何なる意味のものとして現に用いられているのか、もしくは用いられていたのかという「特殊な事実」についての命題なのだから、真理値を持つ。長い歴史を有する法律学の諸々の言葉の場合、その言葉の「記号説明」を無視したような定義は、もとより偽ではないが不適当の譏りを免れない。その言葉の従来の用法に馴染んでいる聴者ないし読者の思考を混乱させるだけでなく、「記号説明」を無視して定義し立論した当人自身、その言葉のこれまでの用法に牽引されて思考の混乱に陥るからである。抵抗権という言葉についても上述のことがいえる（参照、本書三〇五―三〇六頁、三〇七頁、一六七―一六八頁、一四四―一四五頁）。なお、ここで定義の当・不当について語るときの定義とは定義行為 Akt des Definierens (definitio) ではなくて定義行為の所産 Das Produkt dieses Definierens (definitum)・概念を指す（Vgl. H. Rickert, *Zur Lehre von der Definition* 2 Aufl., S. 29.）。

(10) 註（6）でみたように、良心が、その本体においては、各人の心に内面化し定着した、その人間が所属する部分社会の規範だとするならば、良心の内容について語ることが可能となる。例えば、オウム真理教の熱烈な信者の良心についていうならば、麻原の命令はシヴァ大神の意志として絶対的に服従すべし、というのがその内容であろう。永田軍務局長を刺殺した相沢中佐の良心の本体が、直接彼に啓示された天照大神の命に服従すべしとする規範であるのと、事態を異にしない。

(11) Mayer＝Tasch の T. Hobbes und Widerstandsrecht について、比較的好意的な批評をしている書評としては、例えば L. Condiades, Buchbesprechung, *Deutsches Verwaltungsblatt* 80 Jg., S. 706f.; R. Neidert, Leviathan und Widerstandsrecht, *Politische Vierteljahrsschrift* 1966, S. 31ff.; Dallmayr, Rezension *ARSP* Bd. 52, S. 599. であり、これと対照的に学問的価値を殆ど認めないか、百パーセントこれを否定した書評としては B. Willms, Bericht und Kritik von der Vermessung des Leviathan, *Der Staat* Bd. 6, S. 98ff.; E. Reibstein, Literaturbesprechung, *Zeitschrift der Savigny-Stiftung für Rechtsgeschichte, Germanische Abteilung* Bd. 83, S. 411f. である。私が参看した限りで、最も説得力に富むマイヤー＝タッシュのホッブズ解釈に対する批判は、Hasso Hofmann, Bemerkungen zur Hobbes's Interpretation, *Archiv des öffentlichen Rechts* Bd. 91, S. 122ff. であった（参照、本書一八二頁註〈1〉、一八七頁）。彼のホッブズ解釈は様々な欠点を持っているが、問題提起の意味があったことは、否定できまい（参照、佐々木高雄『抵抗権論――ホッブズの理論を中心として――』学陽書房一九八〇年）。ここで、今あげた著作中で佐々木教授が、私の宮沢批判は「いわばある種の誤ちから出発」しており、その「誤ち」とは、私が「〔宮沢〕教授は『客観的に妥当する自然法〔真正の自然法〕』のみが『抵抗権』を基礎づけ得る、と考えておられる」と解した点だと非難されているので、これに対しこの機会にお答えしておこう（参照、佐々木前掲書九〇頁。教授はこの著書で『国権』ではなくて初出誌『新大法経論集一七巻三・四合併号』を引かれているが、初出誌と『国権』は内容を異にしない。また前掲書で初出誌六〇頁とされている箇所は六一頁の誤りであり、これは『国権』二七六頁に当たることを付言しておく）。先ず、教授が引用された拙文に続けて私は、「或は〔宮沢〕教授の論法よりするとそういうことになる」と付け加えておいたことに留意されたい。私は宮沢教授の「抵抗権」の定義を分析することによって、教授のいう抵抗権の存在が認められるためには、何よりも「客観的に妥当する自然法」・真正の自然法の存在が証明されねばならぬことを指摘した。だが、教授は真正の自然法の存在について懐疑的であるだけでなく、かかるものとして提示されたG・ラートブルッフの「法律を越える法 übergesetzliches Recht」の如きは、その内容が一般的・抽象的にすぎて、其の適用に際し適用者の主観の介入免れぬ故、「法律を越える法」を抵抗権発動の基準とするのは実際上アナーキーの是認をもたらす虞ありと論じられている（参照、本書二八七―二九〇頁）。これに対して私は、「客観的に妥当する自然法」の存否の問題と、ラートブルッフを含む多くの人々によって現に自然法とされている規範の内容の具体性の欠如および其の適用に際しての主観性介入の問題とは厳に区別されねばならず、真正の自然法が仮に在るとしたら、その内容が如何に抽象的・一般的であろうとも、誰の眼から見ても明白にこれに反する事態がありうるのだから、そうした場合、教授のいわゆる抵抗権の存在が肯定されねばならぬはずだと論じた（参照、本書二九一―二九二頁）。以上のような宮沢批判を先行させた後に、「教授は『客観的に妥当する自然法』のみが『抵抗権』を基礎づけうる、と考えておられる。或は、教授の論法よりするとそういうことになる」（本書二九八頁）と述べたのである。この「断定」には「いささかの強引」さも無いし、ここには「ある種の誤ち」も無い。その上、私は価値相対主義者である宮沢教授が「抵抗権」というタイトルのもとで、一体なにを論じられようとしたのかまで踏みこんで検討に付し、その結論を以下のように述べた。「……宮沢教授が「抵抗権」という標題の下で論じられたのは、憲法学上の問題というよりも、国家により忠たるべきか、それとも自己の良心の方により忠たるべきかという問題、自己の良心により忠たるべしとする主張（『抵抗権』論）が果たして正しいかどうかという問題である。そして良心の本体は、各個人の意識に内面化し定着化して彼の善悪判断の無意識の基準となっている特定の社会規範なのだから（cf. A. Ross, *Towards a Realistic Jurisprudence*, pp. 113-114.）、良心により忠たるべしとの主張、『抵抗権』論は、個人は、自己がその中に深く組み込まれている特定社会に対し、国家に対するよりも、更に大きな忠誠を捧げるべきだとする主張に他ならない。教授が『抵抗権』問題の具体的裁判例として挙げられた「石井事件」を見ても、このことは明らかである。石井氏が自己の所属するジャーナリズム社会により忠たろうとして、国の命令への服従を拒否した事件だから」である、と（本書三一九頁）。ケルゼニストである私が、こと法理論に関する限り、思考波の近い宮沢教授の所説を誤解することは、まずあるまいと思っている。芹沢斉教授による、甚だしい拙論の誤解・誤読？ については、『続・国権』一二三六―一二三八頁を参照されたい。

(12) ドイツ刑法三四条は違法阻却事由の一つとして正当緊急避難 rechtfertigender Notstand を定めると共に、三五条一項前段で免責緊急避難 entschuldigender Notstand について定めている。曰く、「生命、身体もしくは自由に対し他に避ける方法のない現在の危難が生じた場合、自己、近親者 Angehörige もしくは親密な他人 andere ihm nahestehende Person からこの危難を避けるため違法に行動する者は有責でない」。私が如何なる点で「臣民の自由」が免責緊急避難に類似していると見たかについては、本書一五一―一六三頁を参照されたい。ただし、両者が類似に止まって同一でないのは当然であり、両者の相違点は本書一六四頁で指摘しておいたが、両者のもっと大きな違いは、「臣民の自由」は「道徳的つまり宗教的」意義を持つに過ぎず、行為の通常の意味での可罰性を阻却するものでないことである（参照、本書一七二頁註28）。「臣民の自由」の範囲内で臣民が主権者の命令に抵抗しても、その行為の故に彼は神の前に罪とされぬというに止まって、「臣民の自由」は主権者に留保されている「狼の権利」を、臣民に対する関係では、何ら拘束するものでない（cf. *De Cive*, chap. 6, art. 13; *Leviathan*, chap. 20, p. 256.）。実定法上の意味を持たない「臣民の自由」を論ずる意義は、一七世紀のイギリスの一般人にとって、自分の行為が神の前に罪とされるか否かは重大な関心事であったことに求められよう。B・ヴィルムスは、マイヤー―タッシュは非法問題を法的に扱ったと非難しているが（Vgl. B. Willms, *a. a. O.*, S. 99f.）、賛成できない。ホッブズにあっては、自然法と国家法とは二にして一だからである（Vgl. *Leviathan*, chap. 26, p. 314.）。

「臣民の自由」について政治思想史の専門の方々の説くところ頗る曖昧であって、抵抗権の一種と見ているのか、それとも抵抗権と異なると見ておられるのか、はたまた両者が異なるとして何処がどう違うのか、これらに関し明快な説明に接したことがない。藤原保信教授はいう、「……わたくしはホッブズにおける抵抗権の存在を強調するのは誤りであり、しばしばその論拠とされる《リヴァイアサン》第二十一章『臣民の自由について』……ですら、積極的な抵抗権の擁護であるよりも、せいぜい不服従……の権利の擁護にとどまっているように思われる」、と（『西洋政治理論史』早稲田大学出版部一九八五年、二六三頁）。これを文字通りにとると、ホッブズは受動的抵抗権（参照、宮沢前掲書［新版再版］一四三頁、『論争』一八五頁）を「臣民の自由」の名のもとに容認していたというのが、藤原教授のホッブズ解釈だと誤解？ されても仕方あるまい。教授の抵抗権概念が不明である上に、抵抗権と「臣民の自由」とを対照・比較する労を執っておられないからである。福田歓一教授はいう、「《リヴァイアサン》第二十一章に述べられた『臣民の自由』のうちに、抵抗権を読み取るかどうかは、多分に定義の問題であり、抵抗権の概念如何による。ホッブズ自身が権利という表現を用いていないことを別としても、その内容は決して積極的なものではない」（「トマス・ホッブズの自由論――『抵抗権』論議との関連において――」国家学会雑誌九〇巻九・一〇号一九七七年。この論文は『福田歓一著作集第一巻』岩波書店一九九八年に収められている。以下、この論文は著作集から引用するのでここで示す頁数は著作集のそれであることをお断りしておく、三〇五頁）。「臣民の自由」を抵抗権と見るかどうかは「抵抗権」の定義に係わるという指摘自体は正しいが、記号説明を考慮に入れた、妥当な「抵抗権」定義と「臣民の自由」が相容れぬのは本文の示す通りである。ところで、福田教授自身の抵抗権概念は全く不明なので、「臣民の自由」の「内容は決して積極的なものでない」と言うだけでは nichtssagend である。教授のこの論文中、辛うじて私が理解できマイヤー－タッシュ批判になり得ていると思ったのは、次の一文のみである。「一見同じように積極的に見え、いかなる内乱をも正当化する可能性を秘めているのは、ホッブズが『臣民の自由』に数えた、叛逆者が『相互に徒党を組んで助け合い守り合う自由』であろう。けれどもその根拠において、両者の間には千里の差がある。すなわちロックの場合、暴力による政府の解体、あるいは政府の信託違反がまさに抵抗を促しているのに対して、ホッブズの場合そこには公的な名分は何もなく、既成事実の中にあって自然権を救う手段として、この自由が許容されているにすぎないからである〔傍点筆者〕」（三〇六－三〇七頁）。ここに引用した三分の一頁足らずの文章中にも首をかしげたくなる箇所が三つあり、傍点を付しておいた。まず、ロックにあって抵抗権行使が認められる場合の一つとして、教授は「暴力による政府の解体」をあげておられるが、「暴力」という言葉の使用に違和感を覚える。この場合の「政府の解体 the Dissolution of Government」（*Second Treatise*, chap. XIX）は主として国王の「社会契約違反もしくは重大な憲法違反を意味する立法権の行使、立法活動の妨害そして立法組織の変更」、ロックのいわゆる立法部の改変 alteration of the Legislative に由来する「政府の解体」である。教授は「暴力による政府の解体」に「あるいは政府の信託違反」と続けられるが、「政府の信託違反」の方も「立法部の改変」と並んで「政府の解体」をもたらす第二の原因なのだから、両者を「あるいは」で繋げるのは誤りである。「暴力？ による、あるいは政府の信託違反による政府の解体」と書くべき箇所であったろう（参照、本書五〇－五五頁）。次に、ホッブズは何処で「叛逆者が『相互に徒党を組んで助け合い寄り合う自由』〔傍点筆者〕」なるものを「臣民の自由」のうちに数えているのか。恐らくは『リヴァイアサン』二一章マクファースン版二七〇頁を念頭に置かれてかく書かれたのだろうが、二七〇頁には「叛逆者 traitor」という文字は見当たらない。ホッブズは「国家の敵」と「臣民」とを区別し、これに対応して「敵対行為 act of Hostility」と「刑罰 Punishment」とを峻別している（参照、本書一四三頁、一四八－一四九頁）。「叛逆者」は「臣民」でないので、「国家の敵」として「敵対行為」の対象となる（cf. *Leviathan*, chap. 29. pp. 356-357 ; chap. 28, p. 361.）。そこで私は次のように論じた。「ホッブズが犯罪者による集団的抵抗を不正でないとしたとき念頭に置いていた犯罪者中には『内乱罪』や『反逆罪』のような政治犯、少なくともその首謀者や謀議に参与し群衆を指揮した者は含まれぬと考える。彼等は故意に国家の権威を否定した者として臣民とは見られぬからである」（本書一八六頁）。マイヤー－タッシュが「国家の敵」と「臣民」との区別を看過してホッブズ解釈を試みたのに福田教授が巻きこまれたため、「叛逆者……」とされたのであろう。最後に、教授は「……自然権を救う手段として……」と書かれているが、これも正しくない。この場合の「臣民の自由」は始源契約締結のとき留保された自己防衛の「自然権」そのものなのであって、「自然権を救済する手段」としての「自由」？ではない（cf. *Leviathan*, chap. 14, p. 192 ; chap. 14, p. 199 ; chap. 27, p. 345. 参照、本書二二四－二二五頁）。

(13) 私は「客観的に妥当する自然法」・真正の自然法は存在せず、抵抗権は実定憲法上の権利でのみあり得ると考えるので（参照、本書三〇一－三〇二頁）、ある状況下での、ある態様の抵抗行為が抵抗権の行使かどうかは、最終的には、憲法の適用として裁判所が判断することになると解する（参照、本書三〇八頁）。「憲法的秩序」・「自由で民主的な基本秩序」が完全に除去され、全体主義政治体制が確立して永続的実効性を獲得するに至れば、そうした体制下では抵抗権について語る余地が無くなるだろう。しかし、「自由で民主的な基本秩序」が全体主義的体制にとってかわられる危険が切迫しているとき、「自由で民主的な基本秩序」を排除し全体主義体制の確立を目指す勢力が優勢とはいえ、「自由で民主的な基本秩序」を擁護しようとする政治勢力がなお現存し、両者が「憲法的秩序」の存廃を巡ってせめぎあっているようなとき、抵抗権を明定する実定憲法規範の裁判所による適用は可能であり、少なくともこのような場合、実定法上の権利としての抵抗権は実際的意味を持つと思われる。

(14) 例えばケルゼンは *Demokratie und Sozialismus* と題する論文の第五章でロック批判を試みている（この論文は Nobert Leser の序文を付し刊行された同名の論文集に収められている。参照を求める頁数は上記論文集のそれである）。ケルゼンは、「人間の自己規定という典型的自由」からロックは Eigentum (Property) を導出しようとしているとし、彼にあっては「自由こそが Eigentum の基礎である」と論じながらも、究極的にはロックの場合、「自由が背景に退いて Eigentum が全面に出ている」と主張している。『統治論第二篇』八七節中でロックが „sein Eigentum, das heißt, Leben, Freiheit und Besitz“ ('his Property, that is, his Life, Liberty and Estate') といっているのがその証左だ、とケルゼンは見ているようである。彼は八七節を引用しつつ、「Eigentum 概念が自由概念を包摂している。それ故、ロックが Eigentum の保全を『国家社会』の『究極的目的』と考えたのは驚くに値しない」と論じているからである（Vgl. H. Kelsen, *a. a. O.*, S. 91.）。ケルゼンがここにいう Eigentum のもとに ʻLife, Liberty and Estateʼ の三者、広義の Property を考えていたとすれば問題が無いが、どうもそうではないようである。殆ど間をおかず、「統治活動の究極目的が私有財産制 Privateigentum の保全であるとするならば、所有権 Eigentumsrecht は、政府によるも除去不可能ということになる」と言っているからである（Vgl. H. Kelsen, *a. a. O.*, S. 189f.）。ここから察するに、彼は先の Eigentum の語のもとに所有権を理解し、しかも、この所有権には「自由」が内包されていると解したものの如くである。ロックの Property という語の「ルースな使用法」は夙にゴフの非難するところであるが（cf. J. W. Gough, *John Locke's Political Philosophy*, p. 85.）ロックが ʻPropertyʼ を広狭両義に使用しているのにケルゼンが充分留意しなかったところから、ロックは一方では「自由」を狭義の Property の基礎としながら、最終的には Property を前面に押し出して「自由」を背後に退けた、と批判したのではあるまいか。だがロックは「自由」から所有権を導出したのではなく、「疑いもなく彼のものである労働 Labour」を人類の共有財産である自然の一部に投入することで、その一部が彼の物、彼による正当な支配の対象物と化したと主張したのであり（cf. *Second Treatise*, §§ 27, 28.）、ロックは、その意味では、個人の労働こそが「所有権の基礎」と見ていた、と言ってよい（参照、本書三三―三四頁、三六五―三六六頁）。また、ケルゼンは、「統治活動の究極目的」をロックは「私有財産制の保全」に在ると見ていると述べているが、これは誤解だろう（参照、本書四八頁註〈2〉、一〇四―一〇五頁）。なおケルゼンは、ロックは個人の「絶対的所有権 absolutes Recht auf Eigentum」を認めながらも「絶対的生命権 absolutes Recht auf Leben」を認めていないとし、「自分の生命を排他的に使用する人間の能力はその人間の自由と同一なのだから、ロックは所有権を自由権 Freiheitsrecht の上に置いている」という、私には理解し難い議論を展開している（Vgl. *a. a. O.*, S. 191.）。ここに引用した文章中でケルゼンは生命権と自由権とを同一視しているが、かかる生命権概念は、ケルゼンが自分のロック解釈を根拠づけるため引用している『統治論第二篇』一三九節にあっても前提されていると見られる生命権概念、生命保全を自己の正当な利益として主張できる法的能力という通常の生命権概念と異なるのではないかと思う。ケルゼンのロック解釈を理解し難いものにしている理由の一つは、この辺にあるようである。ロックは一三九節で、それに従ったなら戦死不可避な命令であっても部下は服従を拒めないが、こうした命令権者といえども、部下から一ペニーの財産たりとも奪い得ないと論じている。卒読すると、所有権は「絶対的権利」であるのに対し生命権の方はそうでないと彼は主張しているかのように思われる。だが、ロックが「絶対的権力」と「恣意的権力」を峻別していることに注意しなければならない。戦時には「絶対的権力」が必要とされ、全国民の広義のプロパティを外敵から防衛するために「絶対的権力」の行使として、上官は部下に対し生命の提供を要求できるが、このような国家目的達成と無関係な、部下の財産剥奪の方は「恣意的権力」の行使として許されぬ、というのがロックの真意である。曰く、「……〔戦死が当然予想されるような〕かかる盲目的服従は、そのためにこそ国家が権力を保持している目的、すなわち、〔受命者以外の〕爾余の人々の保全の目的にとって必要不可欠であるが、彼〔部下〕の財産の処分の方は、これと何ら関係がない」(*Second Treatise*, § 139.)。したがって、一三九節を根拠として、ロックは生命権よりも所有権を重しとしていたとの結論を引き出すことはできない。もっともケルゼンは、「所有権の保全は政府の目的」なので最高権力といえども本人の同意なしに財産を剥奪するのは不可能だということを強調した一三八節を、恰も一三九節と一体化して一つの節を成しているかのような、奇妙な引用の仕方をしている(Vgl. H. Kelsen, *a. a. O.,* S. 190.) ここから察すると、生命権の方は国家目的が要求するとき本人の同意を問題とせずに侵害できるが、所有権の方は何時いかなる場合であっても、本人の同意無しには剥奪不可能だという意味で「絶対的権利」である、とケルゼンはロックの所説を解したもののようである。しかし仮にロックが外敵からの全国民の広義のプロパティ保全という国家目的達成に必要不可欠の場合であっても、こと所有権に関する限り、本人の同意なしにはその剥奪は不可能と考えていたとするならば、非常識と言わねばならぬだけでなく、『統治論第二篇』六節の末尾で、財産 Goods は生命保全に役立つもの、したがって、生命に従たるものとロック自身が述べているのと矛盾をきたすことになるだろう。

第一部　ロック

Ⅱ　J・ロックの抵抗権概念

はじめに

筆者は先に宮沢教授の抵抗権概念、「合法的に成立している法律上の義務を、それ以外の何らかの義務を根拠として否認することを正当とする主張」[1]に対立させて、「国家機関担当者による憲法的秩序（その中核を成すのが人権保障）の破壊を阻止するため、それ自体としては有効な国家行為への受忍・服従を拒否する権利」[2]という抵抗権概念を呈示し、この意味の抵抗権であるならば実定法化が可能であること、[3]そして近代憲法でいう抵抗権はこの意味の抵抗権であるということを論じた。宮沢教授の抵抗権概念と筆者のそれとのいずれがより妥当であるかは近代立憲主義理論及びその実定法化としての近代憲法が抵抗権という語の下に何を考えているかによって決せられるだろう。[4]本稿の直接の目的は近代憲法の成立に多大の影響を与えたJ・ロックの政治理論における抵抗権概念が両者のいずれに合致するものであるかを検討し、以て先に展開した筆者の抵抗権論を補うにある。汗牛充棟のロック研究の文献中筆者が目を通すことができたのは引用したものを含めて極めて少数であるにも拘らず、このようなテーマを扱うのは内心忸怩たらざるをえないが、筆者の抵抗権概念の裏づけという観点からの筆者なりの「統治論第二篇」の読み方の呈示として幾何《イクバク》かの意義を持ちうることを願って小論を作成し、以て世良教授の学恩に対する謝意の一端を表明したい。

「統治論第二篇」のテキストとしては、Hafner Library of Classics の *Two Treatises of Government*, edited with an introduction by Thomas I. Cook を使用し、邦訳としては宮川透訳「統治論」(『世界の名著27』)を参考にして多大の便宜と御教示を得たことを謝す。

(1) 宮沢俊義『憲法II』有斐閣法律学全集4 一三七頁。
(2) 本書三〇二―三〇三頁。
(3) 本書三〇三―三〇五頁。
(4) 本書三〇七頁。

一　権利宣言と社会契約論

典型的な近代憲法――理想的意味の憲法――は権利宣言と統治機構の部 frame of government とから成り、前者は「国家の創設者たる、本来的には自由で制約されることのない個人の権利」を定め、後者は「諸個人の被造物たる〔国家〕団体の法」を定めて「憲法典の第二部」として前者に後続するという形式をとっている。[1] その本来的語義よりすると憲法 Verfassung とは誰が法を定立、適用、執行すべきかを定めることによって国家を組織する諸規範であるから、[2] 統治機構の部こそが権利宣言に優先しなければならないはずであるのに、逆に権利宣言の方が先行しているのは、国家に比して個人をより根源的であるとする特定のイデオロギー、[3] 個人主義が近代憲法の大前提を成しているとみることによって始めて説明可能である。「国家から独立の信仰の自由権が存するという確信こそが個人の不可譲の諸権利がそこから分化する原点である」、「個人の不可譲、生得かつ神聖な権利を法律によって確定するという考え方は……宗教的起源を持つ」とし、個人主義的な自然法論が権利宣言の成立に及ぼした影響を低く評価しようとするG・イェリネックもその[4]『公権論』中では、大多数の憲法典が人権宣言を「国家組織についての規定」に先行せしめているのは近代憲法の目的が国家成員に留保された始源的自由の持分と国家支配力との間に厳格な境界線を引くにあるに由来し、しかも更に遡れば、こうした近代憲法の考え方は社会契約論に発するという事実を指摘している。「自然法〔論〕は以下の如き重大な問いを発する。国家は如何にして法的、倫理的に可能であるのか、何によって国家は自己を正当化しうるのか。そしてしかも古代、中世の考え方とは極めて対照的に自然法的思想にとって始源的 ursprünglich とみられる個人、自由な自己規定により自己の目的のために国家秩序を自分自身のうちから創出するところの個人の前に正当化しうるのか。国家はすべての人間の作品と同様に個人によって創出され、専ら個人の目的のために存する。個人の目的が許容する限りでのみ自然的自由の制限が正当化され必要とされるにすぎず、この制限自体、個人の生存を保障するための強制を差し引いた残余の自然的自由の享受を個人になさしめるためのものである。[5]」

　ここで引用した文章中でイェリネックは自然法 Naturrecht という語を用いているが、古代や中世の考え方と異なって個人を始源的なものとみる自然法といっているのだから、自然法論一般ではなくて近世の個人主義的色彩の強い自然法論を指していると思われる。[6]そして彼はこの自然法論は国家は何によって個人の前に自己を正当化しうるのかという重大な問いを発するという。この問いこそはまさに合理的に理解された社会契約論、「人間は自由なものとして生まれた。しかもいたるところで鎖につながれている。……どうしてこの変化が生じたのか？　わたしは知らない。何がそれを正当なものとしうるのか。わたしはこの問題は解きうると信ずる」[7]というルソーの周知の言葉に要約される社会契約論が自ら提起し、これに答えようとした問いに他ならない。

社会契約論は個人主義を前提とする。イェリネックの語を借りると個人を始源的なものとみる立場を前提とする。「始源的なもの」というのは単に個のみが真の実在であるとする唯名論的な認識判断の表明に尽きるものではない[8]。個人のみが真の実在というに止まらず、同時に個人は最高の価値の担い手であるとする価値判断の表明でもある。イェリネックが国家権力の特性としてその始源性を挙げているのに対し[9]、Ｈ・ケルゼンは「私が最高と前提する価値が始源的なのである……[10]」と述べ、始源性と最高の価値とは同義であることを指摘しているが、このことはこの場合にもあてはまる。個人を始源的とみることは個人を以て最高の価値の担い手とみることである。個人が最高の価値の担い手と前提されるからこそ始めて「国家は如何にして法的、倫理的に可能であるのか。何によって〔個人の前に〕国家は自己を正当化しうるのか」という問いを有意味に提起できるのである。このことは、個人主義と対立する全体主義が前提されるならば、全体の一種たる国家による個人支配は国家自身に固有する最高価値によって既に正当化されており、社会契約といったものによる正当化を要さないという一事を考えてみれば明らかであろう。個人が最高の価値の担い手と前提されるが故に、論理必然的に個人より価値が劣るはずの国家が何に基づいて自己の個人支配を正当化しうるのか、本来的には主権者である個人を支配する国家権力を正当化するものは何かという問いが有意味に提起されるのである。社会契約論者はこの自ら提起した問いに対し、社会契約を通じて表明された、国家支配に服するについての個人の同意こそが個人に対する国家支配を正当化すると答える。社会契約論はいわば個人の自己拘束説である。

以上述べたところから、イェリネックにあっても『公権論』では、権利宣言の思想的淵源がＪ・ロックにその代表的主張者を見出す近代自然法論の系譜に属する社会契約論に求められていることが知られる。人権の歴史の出発点を成す十八世紀アメリカ諸州の権利宣言[11]はまさに「社会契約の文書による公証[12]」に他ならず、「法秩序の効力は究極するところ個々人の自由意志に基づくという考え[13]」であるところの社会契約論が成り立つための論理的前提は先述の理由により個人の主権の想定、個人主義である。ロックの社会契約論が果たしてここに素描した社会契約論の理念型に適合するものか否か。もし適合するとするならば、彼の抵抗権概念も社会契約論のいわば原点たる個人主義という特定のイデオロギー擁護のための抵抗の権利ということになることが予想されるが、果たしてそういえるものかどうか。これらの諸点に的をしぼって以下の章でロックの政治理論の検討を試みることにする。

（1） G. Jellinek, Erklärung der Menschen- und Bürgerrechte, *Zur Geschichte der Erklärung der Menschenrechte*, herausgegeben von Roman Schnur, S. 65.

（2） Vgl. W. Burckhardt, *Methode und System des Rechts*, S. 132f. 尚、G・イェリネックは国家団体の憲法は「国家の諸最高機関を示し、その創設方法、それら相互の関係とそれらの活動圏域を定める諸法規、更には個々人の国家権力に対する原則的地位を定める諸法規」から構成されるとし、統治機構の部の方を権利宣言に優先せしめている（Vgl. *Allgemeine Staatslehre*, 3 Aufl., S. 505）。ケルゼンも、「何にもまして国家秩序の形成による法規範を創設するための諸準則、立法機関と立法手続についての諸規定こそ固有にして始源的な、そして狭義の憲法概念である」と述べ、憲法概念において権利宣言が占める地位は第二次的なものにすぎぬとみている（Vgl. Wesen und Entwicklung der Staatsgerichtsbarkeit, *Veröffentlichungen der Deutschen Staatsrechtslehrer*, Heft 5, S. 36.）。

（3） cf. L. Strauss, *Natural Right and History*, p. 183.

（4） Vgl. G. Jellinek, Erklärung der Menschen- und Bürgerrechte, *Zur Geschichte der Erklärung der Menschenrechte*, herausgegeben von Roman Schnur, S. 61, S. 53. 尚、イェリネックが同書で近代自然法論の権利宣言の成立に及ぼした影響力を低く評価しようとしていることは Vgl. *a. a. O.*, S. 38, S. 5, 7, S. 59f.

（5）G. Jellinek, *System der subjektiven öffentlichen Rechte*, 2 Aufl., S. 94f.
（6）新明正道『社会学の発端』四一－四二頁。
（7）ルソー『社会契約論』桑原・前川訳（岩波文庫）一五頁。
（8）オークショットは「社会の合理的理論」としての個人主義の淵源は中世後期のノミナリズムに求められるとし、ホッブズは何びとにもましてこの伝統を継承し近世世界にこれを適合せしめたといっている（cf. M. Oakeshott, *Hobbes on Civil Association*, p. 60.）。だが、個人を自己目的とみなし、個人の幸福とその人格の全面的発展に究極の目標をみる倫理的－政治的個人主義と、現実に存在するのは個のみであって、普遍的なもの、一般的なものは実在ではないとする論理的（理論的）個体主義、ノミナリズムとは区別されねばならぬ。本文で個人主義というときは倫理的－政治的個人主義を指す（Vgl. H. Schmidt, *Philosophisches Wörterbuch* 13 Aufl., S. 276; Eisler, *Wörterbuch der philosophischen Begriffe*, 4 Aufl., S. 730）。
（9）Vgl. G. Jellinek, *Allgemeine Staatslehre*, 3 Aufl., S. 490.
（10）H. Kelsen, *Das Problem der Souveränität*, S. 57f.
（11）Vgl. C. Schmitt, *Verfassungslehre*, S. 157. 尾吹訳、九六頁。
（12）H. Kelsen, *Allgemeine Staatslehre*, S. 155.
（13）H. Kelsen, *a. a. O.*, S. 154.

二　ロックの自然状態論

ロックは「統治論第二篇」を、政治権力の淵源を尋ねるためには「すべての人々が自然的には如何なる状態にあるかを考察せねばならぬ」（§4）として自然状態 state of nature の考察から出発させている。彼によれば、自然状態とは、「許可を求めたり、もしくは如何なる他人の意志にも依存することなく、自然法 law of nature の範囲内で自己の行動を律し、自己の所有物と身柄とを処分できる完全に自由な状態 state of perfect freedom である。

また、ここにあっては何びとも他人よりも多くの権力と支配権を持つことがなく、権力と支配権がすべて相互的であるような平等の状態である」（§4）。

自然法の範囲内での諸個人の自由かつ平等な状態、これが彼の考える前国家的自然状態である。ここで疑問が生ずる。彼が自然状態について述べていることは言明 Aussage か否かということである。換言すれば自然状態における個人の自由と平等というのは歴史的事実の記述なのかどうかということである。彼の主観においてはそれが言明であることは、「……このような自然状態に人間は現に何処であるのか、もしくは嘗てあったのか」という問いに対し、「全世界の独立した政府のすべての君主と支配者は現に自然状態にあるのだから、世界は今までも、また今後も多くの人々がこの状態にいないといったことがありえないのは明白である……」（§14）と答えているところからも明らかである。だが、国家成立以前の人間の自由とか平等とは何を意味しうるか。自由という語の下に事実上の強制の欠如を解するならば、この意味の自由を前国家的自然状態の人間が享受しえたとは全く考えられない。人間以外の自然からの強制はもとよりのこと他の人間からの強制も当然存したはずである。したがって自然状態で人間は自由であるというときの自由は事実的強制の欠如の意味での自由ではありえない。この命題にいう自由とは、個人の同意に基づくが故に正当とみられる統治権力が存在していないという意味での自由と解される（cf. §22）。前国家的自然状態にあっては諸個人の合意によって設立される統治権力は未だ存在せず、個人は他者の命令に従う義務がないという意味で、彼は自由なのである。そして、このようにこの命題を理解することが正しいとすると、この命題は個人主義という規範に既に含まれている結論を引き出したにすぎぬもの、その意味では個人主義という規範の単なる言い換えにすぎぬということになる。個人が最高の価値の担い手として尊重されるべきだとすれば、論理必然的に、個人の同意のみが統治権力を正当化しうる、諸個人の合意に基づく統治権力が設立されるまでは個人は「自由」だということになるからである。以上の理由で筆者は、自然状態において、人間は自由であるとか人間は生まれながらにして自由であるという命題は個人主義という規範の言い換えであると考える。個人主義の正しさを認める者にとってのみ、自然状態における人間の自由が「自明」であるにすぎぬ。

自然状態における個人の平等についても先に述べたことが適合する。これも言明ではありえない。ホッブズは人間は本来平等であるというテーゼを意識的に言明として主張しているが、(2)「肉体的強さ」と「精神的諸能力」について人々の間に存する差異は否定できない。例えばホッブズと筆者とでは精神的能力において天地の懸隔がある。ロックの場合は彼の言からしても既に言明として主張しているのかどうか疑わしい。自然状態における人間の平等というテーゼを次のように根拠づけているからである。「……同じ種、同じ等級の被造物は、自然の同一の恵みに与《アズカ》り同じ能力を発揮するよう差別なく生まれてきたのだから、彼等の主であり支配者たる神が何らかの明示の意示表示によって一者を他者の上に置き、明快な指定によって疑う余地のない支配権と主権を彼に付与するのでなければ、すべての者は相互に平等で従属や服従がその間に存すべきでないことは明瞭だからである〔傍点筆者〕」(§4)。即ち、神の明示の授権がない限り本来諸個人間に正当な支配−服従関係は存しない、その意味で人間は本来平等であるといっているのだから、ここにいう平等とは正当な支配関係の不在の意味に他ならず、したがって先に指摘した意味での自由と全く同義であり、(3)自然状態における人間の平等という命題も、自然状態における人間の自由と同じく、個人主義という規範の言い換えにすぎぬことになる。

以上述べたことを別の角度から裏づけしてみよう。ホッブズもロックも国際社会は現になお自然状態にあるとしている。「……すべての国家は相互に自然状態にある……」(§18)。これをみると自然状態を前国家的状態と規定するよりも個の同意に基づく正当な統治権力が存しない状態と規定する方がより適当と思われるが、それはともあれ、前国家的自然状態における個人に対応するのは国際社会における主権国家だということになる。主権という語は多義的であるが、国家権力の特性たる最高・独立性を意味することがある。ところで、最高とか独立というのは事実自体の持ちうる性質ではありえない。自然科学的考察にとっては最高・独立の存在といったものはありえず、すべてのものは因果則の支配を受けると共に相互依存的である。最高・独立は事実そのものに固有する性質ではなくて、人々が特定対象に付与する主観的意味である。多くの人々は国家と名づけられている対象を何等かの原因によって最高・独立と承認するが故に、活動態としての国家である国家権力は主権的とされるのである。(4) 或るものの最高・独立性の承認はそのものの最高価値の承認と同一であるから、国家権力の最高・独立性の承認は国家の最高価値の承認に等しい。前国家的自然状態における個人の自由・平等と国際社会における国家の主権、この両者はパラレルであるから、自然状態において個人は自由・平等であるという命題は、これを自然状態において個人は主権者であると言い換えることが可能である。そして自然状態において個人が主権者であるとは、かくいう人が何等かの原因により個人の最高価値を承認しているということ、個人主義という規範を是認しているということを意味し、この命題自体は個人主義の言い換えだということになる。

以上述べた理由で自然状態における人間の自由・平等というテーゼは、ロックにあっても言明ではなく、個人主義に対する彼のいわば信仰告白とみなければならぬ。ロックが「統治論第二篇」を自然状態論から出発させているのは偶然でない。個人主義という規範の妥当性の想定なくしては第一章で述べた如く社会契約論は有意味な議論となりえないからである。ギールケの次の言は一定の条件の下で支持できる。「……社会契約論は前国家的自然状態の想定から出発する。この前国家的自然状態の細部の叙述に関してはもとより社会契約論〔者達〕は果てしない論争に陥っていたが、人間の始源的な自由と平等、そしてここから生ずる個人の元来の anfänglich 主権という考え方では一致していた」[5]。ここでいう始源的とか元来の、という形容詞は多分に時間的意味を含んでいるが、ここから時間的要素を抜き去って純粋に価値的なものとして解釈し直すならばギールケの指摘は正しいと思う。

もっとも、自然状態において個人は自由であるといっても、ロックの場合、ホッブズと異なり、人間は自然法の規制を受け、自然法の範囲内での自由に止まる。この自然法とは何であり、自然権と如何なる関係に立つのか、また、自然法による規律とロックの個人主義[6]とはどのようにして調和できるのか等の問題については章を改めて検討する。

（1）　ケルゼンは客体を記述する命題を言明と呼び規範と峻別している（Vgl. *Reine Rechtslehre*, 2 Aufl., S. 76）。規範もまた客体として記述の対象となることが可能であり、規範をその記述の対象とする言明はSollaussageであり、法規範を記述の対象とする言明をケルゼンは特に法記述命題 Rechtssatz と名づけている。本文で言明といっているのは正確には Seinsaussage である（Vgl. *a. a. O.*, S. 81f.）。

（2）　cf. Hobbes, *Leviathan*, chap. XIII テキストとしては Everyman's Library の Hobbes, *Leviathan*, introduction by A. D. Lindsay を使用し、邦訳書としては永井、宗片訳（『世界の名著23』）を参照し御教示を得たことを謝す。

（3）　シュトラウスは「自然的自由と自然的平等とは相互に不可分である。すべての人間が生まれながら自由であれば、何びとも生まれながらにして他人に優越する者ではないから、すべての人間は生まれながら互いに平等である」（L. Strauss, *Natural Right and History*, p. 118）と述べているが、筆者は、本文に示した理由により自然状態における人間の自由と平等とは全く同義であると解する。

（4）　主権について本文で述べたことは筆者の理解しうる限りでのケルゼンの考えである（Vgl. *Allgemeine Staatslehre*, S. 102 f.；清宮訳『一般国家学』一七〇頁以下、*Das Problem der Souveränität*, S. 14ff.）。尚、参照　拙稿「近代ドイツ国家学における主権論の展開㈠」新潟大学法経論集四巻一号九頁以下。

（5）　O. v. Gierke, *Johannes Althusius*, S. 107. 尚、本文で引用した箇所に続けてギールケが自然状態における個人の自然法による拘束が個人の主権の否定を意味するものではないのは国際法による国家の拘束が国家主権の否定を意味するものでないのと同様であると述べているのは注目に値する。

(6)　小論はロックを以て「個人主義者のプリンス」と把握する伝統的ロック理解に立脚しているが、このようなロック理解に対し鋭い批判を加え、ロックを以て an extreme majority rule democrat、「国家の形而上学的理論」の先駆者とみるのがW・ケンドルである (cf. W. Kendall, *John Locke and the Doctrine of Majority Rule*, p. 63 pp. 104-105)。ケンドルの主張には傾聴すべきものがあるが、他方聊か牽強附会の感なしとしない。例えば、ケンドルは「統治論第二篇」の五七節の一部を引いて、ロックがここで「法の目的は自由を廃止もしくは拘束するにあるのではなく、自由を保全し拡大するにある」と述べているのを捉えて、ここからホッブハウスが国家の形而上学的理論の精髄と形容しているところの主張、即ち、自由は拘束の不在よりはむしろ拘束の存在中に存するという主張が看取できるとしているが (cf. *op. cit.*, p. 105)、ロックがこの節でいっている自由とは彼自身が規定する如く「……他人から拘束や暴力を受けないこと……」(§57) の意味での自由なのだから、この意味の自由が強制秩序としての法なくして考えられぬのは余りにも当然というべく、これをしも国家の刑而上学的理論というのであれば、アナーキズム以外の政治理論はすべて国家の形而上学的理論ということになるであろう。「……個人主義はロックがその一員であった新教徒による個人の魂の最重要性の強調と合致する。またそれは個人並びに個人自身の感覚使用によって獲得される智識に中心を置く点で個人主義的な、『人間悟性論』中で展開された彼の哲学と適合する」とゴフは述べているが (J. W. Gough, *John Locke's Political Philosophy*, 2nd ed., p.51)、この見解は妥当である。

三　ロックの自然法と自然権《プロパティ》

ロックはいう、「自然状態は自然状態を支配する自然法を有し、自然法は万人を義務づける。この法であるところの理性は、全人類がこれに相談しさえするならば、すべての人は平等で独立なのだから、何びとも他人の生命、健康、自由 liberty もしくは所有物 possessions を害すべきでないということを教えてくれる。何となれば人間はすべて唯一の全智全能の創造主の作品――すべて神の命によりこの世に送られ神の御業に仕えるところの唯一主権的な支配者の僕《シモベ》であるから、人間は神の創り給うたものとして神の所有物であり、神の御心のままに長らえるべく、その生存は人間相互の随意にまかされるべきものではないからである。そして、同様な能力を持ちつつすべての人間は自然という一つの共同体に参加しているのだから、あたかも人間より劣る被造物に対する如く我々相互が利用しあえるかのように、他人を滅すことを吾人に可能ならしめる如き如何なる服属も吾人間に存すると想像することは不可能である。すべての人は自己自身を保存し恣意的に自分の持ち場を離れぬよう拘束されているので、同じ理由ですべての人は自分自身の保存が脅かされないときは能う限り人類の他の部分を保存しなければならず、加害者を裁くときを除いては他人の生命もしくは生命の保全に役立つもの、即ち、他人の自由、健康、四肢または所有物を奪い去ったり傷つけたりしてはならぬ〔傍点筆者〕」（§6）。

彼の考える自然法の性質と内容を検討するため敢えて長きにすぎる引用を試みたが、ここから次のことが知られる。

第一に、自然法の内容または理性の命ずるところは、正当防衛または自然法違反者に対する制裁の場合を除いては、何びとも他人の生命、健康、自由もしくは所有物を侵害してはならぬということである。ロックは property という語を所有権もしくは所有権の客体としての物の意味に用いたり（e.g. cf. §138, §139, §140）、また生命、自由、所有物の三者を指示するのに用いたりしている（e.g. cf. §87, §123）。いま後者の意味でプロパティという語を用いるならば、彼の自然法の内容は他人のプロパティを害すべからずということになる。K・オリーヴェクローナはロックのプロパティはグロティウスやプフェンドルフの suum（彼自身のもの）に当たるという。即ち、「或る人に属するもの」というのがロックの用いる property とか propriety という語の本来的意味であり[1]、疑いもなく彼自身のものである労働がそこに混合することによって彼自身のものと化した有体物（cf. §27）、所有物にもまして生命や自由はより一層その人に属するもの、プロパティなのである。ロックの自然法の内容が上述の如きものだとすると、彼の自然法は、古来、自然法とされてきた「各人に彼のものを suum cuique」という定式中の suum を個人の生命、自由、所有物に規定したものといってよいだろう。彼の自然法の特殊性は suum に所有物 estate, fortunes, goods を加えた点に求められる。[2] 彼の自然法は不作為を、suum cuique は作為を要求しているという点で異なるようにみえるが、この点もまたオリーヴェクローナによると suum cuique は十七世紀の自然法論者によって suum を害すべからずというように消極的に解されてきたという。[3] この指摘が正しいとするならば、ロックの自然法は所有物を suum に加えた点を除くと従来の自然法と異なるところがないということになる。[4]

第二に、ロックは自然法の効力根拠を神の意志に求めている、或は、より端的には彼の考える自然法は神意である。何故、各人は相互に各人のものを尊重し侵害してはならぬのかという問題について、人間は神の被造物として神意実現のため地上に生まれた者ゆえ、各人に神から与えられ、その意味で彼自身のものは他の人間の恣意に委ねられるべきではないと説明しているからである。したがって「自然法の究極の根源は神の意志」であり、「自然法論は意識すると否とを問わず形而上学的―神学的基礎を持つ」とするケルゼンの指摘はロックの自然法論についても適合する。[5] ロックの自然法は神意であり（cf. §135）、その故にこそ永久不変で普遍妥当性を持つことができ、自然状態においても真の意味での拘束力を有し万人を義務づけることが可能なのである。ホッブズも自然法について語るがロックのそれとは性格を異にするように思われる。ホッブズの自然法は「己の欲せざるところ人に施すなかれ」という定式に要約されるが、[6] 彼によれば、「この理性の命令を人は法の名で呼びならわしているが、それは正しくない。何故ならばこれらの命令は、何が人間の自己保存と防衛に役立つかの結論ないし定理であり、他方、法とは、本来、権利によって他を支配する者の言葉」[7]だからである。ホッブスは実定法のみが法であるという法実証主義の立場から自然法の法的性格を否定しているが、ここで注目されるのは、彼は自然法を理性の命令としながらも「何が人間の自己保存と防衛に役立つかの結論ないし定理」だと述べている点である。今理性を仮に理論理性と実践理性とに分けるならば、彼がここでいっている理性とは理論理性であり[8]、彼の自然法は自己保存と防衛を価値と前提するならば、この価値を実現するためにはどのように行動するのが合目的的であるかについての認識判断の表明、言明の一種ではないかと思われる。「健康たらんとすれば早起きすべし」という命題と同じくホッブスの自然法は規範ではなく、したがって真正の義務を万人に課しうるものではない[9]。このことは、彼の自然法は自己保存と防衛を価値と認めない者、自己保存と防衛の意欲を持たぬ者に対しては拘束性を有しえない性質のものであることを考えれば明らかであろう。彼の自然法は外的権力による保障の欠如という彼自身が述べる理由からだけでなく、規範ではなくて言明だという理由からも法の名に値しない。ゴフが「ホッブスは自然法を理性的分別や処世訓と全く同一視することによって、契約上の真正の政治的服従義務が依拠するところの基盤を切り捨ててしまった」[10]と述べているのは首肯できる。これに反して、ロックの自然法は真正の法である。少なくともロックの主観においては、それは自然状態においても適用、執行可能であるという理由だけからでなく、言明ではなくて規範だという理由からも法の名に値する。しかもそれは神意として自己保存と防衛の価値を認めない者、自己保存と防衛の意欲を持たない者をも拘束し義務づける（cf. §168）。ロックは自然法と理性とを同一視しているが、この場合の理性とは立法者である理性、実践理性 ratio practica であるだろう。理論理性は認識するのみであって、人間に対しどう行動すべきかを命ずるものではない。万人に「他人のもの alienum」を害すべからずと命ずる理性、このような規範の定立者たる理性は、意志と同一視される実践理性とみなければなるまい[11]。

自然法は理性と同一視されることによって個々人を超越する他律的規範でありながら同時に個々人に内在化せしめられる。その結果、自然法の範囲内での個人の自由は理性的存在としての個人の自由、自律となる。ロックがその主権を承認している個人は理性的存在としての個人であり、彼の個人主義は理性的存在としての個人を最高の価値の担い手として尊重すべしとする規範である。自然法による個人の拘束は理性による個人の自律であって真の意味での他律的拘束ではない。したがって生まれながらにしての人間の自由とは理性的個人の自律の要請に他ならない。もっとも、人間の不完全さはロックの認めるところであり、不完全で可謬的存在としての人間にとっては自然法ないし理性は他律的拘束と感じられるであろうし、また、自然法の意味内容実現のため自然法違反者に対する制裁が必要であることは彼の明示的に認めるところである。

次に、自然法と自然権 natural right, right of nature とはどのような関係に立つのかをみてみよう。ホッブズは自然権 right of nature, ius naturale を定義して「各人が自分自身の自然、換言すれば自分自身の生命のため彼自身の力を自ら欲するように使用する自由 liberty、したがって彼自身の判断と理性においてこのために最も適した手段だと考えるすべてのことをなす自由である」と述べ、しかも法と権利とは厳に区別されねばならず、両者間には「義務と自由の如き差異がある」という。[12] 自分の生命を維持するため主観的に必要と考えることを何でもする自由というのは虎が自分の餌食に権利を持つという類であろう。[13] ホッブズの自然権は自然状態にあっては、人間の自然的自由を制限する一切の権威——他の人間であれ、一般的規範であれ——が存在しないということの言い換え、いわば生存欲の主体としての個人の主権の承認にすぎぬ。

シュトラウスはロックのことを「近代自然権論者 modern natural right teachers 中最も有名であり影響力ある人」と評しているが、[14] ロックが「統治論第二篇」中で natural right という語を使用しているのは、筆者の気づいた限りでは四箇所にすぎず、しかもシュトラウスが考える自然権、そしてまた通常この語の下で考えられている自然権とは異なった意味においてである（cf. §1, §76, §82, §115）。通常の自然権概念に当たるのはロックのいわゆるプロパティであろう。個人の生命、自由、所有物は彼自身のものとして自然法により神聖不可侵とされることによって彼の自然権なのである。プロパティこそが優れて自然権である、或は少なくともロックが考える自然権中での主要部分である。ロックの自然権はホッブズのそれと異なって通常の意味の権利とみられる。自然法はすべての人々に他人の生命、自由、所有物を侵害しないことを義務づけ、この義務に対応して各人は自己の生命を保持すること、彼のものたる自由を享受すること、彼の労働を混合することによって彼自身のものと化した有体物を排他的に使用、収益、処分することを自己の正当な利益として主張することができ、先ずその意味で、各人は自己の生命、自由、所有物をいわば客体とする権利を有する。のみならず、自然状態においては自然法の適用－執行権は各人が持つのだから（e.g. cf. §125）、自然法の適用としての「……個別的法規範の創設に参加する法的能力」[15]という意味での権利、技術的意味の権利をも各人が有する。ホッブズは権利と法とは別物であって、両者は峻別されねばならぬと主張しているが、およそ法なくして権利を考えることは不可能であり、法は権利に先行する。権利は法によってその利益が保護されると共に利益実現への主体的関与が認められている人の立場からみられた法、その意味で彼の法、主観的法 subjektives Recht であり、法の主観的現象形態 subjektive Erscheinungsform の一種である。[16]一般に「Aは……の権利を有する」という命題は一定の法の一定事実への適用の結果の表明、「法の結論」の表示であり[17]、人間は一定の自然権を有するという命題もロックの考える自然法の結論の表示である。ホッブズの自然権も通常の意味の権利と解する余地がないではない。ただし、そのためには「各人は自己の生命を維持するのに必要と考えるすべての事をなすべきである」という規範こそが基本的で第一の自然法とされねばならず、この自然法の適用の結果として各人はホッブズのいわゆる自然権を持つということがいわれうるのである。もっとも、この規範は自己保存の本能の絶対的価値の言い換えだから、この価値を否定する人間にとってはホッブスの自然権は権利ではないし、また、このような自然権から導出されるとされる彼の自然法も普遍妥当性を有する規範、真の意味での自然法ではないことになる。ロックの自然法は、これに反し、神意として普遍妥当性を有する真正の自然法、そしてプロパティもこの自然法の主観的現象形態としてまさしく権利なのである。

　自然法の規律を受け、その結果として各人が自然権《プロパティ》を有する自然状態から国家状態への移行の必要性、そしてこれを媒介する社会契約の性質と内容についてロックが語るところの紹介と検討とは章を改めて行なう。

（1）cf. K. Olivecrona, The Term ‘Property’ in Locke’s Two Treatises of Government, *ARSP*, LXI/1, p. 113.

（2）人間の自然権中に所有権を加えたのはロックの「重要な新機軸」であって、それまで絶対主義者も契約論者も私的所有権は国家と共に発生したと考えていたとゴフは述べている。cf. J. W. Gough, *The Social Contract*, 2nd ed. p. 140. 尚、Vgl. O. v. Gierke, *Johannes Althusius*, S. 115.

（3）Vgl. K. Olivecrona, Das Meinige nach der Naturrechtslehre, *ARSP*, LIX/2, S. 197.

（4）cf. K. Olivecrona, The Term ‘Property’ in Locke’s Two Treatises of Government, *ARSP*, LXI/1, p. 114. シュトラウスはロックの自然法はホッブスの自然法と同じく「人間の相互保障」もしくは「人類の平和と安全に関しての理性の指図の全体」にすぎず、「語の真正な意味での自然法」でないとするが（cf. L. Strauss, *Natural Right and History*, p. 228, p. 220）、本文で示す理由により従うことができない。

（5）Vgl. H. Kelsen, Zum Begriff der Norm, *Festschrift für H. C. Nipperdey*, I, S. 62, S. 60.

（6）Hobbes, *Leviathan*, chap. XVII.

（7）Hobbes, *Leviathan*, chap. XV.

（8）cf. Hobbes, *Leviathan*, chap. V.

（9）　Vgl. H. Kelsen, *Reine Rechtslehre*, 2 Aufl., S. 24. ケルゼンは「健康たらんとすれば早起きすべし」という命題にいう「べし ought to」は道徳規範の Sollen とは異なり、原因としての手段と結果としての目的との間の因果的必然性 Müssen を意味するものとし、H. Sidgwick がこの命題は「早起きは健康の不可欠の条件である」という命題と性質を異にすると主張しているのに反対して、両者は同義であると述べている。筆者も両命題は同義であると考えるが、こうした考え方が正しいとすると、この命題は存在についての言明 Seinsaussage ということになるだろう。規範と異なって言明は検証可能であり、「健康たらんとすれば早起きすべし」という命題は言明の特性たる検証可能性を持つからである。

（10）　J. W. Gough, *The Social Contract*, 2nd ed., p. 112.

（11）　Vgl. H. Kelsen, *a. a. O.*, S. 421. 「統治論第二篇」においてロックが自然法と同一視している理性は実践理性ではあるまいかという筆者の考えは以下に紹介するケルゼンの主張に基づく。およそ理性は人間の認識作用であって、規範定立により対象は認識されるのではなくして何かが当為として要請されるのだから、規範定立は認識ではなく意志の作用である。したがって規範を定立する理性とは認識すると同時に意欲する理性であり、これが実践理性という矛盾した概念である。この概念は理性法論としての自然法論と倫理学において大きな役割を演じているが、宗教的－神学的起源を持つ概念である。既にキケロが自然法の創造者としての「正しい理性 recta ratio」について語っており、しかもこれと神とを同一視している。T・アキナスは自然法の源である人間の理性、実践理性 ratio practica とは人間に宿る神の理性であるとし、しかも神の理性は神意と同一であると説いている（Vgl. *a. a. O.*, S. 415ff.）。ケルゼンは言及していないがキケロの recta ratio は更に遡ればゼウスと同一視される ὀρθὸς λόγος《オルトス　ロゴス》, rechte Vernunft である（Vgl. H. Welzel, *Naturrecht und materiale Gerechtigkeit*, 1 Aufl., S. 40）。ロックが自然法と理性と神意との三者を同一視するとき、その理性とは人間に宿る神の理性にして神意と同一視されるT・アキナスの ratio practica、キケロの recta ratio、クリュシッポスの ὀρθὸς λόγος ではないだろうか。ゴフの次の言は上述の見解を或る程度裏づけてくれよう。「自然法は優れて理性法である。理性は他の被造物が持たぬ特殊人間的能力であった。のみならず理性は人間が神と分ち持つ能力であり、『人間のルールとして』神によって人間に与えられたものであった〔傍点筆者〕」（J. W. Gough, *John Locke's Political Philosophy*, 2nd ed., p. 4）。

（12）　Hobbes, *Leviathan*, chap. XVI.

（13）　cf. J. W. Gough, *The Social Contract*, 2nd ed., p. 105.

(14) L. Strauss, *op. cit.*, p. 165.
(15) Vgl. H. Kelsen, *a. a. O.*, S. 149. 自然状態において各人が有する権利は本文で示した理由により単なる法の反射 Reflexrecht たるに止まらず、「……判決定立への手続を開始せしめる……法的能力」(H. Kelsen, *a. a. O.*, S. 141) でもある。
(16) Vgl. H. Kelsen, *Hauptprobleme der Staatsrechtslehre*, S. 619f., cf. A. Ross, *On Law and Justice*, p. 175.
(17) H・L・A・ハートは「Aは権利を有する」という statement は明言されていないルールと明言されていない事実との双方から「法の結論」を引き出すのに使用される statement であって、法的計算の結果を記録するものだという (cf. Definition and Theory in Jurisprudence, *The Law Quarterly Review*, vol. 70, p. 43)。特定の一般的法規範の特定事実への適用の結果を表示するのがこの種の statement の機能だという趣旨であろう。

四　ロックの社会契約論

人間が完全に理性的に行動することができるならば強制機構を要せずして自然権《プロパティ》をその全き姿で享受しつつ平和的な共同生活を営むことが可能なはずである。かくては国家は余計なもの、否、有害なものであるだろう。「国家に敵対的な過激主義は人間性の徹底的な善に対する信仰と正比例する」(1)。ロックは人間を理性的存在と規定はするが、他方、その不完全さを認める。「……自然法はすべての理性的被造物にとって平明で解かり易《ヤス》いものであるが、人間は彼らの利益関心によって歪められ、また、自然法の研究不足のために彼らの特殊なケースへの自然法の適用の段になると自然法の自分達への拘束をとかく認めたがらない」(§124)。怠惰による自然法の無知と利己的関心が多くの人々の理性に従っての行動を不可能にする。そのため自然状態においても違反者に対する制裁によってその実効性が維持される必要がある。自然法違反者に対する制裁を定める法、これも自然法、いわば第二次自然法であるが、ロックはその内容の詳述を避けている。第二次自然法は理性的人間にとって「国家の実定法と同様解り易く平明である……」と流し、僅かに殺人に対する制裁が死刑であることを示すに止まる（cf. §12, §11）。自然法の適用－執行権を何びとが有するか――自然法の適用－執行権者を定める法も第三次自然法である[2]――という問いに対しては「……自然状態においては各人が自然法の裁判官であると共に執行官である……」（§125）と答える。されば自然法のみによって規律される自然状態という社会は極端な分権主義の社会である。すべての人々が自然法の適用－執行権を自然的権力として有する社会である。彼は人間の不完全性から生ずるこの種の社会が持つ欠点を三つ指摘する。その一は、立法者が特定していないので裁判規範の機能を果たすことができる、「人々の共通の同意によって受容され承認されている確立された周知の一定の法が存しない」ため、無知や利己心から自然法の自分達への拘束を認めない者が出てくるということである（cf. §124）。その二は、公的権威を以て紛争を裁断する「周知の公平な裁判官」を欠き各人が裁判官且つ執行者であるため、「人間は身勝手なので自分自身のことになると熱中しすぎて激情と復讐心が彼等を極端にまで駆り立て、他人のことになると怠慢と無関心さとが彼らをいい加減にし勝ちだ」ということである（cf. §125）。その三は、正しい判決がくだされても、「これを支援し支持して適正に執行する権力を欠くことが屢々ある」ので執行に対する抵抗が「多くの場合、処罰を危険なものにし、屢々処罰を行なおうとする人にとっての破滅の因になる」ということである（cf. §126）。これを要するに、自然状態にあっては公的権威を以て自然法を明文化もしくは適用、執行する機構を欠くため自然法の意味内容の実現が困難であり、その結果、各人の自然権《プロパティ》の享有が不確実にならざるをえぬということである（cf. §123）。「このような不都合を避け」「自然権《プロパティ》の保全[3]」を図るためには（cf. §127）、自然状態において各人の有する二つの権力、「……自分自身と他の人々の保全のため適当と思われることを何でも行なう権力」と自然法違反者に対し各人の有する処罰権力（cf. §128）

とを放棄し、「他人の政治権力に服す」ことが必要であるが、本来的に個人は「すべて自由平等にして独立しているのだから」、このことを可能とする「唯一の方法は……他人と合意して一つの共同体に加入し結合する……」ことである（cf. §95）。各人が行なうこの「一つの共同体に加入し結合する」「他人との合意」がロックの考える社会契約である。

ロックは社会契約を「人がその生まれながらの自由を放棄し市民社会の拘束を受けることになる唯一の方法」というが、その理由とするところは「……人間はすべて自由、平等そして独立しているのだから、誰も自分から同意するのでなければ」自然状態から追われて「他人の政治的権力に服せしめられることはありえない」というにある（cf. §95）。この主張は、個人主義を前提としての国権正当化の論理としてのみ首肯できる。自然状態における個人の自由、平等というテーゼが言明であり、「唯一の方法」にいう方法が事実上の支配関係を生ぜしめる原因の意味だとすれば、この主張が首肯できぬものであることは明白である。征服による支配関係の樹立もありうるからである。彼自身特に征服について一章を設けて論じている。ここで彼は「不正な戦争」による征服と「合法的な戦争」によるそれを分けて論じているが、前者の場合、征服者が「被征服者を支配する権利 right を決して手にいれることができない……〔傍点筆者〕」のは「……強盗が私の家に侵入して短刀を私の喉元に突きつけ私の財産を彼に譲渡することを約束する証書に押印せしめても……」権利を取得したことにならぬのと同様だといっている（cf. §176）。ここで権利といっているところから明らかなように、ロックが問題にしているのは事実上の支配関係が如何にして生じたのかということではなくて、人間の他の人間に対する支配関係を正当化するものは何かということであり、自然状態における人間の自由・平等、個人の主権の承認、個人主義からの当然の帰結として個人の同意のみが彼に対する支配関係を正当化する、支配の権利を与える、「征服といえども国民の同意がなければ新しい国家体制を決して樹立できない……」（§175）と主張するのである。あたかも国家の主権の承認から国際法の効力根拠を各国の明示、黙示の同意に求めるように。したがって「できない」というのは正当化不可能の意味であり、「唯一の方法」というときの方法は正当化の方法の意味である。このようにみてくると、ロックの社会契約論も第一節で示した社会契約論の理念型に適合するものであることが知られる。個人主義を前提としての国権正当化の論理、これである。

次に、社会契約によって個人が放棄したのは何かを検討してみよう。ゴフはいう、「人々が自然状態での自由を市民社会の法に対する服従と交換したのは、この自由は贔屓《ヒイキ》目にみても不安定なのでこの自由の若干部分を留保して残余の部分を放棄する方を選んだためだという点で大多数の社会契約論者の意見は一致している。ロックは統治が実効性を持つためには全権力を持たねばならぬということを認めるので、これより一段と歩を進める。市民となることで、それ故、人はすべての自然権を放棄し『その社会のすべての成員に対して、多数派の決定に服しこれに拘束される義務を負う』〔傍点筆者〕」[4]。だが、社会契約が「すべての自然権」の放棄を約するものかどうかは疑問である。個人のプロパティ、即ち、生命、自由、所有物についての自然法上の彼の権利という意味での自然権が社会契約によって放棄されたとは到底考えられぬ。社会契約の締結の目的は「……彼等の自然権《プロパティ》の確実な享有と社会外の人に対するより大きな防衛において相互に快適で安全且つ平和的な生活を送ること……」（§95）にあるのだから、プロパティは社会契約による放棄の対象にならぬといわねばならない。しかも、ここにいうプロパティには権利としての自由も含まれる。自然状態における個人の自由というときの自由とプロパティの一種としての自由とは区別することを要する[5]。前者の自由は先述の如く正当な強制権力の欠如という意味での自由であり、この意味の自由は社会契約によって当然のことながら全面的に放棄される。しかし、後者の自由は「彼のもの」としての自由であり、自然法、神意によって各人に神聖不可侵のものとして承認された自由であって、社会契約自体この自由の享有を確実ならしめるため締結されるのであるから、社会契約による放棄の対象ではありえない。もっとも、この自由は彼自身のものとしての自由であるから、他人の自然権《プロパティ》を害する自由を含むものでないのは当然である。社会契約によって放棄された「自然権」とは、自己もしくは他人の自然権《プロパティ》保全のため適当と考えることを行なう権力と自然法違反者に対する処罰の権力との二つであって、プロパティの一部としての、自然法違反の「他人による拘束および暴力から免れている」という意味の自由は放棄の対象にならないものとみられる（cf. §57）。(6)

ロックは社会契約の内容を自ら定式化していない。ホッブズは彼の考える社会契約の内容を、「……私は次の条件の下で私自身を統治する権利をこの人間もしくはこの会議体に譲渡し、この人間もしくはこの会議体を正当なものとして認める。その条件とは、汝も同様に汝の権利を彼に譲渡し彼の行為のすべてを正当として認めるということである」と自ら定式化している。(7)ロックの社会契約の目的が「自然権《プロパティ》の保全」にあること、そして彼の社会契約は社会契約によって設立された共同体にあってはすべての人々が多数派の決定に拘束されることについての合意を含むということ（cf. §96）を考慮に入れて、ロックの社会契約の内容を定式化すると以下の如くなるだろう。「私は自然法の範囲内で自分自身を統治する権利を多数派に譲渡することを次の条件で認める。その条件とは汝も自然法の範囲内で自分自身を統治する権利を多数派に譲渡すること、及び多数派が各人の自然権《プロパティ》を保全するということである」。このように定式化するのが正しいとすると、ロックの社会契約によって創出される、より正確には正当化される国家は自然法の拘束下での民主国家である。(8)自然権《プロパティ》は各人における自然法の主観的現象形態であるから、国民より正しくは国民中の多数派の支配を正当化する自然権《プロパティ》保全の条件は多数派による自然法遵守の条件に他ならないので以上の如く解する。

ところで、社会契約論を個人主義を前提としての国権正当化の論理として捉えるならば、社会契約論それ自体からは必ずしも多数派を以て究極の支配者と認めなければならないという結論は生じないはずである。社会契約はホッブズにおけるように一人の人間もしくは一つの会議体を「主権者」たらしめることも可能だからである。まして況んや権力分立制の如きをその必然的結論として導出しうるものではない。社会契約を通じて各人が権力集中制に同意することも当然可能だからである。したがって多数派が究極の支配者であらねばならぬとか権力分立制が望ましいとするロックの考えは社会契約論からの論理必然的帰結ではなく、前者については多数派に対する一定限度内での彼の信頼、後者については自然権《プロパティ》保全のためには一般的規範である法（cf. §142）による支配、法の支配が必要不可欠であるという彼の確信と人間の不完全さについての彼の洞察がその前提になっているものと思われる。

先ず前者についていえば、T・I・クックの次の指摘は正当である。「〔ロックが社会契約は多数派の統治を創設するとした〕このことの理由は、個人とか少数派は真の裁判官の特性である公平無私を欠くことが明白なので、絶対君主制もしくは少数派統治に同意するのは専制と自然権の破滅とを招くことになるという〔彼の〕信念である」[9]。

後者については若干詳しく検討してみよう。ロックはいう、「人々が社会に入る大きな目的は平和且つ安全に彼等の自然権《プロパティズ》を享有することであり、そのための最大の方策と手段はその社会において確立された法であるので、すべての国家の第一にして基本的な実定法は立法権の樹立である」（§134）。自然権《プロパティズ》の保全のための「最大の方策と手段」は法であるという前提、「一定の恒久的な法を持たない統治」は「絶対的で恣意的な権力」行使に他ならないとする前提（cf. §137）、これを要するに一般的規範である法の支配の下で始めて社会契約の目的たる自然権《プロパティズ》保全が可能であるという前提があるので、社会契約によって国家が設立されたならば第一になされねばならぬのは立法権の樹立であるとすると共に、自然権《プロパティズ》保全のための第一次的手段として立法権は「国家の最高権力」とされるのである。自然権《プロパティズ》保全のため法の支配は必ずしも必要ではない、むしろ少数のエリートにその時々の必要に応じて自然法を解釈、適用せしめる方がより自然権《プロパティズ》保全に適しているという別の前提を置くならば、「すべての国家の第一にして基本的な実定法は立法権の樹立である」とか立法権は国家の最高権力であるといった主張は成り立たないであろう。裁判権の樹立こそが国家の第一の基本的な実定法であり、裁判権こそが国家の最高権力だという別の結論に至るだろう。したがって立法権優位のロックの権力分立論[10]の一つの前提は統治「権力は制定され公布された法を通じて行使されねばならぬ」（§137）という彼の確信だといえる。[11]ロックの権力分立論のもう一つの前提は「……立法権を持つ者が同時に法の執行権をも持つということはとかく権力を握りたがる人間の弱さにとって余りにも大きな誘惑であって、かくては自分が制定した法の適用外に自分を置いたり、法を制定、執行する際に法を自分達の私益に合うようにして社会と統治の目的に反して共同体の他の成員と異なった利害を持つようになる……」（§143）という考え、立法権と執行権とを同一人が兼有すると人間の弱さから自然権《プロパティ》保全という統治目的に反する国権行使をする虞が多分にあるという考えである。為政者が理性に従って行動することが期待できるならば、権力自体としては立法権と執行権との区別が可能であっても、両者を同一人に委ねることは何ら差し支えないはずであるが、これを不可とするのは偏に人間に対する或る程度の不信感である。

以上のような捉え方をすると、ロックの「統治論第二篇」は、個人主義を前提としての国権正当化の論理たる社会契約論を中軸としながら、多数派に対する一定限度内での信頼感、法による支配の必要性の確信、人間の弱さについての配慮といったものを加えつつ、本来的に主権者である個人に対し国家が自己の支配の正当性を主張しうるためには国家は何を自己の目的としなければならぬか、そしてまた、その目的達成のための統治組織は如何にあるべきかを論じたもの、個人主義をその価値判断の規準としての正当国家の設計図の呈示とみるところができよう。

シュトラウスは近代自然法論者にとっての「基本的問題はまさに〔生身《ナマミ》の〕人間にとって実現可能な国家の良き組織の問題である」(12)と述べているが、このようにロックの問題意識を一般化することが許されるとするならば、筆者の如く、彼の「統治論第二篇」を正当国家のプランの呈示とみることもまた許されるだろう。そしてこのように考えてくるとロックの「統治論第二篇」が近代憲法の成立に多大の影響を及ぼしたのは偶然ではないということになる。個人主義をその評価の尺度としての正当国家のプランは、個人主義をその基本原理とする憲法草案に他ならないからである。国家が個人に対して自己の支配の正当性を主張しうるためには、何よりも先ず個人の自然権保全《プロパティ》を自己の目的としなければならぬ。権利宣言は正当国家の目的の宣言である。これに反し統治機構の部は、正当国家が自己の目的を達成するためには如何ように組織されるべきかについて定めたもの、正当国家の組織規範の総体である。

筆者はこのように「統治論第二篇」を個人主義を基本原理とする憲法草案（立案趣意書づきの）と捉えることが可能であると考えるが、この憲法草案中とりわけここで興味を引くのは「抵抗権規定」であり、抵抗権についてのロックの考えの検討は章を改めて行なうことにする。

（1）　拙訳カール・シュミット「政治の概念」『現代思想―危機の政治理論』二二四頁。

（2）　自然状態は、未成熟とはいえ、国際社会に類似した法社会である。他人の suum を害すべからずという行為規範を第一次自然法とし、これへの違反者に対する制裁を定める強制規範を第二次自然法とし、各人より正しくは各成人を第一次―第二次自然法の適用―執行権者とする法社会である。各人による自然法の適用、執行は法的力の行使として行なわれるのであるから、この事を可能ならしめる法規範、権限規範（組織規範）の存在が前提されねばならず、この権限規範が第三次自然法である。

（3）　社会契約締結の目的である preservation of property とは各人の suum の保全、自然権の保全であると解する。福田教授は

「ロックにおいて個人に政治社会を求めさせるものは、何よりも私有財産保障の要求にほかならない」とし、その立論の根拠を「統治論第二篇」の一二四節に求められている（『近代政治原理成立史序説』二八八―二八九頁）。ロックはこの節で、「人々が国家にまで結合し統治に服する大きな、そして主要な目的は彼らのプロパティの保全である」と述べているが、教授はここにいうプロパティを所有物ないし所有権の意味に解されたもののようである。だが、ロックは一二三節で、人々が自然状態を去って社会にまで結合するのは「彼等の生命、自由そして所有物――これらを私はプロパティという名で総称する――の相互保全」のためであると明言しているのだから、これに続く一二四節にいうプロパティも各人自身のものとしての生命、自由、所有物、自然権と解すべきでなかろうか（cf. K. Olivecrona, The Term 'Property' in Locke's Two Treatises of Government, *ARSP*, LX/1 p. 114）。この節に限らず、ロックが社会契約締結の目的としてプロパティの保全について語るときのプロパティは自然権の意味であると筆者は解する。もともとロックは生命の保全を最重要視しており、自由と所有物とをそのための手段視している（cf. §6）。

（4）J. W. Gough, *The Social Contract*, 2nd., p. 140.

（5）ロックは freedom という語を、主として正当な強制権力の不在という意味での自由を指示するのに使用し、liberty という語を主として suum としての自由を指示するのに用いているように思われるが（e.g. cf. §4, §95, §6, §87）、必ずしも一貫していない。例えば、自然状態を説明して「……a state of liberty であるが放縦な状態ではない。この状態にあっては自分の身柄と所有物を処分する制約されえない liberty を持つが自殺する liberty を持たぬ……」（§6）とか「人がその natural liberty を放棄し市民社会の拘束を受けることになる唯一の方法」（§95）といった言い方もしている。

（6）権力 power には事実上の力 potentia の意味と法的力 potestas の意味との二つがあり（cf. L. Strauss, *Natural Right and History*, p. 194）、ロックがここで権力といっているのは後者の意味においてであるから、これらの権力を自然権と呼ぶについては格別異論はない。権利も法的力の一種だからである。事実ロックは「……各人は犯罪者を処罰し自然法の執行者となる権利 a right を持つ」（§8）とか「……犯罪を制止し同様な犯罪を予防するためにこれを処罰する権利、この処罰権 right of punishing は各人に存す……」（§11）というような言い方もしており、right を power と同義に使用している。社会契約によって放棄されるのはこの種の自然権なのであって、ゴフ自身が「人間として有する自然権の総体」と規定しているプロパティ（cf. *John Locke's Political Philosophy*, 2nd ed., p. 96.）の方ではない。この点では次に引用するT・I・クックの指摘は正当である。

「ロックにとっては国家は裁判所 judicial body、自己の自然権を一片たりとも放棄しなかったが、如何なる人、集団に対しても依怙贔屓せず、また偏見を持つことなく、自然権を客観的に解釈しこれを尊重せしめたるため集団的権威を用いることを唯一の目的として合意によって国家を創設したところの諸個人のために、自然法を解釈する裁判所なのである〔傍点筆者〕」（*Two Treatises of Government*, edited with an introduction by Thomas I. Cook, xviii）。ヴァージニアの権利宣言一条が「すべて人間は生まれながら等しく自由且つ独立しており、彼らが社会状態に入るに際しての如何なる契約によるも彼らの子孫から剥奪不可能な一定の生得の権利を有する。その権利とは、即ち、財産を取得、所有する手段を伴っての、そして幸福と安全を追求、獲得する手段を伴っての生命と自由との享受、これである〔傍点筆者〕」と述べているのも上述の見解を裏書きしてくれる。

（7）Hobbes, *Leviathan*, chap. XVII.

（8）「主権」、「憲法制定権力」の所在によって国家形体を分類すると、ロックによって正当視される国家形体は国民を「主権者」とする国家、民主国家のみである。但し、国民より正しくは国民中の多数派といえども自然法を遵守して始めて個人に対する自己の支配の正当性を主張できるのであるから、本文の如く解する。

（9）*Two Treatises of Government*, edited with an introduction by Thomas I. Cook, XX.

（10）参照、清宮四郎「日本国憲法とロックの政治思想」『憲法の理論』三二四頁。

（11）C・シュミットは「いわゆる権力分立制は……法律という語のもとに一般的規範が理解される限りにおいてのみ有意味である」と述べ（*Verfassungslehre*, S. 151. 尾吹訳一八八頁）、法治国的法律の支配、法の支配と権力分立制との必然的連関性を強調している（Vgl. *a. a. O.*, S. 139ff. S. 183f. 尾吹訳一七四―一七八頁、二二七―二二九頁）。マサチューセッツ権利宣言三〇条が、「この国の統治にあっては、立法部は執行権と司法権もしくはそのいずれか一つを行使してはならぬ、執行部は立法権と司法権もしくはそのいずれか一つを行使してはならぬ、司法部は立法権と執行権もしくはそのいずれか一つを行使してはならぬ、統治は人間の統治たることなく法の統治たることを要するからである」（G・イェリネックの *Erklärung der Menschen-und Bürgerrechte* 中での引用に拠る）と述べているのも、人間の支配に対立する法の支配と権力分立制とが不可分離の関係に立つものであることを示している。

（12）L. Strauss, *Natural Right and History*, p. 193.

五　ロックの抵抗権論

　ロックは社会の解体と統治（立法部をも含めての広義の政府）の解体とを区別している（cf. §211）。彼が共同体とか社会とかコモンウェルスというとき念頭に置いているのは国民の政治的統合体としての国家、広義の国家である(1)。彼の社会契約は、いわば一箇の行為によって多数個人を一つの国家にまで統合すると同時に、多数派に対して自然法の範囲内での支配権を付与する(2)。社会契約の結果生ずるのは差し当り統治機構未定のままの国家であり、次に社会契約に基づいていわば主権者たる多数派が統治機構を定める。その際、多数派は国家の最高権力たる立法権を一人の人間に信託することもあり(3)、この場合生ずるのは君主制の国家であり、あるいは少数のエリートに立法権を信託することもあり、その結果生ずるのは寡頭制の国家であり、もしくは多数派自らが立法権の行使に当ることもあり、この場合生ずるのは「完全な民主制」の国家である。民主制、君主制、寡頭制というのは、立法権が現実に何びとによって行使されるかによって区別される統治形体の別であり、コモンウェルスはこれと異なり「独立の共同体」、統治機構を自己の機関とする広義の国家である。ロックの社会契約は国家設立契約である（cf. §132, §133）。国家の解体――その「おそらく唯一の方法は外国勢力が侵入して彼等を征服する場合」（§211）――は当然に統治の解体をもたらし人々を自然状態に復帰せしめる。したがって人々は自然法の範囲内での完全な行動の自由を回復する（cf. §211）。

　統治の解体の場合、この解体について責任ある為政者は「反逆者」であり、国民を相手どって自ら「戦争状態に身を投ずる」者であり（cf. §227）、この戦争状態にあっては「これまでの拘束は一切消滅し……各人は自分自身を防衛し攻撃者に対して抵抗する権利を持つ〔傍点筆者〕」（§232）。

ロックは統治の解体を二つに大別する。その一は立法部の改変と最高の行政権者の責務放棄によるものであり、その二は立法部あるいは君主の信託違反によるものである。

先ず前者についてロックの語るところを紹介する。立法部は「国家に形体と生命と統一とを与える魂」であるから、立法部の破壊と解体は国家の破壊と解体をもたらすことになる。国家の本質は統一的意志を持つことであり立法部は国家意志を宣言し維持するものであるから、国家が設立されたとき国民の第一になすべきことは立法部の組織である。国民の「同意と任命」がなければ何びとも法を定める権限を持ちえないから、国民の同意と任命なくして誰かが法と称するものを定立しても「国民はこれに従う義務」はなく、「……彼らは再び隷従から脱して自己のために最も適していると考える新立法部を組織することができる。権威なくして彼らに何かを押しつけるような人間の力に対して抵抗する完全な自由を国民は持つからである」（cf. §212）。ここまで紹介したロックの論旨を筆者なりにまとめてみよう。立法部は国家の魂、統一の要であるから社会契約によって国民が生じたならば、国民の第一になすべきことは立法部の設立である。即ち、国民は憲法を定立することによって如何なる条件を充たした人間もしくは人間集団が立法部たりうるかを定めてこれに立法権限を付与せねばならぬ。この定めに拠らない者が立法行為を行なっても無権限の行為として国民には服従義務がなく、「主権」の発動として外見的立法部に替えて新立法部を設立するのは国民の当然の権利である。このようにみてくると「立法部の改変」という語の下にロックが考えているのは「権力の簒奪」、「……他人に権利がある権力を奪ってこれを行使すること……」（§198）の一種たる立法権の簒奪であり、かかる権力の簒奪に対しては国民は抵抗権を持つといおうとしていることが分かる。

彼はこの一般論に続けて立法権が君主、世襲貴族の集会、国民によって随時選出される代表者の集会の三者によって共同して行使される場合を想定して、立法部の改変と目される事態が如何なる場合に生ずるかを考察している。第一に、「……君主が立法部によって宣言される社会の意志である法に替えて自分の恣意的意志を〔法として〕押しつけるとき、立法部は改変される」（§214）、即ち、議会制定法（法律）によって規律すべき事項を君主の一存によって規律し、これを法として押しつけるとき立法部の改変ありとする。第二に、君主が正規の時期に立法部が集会するのを妨げたり、立法部がそのために組織された諸目的を遂行すべく自由に行動するのを妨げるときは立法部は改変される（cf. §215）、即ち、立法部の活動を妨害し立法権行使を妨げるときは立法部が存在しないのと同じことになるので立法部の改変ありとする。第三に、「君主の恣意的権力により選挙人もしくは選挙方法が国民の同意なくして国民の共通の利益に反して変えられるときも立法部は改変される」（§216）、即ち、立法手続に拠らぬ、憲法の一部を成す選挙手続の定め（ここにはどのような条件を充たした人間が有権者たりうるかについての定めも当然含まれる）の改変は国民の意志に基づかぬ立法部を出現せしめることになるので立法部の改変ありとする。第四に、「君主によってであれ立法部によってであれ、外国勢力の支配下に国民を引き渡すのは疑いもなく立法部の改変であり、統治の解体である」（§217）、自由で独立した政治社会においてその政治社会の法の支配の下に生を営もうというのが人々の社会契約を結んだ目的であり、かかる行為はこの目的に反するので立法部の改変ありとする。[4]

以上四つの場合にロックは立法部の改変、統治の解体ありとするが、第一、第二、第三の場合は君主による立法部の改変であり、第四の場合は君主あるいは立法部自身による立法部の改変という意味で両者は性質を異にするだけでなく、前三者は君主による権力の簒奪の結果としての立法部の改変、社会契約に基づいて多数派が立法部を設立するときの定め、広義の立法手続に関する法という意味での憲法に違反する君主の行為の結果としての立法部の改変であるのに対して、第四の場合は、立法手続に関する法に上位する社会契約に違反する行為の結果としての立法部の改変だという意味でも前三者と区別されてしかるべきだろう。

これを要するに、社会契約違反もしくは重大な憲法違反を意味する立法権の行使、立法活動の妨害そして立法組織の改変は統治の解体をもたらし、このことについて責任ある為政者に対する国民の服従義務は消滅し、この者に対する抵抗は正当視され、「国民は自己の安全と福祉のために……従前と異なる新たな立法部を設立」できる（§220）というのがロックの考えであろう。

最高の行政権者が自己の責務を怠り「法がもはや執行されなくなるとき」も統治が解体されると彼は説いているが（cf. §219）、この事態も重大な憲法違反とみられる。憲法が最高の行政権者を定めてこれに一定の権限を付与するのは法の執行の義務づけを意味するからである。

以上、立法部の改変と最高の行政権者の責務懈怠《ケタイ》に由来する統治の解体に際して国民の側に発生する抵抗権をロックは「専制を予防する権利」と規定している（cf. §220）。この種の統治の解体は為政者「……自身のほしいまな利益のための……権力行使」である専制（cf. §199）をもたらす危険が多分にあると考えたためであろう。

統治の解体のもう一つの場合は、「立法部もしくは君主のいずれかが自分に寄せられた信託に反して行動した場合」（§221）である。立法権は国家の最高権力ではあるが立法部に固有の権力でもなければ、無制限のものでもない。「……立法権は一定目的のために信託された権力にすぎないから、国民が彼らに寄せた信託に反して立法部が行動したときには、立法部を更迭もしくは改変する最高権力は依然として国民に存する。何となれば、或る目的達成のため信託された権力はその目的によって制限されており、その目的が明白に無視されたり敵対されたときは何時でも必然的に信託は失われて権力は……それを与えた者の手に帰属しなければならないからである」（§149）。

それでは立法権信託の目的とは何か。それは社会契約を締結して「人々が社会に入る理由」である「自然権保全《プロパティ》」という目的に他ならぬ（cf. §222）。したがって、「……立法部が臣民の自然権《プロパティ》を侵害し、自分自身か或いは共同体のどの部分かを国民の生命、自由もしくは所有物の主人または放恣な処分者にするようつとめるとき自分に寄せられた信託に反して行動する〔傍点筆者〕」（§221）のであって、こうした場合は、「彼ら立法者は国民との戦争状態に自らを投入するのであり、かくては国民は如何なる服従義務からも解放され……国民は始源的自由を回復して適当と考える新立法部を設立することによって彼らが社会に身を置く目的であるところの彼ら自身の安全と保障に備える権利を持つ……」（§222）。そしてこの立法部について述べたことは、「立法権と法の最高の執行権との両者に参与するという二重の信託を受けている……」君主に関してより一層あてはまる（cf. §222）。

以上引用したところから知られるように、ロックは形式上瑕疵のない立法権の行使であっても自然権保全《プロパティ》という信託目的に反して国民の自然権《プロパティ》を侵害するようつとめたり、「……国民を恣意的権力の下に奴隷化するようにつとめる……」（cf. §222）ときにも国民は始源的自由を回復し、国家の最高権力に対する抵抗が正当視されるものと考えている。自然権《プロパティ》保全は多数派が一定の人々に立法権を信託する目的であると共にすべての人々を社会に結合する社会契約の目的であり、より根源的には自然法の要求するところである。自然法は国家設立後も依然として拘束力を持ち、立法権に対しても各人に固有のものとしての生命、自由、所有物の尊重、保護を要求し続ける（cf. §134, §135）。もともと社会契約の締結それ自体が自然法の規範意味内容の実現を確実ならしめるための手段にすぎない。したがって、抵抗権発動を許容する統治の解体の第二のケースは立法権ないし最高の行政権の自然法違反行為とみてよいだろう。

統治の解体の第一の原由である立法部の改変は主として君主の側よりする専制樹立の企てとみることができる。

このことはロックがこの場合の抵抗権を「専制を予防する権利」と性格づけているところからもいえる。これに対し、統治の解体の第二の原由である立法部もしくは君主の信託違反の方は専制そのものであって、これに対する抵抗の権利は「専制から逃れる権利」に該当する（cf. §220）。以上のことを考慮すると、自然権《プロパティ》を侵害したり、自然権《プロパティ》を無視し国民を奴隷状態に陥れるような専制及び専制樹立の企ては、社会契約の目的――この目的は社会契約の内容の一部と考えてよいので、この場合、社会契約の目的は、これを端的に社会契約と言い換え可能である――、更に遡れば各人の生命、自由、所有物を尊重し害すべからずとする自然法に直接に、もしくは、自然法無視の統治体制の樹立を企てることによってこれに間接的に違反する行為であるから、かかる行為をなす為政者は、本来的な主権者たる個人の前に自己の支配の正当性を主張しえず、国民は彼らに対し抵抗する正当性を有するというのがロックの考えではないかと思われる。そして、このようにみることが許されるとすると、ロックの抵抗権は、自然法の規範意味内容実現のための抵抗の権利、いわば自然法擁護のための抵抗の権利、自然法の主観的現象形態としての自然権《プロパティ》擁護のための抵抗の権利であり[5]、しかもロックが考える自然法は、各人に固有のものである生命、自由、所有物の尊重を命ずるものとして個人尊重を要求する規範であるから[6]、彼の抵抗権は個人尊重の建前が国政において貫かれるための抵抗の権利、その意味でいわば個人主義擁護のための抵抗の権利、個人主義の主観的現象形態としての人権擁護のための抵抗の権利ということになるであろう。ロックの政治理論が社会契約論を中軸として展開されており、社会契約論の前提が個人主義であることを想起するならば、彼の抵抗権が個人主義擁護のための抵抗の権利、人権（自然権）擁護のための抵抗の権利であるのはむしろ当然かも知れない。

ロックの抵抗権概念と宮沢教授のそれとの比較は「むすび」に譲って、ロックが抵抗権行使の態様と主体についてどう考えていたかについて簡単に触れてみよう。統治の解体は「国民の始源的自由の回復」を意味するから、国民中の多数派が新立法部の設立権を再び手中にするのは当然として、国民各人は自然法の適用―執行権を手中にすることとなる。しかも統治の解体についての有責者は自ら「国民との戦争状態に身を投ずる」のだから、戦争状態の帰結として国民は攻撃に対する戦争の権利を持つことになる（cf. §19）。したがって、受動的抵抗のみならず能動的抵抗そしてその極限的形としての暴君誅殺の如きも抵抗権行使として認められる。統治の解体について責任ある者は「反逆者」（cf. §227）、「……人類の共通の敵そして害悪とみなされてしかるべきであり、それ相応の扱いを受けてしかるべき……」（§230）者、自ら「国民との戦争状態に身を投ずる者」だから「狼やライオンを殺してよいのと全く同じ理由でこれを殺してよい」（§16）。

抵抗権行使の主体は国民であるが、ここにいう国民とは「……個体性を有すると共に全国民に優越し且つ全国民から独立した権力を有する法人」としての nation[7] とか等族といったものではなく、国民各人またはその集りとしての多数人（この多数人には国民の多数派も含まれる）である。[8] 戦争状態においては、「各人は自分自身を防衛し攻撃者に抵抗する権利を有する〔傍点筆者〕」（§232）からである。

統治の解体及びその責任の所在の認定は何びとが行なうのかは問題であるが、ロックは「国民が審判者であるべきだ」という（cf. §240）。この場合の国民は統治権の信託者としての国民だから正確には国民中の多数派ということになる。この意味の国民が審判者であるべきだが、君主その他の為政者がこの解決方法を拒否したときはどうなるのかという問いに対してロックは「天に訴えるしか方法がない」、即ち、為政者とその行動による被害者とは戦争状態に入るしかないと答える（cf. §242）。したがって、統治の解体及びその責任の所在についての認定権も、神を度外視するならば、究極的には国民各人にあり、彼の個人責任においてこれを行使するしかないものとロックは考えているとみられる（cf. §21）。統治権力は本来的には個々人が持っていた自然法の範囲内で自分自身を統治する権力の合成物にすぎぬとする彼の考え（cf. §135）、そして違憲立法審査権の如き、立法権に何らかの点で優越する統治権力の存在を認めない彼の立場からすると、これまた当然の結論といえよう。

（1）　ドイツ国家学が念頭に置いている国家はこの意味の国家である。例えばG・イェリネックの社会学的国家概念、「〔一定地域上の〕住民の、始源的支配力を備えた団体的統一体」（*Allgemeine Staatsleher*, 3 Aufl., S. 180f.）、ケルゼンの国家とは「比較相対的に集権化された法秩序」であるという説（*Reine Rechtsleher*, 2 Aufl., S. 289.）、C・シュミットの、国家とは国民の政治的統一体であるという考え（Vgl. *Verfassungslehre*, S. 3. 尾吹訳、三頁）がその例である。統治機構のみを意味する国家を狭義の国家と呼ぶならば、ロックのいうcommonwealth, community, societyは広義の国家である。平井俊彦教授は政治社会であるcommonwealthと人間関係である共同結合体communityまたはsocietyは同じものではないとされるが（『ロックにおける人間と社会』一七三頁註4）、この主張がロックの政治理論の合理的再構成としてなされたものであればともかく、ロック自身がcommonwealthという語とcommunityまたはsocietyという語との下に別の対象を考えているという趣旨であるならば承服し難い。教授は自己の立論の根拠として「統治論第二篇」二一一節を引かれているが、ここでロックが念頭に置いているのは広義の国家と政府との区別なのであって、「社会」と「国家」との区別ではない。彼がcommonwealthとsocietyという二つの語を同一対象を指示するものとして用いていることは、例えば一二二節で、何等かの国の法に服しその下で特権と保護を享受しても、「……このことはその人間をそのsocietyの成員、そのcommonwealthの恒久的臣民とするものではない……」と述べているところからも明らかである。即ち、ロックはここでa member of that societyとa perpetual subject of that commonwealthを同置しているからである。「社会」は「国家」の根底にあるより広い概念だから右の同置は必ずしも二つの語が同一対象を指示していることを証するものではないといわれるのであれば、「国家」設立行為と異なる、如何なる行為によって「社会」が設立されたとロックが考えているのかが示されねばなるまい。ロックがcommunity（＝society）の設立行為とcommonwealth, politic societyのそれとを全く区別していないことは、教授が自説を根拠づけるために引用された二一一節で次のように述べているところからも知られる。「communityを創出して人々を拘束のない自然状態から一つのpolitic societyに入らしめたのは、各人が自分以外の他の人々と交した、一体化して一つの団体として行動し、かくて他と区別される一つのcommonwealthとなることについての合意である」。

（２）　ギールケによると、国家権力の法的根拠は支配者と全体としての国民との間に締結される支配契約 Herrschaftsvertrag、服従契約 Unterwerfungsvertrag だという考えは既に中世において通説化していたが、契約当事者たる全体としての国民、権利能力と行為能力を有する国民が如何にして生じたのかが次第に問題とされ、支配契約概念に遅れて社会契約 Gesellschaftsvertrag、結合契約 Vereinigungsvertrag の概念が登場し、この種の契約が諸個人間に締結されて先ず社団法人 universitas としての国民が生じ、然る後に法的人格者としての国民と支配者との間に支配契約が締結され、国家支配はその法的根拠を獲得することになったと考えられるようになり、こうした考え方の完成者がＪ・アルトジュウスだという（Vgl. *Johannes Althusius*, S. 77, S. 92f., S. 99）。ホッブズやロックが国家設立のため必要と考えた契約が上に紹介した支配契約（服従契約）、社会契約（結合契約）のどれに当たるのかは問題であり、ギールケはホッブズの国家設立契約を「……個人によって直接に締結される服従契約」と捉えている（Vgl. *a. a. O.*, S. 87）のに対し、支配契約は支配者と臣民との間に締結される契約であって、ホッブズは明示的にこの種の契約の存在を否定しているのだから、「おそらくは多少特殊な形のものではあるが結合契約の一形態」とみる方が良いのではないかとするゴフの批判がある（cf. *The Social Contract*, 2nd ed., pp. 108-109）。ロックに関しては、ギールケは「国民主権の意味での社会契約論」の展開者であり、支配契約概念を完全に排除したルソーの先駆者であるとみている（Vgl. *a. a. O.*, S. 105）。ゴフが指摘しているように（cf. *op. cit.*, p. 109）、一七世紀後半のドイツの法学者が建てた両契約の区別をホッブズやロックの国家設立契約に適用することがどれだけ意味があるのかは疑問であるが、支配契約が支配者と臣民とを当事者とする契約だとするならば、ホッブズの国家設立契約では支配者は契約当事者外の第三者なのだから、彼の国家設立契約は支配契約ではないと考えられる。ロックにあっては、国家設立後の究極の支配者である多数派とその意志に服従する者との間に如何なる契約も結ばれないし、また、もともと多数派は法的人格者ではないのだから契約当事者になりうるはずがなく、したがってロックの国家設立契約には支配契約の要素は全くないといわねばならぬ。もっとも、支配契約を別様に捉え、支配契約であるためには支配者自身が必ずしも契約当事者たることを要しない。契約内容において何等かの仕方で支配者が特定されれば足りるというような考え方をするならば、「ホッブスと全く同様にロックは唯一の契約のみを認める。各人が同一群集中の他の各人と結ぶ結合契約は服従契約と同一である」（L. Strauss, *Natural Right and History*, pp. 231-232）といって良いであろう。

（３）　信託は本来的には「他人をして一定の目的に従って財産を管理または処分を為さしめる為めに財産を移転」する衡平法上の

制度、法概念である。信託は、通常、財産（信託財産）を一定目的（信託目的）に従って管理または処分することを委託する者（委託者）とその委託を受けて信託財産の管理または処分をなす者（受託者）、そして信託財産の管理または処分によって利益を受ける者（受益者）との三者間に作り出される法関係であるが、委託者と受益者とが同一の場合もある（自益信託）。この信託という法関係を創設する法律行為が信託行為であって、それは委託者と受託者との契約締結を通じてなされるのが常であるが、一方的法律行為たる遺言によってなされることもある（『法律学辞典』岩波書店刊一四五一頁—一四五二頁に拠る）。ゴフは、ロックが念頭に置いていた信託は法概念たる信託のアナロギーとしての政治的信託であり、この政治的信託概念もイギリスでは一七世紀中葉には既に確立された政治的思考法となっており、ロックはこれを受容し適用したにすぎぬ、例えばミルトンはロックと同様に社会の基礎を諸個人間の契約に求めると共に、「国王と高官が有する権力は国民全体の福祉のために国民から信託において譲渡され委託された伝来的なものに止まり、権力は依然として基本的には国民の下に留保されているのであって、これを奪取するのは彼等の自然的生得権を侵害することなしには不可能である」と論じているし、始源契約の存在を否定するトーリー派の論者すらも、国王は如何なる責任をも負わぬということを彼等が主張していると人々から非難されるのを恐れて、信託概念を排除するのに躊躇していた、また、信託概念に依拠する議会側の主張に好意的でなかったClarendonも、すべての権力には公正且つ正当にこれを行使する責任が伴うということを表現するためtrusteeshipという語を使用している、という（cf. *John Locke's Political Philosophy*, 2nd ed., p. 160, p. 180, p. 172, p. 174, p. 181）。ところで、信託という語が、その政治的意味においては、為政者の権力は彼らに固有のものではなく、また、彼らの私益に仕えるものであってはならず、公益に奉仕するようこれを行使する責任が常に伴っているということを意味するもの、「政治権力は法の領域での受託者の義務に類似する真の道義的責任を含む」（cf. Gough, *op. cit.*, p. 190）ということを表現するためのものとするならば、国民による立法権、執行権の信託は、「憲法制定権力の担い手としての国民」による、憲法を媒介としての立法、執行の授権とその本質を異にしないのではなかろうか。「権限が法定の資格者に付与されるのは彼個人の利益の保護のためではなく、共同社会の利益保護のためだ」（A. Ross, *On Law and Justice*, p. 203）からである。

（4）ゴフによると、立法部の改変の第四の場合の歴史的背景は、ホイッグ党の非難の的であったルイ一四世に対するチャールズ二世の追随的外交政策と、ジェームズ二世に対する主要な訴因の一つがイギリスを教皇権に隷従させようとした彼の責任であったこと、これである（cf. *John Locke's Political Philosophy*, 2nd ed., p. 148）。

（5）樋口教授がロックは「政府が信託にそむいて人民の自然権をうばうとき人民は抵抗の権利を持つ、と主張した」といわれているのは大筋において正当である（『近代立憲主義と現代国家』三〇八頁）。

（6）ロックは「全人類の平和と保全とを意欲する自然法」（§7）とか「……第一の基本的自然法は社会の保全と公益 public good と両立する限りでの社会内の各人の保全である」（§134）というような言い方もしているが、公益と個別的利益とはロックの意識において対立するものではなく、「彼は公益と諸個人の自然権《プロパティ》……の保全とを同一視していた」とするゴフの見解は妥当である（cf. *John Locke's Political Philosophy*, 2nd ed., p. 38）。

（7）cf. R. Carré d. Malberg, *Contribution à la théorie générale de l'Etat*, tome II, p. 173.

（8）宮沢教授は、ロックが個人も抵抗権を行使できるようにいっているのは、国家における多数決の原理を彼が認めているのと矛盾し、tyrannicide は結局のところ「ロックの否認或は無視したところであろう」といわれているが賛成できない（「抵抗権史上に於けるロック」『憲法の思想』二四九頁）。ロックが tyrannicide を肯定していたことは§205, §235 から看取できる。また、個人も抵抗権を行使しうると彼が考えていたことは、本文で引用した箇所以外にも、権利を奪われ専制下に置かれ、法的救済の途がないときは「国民は全体としても、また個人としても」「天に訴える自由を有する」（cf. §168）と述べている箇所がこれを証明する。社会契約によって社会に、より具体的には国民の多数派に委ねられる権力は専制的権力ではないのだから（cf. §172）、多数決の原理も絶対的ではありえず、多数派が専制的権力を行使するとき、これに対して抵抗するのが許されるのは勿論のこと、為政者が専制的権力を行使し、または専制樹立を企てるのに対して多数派が傍観しているようなときも、その実際的効果はともあれ、国民各人もしくは単なるその集りとしての多数人が共同して抵抗権を行使しうるものと解される。アルトジュウスが「権力行使に関する限りでの暴君 tyrannus quoad exercitium」に対する能動的抵抗、その極限の形としての暴君誅殺を総体としての国民 Volk in seiner Gesammtheit と執政官 Ephor とにのみ認めているのとは異なると思われる（Vgl. O. v. Gierke, *Johannes Althusius*, S. 34）。尚、参照、初宿正典「抵抗権論の史的考察序説(一)」法学論叢九五巻二号九二―九三頁。ロックがノミナリストであること（Vgl. F. Kirchner, *Wörterbuch der philosophischen Grundbegriffe*, 4 Aufl., S. 331）、そして彼が代表的な個人主義者であることを思えば、彼が各人にも抵抗権を認めているのは異とするに足りない。

むすび

ロックの抵抗権は前節で示したように個人主義という特定内容の規範を擁護するための抵抗の権利、人権（自然権）を擁護するための抵抗の権利である。これに対し、宮沢教授の抵抗権は、その定義から明らかなように、法以外の秩序を擁護するための抵抗の権利である。そして教授の抵抗権定義にあっては、法と法以外の秩序の内容が双方とも何ら特定されていないから、極端なことをいうと、法が個人主義をその基本原理とし、法以外の秩序が全体主義をその基本原理とするときにも、「合法的に成立している法律上の義務」を法以外の何らかの秩序に由来する「義務を根拠として否認することを正当とする主張」という意味での抵抗権、宮沢教授の抵抗権について語りうることになる。筆者の考える抵抗権は憲法的秩序 verfassungsmässige Ordnung、「自由で民主的な基本秩序の本質的要素」(1)、理想的意味の憲法の基本原理である個人主義を擁護するための抵抗の権利、個人主義の主観的現象形態としての「基本権擁護」のための抵抗の権利であるから(2)、全体主義を擁護するため憲法的秩序に由来する法義務の履行を拒否する行為を抵抗権の行使と認める余地は全くない(3)。したがって、個人主義を擁護するための抵抗の権利という点ではロックの抵抗権概念と筆者のそれとは一致するものと考える。但し、先の論文で示した理由で筆者は自然法論を採ることができないので(4)、概念としてはロックのそれと一致していても、抵抗権の存否の問題は実定憲法内容の問題であり、また、或る抵抗行為が権利の行使か否かの公権威的認定は実定憲法の適用として裁判所がこれを行なうということになる(5)。

実定憲法上の権利として自然権が保障され、それへの侵害に対する救済の法的手続が一往整備されている現今の憲法において、尚ロックが考える抵抗権が有意味でありうるのかどうかという大きな問題は残されるが、「はしがき」において提起した問題に対する筆者なりの解答は以上で出されたものと考え筆を擱くことにする。

(1) Vgl. G. Scheidle, *Der Widerstandsrecht*, S. 147.

(2) ここで理想的意味の憲法（歴史的意味の憲法）といっているのは、C・シュミットの「市民的－法治国家的憲法の理想概念」、「市民的自由の要求に応えてこの自由の一定の保障を含む憲法」に当たる（Vgl. *Verfassungslehre*, S. 37ff. 尾吹訳四六－五〇頁）。一七八九年のフランス人権宣言がその一六条で、「権利の保障がなされず、権力分立が定められていないすべての社会は憲法を持つものではない」というときの憲法である。この意味の憲法は、これを「自由で民主的な基本秩序」と言い換えることができる。もっとも、C・シュミットの如く、民主主義と自由主義（個人主義）とを峻別し両者を対立せしめる考え方をすると必ずしもそうはならないであろうが（Vgl. *Die geistesgeschichtliche Lage des heutigen Parlamentarismus*, 4 Aufl., S. 13ff）、民主主義は個人主義と国家価値の承認との妥協の産物、個人主義は民主主義の上位規範として両者は密接不可分離の関係に立つというように考えるならば、理想的意味の憲法は「自由で民主的な基本秩序」ということになり、その基本原理は個人主義ということになるだろう。理想的意味の憲法の成立に大きな影響を与えたロックが個人主義から出発して国民を「主権者」とする民主国家のみを唯一の正当国家として認めたという事実も、このことを或る程度裏づけてくれるものと思う。

(3) 参照、本書三〇六頁。

(4) 参照、本書三〇一頁。

(5) 参照、本書三〇八頁。

〔後　記〕本論文執筆中宮沢教授の訃音に接した。巨星墜つの感がある。謹んで哀悼の意を表す。

Ⅲ　「自然状態において人間は自由かつ平等である」という命題について

――J・ロックの場合――

本稿の本文は、去る平成五年三月九日、日本大学法学部本館第一会議室で開かれた平成四年度日本大学法学部学内学会における私の研究報告に若干手を加えたものである。もっとも、報告の原型を能う限り保つよう配慮した。この報告でうちだしたテーゼ自体は、大分以前、拙論「J・ロックの抵抗権概念」（『社会科学と諸思想の展開』創文社一九七七年、本書所収。以下、引用は本書から行なう）の一部であって、既に公にしたそれと異なるところがない。論証の仕方を工夫し、より説得力あるものにしようと努めたにすぎない。本文より長い註を付したが、註が内容としたのは、上記拙論公表後、本を読みあさる過程で本稿の論旨と何らかの意味で密接な関係ありと考えメモしておいた諸説、および、上記拙論ならびにこれと繋りを持つ拙論「ホッブズの抵抗権?・」法学第四六巻第二号一九八三年（本書所収。以下、引用は本書から行なう）中、本稿本文の論旨を理解していただく上で特に重要と考えた箇所である。私自身そうであるが、他人の著書や論文を読む際、「参照、拙著『……』○○頁」として参照が求められていても、同じテーマを追求して批判的に検討しようというときでもなければ、その指示にしたがって繙読することはめったにない。上記二拙論の繙読《ハンドク》の労を省くため、本稿の註の中に、本稿本文の理解に資すると思われる上記二拙論の内容の一部を、若干手直しして直接投入するというやり方をとった。

J・ロックにあっては自然的自由と自然的平等は同義であり、自然的自由はpropertyとしての自由と異なること、そして、「自然状態において人間は自由かつ平等である」という命題は言明ではなくて個人主義という規範であるとする私のロック解釈は、問題提起の意味はあると思っている。あるいは遼東の豕《イノコ》の類かも知れないが、寡聞にしてこのようなことを明確に主張している著書、論文に接したことがない。加えて、ごく一部の人を除いて、私のこのロック解釈に留意した人が見当たらないので、いわば陣容の立て直しをして再度自説を公表し、社会契約論に関心を持たれる方々の注意を促し、私の論旨に欠点があれば忌憚のない御批判を仰ぎたいと考え、敢えて上梓《ジョウシ》する次第である。

J・ロックの *Second Treatise of Government* の引用は、J・ロック 鵜飼信成訳『市民政府論』岩波文庫から行ない——但し、若干字句を改め引用した箇所もある——、必要に応じラスレット版（*Two Treatises of Government* with introduction and notes by Peter Laslett, A Mentor Book）を参照し、これを用いた。ホッブズのリヴァイアサンのテキストとしてはPelican Classicsの *Leviathan* edited by C. B. Macphersonを用い、引用に際しては章と共に頁数をも示した。水田洋訳『リヴァイアサン』岩波文庫から教えられるところ多大であった。このことを付記し水田教授の学恩に謝意を表する。*De Cive* のテキストとしては、主としてモールズワース編の *The English Works of Thomas Hobbes* の第二巻を使用し、二箇所のみ *Opera Latina* 所収のラテン語版を使用した。

周知のように、J・ロックは、自然状態において人間は自由かつ平等だと説いている（参照、J・ロック 鵜飼信成訳『市民政府論』四節）。これを承けて一七八〇年のマサチューセッツ憲法第一条は、「凡《スベ》て人は生まれながらにして自由かつ平等であり……」と述べ（『世界人権宣言集』岩波文庫）、さらには一九四八年の世界人権宣言第一条は、

「凡て人間は生まれながら自由で、尊厳と権利について平等である」と謳っている。H・ケルゼンは、その大著『国連憲章』中で、この規定を評し、「凡ての人間が生まれながらにして自由かつ平等だとする言明 statement は疑問の多い理論的言明……」、「……特殊な自然法論であって、一般に受容されているというには程遠い」こと、生物学的、心理学的には、その逆、人間は生まれながら自由でもなければ平等でもないという方こそが真であって、世界人権宣言が、こうした「疑わしい言明に始まって全文書を甚だ疑問の余地ある法理論 doctrine の支配下に置いているのは、あまり幸いとはいえない」と非難している（cf. H. Kelsen, *The Law of the United Nations*, fifth printing, 1966, pp. 40-41.）[(1)]。

確かに、「自然状態において人間は（同じことだが、人間は生まれながらにして born ないし本来 by nature）自由かつ平等である」という命題が言明だとしたならば、それは偽といわねばなるまい。ここでケルゼニストである私の基本的立場、言明と規範は区別されねばならず、一者から他者を導出するのは論理的に不可能であるとする考え、存在 Sein と当為 Sollen の二元論について一言しておく。私は言明という語の下に、対象についての認識判断内容を表現する、真理値を持つ命題を理解している。言明は、通常、「……である」といった言い回しをとり、普通、平叙文で表現されるが、平叙文で表現されるものの凡《スベ》てが、言明とは限らない。例えば、「父母在《イマ》ストキ遠ク遊バズ」とか、「君子ハ其ノ言ノ其ノ行ニ過グルヲ恥ズ」は平叙文なるも、その内容とするところは規範である。言明と区別されねばならないのは規範であって、私はこの語の下に、人間の在り方ないし人間行動についての実践的な意欲内容を表現する命題、真理値を持つことなく、効力（妥当性）の有無のみが問題となる命題を理解する。規範は、通常、「……べきである」といった言い回しを採るが、ある文章が内容とするのが規範か否かは言い回しのみでは決まらず、「……べきである」という言い回しをしながら、その実は言明だということもある。例えば、「健康たらんとすれば、早起きすべし」という文章は、一見すると規範を表現するかの如くであるが、実はこの文章は、早起きと健康との間に因果関係が存在するという論者の認識判断内容を表現するものであるから、真理値を持つ命題、言明ということになる。(2)

「人間は生まれながらにして自由かつ平等である」という命題が、仮に言明だとしたならば、ケルゼンがいうように偽と判断せざるを得ないが、(3)これが言明なのか否かが、そもそも問題である。この点を検討するに際し、この命題にいう自由 freedom とは何を意味するかが、まず究明されねばならぬ。

T・ホッブズも、始源契約論者として、「彼自身の何らかの行為に由来しないような如何なる義務も、人間にとって存在しない。というのは、凡ての人間は等しく、本来 by nature、自由 free だからである」、と述べている（*Leviathan,* chap. 21, p. 268.）。だが、彼の場合、自然状態にあって各人が有するとされる自由 liberty とは、各人が持つ「万物に対する権利、お互いの身体」に対してすら有する「権利」という意味での自由、自然権 Right of Nature の意味での自由（cf. T. Hobbes, *op. cit,* chap. 14, pp. 189-190.）なのであって、「自然状態において各人は万物に対する権利」・自由を持つという命題は、「自然状態にあっては、各人は自己保存のため最適と判断する事柄を行なわぬよう義務づけられ得ない」といった趣旨のものと解される。そこで、この場合の自由とは、自己保存のため最適と判断することを行なわぬよう義務づけられることの不可能性という意味での自由、例えば、自己保存のため必要不可欠と判断して他人を殺害するという挙に出ても、その人間を非難することは不可能だという意味での自由である。(4)

ロックの場合はどうか。同じく自由といっても、意味が異なるようである。のみならず彼は、『市民政府論』中で、少なくとも二つの異なった意味でこの語を用いている。ロックはいう、「法の目的は自由を廃止もしくは制限するのではなくて、自由を保持拡大するにある。法に従う能力を持っている生物にとっては、どんな場合でも法の無いところには自由もまた無いからである。自由 liberty とは他人による拘束 restraint および暴力から自由 free であること〔免れていること〕であるが、それは法の無いところにはあり得ない」（前掲訳書五七節）、と。ここではロックは自由という語を、「他人による拘束および暴力から免れていること」の意味で用いている。[5]「自然状態においては人間は自由である」と彼がいうとき、「自然状態にあっては人間は他人による拘束および暴力から免れている」という趣旨なのだろうか。そうとは思えない。ロック自身、「自然状態」において人間が「他人による拘束および暴力」を受けることのあり得ることを認めているからである。このことは、彼が「自然状態」において自然法違反者の生ずることを想定して、違反者に対する制裁を規定する、いわば第二次自然法、および、第一次自然法と第二次自然法の適用－執行権者を定める第三次自然法について語っているところからも明白である。[6]

ちなみに、私がいま第一次自然法と呼んだものが、通常、ロックの自然法とされているもの、その実体は理性ないし神意であって（参照、ロック前掲訳書六節、一三五節）[7]、正当防衛および自然法違反者に対する処罰の場合を除くならば、何びとも他人の property を害すべからず、とその内容が定式化可能な、普遍妥当の行為規範である（参照、ロック前掲訳書六節、一二三節。なお参照、本書三三－三四頁）。この場合の property は生命、自由 liberty、所有物 estate or possessions の三者を含む広義のそれであって（参照、ロック前掲訳書一二三節）、私はこれを敢えて自然権と訳している。[8] K・オリーヴェクローナによると、ロックの property は、グロティウスやプーフェンドルフのいう suum に該当し、神意により個々人に彼自身のものとして帰属せしめられたものを指す（cf. K. Olivecrona, The Term 'Property' in Locke's Two Treatises of Government, *ARSP*, LX/1 p. 113. 参照、本書二六五－二六六頁）。とりわけ生命は、property 中最も高く位置づけられ、自由や所有物は生命保全に役立つもの、生命保全の手段として捉えられている（参照、ロック前掲訳書六節）[9]。そこで殺人は神意に反する最大の罪ということになるから、ロックはいう、「各人は自然状態においては、人を殺した者を殺す権利を持つ」（ロック前掲訳書一一節）、と[10]。これを裏返せば、自然状態においても、「他人による……暴力」の極、殺人のあり得ることを彼は認めているわけである。

とすれば、「自然状態において人間は自由である」というときの自由は、「他人による拘束および暴力から免れている」という意味の自由ではあり得ぬこととなる。この場合の自由は、他人の命令に服従する義務がないという意味での自由、各人相互間には正当な支配－服従関係が存在しないという意味での自由と解される。このことを、とりわけ良く示すのが、次に引用するロックの言である。「人間の自然的自由 natural liberty とは、地上のすべての優越的権力から解放され、人間の意志または立法権の下に立つことなく、ただ自然法のみをその掟とすることである」（ロック前掲訳書二二節）。「自然的自由」、すなわち「自然状態での人間の自由」とは自然法に対してのみ服従義務を負い、神意ならざる「人間の意志」の下に立つことのない状態、他者の支配に服する義務のない状態である。「前国家的自然状態」は、万人の合意に基づくが故に正当性を有する支配権力が未だ存在しない状態なので、ここにあっては、何びとも、他人を支配する権利も持たなければ、又、他人の命令に服従する義務もないことになる。本人の合意のみが他者による彼の支配を正当化できるにすぎない。「各人は……本来、自由であり naturally free、自分自身の同意による外は、何ものによっても彼を地上の権力に服せしめることができない」（ロック前掲訳書一一九節）[11]。

ここにいう自由は自律と同義、同意なしには他人によって義務づけられ得ないという意味での自由であることは言を俟たない。各人が、本来、自律性を持つ、独立だというのは、各人は、本来、支配者を上に持つことなく、王・主権者であるということを意味する。ケルゼンは、「一八世紀と一九世紀の個人主義哲学は、個人が主権者であったという考え、即ち、個人は最高価値の持主であったという考えから出発している」と述べている（Pure Theory of Law and Analytical Jurisprudence, *Harvard Law Review*, vol. 55, p. 286.）[12]。いまケルゼンに倣って主権という語を「最高価値」に置換するならば、「自然状態において人間は自由である」という命題を、「自然状態において各人は主権者である」・「自然状態において各人はそれぞれ最高価値の持主である」と言い換えることができ、さらにはこれを、「各人は、本来、何ものにも勝って尊重されるべきである」と言い換えることが可能である。

以上のことが容認されるならば、「自然状態において人間は自由である」という命題は、一見すると、言明であるかのようだが、その実は、個人主義という規範だということが判明する。宮沢俊義教授は、個人主義について以下のように説明されている。「日本国憲法は『個人の尊厳』に立脚する。『個人の尊厳』とは、人間社会のあらゆる価値の根源は個人に在ると考え、何ものにもまさって個人を尊重しようとする原理をいう。これを個人主義といっていい。……個人主義は……すべての人間を……平等に個人として、すなわち人間として尊重する主義である。これを人間主義といってよい。個人主義の反対は全体主義である。……全体主義とは、ほかの言葉でいえば独裁主義であり、ファシズムである。かような全体主義を否定して多数の国民の一人一人の生命や自由を大切に保護し、さらにすすんでその生活を保障しようというのが個人主義である（傍点筆者）」（『憲法〔改訂版〕』六八―六九頁）。私の個人主義概念も、これとさしたる差異がない（参照、本書二七頁註8）。

次に、「自然状態において人間は平等である」という命題の方はどうか。これも又、言明であるかの如く見える。ホッブズは、巨視的には「自然は人間を、体力と知力において、平等に造った……」と述べているので（cf. *Leviathan*, chap. 13, p. 183.）[13]、ホッブズの場合は、この命題は正に言明だということになる。しかし、ロックの場合、そういえるかどうか疑わしい。彼はいう、「自然状態」は「また平等の状態でもある。そこでは一切の権力と裁判権 jurisdiction は相互的であって、何びとも他人より以上のものを持たない。同じ種、同じ級 rank の被造物は生まれながら無差別に、凡て同じ自然の恵みに与《アズカ》り同じ能力を用い得るのであるから、もし彼ら凡ての唯一の主たる神が、何らかの明瞭な権利をその者に付与するのでない限り、互いに平等であって、従属や服従があるべきでない、ということは、明々白々だからである（傍点筆者）」（ロック前掲訳書四節）、と（参照、ロック前掲訳書七節、一九節）。即ち、「自然状態」にあっては、何びとも他人以上の「権力と裁判権」を持つことなく、神の明示の授権がない限り、人間相互間に「従属や服従」の関係が存すべきではない、その意味で「自然状態において人間は平等である」と述べているのだから、ここにいう平等は、先の自由と同じく、正当な支配−服従関係の不存在の意味での平等、各人は凡て主権者であり同輩 Equals であるという意味での平等である（参照、ロック前掲訳書一二三節）。

主権という語を、ここでも、ケルゼンに倣って「最高価値」に置換すると、「自然状態において人間は平等である」というのは、「各人は、本来、主権者である」・「各人は、本来、最高価値の持主である」と言い換えることができ、さらにこれは、「各人は、本来、何ものにも勝って尊重されるべきである」と言い換え可能である。とすると、この命題も、ロックにあっては、言明でなくて個人主義という規範だということになる。屡々自由と平等とは両立不能と主張されている。「立法者にしろ革命家にしろ、平等と自由とを同時に約束する者は、空想家にあらずんば山師だ（『格言と反省』から）」（高橋健二編訳『ゲーテ格言集』新潮文庫一四四頁。cf. L. Duguit, *Traité de droit constitutionnel*, 3. ed., t. III, pp. 627-628, pp. 684-685.）。だが、ロックにおける「自然的自由」と「自然的平等」に関していうならば、両者は両立可能、といわんよりも完全に同義である。L・シュトラウスは、「自然的自由と自然的平等とは相互に不可分である。凡ての人間が生まれながらにして自由であれば、何びとも生まれながらにして他人に優越する者ではないから、凡ての人間は生まれながらにして互いに平等である」と述べ（Leo Strauss, *Natural Right and History*, p.118.）、両者の不可分性を強調したが、私は若干歩を進めて、両者が同義であること、そして、「自然状態において人間は自由かつ平等である」という命題は、歴史的事実がどうであったかを記述する言明ではなくて、その表現形式にも拘わらず、「初めに個人ありき」というイデオロギーの表明（cf. L. Strauss, op. cit., p.183.）、個人主義という規範だと主張する。

以上論じたことを、若干、角度を変えて根拠づけてみよう。ホッブズと同様、[14]ロックも、国際社会は現に自然状態にあると述べている。「……凡ての国は相互に自然状態にある」（ロック前掲訳書一八三節。なお参照、一四節）。これを見ると、「自然状態」は前国家的状態というよりも、凡ての個の同意に基づく正当な支配－服従関係不存在の状態と規定する方がより適切と思われるが、[15]それは措き、前国家的自然状態における自由・平等の個人に対応するのは、国際社会における主権国家ということになる。主権という語は多義的であるが、国際法で主権国、非主権国というときの主権は、国家の独立性の意味とされる（参照、宮沢俊義『憲法の原理』二八五頁。cf. C. E. Merriam, *History of the Theory of Sovereignty since Rousseau*, p.122.）。この場合の独立とは何か。何ごとにもよらず、他国に、事実上、依存するところがないという意味での独立ではないだろう。如何なる大国といえども、事実上、何らかの点で他国に依存している。また、ここにいう独立は、他国の要求に、事実上、屈することがないという意味でもないだろう。弱小国が強大国の要求に事実上屈服せざるを得ないのは、現実だからである。だが強大国といえども弱小国に対し、一方的な指揮命令の権利を持つことなく、弱小国も強大国の指揮命令に一方的に服従する義務がないこと、国家相互間に、本来、正当な支配－服従関係が存在しないこと、これが此処にいう独立の意味である。[16]前国家的自然状態における個人の自由・平等と国際社会での国家の主権・独立、この両者はパラレルである。国家の主権・独立が国家相互間での正当な支配−服従関係の不存在を意味するとするならば、前国家的自然状態での個人の自由・平等の方も、個人の主権・独立、各人相互間に、本来、正当な支配−服従関係が存在しないことを意味することになるだろう(17)。

以上縷説したところから、私は、「凡《スベ》ての人間は生まれながらにして自由かつ平等である」という命題は、「個人の尊厳」、個人主義という規範だと解する。かく解するのが妥当だとすると、ケルゼンが、この命題は広く受容されているとはいいえない特殊な自然法論であって、「世界人権宣言がこのような疑わしい言明に始まって全文書を極めて疑問の余地のある法理論《ドクトリン》の支配下に置いているのは、あまり幸いとはいえない」と非難しているのは（cf. *The Law of the United Nations*, fifth printing, 1966, p. 41.）、不当ということになろう。この命題は、戦後ラートヴルッフが「法律を越える法 übergesetzliches Recht」と呼んだ、近代権利宣言に共通する部分の根底に横たわる「個人の尊厳」、個人主義という規範、第二次大戦後改めてその価値が確認された考え方である（Vgl. G. Radbruch, Fünf Minuten Rechtsphilosophie, 1946, in: *Rechtsphilosophie* 7. Aufl., S. 336.）。

ギールケは、以下のように説いている。「……社会契約論は、前国家的自然状態の想定から出発する。この前国家的自然状態の細部の叙述については、もとより社会契約論〔者達〕は果てしない論争に陥っていたが、人間の始源的自由と平等、そしてここから生ずる個人の元来の主権という考え方では一致していた〔傍点筆者〕」（O. v. Gierke, *Johannes Althusius*, S. 107. なお参照、本書二〇頁、三一−三二頁）、と。ロックも社会契約論者の一人と見られるが（Vgl. O. v. Gierke, a. a. O., S. 105. なお参照、本書五八頁註2）、ここで、社会契約論についての私見を述べた後で、ロックの始源契約論 theory of original compact が果して私の社会契約観に適合するか否かを検討することで、彼が『市民政府論』の冒頭で自然状態論を展開し、ここで人間の自由と平等を力説したのは何故かについての私の推測を述べ、私に課せられた本日の報告を終えることにしたい。

私は社会契約論とは、個人主義を前提しての、個人に対する国家支配の正当化論と考える（cf. R. Capitant, *Écrits constitutionnels*, p.34.）。個人の主権・最高価値の承認を前提しない限り、もはやそれだけで、社会契約論はナンセンスな学説といわざるを得なくなる。このことは、個人主義に対立する考え方、全体の最高価値の承認、全体主義を前提した場合、どうなるのかを想起すれば足りる。この場合、全体である国家は、最高価値の担手として、当然、国家を組成する個々人に優る価値を持つということになるから、社会契約の如きを媒介とすることなく直接に、個人に対する国家支配の正当性・権利の根拠づけが可能となる。個人の主権・最高価値が前提されるからこそ、本来の主権者である個人に対し、個人よりも価値が劣るはずの国家が、いったい何に基づいて個人を支配する正当性・権利を持つのかという問いを有意味に提起することが可能となり、そして、社会契約論者はこの問いに対し、社会契約を通じて予め表明された、国家支配に服従するについての個人の同意こそが、本来の主権者たる個人への国家の支配の権利を根拠づけることができる、と答えるのである[18]。

ロックの始源契約論が、いま素描した私の社会契約観に適合するものであるか否かを、彼の言に即して確かめてみよう。ロックは、始源契約は「人がその自然的自由 his Natural Liberty を放棄し、市民社会の拘束を受けることになる唯一の方法」（参照、ロック前掲訳書九五節）と述べているが、その理由とするところは、「……人間は凡《すべ》て自由、平等そして独立しているのだから、誰も自分から同意するのでなければ」、「自然状態」を追われて「他人の政治権力に服せしめられることはあり得ない」というに在る（参照、ロック前掲訳書九五節）。彼のこの主張は、個人主義を前提としての国家権力の正当化論としてのみ首肯可能である。「自然状態」における人間の自由と平等というテーゼが歴史的事実についての言明であり、「唯一の方法」にいう方法が、事実上の支配関係を発生せしめる原因の意味だとしたならば、こうしたロックの主張が肯定できないものであることは、明白だろう。征服による支配関係の樹立もあり得るからである。彼は特に征服について一章を設《モウ》けて論じている。その中で彼は、「不正な戦争による征服」と「合法的な戦争」による征服とを分けて論じているが、「不正な戦争」による征服の場合、征服者が「被征服者を支配する権利 right を決して手に入れることができない……」のは、「……強盗が私の家に侵入して短刀を私の喉元につきつけ、私の財産を彼に譲渡することを約束する証書に押印せしめても……」権利を取得したことにならないのと同様であると述べている（参照、ロック前掲訳書一七六節）[19]。ここで「権利」といっているところから知られるように、ロックが問題としているのは、事実上の支配関係が如何にして発生したのかという事実問題 quaestio facti ではなくて、人間の他の人間に対する支配を正当化するものは何かという権利問題 quaestio juris なのであって、「自然状態」における人間の自由・平等、個人の本来の主権・独立性の承認、個人主義よりする当然の帰結として、個人の同意のみが彼に対する支配を正当化する、個人に対する支配の権利を付与する、「征服といえども国民の同意がなければ、新しい国家体制を決して樹立できない……」（ロック前掲訳書一七五節）と、彼は主張するのである。したがって、ここで「できない」といっているのは正当化不可能の意味であり、「唯一の方法」にいう方法は、正当化の方法なのである。

　このように見てくると、ロックの始源契約論は、先に示した私の社会契約観に適合することが判明する。個人主義の正しさを前提にしての、個人に対する国家支配の正当化論、これである。ロックが『市民政府論』の冒頭で「自然状態」での人間の自由・平等を力説したのは、彼の政治理論は、社会契約論を主軸として展開されているので、社会契約論の理論的前提である個人主義の正しさを予め強調しておく必要があったためだ、と推測される。以上で、私に負わされた研究報告を終え、御批判を仰ぐことにしたい。

(1) もっとも、ケルゼンは別の著書で、社会契約論に触れて以下のように述べている。「エンゲルスが、原始社会を人類の理想的状態として叙述しているのは、マルクス主義と自然法論との間の、先に指摘した類似性の極めて意味深い徴候なのであって、自然法論もまた、自然状態を社会的な幸福の状態と想定している。こうした想定は、事実に基づくのではなくて、人間は自由であるべきであり、かつ、平等であるべきだという前提された要請postulateから導出されたものである。この要請は、通常、人間は、その本性によって自由かつ平等であるとする言明を装《ヨソオ》って提示されている。国家と法は、その起源を契約にもつとする法理論《ドクトリン》が基づいているのは歴史的事実ではなくて、こうした要請なのである。人々が自由であるべきであり、かつ、平等なレベルで取扱われるべきだとするならば、彼らは、彼ら自身の意志によってのみ拘束可能ということになるからである〔傍点筆者〕」(*The Communist Theory of Law*, 1945, pp. 39-40.)。ここではケルゼンは、「人間は生まれながらにして自由かつ平等である」という命題の真実態は要請、規範だということを指摘している。ここにいう自然法論とは社会契約論と結びついた個人主義的自然法論を指していると見られるが、少なくともホッブズとロックにあっては、自然状態は「社会的な幸福の状態」とはいえない。ホッブズにあっては自然状態即戦争状態であり、ロックにおいても「……戦争状態の危険……を伴う」状態である(cf. R. Capitant, *Écris constitutionnels*, p. 34. 以下、*Écris* と略記)。自然的自由・自然的平等は法的独立性を、したがって、自然状態は法の有権的解釈権者不在の状態を意味するのだから、国際社会が「人類の理想的状態」であり得ないのと同様、自然状態は「社会的な幸福の状態」ではあり得ない。ケルゼンは先の命題にいう自由と平等の意味追求を怠ったため、彼の社会契約論の捉え方は、物足りないものになっている憾みがある。

なお、福田歓一教授によると、「……ロックの自然状態においては、人間は自然と向き合っているのであって他人と向き合っているのではないことが明らかであり、したがって自然状態が戦争状態になる必然性はない〔傍点筆者〕」(『政治学史』東大出版界一九八五年、三七一頁)とのことである。「自然と向き合」うとか、「他人と向き合」うといった言い回しは甚だ漠然としており、また、ロックの著書の何を根拠にかく断じられたのか、何ら典拠を示されていないので、私の方も、教授のこの主張に関しては大幅な解釈の自由を持つものと信じ、疑義を呈することにしよう。もし教授が言われるように、「ロックの自然状態においては」人間は「自然と向き合」う——自然に対してだけ働きかける——のみであって、「他人と向き合っているのではない」——他人と係わるところがない——とするならば、「自然状態が戦争状態となる必然性がない」という言い回しは不正確であって、正しくは、「自然状態」は「戦争状態となる」可能性がないと言うべきであろう。けだし戦争状態の本質は、自己の目的達成の障害となる「他人」を抹殺ないし屈従させようと努めることに存するのだから、「他人」と係わることのない処には戦争状態発生の余地は存しないからである（cf. T. Hobbes, *Leviathan*, chap. 13, p. 184.）。また、「ロックの自然状態においては」、人は「他人と向き合っているのではない」とするならば、ロックの自然法が「他人」の自然権《プロパティ》の侵害を禁止すると共に自然権侵害者に対する制裁を定め、各人を以て自然法の裁判官であると同時に執行官たらしめているのは、全くの不可思議事となるだろう（参照、ロック鵜飼信成訳『市民政府論』岩波文庫六節、一二節、一二五節。なお参照、本書四七頁註2）。他人との係わり合いのない処には、他人の自然権侵害はあり得ないはずだからである。

（2）存在と当為の二元論に関する私の理解については、参照、拙著『続・国権の限界問題』二一六頁以下。私は、存在と当為の二元論は極めて常識的な考え方、冷厳な事実認識と自分の主観的な願望とは異なるのだから、両者を混同するなといった趣旨の主張というように理解している。「冷厳な事実認識」に対応するのが言明であり、「自分の主観的な願望」に対応するのが規範である。「一部の公立中学校には悪質な『いじめ』がある」というのは言明であり、「公立中学校から『いじめ』を一掃すべきである」というのは、私の主観的願望の表現である。もっとも、こうした私の願望は数多くの人々の共有するところだから、私一人の主観的当為に止まらず、相対的な客観性を主張できる当為、規範ということになる。その主体が多数者であれ少数者であれ、社会的な広がりを持った、人間の願望の表現が規範である。社会的広がりを有するところから、「……の事態は望ましい」は、「……の事態は正しい」というように言い換え可能なのである。もとより、この正しさが一定範囲の人々にとってのみの正しさ、相対的な正しさであるのは言を俟《マ》たない。一箇の命題が様々に表現可能であることは、留意の要がある。「……があらまほしい」、「……が望ましい」、「……を為せ」、「……すべきである」、「……のは正しい」等は、いずれも同一命題の様々な表現形式である。自分一人の願望に止まらず、多くの人々のそれでもあると意識するとき、多くの場合、「……すべきである」とか「……のは正しい」というように表現する。こうした表現の方が、他者への強い働きかけが期待できるという計算があるのだろう。また、「……べきである」という表現形式を採っているからといって、必ずしも其の文章の意味内容が規範と限らないことは、本文の示す通りであるが、なお、拙著『続・国権の限界問題』所収の「批判的峻別論」に関する拙論（二一五—二六三頁）を参照されたい。これらの諸稿は、「認識と評価は異なる」という命題・言明から「両者は峻別されるべきである」という命題は、存在と当為の二元論を墨守する限り、導出できないはずだとする一部の人々の主張を批判の対象として、「両者を峻別すべきだ」にいう「べし」は普遍妥当性を有する思考の規範たる論理の要求を表現する「べし」なのであって、社会的な広がりを持つ人間願望を表現するにすぎない「べし」と性格を異にすること、そして、ここに「両者を峻別すべし」というのは、「認識と評価は異なる」とされる以上、「両者を峻別するのは論理的に正しい」、「両者を峻別しないと矛盾律に反することになる」という認識判断内容の表現・言明であること、したがって前記主張は、この場合の「両者を峻別すべし」という命題が、その実は、言明であることを看過した、方法二元論の誤った理解に基づく主張である、ということを論じたものである（なお参照、「いわゆる峻別論について――蓮沼啓介教授と山内敏弘教授に答える――」『論争　憲法－法哲学』八二－一〇二頁）。

本稿公刊の直後（一九九四年四月）、日本評論社から樋口陽一教授の『近代憲法法学にとっての論理と価値』が出版された。全巻二四一頁中九〇頁を占める第一章と第二章第一節は、教授の八月革命説観と「批判的峻別論」の再論、および私がこれに加えた批判への反論と、教授と私との間で交わされた論争に関連する山下威士、蓮沼啓介、山内敏弘、中村哲也、長谷部恭男の諸教授の論稿についての教授の反論ないし見解の表明に充てられている。樋口教授は前記著書の「あとがき」で、「……この本の大部分は、既発表のものがなんらかの意味で素材となっているが、其の多くは大幅に書きかえており、どちらにしても、ここで述べられていることは、現時点での著者の考えである」と述べているが（前掲書、二三九頁）、「学説の両面機能性」論を中核とする八月革命説観、「峻別論」を「実践的提言」と前提した上で展開されている「批判的峻別論」は、初出の「日本憲法学における科学と思想」『一九八二年法哲学年報』、および「『八月革命』説理解の視点」国家学会雑誌第九八巻第五・六号、「『批判的峻別論』批判・考」『法と法過程』の論旨と、その実質において何ら変わるところがない。そこで既発表の拙論（「八月革命説覚書」法学第四七巻第二号、「八月革命説覚書後記」法学第四九巻第一号、「『学説の両面機能性』ということ」東北大学教養部紀要四五号、「『批判的峻別論』偶感」『法の理論4』、「再論『批判的峻別論』」『法の理論8』。以上、拙著『続・国権』所収。収録に際し「八月革命説覚書」と「『学説の両面機能性』ということ」に註を付加したが、爾余のものは一切加筆せずに転載したので、以下、前掲拙論は凡て拙著中から引用する。今後教授が拙文を引用されるときは拙著からされんことを希望する）中で私が教授に加えた批判は、ほぼそのままの形で教授の新著中の論述にあてはまる。樋口前掲書一一－一四頁と八四頁の「学説の両面機能性」論については『続・国権の限界問題』一六九－一七四頁、一九九－二一三頁を、樋口前掲書一七－五六頁については前掲拙著二一五－二三八頁、二四七－二六三頁を、とりわけ樋口前掲書三四頁註（3）については前掲拙著二六〇－二六二頁を参照されたい。教授は新著においても、私の批判にまともに答えることなく、初言をくり返しているにすぎないので、独立の論稿で批判するまでもないと考える。ここではただ一つ、私の批判に対する教授の反論の仕方が、如何に断章取義的であるのかを具体的に示すにとどめよう。前掲拙著からの引用が、事柄の性質上、長くなるが御宥恕願いたい。樋口教授曰く、「私が『タブー』に対置して『真正の規範』という用語――また、『勝者の正義』に対置して『普遍的な価値』としての『正義そのもの』という用語――を使った点において菅野・前掲三五頁〔「『批判的峻別論』偶感」〈法の理論4〉、前掲拙著二三二頁〕は、『〈普遍的な価値〉とか〈真正の規範〉といったものが在るとお考えなのか。或いは、仮にそうしたものが存在するとしても認識可能とお考えなのか』と反論《ママ》する。この根本的な論点について、私は、そういったものが『在る』、『或いは、……認識可能』とは考えていない立場をとっている。教授によって引用されたおなじ論文のなかでも〔前稿とのくり返しをいとわず〕『〈人類普遍〉であるべき個人の尊厳という究極的な価値すらも、科学の名において……説くことはできない』……と書いていたことで、答えとしては十分であろう」〔樋口前掲書三九頁〕。私が教授の主張を誤解して、教授を価値絶対主義者・自然法論者と見誤っている、というわけである。果たして然るか。教授が断片的に引用した拙文を含む私の論述を、殆ど省略せずに引用して、読者の判断に委ねよう。

「教授はいう、『……〈勝者の正義〉から〈正義〉そのものを普遍的な価値として剥離し、あらためて位置づけしなおす、ということが課題となる。タブー性の蔽いをはぎとったあと、真正の規範として何を定立するのか、ということの仕事は、まさしく思想のいとなみである〔傍点筆者〕』（『タブーと規範』世界一九八三年六月号四四頁）。『普遍的な価値』とか『真正の規範』といったものが在るとお考えなのか。或いは、仮にそうしたものが存在するとしても認識可能とお考えなのか。価値相対主義よりすると、如何なる価値も主観的・相対的であって、『客観的価値、即ち、その妥当性が現実についての言明の真Wahrheitと同様に客観的であるような価値』は存在しない（H. Kelsen, Die Grundlagen der Naturrechtslehre, in: *Die Wiener rechtstheoretische Schule*, S. 872.）、或いは少なくとも、絶対的な価値の認識は人間にとって不可能事である（Vgl. H. Kelsen, *Allgemeine Staatslehre*, S. 368f. 清宮訳六一八―六一九頁）。このような見解よりすると、『普遍的な価値』とは形容矛盾以外の何ものでもない。『真正の規範』とは、文字面《ツラ》だけからはその意味が定かではないが、真であると同時に正でもある規範、その妥当性は言明の真と同様の客観性をもっており、何びともその正しさを承認せねばならぬ規範、宮沢教授のいわゆる客観的に妥当する自然法（『憲法Ⅱ〔新版〕』一六八頁）の意味だとすると、これまた、価値相対主義者にとっては、その存在が肯定できないものである。自然法といったものが仮に存在するとすれば、それは、人間によって発見されるのであって、人間の意志によって定立されるのではない。『……真正の規範として何を定立するのか、ということの仕事は、まさしく思想のいとなみである〔傍点筆者〕』と論じておられるところから見ると、教授は自然法論者ではないようである。もっとも、ここでも『思想のいとなみ』という意味不明の言葉が出てくるが、『思想・実践の次元』(八頁)といった書き方をされている箇所から推察するに、『思想のいとなみ』とは、これを『実践』と読み換えて大過ないもののようである。即ち、『真正の規範』として何を定立するのかは『実践』の問題だというのが教授のお考えなのだから、教授を以て『普遍的な価値』・『客観的に妥当する自然法』の存在を主張する自然法論者と目するのは不当ということになる。だが、そうだとすると、『普遍的な価値』とか『真正の規範』といった言葉を教授が用いられたのは何故か、という疑問が生ずる。教授が価値相対主義者であるならば、本来、こうした形容矛盾の語を使用できないはずである。敢えてこうした語を使われたのは、教授の主張の説得力を強めるための方便ではないのか。とすると教授は居直りタイプの『自覚的結合論』者と選ぶところがなく、『批判的峻別論』を自ら『実践』されておらず、また、自ら唱導する『知的廉直の義務』(『タブーと規範』前掲誌四七頁)を履行しておられぬということになるが、如何〔傍点筆者〕」(拙著『続・国権』二三二―二三三頁)。

今回あらたに傍点を付した箇所から明らかなように、私は教授が価値相対主義に立脚していると推測しつつ、それなら何故に「普遍的な価値」とか「真正の規範」といった語――価値相対主義よりすると形容矛盾としか考えられぬ語――を使うのかということを問題にして、教授は自説の説得力を強化する方便としてこれらの語を使用したのでないのか、そうだとしたら、「知的廉直」について語る資格が教授にはないのではあるまいか、という疑問を呈したのである。教授は価値相対主義者ではない、と断定したのではない。「知的廉直」、これも言うに易くして行なうに難い。君子恥其言之過其行也。

(3) L・デュギイも、この点について以下のように批判している。「孤立しての自由かつ独立の自然人に関する言明は、単に形而上学的断言であるにとどまらず、加えて、科学的方法の直接の対象となり得る人間の肉体的性質に関してこれまで確かめられてきた事実に反するものである。今日では凡ての生物学と人間科学は、人間の肉体的諸器官と構造を前提すると、人間は単独で生活するのは不可能であり、そうした生活を嘗て営んだことはなく、社会内においてのみ人間は生活可能であって、社会外で生活した実例がないということを証明している。……独立で孤立した自然人といったものは思考不能であり、社会的存在としての人間のみが思考可能である……」(L. Duguit, The Law and the State, *Harvard Law Review*, vol. XXXI, November 1917, p. 23. 以下、*Law and State* と略記)。デュギイのこの言は、「……人間がその自然の本性において国家をもつ(ポリス的)動物〔politikon zoon〕であることも明らかである。そして国家をもたない者があるとすれば、それは偶然によるのではなくて、生まれつき自然にそうなのだとしたら、それは人間として劣性のものであるか、あるいは人間以上の何ものかである」（アリストテレス田中美知太郎訳『政治学』世界の名著8中央公論社六九頁、一二五三a）とするアリストテレスの言を想起させる。人間をpolitikon zoonとする彼の主張を、人間は生まれながらにして社会に適しているborn fitとの主張と解してホッブズは、人間はその本性natureによってではなく教育によって社会に適せしめられると批判すると共に、「すべての社会は……利得ないし自惚gain or gloryのために在る、即ち、我々の同朋への愛のためといわんよりも我々自身への愛のために在る」（cf. *De Cive*, chap. 1, art. 2.）と主張している。両者の主張が真の意味で対立すると言えるか否か疑問の余地なしとしないが、それは措き、「人間は生まれながらにして自由かつ平等である」にいう自由が強制の欠如を、平等が人間間の事実上の差異の不存在を意味するとすれば、このテーゼが偽であることは明白である。人間は様々な強制をうけることで社会への順応を余儀なくされ社会に受容されるようになるのは、眼前の事実である。平等についてはロック自身が、次のように述べているのは注目に値する。「私は前に第二章で、すべての人間は生まれながらにして平等であるといったけれども、それはあらゆる種類の平等を指したものと解されてはならない。年齢や徳の故に、ひとが優越性を与えられるのは当然である。その上さらに優れた才能や功績をもつ人々は、普通の水準以上におかれるかも知れない。ある人には出生が、また他の人には縁組や恩恵が、自然に、感謝やその他の理由で当然払わねばならないような尊敬の念を、ある人々に払わせる。しかしながらこれら一切は、一人の人の他人に対する裁判権あるいは支配権という点に関して、万人のおかれている平等と矛盾しないのである（傍点筆者）」（ロック前掲訳書五四節）。社会生活上配慮されて然るべき年齢、徳、才能、功績等の差異も、一者を他者の政治的権力下に置く根拠にはならず、その意味で各人は平等であるというのが、ロックの主張である（参照、R・ドラテ西島法友訳『ルソーとその時代の政治学』一一六－一一七頁）。こうした主張の前提となるのは、後に本文で説くように個人を以て本来の主権者とする彼の考えである。この点、ロックとアリストテレスとは極めて対照的である。アリストテレスは人間相互間に生まれながらにして治者と被治者の区別の存すること、ロック流にいうと、「一人の人の他人に対する裁判権あるいは支配権という点に関して」自然的不平等が存在することを主張している。曰く、「もう一つの自然によって定められた一対を成しているのは、治者と被治者のそれであって、これはお互いの存在を完全にするためのものである。すなわち、その知力によって先を見ることができる者は生まれつきの治者であり、生まれながらにして人の主となる者である。これに対して肉体を使って労働する力を持っている者は被治者となり、従者となるのが自然である」（アリストテレス前掲訳書六六頁、一二五二a）。アリストテレスのこうした主張は、ロックの個人主義と正反対の、国家を以て個人に先行するという彼の思想に相呼応すると思われる。「……国家は、家族や我々個人よりも自然の順序において先のものである。なぜならば、全体は部分よりも、自然の順序において先でなければならないからだ。というのは、（身体の）全体が取去られて、手や足だけが在るというようなことはないだろうからだ。……かくて国家が自然に基づくものであって、我々各人より先にあるものだということは明らかである〔傍点筆者〕」（アリストテレス前掲訳書六九－七〇頁、一二五三ａ）。国家が「我々各人より先にある」とするならば、国家は社会契約論者の説くような、各人相互間の合意の産物であり得ないことになる。さらには、「国家が自然に基づく」とするならば、政治的支配関係、治者と被治者の別は「自然」に由来し、人間は、本来的に、不平等ということになるだろう。アリストテレスの学界における権威がなお極めて大きかった一七世紀に、ロックに代表される個人主義の出現を見た原因の一つとして、キリスト教（の一派）の影響を考えることは見当違いだろうか。例えばLactantius（A. D. 250-325.）はいう、「神は……人々が……平等であることを欲せられた……彼らの中の何びとも下僕ではないし、何びとも主人ではない」（Vgl. A. Verdroß, ***Rechtsphilosophie***, 1. Aufl., S. 60.）。K・オリーヴェクローナは次のように述べている。「人間相互間で他者のために一者の始源的で内的自由を制限し得る、唯一思考可能な方法が存在した。それは、自発的服従であった。如何なる人間も独力で他者を義務づける権力を持たなかった。凡ての人々は、神の下で、自分自身の主権者であった〔傍点筆者〕」（K. Olivecrona, *Law as Fact*, p. 12.）。

（4）H・ウォーリンダーは、ホッブズは二つの異なった意味で権利という語を使用していることを指摘している。その一は、この語の普通の使用法であって、「人がそれに対し道徳的に正当な資格をもつもの」の意味での権利であり、ホッブズが所有権とか課税権、徴兵権について語るときの権利は、この意味のそれである。その二は、「個人が放棄を義務づけられ得ぬもの」、「義務のアンチテーゼ」、「義務からの自由ないし義務の免除」の意味での権利、ホッブズが自由と同一視している権利（cf. *Leviathan*, chap. 14, p. 189, chap. 26, pp. 334-335.）であって、彼が「万物に対する権利 ius in omnia」とか生命に対する権利とか自己保存権について語るときの権利は、この意味のそれである（cf. H. Warrender, *The Political Philosophy of Hobbes*, pp. 18-20.）。ゴーチエも、ホッブズの自然権は、それに対応する義務のない特殊な意味の権利であるとしている（cf. D. P. Gautier, *The Logic of Leviathan*, pp. 30-31.）。自己の生存を脅かすとして自然権行使の対象となる相手方も、自分の生命、身体に対する侵害行為を受忍する義務はなく、侵害者同様、自然権の行使として侵害排除のための実力行使の自由・権利を有する。ホッブズが自分のいう自然権を、「それを根拠に一者が正当に侵害し他者が正当に防衛するところの万人の万物に対する権利〔傍点筆者〕」（*De Cive*, chap. 1, art. 12; *The Elements of Law*, Part1, chap. 14. art. 11.）と説明しているところからも、このことが知られよう。したがって、ウォーリンダー、ゴーチエの右の指摘は正しい、といえる。こうした自由・権利という語の用例を、我々は大岡昇平氏（正確にはスタンダールというべきか）の『俘虜記』の一節に見出すことができる。「スタンダールの一人物がいうように『自分の生命が相手の手にある以上、その相手を殺す権利がある』と思っていた。従って戦場では望まずとも私を殺し得る無辜の人に対し、用捨なく私の暴力を用いるつもりであった」（新潮文庫版二八頁）。ここにいう「殺す権利」とは、殺害行為に出ないことの義務づけ不可能性、殺害しても行為者を非難できないという意味での消極的正当性である（参照、本書一五五―一六一頁、一七〇頁、一八九頁）。

（5）ケンドルは、本文で引用したロックの言を一つの論拠として、彼を「極端な多数決民主主義者 extreme majority rule democrat」であり、「国家の形而上学的理論」の先駆者であると断じている（cf. W. Kendall, *John Locke and the Doctrine of Majority Rule*, p. 63, pp. 104-105.）。しかし、「……他人から拘束や暴力をうけないこと……」の意味の自由が強制秩序としての法なくして考えられないものであることは、余りにも当然というべきであって、これをも「国家の形而上学的理論」というのであれば、アナーキズム以外の政治理論は凡てそうだということになってしまうであろう。ロックを「個人主義者のプリンス」と捉える伝統的ロック解釈の正しさは疑う余地がない（cf. Vaughan, *Studies in the History of Political Philosophy before and after Rousseau*, p. 156; J. W. Gough, *John Locke's Political Philosophy*, pp. 45-46; L. Duguit, *Law and State*, pp. 10-11.）。この意味の自由はホッブズの自由・権利と異なって、それに対応する他者の義務、自然法に反して拘束や暴力を加えてはならないという他者の義務を随伴する自由である。いわば義務の反射としての自由といえよう。

（6）他人の広義の property・「他人のもの alienum」を侵すべからずと命ずる自然法は、尾高博士のいわゆる行為規範・社会規範に該当し、これを第一次自然法と呼ぶことにする。凡《すべ》ての人々に、一定の場合を除いて、alienum の侵害を一方的に禁ずる規範だから、H・L・A・ハートの primary rules に当たるだろう。第一次自然法違反者に対する制裁を定める法も、それ自体、自然法である。殺人に対する制裁が自然法によると死刑であることは、ロックの次の一文から明白である。「カインは、誰でもこのような犯罪人を殺す権利をもっているということをかたく信じていたから、その弟を殺した後に叫んでいった。『凡《およ》そ我に遇う者我を殺さん』……、それほどはっきりこのことは全人類の心に書き記されていたのである〔傍点筆者〕」（ロック前掲訳書一一節）。この種の自然法は、尾高博士のいう強制規範に当り、これを第二次自然法と呼ぶことにする。さらにロックはいう、

「……自然状態においては各人が自然法の裁判官であると共に執行官である……」（前掲訳書一二五節）。各人を第一次自然法、第二次自然法の適用・執行権者と定める法、これまた自然法であろう。この種の自然法は尾高博士の組織規範・権限規範に当たるから（参照、『実定法秩序論』六二一―六四頁）、これを第三次自然法と呼ぶことにする。ロックの「自然状態」は上記三種の自然法によって規律された、国際社会に類似する社会、極端に分権化した法社会と見ることができる。実体法である第一次自然法および第二次自然法の解釈・適用権が、形式法である第三次自然法によって各人、より正しくは各成人に授権されていて、特定の有権的解釈権者を持たない社会である（参照、本書四七頁註2）。

（7） ロックが自然法と同一視している理性は、実践理性と見られる。ケルゼンによれば、実践理性は認識すると共に意欲する理性であって、これが実践理性という矛盾した概念である。この概念は理性法論中で大きな役割を果したが、宗教的-神学的起源を持っている。キケロは自然法の定立者としての「正しい理性 recta ratio」について語り、これとゼウスとを同一視した。トマス・アキナスは、「実践理性 ratio practica」とは人間に宿る神の理性であるとし、しかも、神の理性と神の意志とは同一であると説いた（Vgl. H. Kelsen, *Reine Rechtslehre* 2. Aufl, S. 415ff.）。ロックが自然法、理性、神意の三者を同一視するとき、その理性とは人間に宿る神の理性、実践理性ではなかろうか。ゴフの次の言は、私のこうした推測を裏づけてくれるようである。「自然法は、優れて理性法である。理性は他の被造物の持たない特殊人間的能力であった。のみならず、理性は人間が神と分かち持つ能力であり、『人間相互間のルール』として、神により、人間に与えられたものであった〔傍点筆者〕」(J. W. Gough, *John Locke's Political Philosophy*, pp. 34. 参照、本書三九頁註11）。ホッブズは「正しい理性」について、次のように説明している。人間の自然状態における正しい理性という語の下に私が理解しているのは、……推論行為のこと、即ち、他人の利益もしくは害となり得る彼の行為についての独自にして真の推論である」（*De Cive*, chap. 2, art. 1 foot note）。この部分だけ読むと、自分の行為が他人の利益に及ぼす影響という限られた対象に向けられた理論理性（認識能力）を彼は「正しい理性」と呼んでいるようであるが（cf. G. S. Kavka, Right Reason and Natural Law in Hobbes's Ethics, in: *Thomas Hobbes Critical Assessments* edited by Preston King III, p. 420.）、神は「自然王国」にあっては、人々を「正しい理性の命令 dictates of right reason によって支配する」と述べている箇所から見ると（cf. *De Cive*, chap. 15, art. 4.）、ホッブズの場合も、「正しい理性」は単に推論するだけでなく、推論の結果に基づいて人々に対し一定の作為・不作為を命ずる「理性」、「自然法」を定立する「理性」なのだから（cf. G. S. Kavka, *op. cit.*, p. 422.）、命令する理性、実践理性と見ることが許されるだろう。

（8） property の訳語には、鵜飼博士も苦労されたようである。明らかに広義の property と見られる語を「所有」と訳されている（例えば、ロック前掲訳書一二七－一二八頁）。この訳語は、次に引用する、内村鑑三「モーゼの十戒」『近代日本思想体系5』筑摩書房の影響によるのではないか、と臆測される。曰く、「他人の所有すなわち財産を尊重せよとの戒めである。およそ人の世に生まれるや必ず『わがもの』と呼ぶところのものがある。これを法律上において権利と称し、宗教上において神のたまものと称する。たとえば空気、日光、食物等これである。これを取得するは生存の権利にして、したがってこれを各自の正当の所有ということができる。具体的にその範囲如何を定むるのは至難なるも、神が適当と思惟して、われら各自に賜いし恩恵の存することは確実である。この恩恵は神聖なるものにして、これを他人より犯さるべからず、また他人に対して犯すべからずである〔傍点筆者〕」（三三九頁）。内村氏は、人間が生存するに必要とするものを広く「所有」、「神のたまもの」と呼び、これらを神聖不可侵としている。氏は生命、自由、名誉等を明示的に「所有」中に含めてはいないが、「所有」を「わがもの〔meum〕」、「神のたまもの」、神聖不可侵とする点で、オリーヴェクローナの property 観と一派通ずるものがある、といって良いだろう（cf. The Term 'Property' in Locke's Two Treatises of Government, *ARSP* LXI/1, pp. 111-112.）。そこで、広義の property を内村氏の意味で所有と訳するのは相応の理由があると思われるが、生命、自由さらには労働をもロックが property 中に含めているのを考慮に入れると（参照、ロック前掲訳書二七節、二八節）、property は「神のたまもの」、神聖不可侵のものとして、これを自然権と訳す方が、より適切なのではあるまいか。ゴフも、property を「人間として有する自然権の総体」と規定している（J. W. Gough. *J. Locke's Political Philosophy*, p. 85.）。レモスも次のようにいっている。「ホッブズにとっては唯一の自然権は自己保存の権力であるが、ロックは三つの自然権――生命、自由そして財産について語っている〔傍点筆者〕」（R. M. Lemos, *Hobbes and Locke*, 1977, p. 80.）。

　ロックの自然権概念に関連して、井上達夫教授の「社会契約論の理論的価値に関する一考察」『一九八三年法哲学年報』（『共生の作法』所収。以下、この論文は『共生の作法』から引用するので、本註で示す頁数は凡て『共生の作法』のそれである）に触れてみることにする。教授のこの論文の主眼は、ロールズ、ノーズィックの所説の批判的検討にあると見られ、両者の説に昏い私には全体の見通しがきかないが、ロックの社会契約論、自然権概念についての教授の理解に焦点を合わせて、若干の疑義を呈することにしたい。井上教授によると、ロックの自然権とは、「他人に干渉されることなく自己の身体・財産を自由に使用・処分する権利や、自己の生命の保全への権利……〔傍点筆者〕」、「自己の同意なくしては自己の生命・身体・財産を侵害されない……権利……〔傍点筆者〕」（一六〇―一六八頁）である。これを文字通りにとると、自傷行為も本人の「自然権」の行使であり、また、本人の承諾ないし嘱託がありさえすれば、彼を殺害するのは自然法に反しない、ということになりかねない。しかし、こうした「規範記述」（参照、一六〇頁）が、ロックの言に即して正しいといえるかどうかは疑問である（参照、ロック前掲訳書六節）。彼のいわゆる自然権は、神意によって「彼のもの」とされた「生命、自由、所有物」、したがって、神聖不可侵な「生命、自由、所有物」・広義のpropertyである。ロックの自然権概念についての教授の把握中には「自由」が抜けていること、あるいは、自由という語が「自由に使用・処分する」ないし「自己の同意なくして……侵害されない」に置き換えられていることも、注目に値する。自然的自由とpropertyとしての自由との差異を教授は看過され、後者が、自然法違反の拘束や暴力を受けることがないという意味での自由であるのに気づかれなかった故でないか、と思われる（この問題については参照、本稿註11）。また教授は、「……個人の自然権、特に自力救済権と所有権……〔傍点筆者〕」という言い回しをしている（参照、一七六頁）。教授自ら「……自然権の概念が典型的な形で見られる……」とするロックの場合（参照、一六〇―一六一頁）、ここにいう自力救済権とは何を指しているのか判然としないが、「自然法の許す範囲内で彼自身および他人の存続のために適当と考えるあらゆることを為し得る……」「権力power」（ロック前掲訳書一二八節）を指しているのだろうか。そうだとすると、この権力――法的能力potestasの意味でのそれだから、これを権利rightと読み換えることができる（参照、本書四八頁註6）――は、自然法違反者に対する「処罰権right of punishing」と共に、「国家に加入する際」に放棄されるとロックは述べているのだから（参照、ロック前掲訳書一二八節）、教授のいう自力救済権は、自然権の一種ではあっても、広義のpropertyと同一次元の自然権とはいえないであろう。広義のpropertyとしての自然権の方は、社会契約による放棄の対象でないからである。社会契約締結の目的は「自然権《プロパティ》保全」に在るので（参照、ロック前掲訳書一二三―一二四節）、社会契約は「自然権《プロパティ》」の制限ないし剥奪の根拠ではあり得ない。「彼のものsuum」としての「生命、自由」であるならば、自然権《プロパティ》の制限ないし剥奪の根拠となるのは、第一次自然法違反者に対する制裁を規定する第二次自然法（参照、本稿註6）であり、suumとしての「所有物」であるならば、第一次自然法違反者への制裁として財産刑を規定する第二次自然法に加えて、所有者本人の同意とか、人類保全のための、必要不可欠な所有権の制限ないし剥奪を意図する制定法であるだろう（参照、ロック前掲訳書一一―一二節）。社会契約そのものは、「自然権制限」の根拠ではない。社会契約は国家を設立すると同時に、国民中の多数者にいわば憲法制定権力を付与することを通じて、第一次―第二次自然法を明文化すると共にこれらを実効性あるものにするための一般的法規範を定立する立法権者、および、法の適用−執行権者を特定することによって、自然法の意味内容の実現を確実ならしめるに止まる（参照、ロック前掲訳書九五−九七節、一三一節。本書四一頁、四三−四四頁、四八頁、五八頁註3）。また教授はいう、「……国家の領域内における独立人の存在が提起する自然権侵害の問題を契約モデルが解決できないことは、この問題に関してロックが、国家の領土内に単に存在するということ——一週間の滞在や公道を勝手に旅行している場合も含めて——だけで、服従への暗黙の同意が成立するというかなり無理な議論に訴えざるを得なかったことからも明らかである〔傍点筆者〕」、と（一七〇頁）。だが、例えば「独立人」（参照、一六九頁）が「国家の領域内」で殺人罪を犯したとき、彼の「自然権《プロパティ》」、その尤《ユウ》なるものとしての「生命に対する権利」をその国家が「侵害」できる根拠は、「独立人」が締結していない「契約」ではなくて、「凡《およ》そ人の血を流す者は人其の血を流さん……」という「自然の大法」なのである（参照、ロック前掲訳書九節、一一節）。さらに教授は「自然権の全面放棄の不可能性」の問題に関連して、「例えば、ロックが抵抗権を承認しているのは、単に彼が社会契約を自然権の本質的な部分を保留した上での信託として解釈しているからではなく、彼にとって個人は自己の意志によって自由に自己の自然権を全面放棄するような権利をそもそも有していないからである〔傍点筆者〕」（一七一頁）と論じているが、ここに引用した文章中傍点を付した箇所は、私にとって理解し難い。信託——政治的概念としての信託——という以上、それは、誰かが何かを、何びとかを利する目的で、誰かに信を置いて委ねることであろう。「社会契約」は、誰に何を信託したというのか。自然権《プロパティ》の非「本質的な部分」？の制限ないし剥奪を、為政者に信託したというのか。だが、社会契約は意志主体でないのだから、信託を設定できないはずである。それとも、社会契約を締結した諸個人が信託したというのか。しかし、『市民政府論』中、社会契約を締結した諸個人が直接に為政者に対し、自然権の非「本質的な部分」なるものの制限ないし剥奪を信託したと読める箇所は見当たらない。ロックはいう、「もし幾人かの人々が一つの共同体あるいは政府を作るのに同意したとすれば、これによって彼らは直ちに一体をなして一箇の政治体を結成するのであり、そこでは多数を占めた者が決議して他の者を拘束する権利を持つのである」（ロック前掲訳書九五節）。この「多数者 Majority」が、「人々がはじめて社会を結合した際、本来、共同体に属する全権力」を手中にし、立法権を自ら行使することもあれば、少数の選ばれた者に立法権を委ねる put the Power of making Law into the hands of a few select Men（信託する）こともあれば——立法権は「ある特定の目的のために行動する信託的権力 Fiduciary Power」であるとロックがいっているので、ここにいう委ねるを「信託する」と解釈した（参照、ロック前掲訳書一四九節）——、一人の人間に委ねる（信託する）こともある。社会契約を締結する各人ではなくて社会契約締結の結果生ずる People、より具体的には、

People の Majority が立法権を一人ないし少数者に信託するのである（参照、ロック前掲訳書一三二節。本書五八頁註3）。筆者がここで取り上げた井上教授の論文は「社会契約説一般の論理構造」の分析を意図するものであって、ロック等「に関する思想史研究」を意図するものではないとのことであるが（参照、一五九頁）、「近代社会契約説」の代表者であることは教授も認めているJ・ロックの社会契約概念、自然権概念についての教授の把握には、上述のような疑問があり、これらが「社会契約説一般の論理構造」の分析の方にも影響することになりはしないか、と懸念される。

（9）社会契約締結の目的であるプロパティの保全preservation of propertyとは人々のsuum・his・his ownの保全、自然権《プロパティ》の保全と、私は解している。したがって、福田歓一教授に代表されるようなロック解釈、「ロックにおいて個人に政治社会を求めさせるものは、何よりも私有財産保障の要求にほかならない」（『近代政治原理成立史序説』二八八―二八九頁、同旨、丸山真男「ジョン・ロックと近代政治原理」法哲学四季報3号八六頁、cf. Vaughan, *Studies in the History of Political Philosophy before and after Rousseau*, p. 172.）、即ち、ロックは社会契約締結の目的を「私有財産保障」に見ていたとするロック解釈に反対せざるを得ない。教授は、こうしたロック解釈の根拠を『市民政府論』の一二四節に求めている。ロックはこの節で、「人々が国家にまで結合し統治に服する大きな、そして主要な目的は彼らのpropertyの保全である」と述べているが、教授はここにいうprop-ertyを狭義のそれ、所有物ないし所有権と解したものの如くである。しかし、この節に先立つ一二三節中で、人々が自然状態を去って社会にまで結合するのは、「彼らの生命、自由そして所有物――これらを私はpropertyの名で総称する――の相互保全」のためであると明言しているのだから、これに続く一二四節にいうpropertyをこれと別様に解すべき謂《いわ》れは全くない。ここにいうpropertyは、「個人に属するもの」、精神的自我が所有する生命、自由、所有物（Vgl. K. Olivecrona, Das Meinige nach der Naturrechtslehre, *ARSP* 1973, LX/2, S. 198）を指すのだから、自然権と解すべきである（参照、本書四八頁註3。同旨R. M. Lemos, *op. cit.*, pp. 80-81.）。

（10）同じく社会契約論を採りながらベッカリーアは、死刑を否定する。彼は、法律は個々人の意志の総体以外のものではなく、何びとも自分の生命を奪う権利を与えたいなどと思うはずはないというのを一つの論拠として、「死刑はいかなる『権利』にももとづかないのである」と主張している（参照、ベッカリーア風早訳『犯罪と刑罰』岩波文庫九〇―九一頁。cf. Leo Starauss, *Natural Right and History*, p. 197.）。同じく社会契約論者でありながら、ベッカリーアは、この点、ロックと極めて対照的である。ロックは（第一次）自然法違反者に対して自然状態で各人の有する処罰権中に死刑の宣告―執行権をも含めており、死刑は、自然法に違反することで「全人類に対して戦を宣したところの、それ故、人間との間に何ら共同の社会と保障を形づくることのない、あの野獣である獅子や虎と同様に殺されていいところの、犯罪人の企てから人々を保護するため」のもの、死刑は、「凡《およ》そ人の血を流す者は人其の血を流さん」という「自然の大法に基礎づけられている」、と積極的に死刑を肯定している（参照、ロック前掲訳書一一節）。もともとロックの考える自然法は、全人類の平和と保存を要求するものだから（参照、ロック前掲訳書七節）、全人類の平和と保存を敢えて脅かす者に対し死刑を以て臨むのは、自然法を実効性あるものにすることを其の目的とする始源契約に何ら反するところがない。それどころか、彼にとって、先に引用した文章が示すように、血を以て血を贖うのは「自然の大法」ですらある。ホッブズは刑罰 punishment と敵対行為 act of hostility とを峻別することで、罪刑法定主義類似の主張を展開すると共に（cf. *Leviathan*, chap. 28, pp. 355-356. なお参照、本書一四八－一四九頁註7）、刑罰の目的は応報ではなくて犯罪の予防であるとしているが（cf. *Leviathan*, chap. 15, p. 210.）、死刑を明確に肯定している（cf. *Of Liberty and Necessity*, *EW*. 4, p. 253.）。ホッブズによれば、国家、より具体的には、主権を有する一人もしくは複数人がもつ刑罰権は、彼（ないし彼等）が自然状態においてもっていた万物に対する権利に由来する。original pact を結ぶことで人々は、自分達が持っていた万物に対する権利の放棄を約束すると共に、主権者が彼の万物に対する権利を行使する際、これを援助し強化することを約束しあう。将来の臣民が、始源契約の締結を通じて将来の主権者に刑罰権を与えるのではなくて、死刑を科する権利をも含めての刑罰権の基礎となるのは、実は、主権者に留保されている万物に対する彼の権利、完全な自然権なのである（cf. *Leviathan*, chap. 28, pp. 353-354.）ちなみに、この問題に関連してホッブズが、「何びとも不可能事には拘束されない nemo tenetur ad impossibile」（*De Cive*, *Opera Latina* 2, Cap. 2, art. 18.）という、彼の論理学、法学の根本思想からの帰結として、「私がこれこれのことをしない場合、貴方が私を殺しにきたとき、私は貴方に抵抗しません」という契約は無効だとしながらも、「私がこれこれのことをしない場合には、私を殺せ」という契約の方は有効だと述べているのは（cf. *Leviathan*, chap. 14, p. 199.）、ベッカリーアの死刑否定論との関係で留意されてよいであろう。

　なお、ホッブズの「臣民の真の自由」も、先述の彼の倫理学、法学の根本思想たる nemo tenetur ad impossibile から生ずる帰結の一つと見ることが可能である。藤原保信教授は、「……わたくしにはホッブズにおける抵抗権の存在を強調するのは誤りであり、しばしばその論拠とされる《リヴァイアサン》第二一章『臣民の自由について』……ですら、積極的な抵抗権の擁護であるよりも、せいぜい不服従……の権利の擁護にとどまっているように思われる」と述べておられる（『西洋政治理論史』早稲田大学出版部一九八五年、二六三頁）。「臣民の真の自由」が抵抗権でないとされる点には賛成であるが、教授の先の文章を文字通りにとるならば、そして、「抵抗」が「不服従」の形態をもとり得ることが認められるとするならば、受動的抵抗権の存在はホッブズの肯定するところであるというのが、教授のホッブズ解釈だということになりかねない（参照、拙稿「L・デュギイの抵抗権論」『論争』一八五－一八六頁）。私は、通常の抵抗権概念が正当防衛のアナロギーでも捉えうるのに反し、「臣民の真の自由」は免責緊急避難に類似するという、両者の基本的構造の差異からして既に「臣民の真の自由」を抵抗権と指称するのは不適当であると考える（参照、本書一五一－一七六頁）。「臣民の真の自由」・「主権者に命じられても彼〔臣民〕が不正でなしにそれを行なうことを拒否できる事柄」（cf. *Leviathan*, chap. 21, p. 268.）とは、人間の自己保存の本能や骨肉の情愛を考慮するならば、主権者の命令であっても、それへの服従を臣民に期待することは不可能な事柄（例えば、主権者の命ずるままに自殺するとか、自らの手で父親を処刑するといった事柄）、したがって臣民は、かかる主権者の命令への服従を拒否しても神の前で罪とされることのない事柄なのであって（参照、本書一五八－一五九頁、一七二頁註28）、宮沢俊義教授の意味での抵抗権でもなければ（参照、『憲法Ⅱ（新版）』一四〇頁）、J・ロックのいう意味での抵抗権 right of resisting でもなければ（参照、本書五四－五五頁、六一－六二頁）、L・デュギイの意味のそれでもない（参照、「L・デュギイの抵抗権論」『論争』一八〇頁）。

(11)　レモスは、ロックの思念する自然状態について、以下のように述べている。「……自然状態は、ロックによってホッブズと同様、単に政治的権威の不在として規定されている〔傍点筆者〕」（R. M. Lemos, *op. cit.*, p. 87.）、「『自然状態』という表現で、ロックは一定地域に居住する人間集団が如何なる政治的権威にも服従しない状態を指しているのであって、どのような形態の社会をも全く形成していない状態を指しているのではない。……自然状態は……ロックにとっては、凡ての社会の不存在なのではなくて、政治社会 politial society の不存在であるにすぎない〔傍点筆者〕」（*op. cit.*, p. 89.）。本稿の註（6）で示したように、ロックにあっては、「自然状態」の人間は、行為規範たる第一次自然法、強制規範たる第二次自然法によって規律づけられているが、第三次自然法は各人を以て第一次－第二次自然法の適用－執行権者と規定しているので、自然状態は、国際法の解釈権を原則として各国が持っている国際社会と同様、極端に分権化された社会と見られるから、レモスの指摘は当たっているといえよう。もっとも、ロック自身はレモスと異なって、社会 society という語と政治社会 politic society という語とを区別して用いていない（参照、本書五七頁註1）。福田教授は、ロックは政治社会を表現するのに body politic, political society, civil society といった語を用い、「英語としても、単なる被治者団体の連想のまつわる community を避けて、commonwealth にさえ、問題を感じている」、と述べておられる（上記引用文は、安念潤司教授が「……重厚な研究書。読むのに骨が折れるが、苦労して読むだけの甲斐はある」と高く評価され、学生諸氏に御推奨になっておられる『近代政治原理成立史序説』二九七頁からのそれである〔参照、樋口陽一編『ホーンブック憲法』北樹出版一九九三年、七七頁〕）。しかしながら、ロックは「community〔という語の使用〕を避けて」いない。「Community を形成し、人々がルーズな自然状態を去って、一箇の Politick Society に入るようにするものは、一人一人が他の人々との間で結ぶ協定、すなわち団体をなし、一体として行為し、かくして一箇の独立の Commonwealth になるという協定である」（鵜飼前掲訳書一二一節、なお参照、三節、一四節、九五節、九六節、一三二節等）。ここに引用した文章中でロックは、Community, Politick Society, Commonwealth という三つの言葉を同義語として使用している。彼は、福田教授ほどには言葉の使い方について神経質でなかったようである（参照、本書五七－五八頁）。なお、J・オースティンも、「自然状態の人々は政治的義務から独立であり、政治的義務からの独立性は主権の一つの特質である〔傍点筆者〕」（J. Austin, *Lectures on Jurisprudence*, p. 227.）と述べている。

　自然状態における人間の自由、自然的自由が、他人の支配に服従する義務の不存在を意味するとするならば、始源契約を結ぶことで人々が放棄したとされる「自由」とは何かという問題について——少なくともJ・ロックに関する限り——、通説と著しく異なった結論が生ずることになるだろう。次に引用するゴフの文章は、この問題についての通説的見解と見てよかろう。彼はいう、「人々が自然状態での自由を、市民社会の法に対する服従と交換したのは、この自由は、贔屓目に見ても不安定なので、この自由の若干部分を留保して残余の部分を放棄する方を選んだためだという点では、大多数の社会契約論者の意見は一致している〔傍点筆者〕」（J. W. Gough, *The Social Contract*, 2. ed., p. 140.）。社会契約を結ぶ際に、自然的自由の一部を人々は供出して、其の代り残存部分の享有を確保したというのが、ゴフに限らず、社会契約論についての一般的見解のようである（e. g. Vgl. G. Jellinek, *System der subjektiven öffentliches Rechte*, 2. Aufl., S. 94f.; L. Duguit, *Law and State*, p. 12. 参照、加藤新平『新版法思想史』七三頁）。事実、ベッカリーアは以下のように述べている。「拘束されず孤立していた人間が、たがいに結合しあったその条件が法律を作った。たえまない戦いの状態に疲れ、保持して行くことが不確実になったむなしい自由の一部分をさし出して残った自由を確保することを考えたのである」（前掲訳書二五頁）。しかし、ことロックに関する限りでは、彼の念頭にある自然的自由とは、本文が示したように、他者の命令に服従する義務がないという意味での自由なのだから、始源契約（社会契約）の締結によって、この意味の自由は、その若干部分ではなくて全部が放棄されたと見なければならない。万人の合意により正当な支配権力が樹立される以上、国家機関たる人間のその権限内の命令意志に服従すること、「地上の優越した権力」の下に立つことに人々は同意したことになるから、他人の支配に服従する義務の不存在という意味での自由、自然的自由は、社会契約によって全面的に放棄されたと見るべきである。自然的自由と property の一種としての自由とは、区別されねばならぬ。（両者を区別していない例としては、参照、H・コーイング佐々木有司編訳『ヨーロッパ法史論』一〇〇頁 cf. R. Capitant, *Écris*, p.82.）。後者の享有を確実ならしめることが、そもそも、社会契約締結の目的なのだから、自然的自由と異なり、property の一種としての自由の方は、社会契約によって一片たりとも放棄されない。この自由は、他者から自然法に反して拘束や暴力を受けることがないという意味での自由、「……彼がそのもとにある法の許す範囲内で、自分の一身、行動、財産および彼の全所有を処分し、このようにして、自分の思うままに振舞う自由……〔傍点筆者〕」（参照、ロック前掲訳書五七節）である。社会契約を結ぶことで放棄したのは、自然的自由の他に、自己および他人の保全のため必要と考えることを何でも行なう power（この power は実力 potentia ではなくて法的能力 potestas の意味だから、これも一種の自然権と見ることができよう）、および、これまた自然権と呼ぶことが可能な、自然法違反者に対する処罰の権力ないし権利である（参照、本書四三―四四頁、四八頁註6）。なお、ルソーの社会契約論は、自然的自由 liberté naturelle、法的独立をそのまま国家内の自由 liberté civile に転化しようとした試みと見られるが（参照、ルソー桑原・前川訳『社会契約論』岩波文庫二九頁、cf. R. Capitant, op. cit., p. 85, p. 98.）、その試みが果たして成功しているかどうかは、検討を要する（cf. L. Duguit, *Leçon de droit public général*, pp. 132-133.）。

『市民政府論』第八七節の参照を求められつつ、福田教授曰く、「……ロックは社会への参加にあたって個人が放棄するのは自然権 natural right ではなくて自然的権力 natural power であるという」と（『近代政治原理成立史序説』二九二頁）。しかしながら、教授は、power には事実上の力 potentia と法的力 potestas の二つの意味があること、そして、ロックが社会契約締結に際し人々が放棄したとしている各人の有する二つの権力 powers、「……自分自身と他の人々の保全のため適当と思われることを何でも行なうそれ……」と「自然法違反の犯罪を処罰する権力 power to punish the crime commited against that law」（参照、前掲訳書一二八節）にいう power が potestas であることを看過されたものの如くである。これらの powers も、自然権《プロパティ》とレベルを異にするが、なお natural rights たることを失わない。権利 right も potestas だからである。事実、ロックは、「……各人は、犯罪者を処罰し、かつ自然法の執行者となる権利 a Right を有するのである」（前掲訳書八節）とか、「……犯罪を制止し同様な犯罪を予防するためにこれを処罰する権利、この処罰権 right of punishing は各人に存す……」（参照、前掲訳書一一節）と述べている。社会契約によって放棄されたのは、この種の自然権なのであって、ゴフが、「人間として有する自然権の総体」と規定している property ではない（cf. J. W. Gough, *John Locke's Political Philosophy*, p.85. なお参照、本書三六－三七頁、四八頁註6）。

(12)　ケルゼンが、ここで「一八世紀と一九世紀の個人主義哲学」といって、代表的社会契約論者ホッブズとロックが活躍した一七世紀を含めていないのは、どうかと思われるが、一七世紀の「支配的学説」は「神権論 doctrine du droit divin」だったと見たためだろうか（cf. R. Capitant, *Écrits*, p.23.）。それは措き、ケルゼンが「主権」を「最高価値」に置き換えた理由についての私見を述べよう。彼によれば、「国家が主権を持つか否かの問題は、自然的－社会的現実の探究によって答えることは不可能である。法認識の観点より見られた国家の主権は、一定規模の実力ではない。強大国に比すべくもない力を持つに止まる諸国家といえども、強大国と同様、主権的とみなされる。ある国家が主権を有するか否かの問いは、その国家法秩序が最高の法秩序として前提され得るか否かの問題である」（Souveränität, 1962, in: *Die Wiener rechtstheoretische Schule*, S.2273.）。即ち、国家の主権は事実探究によってその有無が決せられるのではなくて、論者の側が其の国家法秩序を最高の法価値と前提するか否かの問題だ、としている。また、彼はいう、「純粋法学の最も重要な成果の一つは、法理論中でこの観念〔主権のそれ〕が有する特殊な意味においては、主権は、現実の事物の実際の性質ではないということである。主権は価値判断〔の所産〕であり、かかるものとして主権は前提 assumption なのである。……主権の教義は国家現象分析の科学的成果ではなくて、〔その人間の〕価値哲学の前提 assumptionof philosophy of value である。したがって、主権の教義は、科学的には論駁不可能である」（Pure Theory of Law and Analytical Jurisprudence, *Harvard Law Reviw*, vol.55, pp.285-286.）。ケルゼンの考え方を私なりに言い換えてみよう。法的意味での主権とは、事物に固有する性質ではなくて、人々が自己の価値観に基づいてそれぞれ下す価値判断の所産である。ある人は国際法秩序を最高価値の担手、したがって、国家法秩序の価値（＝効力）は此処から導出されるとし、また或る人は、国家法秩序を以て最高価値の担手と判断し、その結果、国際法秩序の価値（＝効力）は此処に由来すると判断し、また別の人は、個人こそが最高価値の担手であるとし、その結果、法の効力根拠を最終的には個人の同意に求める。法的意味の主権とは、各人が何らかの理由に基づいて或る対象に付与する最高価値に他ならない（参照、本書三〇頁、三一頁註4）。

(13)　この言明からホッブズが引き出してくるのは、周知のように、自然状態は必然的に戦争状態にならざるを得ぬという結論である。曰く、「能力のこうした平等から、吾人の目標達成についての希望の平等が生ずる。それ故、二人が同時に享受することが不可能な物を双方ともに欲するとき、彼らは敵となり、彼らの目標（主として彼ら自身の保存であるが、屡々単なる娯楽にすぎぬこともある）追及の途上で互いに殺しあうか、もしくは相手の圧服に努めることになる」（*Leviathan*, chap. 13, p. 184.）。こうした平等から生ずる、もう一つの帰結は、人間相互間にはさしたる事実上の能力の差異がないのだから、生命の危険が絶えず存在する自然状態を脱却する唯一の方法は、各人相互間で契約を結ぶことにより、一者もしくは一つの会議体に支配権を付与し、皆これに服従する義務を負わねばならぬということである。仮に一者の能力が他者のそれに比し卓絶していて、他者が束になっても一者に抵抗不能というときは、彼らは一者の支配への服従を余儀なくされることとなり、彼の思考法よりすると、始源契約を要さず、一者は他者に対し支配の権利をもつことになるだろう。事実、ホッブズはいう、「……全能の神は、彼の支配の権利 jus dominandi を実力 potentia そのものから引き出している」、と（*De Cive, Opera Latina* 2, Cap. 15, art. 5.; cf. *De Cive*, chap. 1, art. 14.）。

（14） 周知のようにホッブズは、国際社会は自然状態・戦争状態にあるとしている。「しかしたとえ、個々人が相互に戦争状態にあったような時代が無かったとしても、それでも、あらゆる時代を通じて、国王達や主権的権威者達は、彼等の独立性の故に不断の嫉妬にかられ、剣闘士連中のように身構えて武器を手にし対峙して、相手〔の出方〕を監視している。王国の国境に位置する要塞、守備兵、大砲そして隣国への不断のスパイ活動がそれであって、これは戦争への身構え posture of war である」（*Leviathan*, chap. 13, pp. 187-188.）。また彼にあっては、自然法はそのまま国際法 Law of Nations とされていることは、留意されてよい。「通例、国際法と呼ばれている法の中に含意されている主権者相互間の義務 office については、ここで何もいう必要がない。国際法と自然法とは同一物だからである。そして、凡ての主権者は自己の人民の安全確保のため、各人が自分の身体安全確保のために有しているのと同一権利を持っている。市民政府を持っていない人々相互間で、何を為し何を為すべからざるかについて命じている法が、同一事を、国家すなわち主権者たる君主や会議体の良心に対して命じている〔傍点筆者〕」（*Leviathan*, chap. 30, p. 394.）。ちなみに、ホッブズが「第一にして基本的な自然法」と呼んでいるものの内容は、『国民論』では以下の通りである。「……平和が見出され得るときは、平和は求められるべきである。そしてそれが不可能なときは、戦争という手段に訴えるべきである……peace is to be sought after, where it may be found; and where not, there to provide ourselves for helps of war.」（*De Cive*, chap. 2, art. 2.）。『リヴァイアサン』での此の法の定式化は次の通りである。「凡ての人々は平和獲得の望みのある限り、平和に向けて努力すべきである。平和獲得不可能のときには、戦争のあらゆる手段と利便を求め、且《カ》つ、これを用いてよい……every man, ought to endeavour Peace, as far as he has hope of attaining it; and when he cannot obtain it……he may seek, and use, all helps, and advantages of Warre.」（*Leviathan*, chap. 14, p. 190.）。

(15)　ケルゼンは、「最高の法権威」という意味の主権と「行動の自由 Aktionsfreiheit」という意味での主権とを区別し、後者の主権は国際法・条約によって如何ようにも制限可能であって、こうした制限により、国際法秩序に帰せしめられる「最高の法権威」という意味での主権は、何ら影響されるところがないと論じている（Vgl. *Reine Rechtslehre,* 2. Aufl., S. 342f.）。ギールケが、自然状態における個人の自然法による拘束が個人の主権の否定を意味するものでないのは、国際法による国家の拘束が、国家主権の否定を意味するものでないのと同様だ、と述べているのは、ケルゼンの所説と通底するものがある（Vgl. O. v. Gierke, *Johannes Althusius,* S. 107.）。

(16)　本文で示した意味での国家の主権・独立と別箇のものとして国家の平等について語ることが有意味かどうかは、疑わしい。前国家的自然状態における人間の自由と平等とが——少なくともJ・ロックの場合——同義であるように、国際社会における国家の主権・独立と国家の平等とは同義と思われるからである。ブライアリは、国際法上、国家は平等であるとする教義ないし理論はEmerich de Vattel（1719-1764）に由来し、彼に代表される自然法論者達は、前国家的自然状態における人間は相互に平等だったのだから、今なお自然状態にある国際社会における国家は、相互に平等であらねばならぬと論じて、この考え方が国際法理論に導入されたのだという。しかし、ブライアリは、「国家の平等の理論」に対し否定的である。領土の広さ、人口、富、武力あるいは文明の度合、これらのどれを判定の基準に採ってみても諸国家は不平等であって、これらを平等とするのは明らかに事実に反する。また、彼らのいう平等を「法における平等」、法的平等と解した場合も、「国家は相互に法的に平等である」という命題から生ずる実際的帰結は、「国家が独立であるという事実」からも同様に導出されるし、「……この事実に拠るより、もっとうまく説明できるような〔国家の法的平等から生ずる〕帰結を見出すのは困難……」である（cf. J. L. Brierly, *The Law of Nations,* 4. ed., p. 38, p. 116.）。たとえばオッペンハイムは、国家平等の教義から四つの帰結、a 同意によって解決されねばならぬ問題が発生したとき、凡ての国々が投票権、しかも一票のそれしか持たないこと、b 最も弱体な国家の投票であっても、最強のそれと同じウエイトを有すること、c いかなる国も他国に対し裁判権を持たぬこと、d 一国の裁判所は、原則として、他国の公的行為 offical acts of another state がその国の管轄区域内での効力発生を意図するに止まる限りでは、それについて効力を審査しないこと、が生ずると主張する。これらの帰結は確かに凡て法についての真なる言明ではあるが、これらを説明ないし正当化する上で国家平等の理論は要しない、とブライアリは主張している（cf. J. L. Brierly, *op. cit.* pp. 116-117.）。これを要するに、国家の主権・独立と国家の平等とは重複する redundant というのであろう。彼のこうした考えは、私の主張、――少なくともJ・ロックにあっては――自然状態における人間の自由と平等とは同義、したがって自由に加えて平等を言うのは冗語的であるとする私の主張と一に帰するといえよう。国際社会での国家の主権・独立とは、ここにあっては各国は同輩 Equals であり、国家相互間に正当な（法的な）支配―服従関係が存在しないという意味であって、諸国家の平等と何ら選ぶところがないからである。

(17) ヴォーンはいう、「ロックは、要するに、主権理論を全く持っていなかったのである。市民政府の真の主権者は個人である」、と（C. E. Vaughan, *Studies in the History of Political Philosophy before and after Rousseau*, p. 185.）。ロックは、彼自身、個人の抵抗権行使を許容することになると考えている統治の解体 dissolution of government の存否とその責任の所在の認定について、「国民」、より正しくは、「国民中の多数者」が審判官であるべきだと主張しているが（参照、ロック前掲訳書二四〇節）、君主その他の為政者がこうした解決方法を拒否したときはどうなるのかという質問に対しては「天に訴えるしか方法がない」、つまり、為政者とその行動によって自然権を侵害された者とは戦争状態に入るしかない、と答えている（参照、ロック前掲訳書二四二節）。抵抗権行使を許容する状況の存否および抵抗権行使の態様についての最終的判断は、個人がこれを下し得るというのがロックの考えだから（参照、本書五六頁）、ヴォーンの指摘は当っていると見られる。バーカーは、ロックにあっては、「主権の性質ないし所在」についての見解が曖昧であり、彼の思考は主権よりも個人権と個人権による主権者の制限の方に向けられていて、「……最終の管理者 final control、究極の主権者は立法府でもなければ、その背後にある共同体 community でもなくて、自然権を底礎づけている自然法体系だ、とすら言える」と述べている（cf. *Social Contract* with an introduction by Sir Ernest Barker, pp. XXV-XXVI）。ロックは、いわば自然法主権論者・ノモス主権論者ではないのかというのが、バーカーの見解であろう。先に引用したヴォーンの見解とバーカーのそれとの間には大きな隔たりがあるかのようだが、自然法論は、人間の意志から独立の法 droit の存在を認めると共に、法の解釈権は最終的には各人に在りとする学説だから、両者は通底するといって良かろう（参照、『論争』一五七―一五八頁 cf. Vaughan, *op. cit*, p. 134, pp. 168-169.）。

デュギイは主権の問題は、「ある人々が他の人々に対して自分達の意志を実力で押しつける権利を持つことを、如何にして説明できるのかという問題である〔傍点筆者〕」と述べ（cf. *Traité de droit constitutionnel* t. I, p. 551.）、この問いに対し彼自ら、彼等の意志が「法 droit に適合するとき」、他者支配の正当性・権利を有すると答えている（cf. *Manuel de droit constitutionnel*, 3ed. pp. 51-52; *Éude de droit public* I, p. 467.）。まさにデュギイは法主権論者である（cf. Carré de Malberg, *Contribution à la théorie générale de l'État* II, p. 160.）。他方、彼は叛乱権の存在すら「理論的には疑問の余地がない」と断言している（cf. *Traité de droit constitutionnel*, t III, p. 806; *Leçon de droit public général*, p. 273. なお参照、『論争』一七七頁）。個人の「法」解釈に基づく叛乱権の肯定、これは、いわば個人の主権の主張である。先に私が、自然法論と個人の主権論とは通底すると述べた所以である。

(18)　ロックの場合、ホッブズと同様、国家の起源の問題と国家権力の正当化の問題、事実問題 quaestio facti と権利問題 quaestio juris とが区別されぬまま一体化して扱われているが（例えば、参照、ロック前掲訳書一四節）、国家は各人が相互に結んだ始源契約によって生じたと主張する社会契約論は、合理的にこれを再構成するならば、本文が示したように権利問題、国家は、何に基づいて、本来の主権者である個人を支配する権利を持つのか、国家の有する、個人支配の正当性の根拠は何なのか、という問いに対する解答の試みと見ることができる。次に引用する、周知のルソーの言は、こうした私の社会契約観を支持してくれるだろう。「人間は自由なものとして生まれてた。しかも至るところで鎖につながれている。……どうしてこの変化が生じたのか？　私は知らない。何がそれを正当なものとなしうるのか。わたしはこの問題は解きうると信ずる〔傍点筆者〕」（ルソー桑原・前川訳『社会契約論』岩波文庫一五頁。なお参照、本書二三―二五頁）。私のように、社会契約論を、個人主義を前提した上での国家権力の正当化論であるという捉え方、権利問題処理の試みとして捉えるならば、「自然状態」は歴史的事実ではなくてフィクションにすぎぬとか、国家の起源は社会契約締結という歴史的事実に求めることはできず、むしろ征服こそがその起源であるとか、社会こそが「第一次的所与 le donné primaire」であり（cf. L. Duguit, *Transformation du droit public*, p. 46.）、そもそも契約観念は社会内部で初めて発生可能なのだから、未だ社会を形成していない、孤立した個々人が社会を形成するための契約を締結するといったことは思考不可能だといった批判（cf. L. Duguit, *Traité de droit constitutionnel*, t. I, p. 582.）は、合理的に再構成されたロックの社会契約論――それは、実は、自由民主主義論に等しい（cf. R. Capitant, *Écrits*, p. 84.）――に対する批判としては、さほど効果が無いことになるだろう。このような社会契約論に対する批判は、その理論的前提たる個人主義に対してむけられて然るべきであって、社会契約論是非の問題は、個人主義が吾人にとって受容可能か否かの問題に集約されることとなるだろう。

(19)　ロックのこうした考え方と極めて対照的なのは、ホッブズの考えである。ホッブズにあっては、自由と恐怖とは両立可能である。船が沈むのを恐れて積荷を海に投下するのも、また、投獄されるのを恐れて債務を弁済するのも、「自由な人間の行為である」(cf. *Leviathan*, chap. 21, pp. 262-263.)。「ホッブズの教説によると、銃口をつきつけられて強盗されても、その人間は自由だということになるだろう。……犠牲者が自分の財布を手渡すならば、彼は任意に行動したのである。ホッブズにとっては、意志行為と自由な行為とは同一である」(J. R. Pennock, Hobbes's Confusing 'Clarity'—Case of Liberty, in: *Hobbes Studies* edited by Keith C. Brown, p. 103.)。意志行為は恐怖に由来するときでも「自由な行為」であるから、自然状態において恐怖によって結ばれた契約も有効であり、国家状態においても、実定法がこうした契約の効力を否定しない限り、それは有効である (cf. *Leviathan*, chap. 14, p. 198.)。始源契約 original pact といえども例外ではない。生命を全うするため、被征服者が相互に、あるいは、征服者と被征服者が個々に結ぶ始源契約であっても、征服原因の如何を問わず、有効だということになる (cf. *Leviathan*, chap. 18, pp. 228-229, chap. 21, p. 268, chap. 26, p. 314. なお参照、本書一六八頁註6、一五〇頁註14)。ホッブズの見解よりすると、「強迫不当威圧の下に」制定されたとされる日本国憲法も有効だということになるだろう。平和条約も同様である。

【付　記】　註(16)で紹介したブライアリの説の存在は、日本大学法学部教授深津榮一博士の御教示によって筆者は始めて知った。このことを茲に記し、博士に対し深甚の謝意を表する。文責は筆者一人の負うものであることは、言を俟たない。

【後　記】　本書の校正中、藤原保信教授の訃報に接した。我が国の政治思想史学界が卓越した研究者を喪ったことを悼み、謹んで弔意を表する。

Ⅳ　ジョン・ロックの広義のプロパティ概念について

はじめに

たまたま大澤麦著『自然権としてのプロパティ』・成文堂一九九五年に接する機会を得た。氏はいう、「ロックのプロパティの含意を自然権という語を用いて叙述することに異議を唱える論者を、著者はこれまで知らない」（前掲書三七頁、註4）、と。これはまた含みの多い文章であるが、その言わんとすることは次のようなことか。生命、自由、財産の総称としてのプロパティを、すべての論者は「自然権」と解している、あるいは少なくとも斯《カ》く解することについて正面きって異議を唱える論者は見当たらない、という論旨か。内心でどう考えているかは他人の窺い知ることのできない事柄だから、すべての論者が「プロパティ」を自然権と解していると断言されても、何も言うことができない。「プロパティの含意を自然権という語を用いて叙述」しているかどうかは表現の問題だから、真偽を確かめることができる。しかるに大澤氏は誰がどういう著書ないし論文で「叙述」しているかを示していない。「叙述することに異議を唱える論者」を自分は知らないと言われるのみである。「叙述」している人が明らかにされぬままに、それに反対する人は知らないと言われても、氏の主張の当否を確かめる術《スベ》がない。

ある作家によると、小説家が自作の解説をはじめるのは老化の表われとのことである。本稿が日の目を見るころは、私は七十歳の坂をこえているので、老化を理由に自作について解説することが許されようかと思い、敢えてこの「特権」を利用することとした次第である。

一

昭和五二年（一九七七年）に公刊された『社会科学と諸思想の展開――世良晃志郎教授還暦記念　下――』・創文社に寄稿した「J・ロックの抵抗権概念」（本書所収、以下拙論の引用は本書から行なうことにする）中で、私は次のように論じたことがある。

「シュトラウスはロックのことを『近代自然権論者 modern natural right teachers 中最も有名であり影響力ある人』と評しているが（cf. L. Strauss, *Natural Right and History*, p. 165.）、ロックが『統治論第二篇』中で natural right という語を使用しているのは、筆者の気づいた限りでは四箇所にすぎず、しかもシュトラウスが考える自然権、そして通常この語の下で考えられている自然権とは異なった意味においてである（cf. §1, §76, §82, §115.）。通常の自然権概念に該るのはロックのいわゆるプロパティであろう。個人の生命、自由、所有物は彼自身のものとして自然法により神聖不可侵とされることによって彼の自然権なのである。プロパティこそが優れて自然権である。或いは少なくともロックの考える自然権中の主要部分である。……自然法はすべての人々に他人の生命、自由、所有物を侵害しないことを義務づけ、この義務に対応して各人は自己の生命を保持すること、彼のものたる自由を享受すること、彼の労働を混合することによって彼自身のものと化した有体物を排他的に使用、収益、処分することを自己の正当な利益として主張することができ、先ずその意味で、各人は自己の生命、自由、所有物をいわば客体とする権利を有する。のみならず、自然状態においては自然法の適用・執行権を各人が持つのだから（e.g. cf. §125.）、自然法の適用としての『……個別的法規範の創設に参加する法的能力』（Vgl. H. Kelsen, Reine Rechtslehre 2. Aufl. S. 149.）という意味での権利をも各人が有する。ホッブズは権利と法とは別物であって両者は峻別されねばならぬと主張しているが、およそ法なくして権利を考えることは不可能であり、法は権利に先行する。権利は法によってその利益が保護されると共に利益実現への主体的関与が認められている人の立場からみられた法、その意味で彼の法、主観的法 subjektives Recht であり、法の主観的現象形態 subjektive Erscheinungsform の一種である（Vgl. H. Kelsen, *Hauptprobleme der Staatsrechtslehre*, S. 619f. cf. A. Ross, *On Law and Justice*, p. 175.）〔傍点は本稿を草するに際して付したものである〕」（本書三六―三七頁）。

ここに引用した文章は今の私からすると書き改めたい部分がない訳ではないが、大筋においては私の考えは変わっていない。以上のような考えに基づいて私は広義のプロパティを自然権と訳し、これにプロパティというルビを付したが（参照、例えば本書三八、四〇頁）、前掲引用文中傍点を付した箇所の「解説」を試みよう。ロックが'natural right' で何を指示しようとしたのかを最も明白に示しているのは『統治論第一篇』第九八節の次の一文である。「父権 paternal power は父と息子の関係からのみ生ずる a natural right なのであって、関係それ自体と同じように相続不可能である」（テキストとして *Two Treatises of Government* edited by Peter Laslett を用いる。以下、ラスレット版と略称）。ここではロックが natural right という語で以て、父と子との血縁関係に由来する、父が自分の息子に対して有する権力ないし権利を指しているのは明白である。

ロックの文章の引用はラスレット版から行なうが、以下、例えば 'II §6.' というのは *Second Treatise of Govern-*

ment（いわゆる『市民政府論』）第六節の略記号である。引用文の訳出に際しては鵜飼信成博士訳『市民政府論』岩波文庫に負うところ多大であって、節によってはそのまま使わせていただいた。ここに謹んで逝き博士の学恩に謝意を表する。

「第一にアダムは、父たることによる自然権 natural Right of Fatherhood によっても、あるいはまた神から積極的に与えられるということによっても、論者［フィルマー］の主張するようなその子供達に対する権威とか、あるいは世界に対する支配権 Dominion over the World とかいうようなものを有していなかった……」（II §1.）。

「……もし君主となる権原 Titles は、その父たる権利 Fathers Right にあるものだといい、また事実上統治の権をもっているのは一般に父たちなのだから、政治的権威に対する父の自然権 the natural *Right of Fathers* to Political Authority は十分証明されたというのであるならば、これに対し私はこういいたい」（II §76.）。

「夫の権力は、絶対君主のそれとは著しく違っており、妻は、多くの場合、自然権または彼らの契約が許す場合 where natural Right, or their Contract allows it、彼と別れる自由をもっている」（II §82.）。

「……最初に政府を作ったのは、相続人に継承される・父の自然権 the natural right of Fathers descending to his Heirs ではなかった」（II §115.）。

第八二節にいう natural right は自己保存権を指すように思われるが（参照、大澤前掲書三〇六頁）、それ以外の節の natural right が父権を指すものであることは明らかである。

L・シュトラウスは、「すべての権利のなかで最も基本的なのは自己保存権である」（cf. L. Strauss, On Locke's Doctrine of Natural Right, in: *John Locke Critical Assessments* edited by Richard Ashcraft〈以下、*Crit. Assess.* と略記〉

vol. III, p. 166.）と主張すると共に「自己保存の自然権 the natural right of self-preservation」と述べているので（cf. *Natural Right and History.* p. 186.）、彼にあっては自己保存権こそが優れて自然権ということになる。とすればシュトラウスの natural right 概念と主として父権を意味するロックの――あるいはフィルマーの、というべきか――natural right 概念の差異は明白といわねばなるまい。先に引用した拙著中で私が「通常の自然権概念」と呼んだのは、実定法上の権利に対比しての自然権上の権利の意味、自然法によって人々に付与されている権利の意味である。それは、「自己保存の欲望」そのものを「自己保存の自然権」と同一視しているシュトラウスの natural right 概念と勿論ちがうし（参照、本書二三五―二三八頁）、またロックの natural right 概念との差異も明白である。私は自然法上の権利を意味する言葉をロックの『統治論第二篇』に探し求めるならば、何よりもそれは広義のプロパティでなければならぬと考え、このことを主張したのである（参照、本書三七頁）。私の発想の基になったのは、ロックの広義のプロパティはグロティウス、プーフェンドルフのいう suum に当たるとするK・オリーヴェクローナの説（cf. K. Olivecrona, The Term 'Property' in Locke's Two Treatises of Government, *ARSP* LXI/1, p. 113.）とケルゼンの権利論である。両者の示唆をうけて上記結論に到達し、ロックが社会契約締結の目的・政府の目的として 'preservation of property' について語るときのプロパティは先に示した意味での自然権であると考え、これを「自然権《プロパティ》の保全」と訳したのである（例えば参照、本書四一頁、四三頁、四五―四六頁、四八頁等）。なおその場合、「自然権」にプロパティとルビを付したのは、ロックの場合、自然法上の権利はプロパティという語で表示されたものに限られず、例えば強制規範の性格をもつ自然法、ロック自身 'the great Law of Nature' と呼んでいる、「凡《およ》そ人の血を流す者は人其血を流さん」に基づく、殺人者に対する処罰権、否、もっと広く、ロックが社会契約の締結に際し人々が放棄したと述べている二つの権利、「……自分自身と他の人々の保全のため適当と思われることを何でも行なうそれ……」と「自然法違反の犯罪を処罰する権利」(cf. II. 128.) も、自然権《プロパティ》とレベルを異にするが、自然法上の権利という意味での自然権なので、これらを広義のプロパティから区別する必要があったからである(参照、本書四一頁、四八頁、八七―八八頁、九一頁)。

いま私が述べたことに関連して、福田歓一教授の所説に関し一言せざるを得ない。教授はいう、「ホッブズが第三者のために自然権を放棄すると述べたのに対して、ロックは自然状態にある人間が国家に参加するときには自然力 natural power を放棄すると述べている」、と(『政治学史』一九八五年初刷三七七頁)。あたかも「権利」と「権力 power」とは全く異なるかのように。私は既に『国権』中で次のことを指摘しておいた。即ち、「権力 power には事実上の力 potentia の意味と法的力 potestas の意味の二つがあり (cf. L. Stauss, *Natural Right and History*, p. 149.)、ロックがここで権力といっているのは後者の意味においてであるから、これらの権力を自然権と呼ぶについては格別異論がない。権力も法的力の一種だからである。事実ロックは『……各人は犯罪者を処罰し自然法の執行者となる権利 a right を持つ』(§8.) とか『……犯罪を制止し同様な犯罪を予防するためにこれを処罰する権利、この処罰権 right of punishing は各人に存す……』(§11.) というような言い方をしており、right と power を同義に使用している」(本書四八頁)。

福田教授は power に potestas の意味のあるのを御存知なかったらしい。

二

本稿の冒頭で引いたように大澤氏は、「ロックのプロパティの含意を自然権という語を用いて叙述することに異議を唱える論者」は知らないと断定している。本当にそうなのか。この点を検討しよう。

丸山眞男氏は、一方では、「ロックにおいては財産権（property）という言葉は狭義の財産のほかに自己の生命に対する権利をも包括している（cf. *op. cit.* §173.）〔傍点筆者〕」と述べながら、続けていう、「国家の目的が私的所有権の保護にあるという思想はむろん彼にはじまるものではない。しかしこの命題を最も徹底し、執拗なまでに貫いて行った最初の思想家はロックであった（cf. *op. cit.* §85, §87, §88, §124, §139. 等）〔傍点筆者〕」（「ジョン・ロックと近代政治原理」一九四九年、『丸山眞男集第四巻』・岩波書店一九三一一九四頁）。『統治論第二篇』の第一七三節の参照を求めつつ「プロパティ」に広狭両義あると述べられながら、ロック自身がこの節で、「『プロパティ』によって私は他の箇所におけると同様にここでも、人間が財貨のみならず自分の一身に対して有する彼《カ》のプロパティを意味しているものと解されねばならぬ」と断っているのを氏は無視して、「国家目的」は狭義のプロパティ、「私的所有権」の保護だと解釈されたことになる。

福田歓一教授も同断である。教授はいう、「……ロックにおいて個人に政治社会を求めさせるものは、何よりも私有財産保障の要求にほかならない[5]」（『近代政治原理成立史序説』一九七一年二八八頁、『福田歓一著作集第一巻』一九九八年二六二頁）、と。註（5）は、こうしたロック解釈の根拠が『統治論第二篇』の第一二四節にあることを示している。これに対し私は二十数年前次のような批判を加えた。「ロックはこの節［一二四節］で『人々が国家にまで結合し統治に服する大きな、そして主要な目的は彼らのプロパティの保全である』と述べているが、［福田］教授はここにいうプロパティを所有物ないし所有権の意味に解されたもののようである。だが、ロックは一二三節で、人々が自然状態を去って社会にまで結合するのは『彼等の生命、自由そして所有物——これらを私はプロパティという名で総称する——の相互保全』のためであると明言しているのだから、これに続く一二四節にいうプロパティも各人自身のものとしての生命、自由、所有物、自然権と解すべきではなかろうか……。この節に限らず、ロックが社会契約締結の目的としてプロパティの保全について語るときのプロパティは自然権の意味であると筆者は解する。もともとロックは生命の保全を最も重視しており、自由と所有物をそのための手段視している（cf. §6.)」（本書四八頁）。

なお、福田教授はその著『政治学史』・東大出版会一九八五年初刷で、ロックにおける社会契約締結の目的は「私有財産保障」にあるとされた嘗てのロック解釈を翻して、「政治社会、あるいは国家……を構成する動機は広義のpropertyの保障である〔傍点筆者〕」と述べられているのを、ことの序《ツイデ》に紹介しておこう（参照、三七三頁）。但し参考文献として拙論をあげていない。拙論別刷を一九七七年「謹呈」し礼状もいただいた記憶がある。あるいは一九七一年から一九七七年の間に改説されていたのかも知れないが。

明らかに広義のプロパティと目される語を鵜飼信成博士がどう訳されているのかを、岩波文庫の『市民政府論』（一九六八年第一刷発行）についてみよう。国家目的は the Preservation of their Property にあるとロックが述べている第一二四節の冒頭の句を、「その所有の維持にある」と翻訳されている。ここのプロパティを博士が「所有」と訳された理由についての臆測を私は『論争』所収の、「『自然状態において人間は自由かつ平等である』という命題について」の註（8）三五頁で述べておいた（参照、本書八四頁）。参照いただければ幸甚である。

鵜飼博士の翻訳とほぼ時を同じくして出版された『世界の名著　ロックとヒューム』・中央公論社一九六八年で宮川透教授が『統治論』のタイトルで *Second Treatise of Government* の訳を公にされた。私のロック論は宮川教授の訳にも負うところ大きく、この機会に深甚の謝意を表する。宮川訳の第一二三節と第一二四節の訳文中本稿と関連ある部分のみを引用しよう。「したがって彼が生命、自由、および資産——これらを私は所有物という名で総称する——を相互に保全するために……」（一二三節）、「……人々が結合して国家をつくり、統治に服そうとする場合の大きなそして主な目的は、彼らの所有物の保全ということである〔傍点筆者〕」（一二四節）。ここに引用した箇所から窺えるように、宮川教授は広義のプロパティを「所有物」と訳されている。有体物を連想させる「所有物」という訳語が適当かどうか、疑問なしとしない。

丸山眞男氏、福田教授と同様に、あるいはもっと露骨に、ロックは社会契約締結の目的・国家目的を私有財産の保障にあると主張した論者としてL・シュトラウスをあげることができる。彼は、先にみたように、自己保存権こそ優れて自然権との考えに立って、以下のように述べている。「何よりも自己保存と幸福とは所有権 property を要求するので、国家社会 civil society の目的は所有権の保全だということができる。貧乏人の要求に対し社会の有産階級 the propertied members of society を保護すること——もしくは、怠惰で騒ぎたてる連中から勤勉で理性的な人達を保護すること——は、公衆の幸福あるいは公共善にとり本質的である」(On Lock's Doctrine of Natural Right 1952, in: *Crit. Assess.* vol. III, pp. 169-170.)。

シュトラウスは、こうした自分のロック解釈を根拠づけるものとして *Second Treatise of Government* の§34, §54, §82, §94, §102, §131, §157, §158. をあげ、これらの参照をもとめているが、これらの諸節がどうして先に引用した彼のロック解釈を裏づけることになるのか、私には理解できない。辛うじて裏づけになるやも知れぬと思われるのは第三四節のみであって、他の節は殆どといっていいほど無関係である。シュトラウスはロック解釈に際しむやみに多くの節の参照を求めているが、直接あたってみると、あるいはそこにあげられている多くの節はシュトラウスの頭脳で濾過されると、そんな風になるのかなという印象しかうけない。決定的な節を少数示して立論してほしかったと希むのは、私一人ではないようである（cf. J. W. Yolton, Locke on the Law of Nature, in: *Crit. As-*

sess. vol. II, p. 22.)。

丸山、福田、シュトラウスの三者のロック観は、彼を以て私的所有権の「第一級の擁護者」、「国家による干渉ないし私的所有規制に対する敵対者」とみる「伝統的なロックのイメージ」に即するものであろう（cf. C.B. Drury, Locke and Nozik on Property 1982, in: *Crit. Assess.* vol. III, p. 506.)。それはともあれ大沢氏によると広義のプロパティが「自然権」を含意するについて反対する人はいないとかいうことだが、それ以前の問題として、広義のプロパティをはっきり自然権と解して、このことを主張している人、主張してはいても何故自然権と解するかについて明確な説明をしている人は、私の視野が狭い所為か、あまり見当たらない。

『飯坂良明・小松春雄・山下重一・関嘉彦 著　イギリス政治思想史』・木鐸社一九七四年の飯坂教授が分担執筆された第五章第三節「ロック（二）」を見てみる。飯坂教授はいう、万人が平等で独立している自然状態では「各人はある種の権利をもつ。この権利は自然の所有」であり「ひとびとの間の自然的関係を理性によって観察するときに発見されるものである。根本的な権利は生命、つまり自己保存に対する権利である。各人は他者の同様な権利を害しないかぎり好きに振まう権利がある。さらに各人はみずから労働する権利があり、労働の果実に対する権利がある。こうしてロックの自然権は、生命、自由、財産の権利として規定される（傍点筆者）」（一〇三頁）。

飯坂教授は前掲書の一〇一頁から一〇二頁にかけて『統治編第二篇』の第六節を引用されているので、生命・自由・財産の権利、「ロックの自然権」は第六節でロックがいってる「万人を義務づける a Law of Nature」から導出されると教授は考えたと推察され、自然法による不可侵とされる生命、自由、財産の総称であるロックの広義のプロパティは自然権にほかならない、というのが飯坂教授のロック解釈とみることが可能である。もっとも教授のこの辺の論述の仕方にはかなりの難点があるので、これはあくまでも、私の合理的再構成だと断っておかねばならぬだろう。

ところで、同書一〇五頁には、次のような論述がみられる。「……『政府の目的は人類の福祉である』ことが確認される。より端的には財産の保護が政府の目的であるといってもよい。というのは彼［ロック］にとって他人の権利の侵害は財産の場合に最も邪悪な形をとると思われたからであった〔傍点筆者〕」（一〇五頁）。政府の目的は人類の「福祉」ではなくて、直接には社会契約締結者の広義のプロパティの保全ではないのか（cf. II §124.）。教授は自然法と社会契約とを混同されたのではないのか（cf. II §135.）。それは措くとして、政府の目的が the preservation of Property であることはロックの明言するところだから（e. g. II §94.）、教授が政府の目的は「財産の保護」といわれるとき、先に教授は広義のプロパティを自然権と解されたはずなのに、ここでは「財産」にまで矮小化されたと評されても已むを得ないだろう。一九七四年の段階では、とても「プロパティの含意を自然権という語を用いて叙述することに」飯坂教授が「異義を唱」えていないなどと見ることはできない。

なお教授は「政府の目的」を「財産の保護」と解す理由として、「他人の権利の侵害は財産の場合に最も邪悪な形をとると思われたからであった」といわれるが、そうだろうか。ロックは、「各人は自然状態においては、人を殺した者を殺す権力をもっている」とし、こうした刑罰権は「凡《およ》そ人の血を流す者は人其血を流さん」（「創世記九章六節）という「自然の大法」の由来すると説いた後（cf. II §11.）これに続く節で、「［殺人者を殺す権利を持つのと］同じ理由によって、人は自然状態においては、この法［行為規範の性格を有し他人の広義のプロパティの侵害を禁ずる自然法（cf. II §6.）］のより軽微な違反を処罰することができる」（II §12.）、と主張している。財産権の侵害は生命権の侵害に比すれば自然法の「より軽微な違反」とロックがみていたのは疑う余地がない（cf. II §6. §12.）。したがって政府の目的を「財産の保護」とされる飯坂教授のロック解釈に賛成できない。「自然権《プロパティ》の保全」

と解すべきである。せっかく広義のプロパティを自然権とされながら、政府の目的を「財産の保護」と解されたのは「伝統的ロック観」に災いされたのだろうか。

『小笠原弘親・小野紀明・藤原保信　著　政治思想史』・有斐閣Sシリーズ一九八七年初版第一刷にも、同様の混乱が見うけられる。小笠原教授が分担執筆された箇所である。教授はいう、功利主義的な人間観に基づいてロックは「自己保存権を中心とする自然権を承認した。ロックにおいてこの自然権は『生命、健康、自由、あるいは所有物』として一括」された、と（参照、一六八頁）。ここでは、広義のプロパティは自然権だと説かれている。ところが「……ロックの政治社会は、あくまで所有権の保護と対外的安全という限定された目的に従って形成された目的社会である」と断定する（一七二頁）。こうしたロック解釈の根拠を示されていないが——学生むけの参考書の所為なのだろうが、好ましい書き方とは思えない——、教授は『統治論第二篇』第一二三節、第一二四節を看過されたのか。もし看過されなかったとしたら、「ロックの政治社会」は「自然権《プロパティ》の保護」を目的としていると述べられたことであろう。

故藤原保信教授は、その労作『西洋政治理論史』・早稲田出版会一九八五年で、ロックを解釈し次のように述べられている。「……立法権は至高の権力であるにもかかわらず、法を超越した恣意的、専制的な権力ではない。それはあくまで自然権（所有権）の保存というその信託の目的によって拘束される……〔傍点筆者〕」（三一〇頁）。「自然権（所有権）」という書き方は、まことに及び腰と評さざるを得ない。所有権は自然権だという趣旨なのか、それとも所有権《プロパティ》という語で指示されているのは、実は諸々の自然権に外ならないという趣旨なのか、どちらにもとれる。もっとも、同頁から次頁にかけて教授は以下のように述べられている。「いわばロックにとっても『政治権力とは所有権の規制と保存のために、死刑と、したがってそれよりも軽い刑罰をそなえた法律を作る権利』〔Ⅱ3

83.〕であり……」（三一〇―三一一頁）。ここで「所有権」と訳された箇所は広義のプロパティとみられるから（cf. R. M. Lemos, *Hobbes and Locke* 1978, p. 84.）、「自然権（所有権）」というのは所有権《プロパティ》という語は諸自然権を指すというのが、教授の真意なのかも知れない。いずれにせよ、この点についての藤原教授のロック解釈は曖昧の譏《ソシ》りを免れまい。

次に一九八六年出版の『有賀弘／佐々木毅編　民主主義思想の源流』・東大出版会所収の、加藤節「ロック政治哲学の神学的基礎」に眼を転じよう。加藤教授曰く、「……ロック自身の意図において『プロパティ』が狭義の『所有権』だけを意味するものではなく、むしろ、『神の作品』としての人間に『固有なもの《プロプリエタス》』、創造された『宇宙の秩序』の中で人間と他の被造物とを別つ全人間的本質の総称であった……。それは、ロックが、創造に際して精神と肉体、『不死なる魂と現世的生』を与えられた人間の全局面に関わる要素、すなわち『自由、生命、健康、資産』を一括して『プロパティ』と呼んでいる点で明らかであって、ロックのこうした『プロパティ』概念は、例えば、人間を絶対君主の『所有物』に解消するフィルマーの用法やロックのそれを貨幣を含む『資産』の『専有権』と捉えるマクファースンの解釈と異なって、確かにロックに独自のものであった。もとよりその場合、ロックの人間にとって『プロパティ』は、他者との関係の中でみる限り、排外《ママ》的な権利、それへの侵害を自然法違反として排撃しうる自然権に他ならなかった（原文中の傍点を圏点に替えた。傍点筆者）」（九八頁）。

ここに引用した文章中で加藤教授は、「『自由、生命、健康、資産』を一括して『プロパティ』と呼んでいる」（九八頁）といわれるが、ロックが広義のプロパティを説明するに際し「自由」を「生命」に先行させているのは『統治論』の第何篇の第何節なのか、示されたい。註（53）をみると *Two Treatises of Government*, p. 289. となっている。註（10）では *Two Treatises of Government*, ed. P. Laslett となっているからラスレット版からの引用のようだが、私の手許にあるA Mentor BookとCambrige Texts in the History of Political Thoughtのそれのページをくってみても、それらしい箇所は見当たらない。かつて私は、福田歓一教授の*De Cive*の引用の仕方が読者にとって甚だ不親切であることを指摘したが（参照、本書二三七頁）、加藤教授の*Two Treatises*の引用の仕方のアンフェアさ加減は、それを上まわる。両教授のような引用文献の参照の求め方がまかり通る日本の政治思想史学界は奇妙な所だとしか言いようがない。

それは措き、広義のプロパティを限定づきとはいえ「自然権」と解された点は評価できるが、広義のプロパティ概念を「自然権」と解する根拠、すこぶる曖昧でありnichtssagendである。さらには、教授は広義のプロパティ概念をロックに独自のものであるかのようにいわれるが、これも問題である。フィルマーとマクファースンのプロパティ概念との関係で「独自」というのは分からぬでもないが——但し、優に三百年以上が隔てている両者のプロパティ概念に比してのロックのそれの独自性の指摘が、どういう意味を持つのか、私にはよく理解できないが——、一七世紀のイギリスの思想家中で独自というのであれば、反対せざるを得ない。ホッブズはいう、「彼のもの propriety として保持されているものの中で、人間にとって最も大事なのは彼自身の生命と四肢そして次に（大多数の人々にとっては）夫婦愛に関する事柄those that concern conjugal affection、そしてそれらに次《ツ》いで富と生活の手段なのである」（*Leviathan*, chap. 30. マクファースン版pp. 382-383.）。ここにいうproprietyはロックの広義のプロパティとほぼ等しい。K・オリーヴェクローナは、「一七世紀の英語の用法においてはproprietyという語はラテン語のsuumに対応している。ホッブズは『各人に彼のものを配分することsuum cuique tribuere』という格言中のsuumを正《マサ》しくproprietyと訳している」と述べている（K. Olivecrona, The Term 'Property' in John Locke's Two Treatises of Government, ***ARSP*** 1975, LXI/1, p. 113. なお参照、本書二六五頁）。これを以てみるならば、ロックの広義のプロパティ概念は彼に「独自」とはいえないだろう。

また加藤教授はいう、「他者との関係において各人の権利であった『プロパティ』が神との関係においては、神学的義務の遂行を支える基体……に転化せざるを得なかった点がそれであって、『プロパティ』を『神の作品』として人間に固有と捉えるロックの『プロパティ』論の真の独自性は、まさにそこに求められると言ってよい〔引用文中の傍点を圏点に替えた、傍点筆者〕」（九九頁）。「……ロックの言う『プロパティ』は、人間が『魂の配慮』を頂点とする神学的義務を遂行し確証するための不可欠の条件、あるいはその遂行を根底で支える基体として、文字通り、『神の所有物』としての人間に『固有のもの』に他ならなかった〔傍点筆者〕」（一〇〇頁）。

「神学」の素養を欠くためなのか、それとも別の理由によるのか分からないが、加藤教授の所説、私にとって難解きわまりない。私なりの理解に基づいて疑問を呈しよう。広義のプロパティは、他者に対する関係では「自然権」だが、別の関係――恐らく神との関係と思われる。まさか犬や猫のような被造物たる生物との関係ではあるまい――では、「神の作品」かつ「神の所有物」として人間に「固有なもの」、「人間と他の被造物を別つ全人間的本質の総称」（九八頁）だといわれるが、神の作品、神の所有物ということから、どうして広義のプロパティ、「生命、健康、自由もしくは所有物」（cf. II §6.）が人間に「固有なもの」という結論が生ずるのか、理解できない。人間に限らず万物はその作者である神の所有物のはずである。「普天《ふてん》の下にある者はことごとく我有《わがもの》なり」（ヨブ記四一章一一節）。また、人間は何に基づいて神の前に自己に「固有なもの」を主張できるのか。神の前には無に等しいのではないのか。「地の基《もとゐ》を我が置《すゑ》たりし時なんぢは何處《いづこ》にありしや」（ヨブ記三八章四節）。さらには「生命、健康、自由もしくは所有物」を人間に「固有のもの」、「人間と他の被造物を別つ全人間的本質の総称」といわれるが、「生命」は他の生物も持っているのだから、「人間と他の被造物とを別つ全人間的本質」といえないのであるまいか。

「不死の魂」を宿す人間の生命は特別だといわれるのかも知れないが、それでは「健康」はどうなのか。教授の主張からすると「健康」な生物は人間以外に存在しないのかの如くである。人間が神の所有物だということから生ずる帰結は、人間は神の御心のまま永らえるべく自殺が許されぬということ、自分の生命を他人の恣意に委ねてならぬということ、この二つと思われる（cf. II §135.）。「プロパティ」は「神学的義務」遂行のための不可欠の条件といわれるが、これもおかしい。「資産」の無い者は神学的義務とやらを遂行できず、「魂の救済」は得られないということになりかねない。「幸福《さいはひ》なるかな、貧しき者よ、神の国は汝の有《もの》なり」（ルカ伝六章二〇節）。それ以前に「神学」は、一体、人を義務づけるのかという疑問が湧く。法は人を義務づけるが、法を研究の対象とする法学は人を義務づけしない。それと同様、人を義務づけるのは「神学」ではなくて神意ではないのか（cf. II §135.）。「神学」といっても様々あるようだが、数多《アマタ》の「神学」がそれぞれ人々を義務づけるとしたら、義務の衝突が頻発し、煩に堪えぬことになるだろう。ロックはいう、「人間はすべて唯一の全智全能の創造主の作品であり、すべての主たる神の僕《シモベ》であって、その命により、またその御業《ミワザ》のために by his orders and about his business に送られたのであるべく作られている」（II §6.）。神の御業のため此岸に送られているというのは、神意実現のため現世に生まれたる。彼らはその送り主の神の所有物 his property であり、他人の欲するままではなく神の御心のままに永らえる換言して大過なかろう。とするならば、人間は「神学的義務」遂行の「基体」なのでなくて、神意実現に仕える存在というのがロックの考えなのではないのか。ともあれ、加藤教授のロック解釈には問題がありすぎて、従うことができない。

『三浦永光著　ジョン・ロックの市民的世界』・未来社一九九七年についてみよう。三浦教授は次のように論じられている。「各人の自己保存の権利は『自然状態』において妥当する『自然法』から導き出されるのであるから、これを人間の『自然権』と呼んで差支えないであろう」（二五頁）。「自己保存の権利」は「自然法から導き出される」から「自然権」と呼称できるとする教授の指摘は正しい。また教授はいう、「……広義のプロパティ、すなわち『生命、自由、財産』への権利は……自然権としての自己保存権と一致することである。自己自身の生存を維持するとは、たんに生命を維持するばかりでなく『生命維持に役立つもの、すなわち自由、健康、四肢、または財産』……を守ることを含まなければならない。したがって、自然権としての自己保存権は広義のプロパティにほかならないのである」（二九頁）。結論は私と同じくする。しかし、論証の仕方が異なっている。私は『統治論第二篇』第六節でロックが示している自然法、原則として他人の広義のプロパティを害すべからずと命ずる自然法による万人への義務づけの反射的効果として、広義のプロパティは各人の自然権であると解したのに対し、三浦教授は先ず自己保存権を自然権と措定《ソテイ》された後に、自己保存と「たんなる生命の維持」とを一先《ヒトマズ》同一視してから、生命維持に役立つものも自己保存権の内容であるとされて、広義のプロパティは自然権に外ならないとの結論に到達されている。いささか迂路を経られた観がある。とはいえ、行論平明で乱れがなく評価できる。

三

ここで眼を海外に転じよう。私がここで取り上げることができた文献はごく僅かであるが、私なりの検討・批判として些少なりとも意味があれば幸いである。H・ラースキ Laski は The Home University Library の一冊として *Political Thought in England Locke to Bentham* を著わしている。彼がここで主張した事柄の歴史的真実性の有無を判定するのは私にとって不可能だが、本稿の主題に関し興味深い論述が見うけられる。「それ［自然法］はすべての時代、すべての場所で人間行動を支配するルールの総体である。自然法の判定者 arbiter は理性であり、自然状態において理性は我々に『人間は平等である』ということを示してくれる。この平等から、ロックがピュリタン革命の独立派と同じように生命、自由そして所有物 property と同一視している人間の自然権 natural rights が生ずる」(p. 30.)。ラースキのロック解釈には賛成できないところが多々あり、ここに引用した文章中でも、「理性」を「自然法の判定者」としている点、「平等」から直ちに「人間の自然権が生ずる」としている点には同調できない。自然法は「理性の法」であり(cf. §30, §57.)、端的には理性そのものである(cf. §6.)。「自然法の判定者」にとどまるものではない。但し、この理性は神的理性、実践理性であって理論理性ではない(参照、本書三五頁、三九頁)。また何故、人間の「平等」から無媒介的に「人間の自然権」が生ずるのか、不明である。ここにいう平等は人間相互間には正当な支配－服従関係が本来存在しないという意味の平等だから(cf. Ⅱ §4, §54. 本書七〇頁、七九－八一頁)、ここから直接に「人間の自然権が生ずる」と説くのは論理の飛躍である。

しかしラースキがここでピュリタン革命の独立派と同様に──事実かどうかは措く──ロックは「生命、自由そして所有物」を「自然権」と同一視していたと述べているのは興味がある。広義のプロパティは「自然権」だというのが、ラースキによるロック解釈ということになるからである。もっとも自然権という言葉をどう解していたかは問題で、自然法上の権利の意味に解していたとすれば私と結論を同じくする。しかし広義のプロパティが何に基づいて自然権なのかについての彼の見解は不明である。

J・W・ゴフは、次のように論じている。ロックがカール・マルクスを先取りしなかったと非難するのは馬鹿げでいるが、公正な非難に値するのはロックのプロパティという語のルースな使用法である。彼はこの語を「各人の『生命、自由、そして財産 estate』つまり、人間として持つ自然権の総体 the whole of his natural rights as a human being」の意味で用いたり、また「通常の意味」、即ち、所有物ないし所有権の意味で用いている。「通常の限定された意味」でのプロパティの保全を、「国家の全存在理由 the whole raison d'être of the state とした、偏狭なホイッグ党の見解は……ロックのカリカチュアにすぎない」が、このように戯画化されたについてはロックに責任なしとしない（cf. J. W. Gough, *John Locke's Politial Philosophy* 1950, p. 85.）。

ここに紹介したゴフのロック解釈で興味があるのは、一つは、ロックにあっては国家目的は広義のプロパティの保全、「人間として持つ自然権の総体」の保全であって「単に土地とか財産」のそれではない、即ち、「私有財産の保障」ではないとしている点である（cf. J. W. Gough, *op. cit.*, p. 85.）。彼の見解が丸山、福田、シュトラウスの見解と対立しているのは注目に値する。もう一つは、彼がロックにおける広義のプロパティを「人間として持つ自然権の総体」と捉える点で、私と結論を同じくしていることである。だが、どのような理由で広義のプロパティを「自然権の総体」と解したかについての彼の説明は見あたらない。

R・M・レモスのロック解釈は、本稿の主題に関する限り、私見と最も近い。彼はいう、「ロックは三つの権利――（健康を含めての）生命、自由そして所有物 property――について語っている。これらの権利は単なる慣習的－実定的－公民的権利ではなくて、人間が、国家ないし政治社会内にあろうと、確立された法の無い自然状態にあろうと、それと係わりなく人間の持つ権利なのだから、『自然』権 "natural" right に属すると見ることが可能である。……ロックは三つの権利――生命、自由そして所有物――について語るが、屡々彼はこれら三つの権利を総称するのに『プロパティ』という語を用いている。したがってロックはこの語を広狭両義で用いていることになる。狭義ではプロパティは『財産 estate』と同義であり、広義ではこの語は財産のみならず生命と自由をも意味する。政府の目的はプロパティの保全にあるというのがロックの考えだと解釈されるとき、その解釈が正しいのは『プロパティ』が広い意味に解されるときに限られる。ロックは単に財産保全のためにだけ政府が設立されたと言おうとしているのではなく、財産と共に生命と自由の保護のために政府は設立されたとしているのである」（Ramon M. Lemos, Locke's Theory of Property 1975, in ; *John Locke Critical Assessments* edit. by R. Ashcraft〈以下 *Crit. Assess.* と略記〉vol. III, p. 344.）。

レモスは生命への権利 right to life、自由への権利 right to liberty、所有権を「自然権」と呼称する理由を、人間でありさえすれば自然状態においても持つ権利、単に人間であることによって当然に持つ権利だということに求めている（cf. Ramon M. Lemos, *Hobbes and Locke* 1978, p. 76.）。ホッブズは「自然権」と「自然法」を定義しているのにロックはその労を執っていないが、ロックの『統治論第二篇』中における、これらの語のロックの使用法を精察するならば、「……ロックその人も進んで認めると思われる、かなり明瞭で簡潔な説明を提供できるものと信ずる」、とレモスはいう（cf. *Hobbes and Locke*, p. 75.）。

だが、彼がそれに成功しているかどうかは疑問である。彼は、各人が「生命への自然権」を持つというのは、「無実の人の自然権防衛のためとか、死こそが正しい刑罰であるような或る自然法侵犯を理由とする刑罰とか、もしくは国家法が規定するような或る重罪を犯したことによる刑罰としてでないならば、各人は如何なる他人をも殺害しない自然的義務 natural obligation を負っている、というに等しい」、と述べている（*Hobbes and Locke*, pp. 80-81.）。

これを以てみるならばレモスは自然権と自然的義務との相関関係を認めていることとなる。それならば何故に彼のいう三つの自然権は、ロックの自然法、正当防衛と自然法違反者に対する処罰の場合を除くならば、何びとも他人の生命、自由、財産――広義のプロパティ――を害すべからずとする自然法、理性の法（cf. II §6.）による万人に対する義務づけの、いわば反射的効果として成立する権利、自然法上の権利という意味で三つの権利は自然権なのだという、私と同じ論理をレモスが展開しなかったのかが不思議である。

比較的新しいロック論が、本稿の扱っている問題をどう扱っているのかを見てみよう。S・B・ドルリィは Locke and Nozik on Property 1982という論文で、「ロックは彼の同時代人（プーフェンドルフとグロティウス）と異なって、契約や同意ではなく自然権がプロパティの基礎 foundation of property だと主張した〔傍点筆者〕」と述べ、K・オリーヴェクローナを援用しつつ、「物に対するプロパティへの権利 right to property in thing は……既に彼自身のもの［たる］――その人間の生命、四肢そして自由である労働――を混入したことの結果である。それ故、プロパティへの権利は生命への権利 right to life から導き出せる……。我々は生命とその保全への権利を持つが故にプロパティへの権利を持つのである」と述べている（cf. *Crit. Assess.* vol. III, pp. 498-499.）。ここにいう right to property in thing は通常の意味での所有権を指しているのは明らかである。所有権の基礎は「自然権」だと述べている箇所と、「生命への権利」から所有権を導出されるといっているところからみると、ドルリィは「生命への権利」のみが「自然権」であって――もっとも right to life が何故に「自然権」なのかについての説明は見当たらない――、所有権それ自体は「自然権」ではないと考えているように見える。ところが他方、彼は「……自然によって by nature 権利であるところのプロパティ」とも言っている（cf. *op. cit.*, p. 504.）。これを文字通りに読めば所有権もまた「自然権」だと彼は見ているということになるが、どちらが彼の真意なのか判然としない。こうした揺れは、ドルリィの場合、生命への権利や所有権が何に基づいて「自然権」なのかについての考えが曖昧なことに由来するとみられる。『統治論第二篇』第六節が示すロックの自然法は、原則として他人のもの alienum たる広義のプロパティの侵害を禁止していて、こうした不作為の義務づけの反射的効果として right to life, right to liberty, right to possessions が生ずるのだと考えれば、無用な動揺なしに済んだろう（参照、本書三三一―三四頁、三六―三七頁、四八頁）。自然法から狭義のプロパティを導出するのでなくて、「生命とその保全への権利」から彼が所有権を導出しようとしたのは（cf. *op. cit.*, p. 499.）、L・シュトラウスの影響によると思われる。もっとも、シュトラウスと異なって、ロックにあっては「政府の目的はプロパティとその安全な享有の保護にある」と述べた箇所に註して、「ここでは私は『プロパティ』という語を生命、自由そして資産の意味に解する」と述べているのは評価できる（cf. *op. cit.*, p. 503, p. 510.）。

最後に Siegfried König の *Zur Begründung der Menschenrechte Hobbes-Locke-Kant* 1994 のロック論を検討してみよう。ケーニッヒは、ロックの広義のプロパティ概念は「すべての自然権の上位概念 Oberbegriff aller natürlichen Rechte」であると主張する（Vgl. *a. a. O.*, S. 153.）。ただし、ケーニッヒの自然権概念は私のそれ、自然法によって付与された権利とは異なって、L・シュトラウスの影響の下に、彼はロックの「自然権」も自己保存の本能に基づくものであって、自然法によるものではないとみているようである。「ロックは自己保存を神によって人間行動の原理として植えつけられた、極めて強い本能と呼んでいる。自己保存は、したがって、事実上の本能であると共に理性によって命じられ勧告された原理でもある。加えて weiterhin 自己保存は権利として als Recht 現われる」（*a. a. O.*, S. 141.）。好意的に再構成すれば次の如くか。自己保存の本能は神によって人間に付与されたのだから、単なる事実に止まるものではなく、それ自体有価値、規範的なるものであり、自己保存の本能に基づく生命の保全は、自分の正当な利益として主張可能であって、その意味で自己保存は権利といえる、といった趣旨のようである。ケーニッヒによると、ホッブズの場合は、自己保存は「単なる生存 bloßes Überleben」にすぎないが、ロックにあっては、自己保存概念は拡大されて「生命の他に自由と財産 Eigentum」を伴い、その結果、ロックの

「自然権は生命、自由そして財産の三者から成り、この三者は生得にして不可譲であり、すべての国家権力の前国家的尺度として妥当する」、と（Vgl. *a. a. O.*, S. 143.）。

　ケーニッヒは通説に従ってロックを敬虔なクリスチャンと前提することで、自己保存の本能を「神のたまもの」とし、これを「権利」とみると共に（参照、本書八四頁）、自己保存概念を拡大して「自由と財産」をこれに含ましめ、生命、自由、財産の三者を以て「自然権」と捉えたのである。伝統的ロック観とシュトラウスのそれとの折衷の産物と評することができよう（cf. Francis Oakley and Eliot W. Urdang, Locke, Natural Law and God, *Crit. Assess.* vol. II, p. 64.）。それは措き、ここで彼のあきらかなロックの誤読を指摘しておこう。彼はいう、「ロックはたしかに right of man もしくは human rights について語っていないが、natural rights について彼が語るとき、後世『人権 Menschenrechte』と名づけられた、正《マサ》にそのものを念頭においていたのである」（*a. a. O.*, S. 143.）。ロックは natural right という語の使用をできるだけ避け、そのため『統治論第二篇』中四箇所でしか用いておらず、うち三箇所は明らかに父権の意味で用いたことは、既に述べた。自然法上の権利という意味での自然権、すなわち、自分の生命を維持する権利（自然法に反しない限度での）自由を享受する権利、所有権の三者、ケーニッヒの念頭にある Menschenrechte を指示する語としてロックが使っているのは natural right ではなくて property（in the wide sense of the term）なのである。

　また、次に引用する彼のロック解釈にも釈然としない憾がある。「国家結合の目的は Eigentum の保護にあることは、ロックの繰り返し強調するところであるが、その際、Eigentum という語は――単なる財産 Besitz という――狭い意味でも、また、生命と自由をも含む広い意味でも用いられている」と述べ、同頁の註で、「参照、第八五節、第一二三節、第一二四節、第一二七節、第一三一節。第一三一節でロックは公共の福祉 das gemeine Wohl

を国家目的と呼んでいる。この箇所から、ロックは公共の福祉という語で以て正《マサ》に国民の生命、自由そして財産を指しているに他ならないことが分かる」と論じている（Vgl. *a. a. O.,* S. 163.）。この註よりすると、ロックが国家目的として Eigentum の保全について語るとき、その Eigentum は広義のプロパティなのであって、狭義のそれではないというのがケーニッヒのロック解釈と見なければならぬこととなる。本文と註との不整合性は明らかであろう。

むすび

ごく一部の内外のロック論を、広義のプロパティ概念に焦点をあてて通覧したが、広義のプロパティは自然権に他ならないと見る論者が若干ふえているのは確かなようである。しかし、広義のプロパティをL・シュトラウスの意味ないしその延長線上で自然権とみているのか、それとも自然法上の権利という意味で斯《カ》く呼んでいるのか、それともあるいは、何らか他の理由で自然権と呼称しているのか、その辺は論者によって異なるようである。それに加えて、行論に首尾一貫性が欠けている（と思われる）論者も見うけられる。本稿で取りあげたロック解釈の問題についても、まだ多数の論者間にコンセンサスが形成されていないのが、現状と言わねばなるまい。

私が二十数年前、ロックの抵抗権概念折出の前段階として行ない公表したロック解釈の一部を、私なりにもう一度要約しよう。その一は、ロックのプロパティには広狭両義があり、広義のそれは、K・オリーヴェクローナが指摘するように、グロティウス、プーフェンドルフにいわゆる suum ; his ないし his own の意味であること（参照、本書三一四―三一五頁）、その二は、『統治論第二篇』第六節にいう自然法は他人の広義のプロパティの侵害を原則として禁止し、その禁止の反射的効果として各人は生命権、自由権、所有権を持つことになり、これらの権利は自然法上の権利として、これを自然権と呼ぶことができるということ（参照、本書三七頁）、その三は、ロックが社会契約締結の目的として「プロパティの保全」について語るときのプロパティは「自然法」によって不可侵とされた広義のプロパティ、自然権《プロパティ》であり、したがって、国家目的は「自然権の保全 preservation of property」であるというのが、ロックの主張だということである（参照、本書四二頁、四八頁）。

　このような私のロック解釈は、不幸にして政治思想史専門家の眼にとまらなかったのか、それとも非専門家の採るに足らぬ説として無視されたのか、どちらなのか判らないが、拙論ないし拙著は彼等の参考文献表にすら載ったことがない。その上、私のロック解釈に全く言及しないまま、「ロックのプロパティの含意を自然権という語を用いて叙述することに異議を唱える論者」を知らないとまで述べる若手研究者が登場するに至ったので、大人気《オトナゲ》ないとは思いながらも、アト・ランダムに政治思想史の専門家のロック解釈を取りあげ、これを検討ないし批判に付したのである。もっとも私の視野は甚だ狭いので、二十数年前の私のロック解釈を反古《ホゴ》同然にしてしまった論文あるいは著書が既に出ているのかも知れない。そのときは、自分の不文不知に恥入るしかなく、懇篤な御教示を請う次第である。

第二部　ホッブズ

V　ホッブズの抵抗権？

――P・C・マイヤー＝タッシュ『トマス・ホッブズと抵抗権』第二部の批判的検討――

はじめに

本稿はP・C・マイヤー＝タッシュの著書『トマス・ホッブズと抵抗権』の第二部を検討の対象として、彼がホッブズの抵抗権と呼んでいるものの実体は何か、そしてこれを抵抗権と呼ぶのは果たして妥当か否かを究明することを主たる目的とする。彼のこの書についてはドイツで幾つかの書評があり、日本でも佐々木高雄教授が詳細な紹介並びに批判的検討の労を執っており（青山法学論集一三巻二号、三号）、また、木鐸社から三吉、初宿両氏による良心的な翻訳が刊行されている。さらには福田歓一教授が「トマス・ホッブスの自由論」と題する論文（国家学会雑誌九〇巻九・一〇号）でこの書の全般にわたって批判を試みられている。本稿はP・シュナイダーのいわゆる関連づけ的方法 assoziative Methode を用いてのマイヤー＝タッシュ批判を意図するものではない。それどころか、マイヤー＝タッシュよりももっと隔離的方法 isolierende Methode を使用し、しかも問題を先に示した範囲内に限っての批判である。私は嘗て「J・ロックの抵抗権概念」と題する論文（本書Ⅱ論文）でロックの政治理論全般と共に彼の抵抗権概念の把握を試みたが、本稿はそれに引き続いての一連の抵抗権概念検討作業の一環を成すものである。隔離的方法を用いての、しかも問題を「抵抗権」に限定してのホッブズ解釈がホッブズの政治理論体系把握にどの程度の意義をもち得るのか疑わしいが、上記の問題設定の上に立つ本稿が抵抗権問題に関しての憲法学と政治思想史研究との間隙を少しでも埋めるのに役立つならば幸いである。尚《ナオ》、本稿はH・ウォーリンダーの『ホッブズの政治哲学』に負うところが多大であること、そしてこの書によって拙稿「J・ロックの抵抗権概念」の中で示した私のホッブズの自然法－自然権観（本書三四－三八頁）が大幅な修正を余儀なくされたということを、一言お断わりしておく。

Leviathan のテキストとしては、C・B・マクファースンの校訂によるPelican Classicsのそれを使用し、引用に際しては章と共にテキストの頁数をも示した。必要に応じモールズワース編の *Thomas Hobbes Opera Philosophica Omnia,* vol. 3.（以下 *Opera Latina* 3. と略記）を参照した。邦訳は水田・田中訳（『世界の大思想』9）と永井・宗片訳（『世界の名著』23）の双方を参照して多大の御教示を受けたことを感謝する。*De Cive* のテキストとしてはモールズワース編の *The English Works of Thomas Hobbes*（以下 *EW* と略記）vol. 2. を用い、傍ら *Opera Latina* 2. 所収のラテン語版と独訳（Thomas Hobbes, *Vom Menschen/Vom Bürger,* eingeleitet u. herausgegeben von G. Gawlick）を参照した。

既に優れた紹介と全訳があるにも拘《カカ》わらず、予定している論述の必要上、私なりにマイヤー＝タッシュの所説を紹介しながら問題点を指摘し検討するという形式をとることにするが、本文および註で引用する彼の文章の後に示す頁数はすべて原著 *Thomas Hobbes u. das Widerstandsrecht,* 1965 のそれである。

一

マイヤー＝タッシュは前掲書の末尾で自己の研究成果を要約して、ホッブズの政治理論にあっては以下の場合に「真に前国家的抵抗の権利を彼〔市民 Bürger〕がもつ……〔傍点筆者〕」ことになると述べている。「一、（国家没落後に新たな支配者に服属しなかったときのように）彼が一般に如何なる自己義務づけをも行なわなかった場合。二、その履行を自己に義務づけしていない要求を彼が受けたと考える場合（自己防衛の保留）。三、始源契約 Urvertrag がその法的実効性を喪失する場合（支配者の保護・秩序維持力の放棄ないし喪失）。四、始源契約が破棄される場合（反対行為 contrarius actus による破棄）」（Vgl. S. 119f.）。

以下、この四つの場合を逐一紹介し、これに検討を加えることで彼がホッブズの抵抗権と呼んでいるものの実体は何であり、これを斯く指称することが妥当か否かを考察してみることにしよう。

先ず、第一の場合であるが、彼のホッブズ解釈によると、「自己義務づけのみが真の拘束性を創出できるので」始源契約を締結しない者は自然的自由を保有し、支配者に対し如何なる服従義務をも有しない。合法的支配者が敗戦し降伏すると彼に対する市民の服従義務はそれで消滅することになるが、かといって自動的に勝利者の市民となるわけではなく、自発的服従、「自由な自己義務づけ」のみがこのことを可能にするので、「征服者に対し服従を拒否する者は法による保護を受けぬ者である。法的には彼は自然状態に止まり、新支配者に対し受動的－能動的抵抗を行なうことができる〔傍点筆者〕」。簒奪者に対しても同様であって、自発的に服従し自己義務づけをしない「前段階では各人は正当に反乱を起こすことができる」。同じことが正統性を欠く王位継承に関してもあてはまる。文配者が後継者の無いまま死亡したり、彼もしくは彼の後継者の名で支配権を放棄すると、それで国家は解体してしまうので、支配者の宰相その他側近中の有力者が権力を掌握しても、市民はその人間に対し服従義務をもたず、「何びとも彼に対し自然権によって受動的－能動的抵抗を行なうことができる〔傍点筆者〕」。以上、要するに、「没落した国家の地域上に包括的国家権力を形成しようと努める実力に対し当該地域の住民は自発的に服従するに至るまで抵抗を為し得る。彼等の抵抗権は服従拒否から革命 politischer Umsturz にまで及ぶ。何事にも自己を義務づけていない者は自由である。社会集団中で生活していても、彼は飢餓のみが支配する群の中の狼と化する〔傍点筆者〕」（以下、Vgl. S. 83-86）。

ここで紹介した部分でマイヤー＝タッシュがホッブズの抵抗権と呼んでいるものは、引用文中傍点を付しておいた箇所から直ちに知られるように、人間が自然状態において有する全き姿での「自然権」そのものであることは明白である。国家の没落、解体は市民であった者を自然状態に復帰させ、新たに始源契約を締結することで新国家の市民となるまで各人は「すべてのものに対するすべての人の権利 ius omnium ad omnia」、「自然権」をもつから、その行使として「服従の拒否から革命」に至るまで、これを正当に行ない得るのである。とすれば彼はホッブズのいう自然権それ自体を抵抗権と呼んでいることになるが、抵抗権というものが、その根拠が自然法であれ実定憲法であれ、市民・国民の権利の一種、国民のみがもつ、いわば強化された政治的権利として構成されるべきであるとするならば、(1) それは、人間が自然状態において有する「自然権」、「各人が自分自身の自然つまり生命を維持するため自分の力を自ら欲する如く使用できる各人の自由」（*Leviathan*, chap. 14, p. 189.）と区別されねばなるまい。マイヤー＝タッシュ自身、彼が同じくホッブズの抵抗権と呼んでいる「自己防衛権」を「市民が持つ対象的に制限されている自然権〔傍点筆者〕」と規定して（Vgl. S. 93.）、自然状態において各人の有する「無制限の自然権」と区別している。しかも、「市民の自然状態への復帰が突如として為されるならば……もとより抵抗と抵抗権にとって如何なる余地も存しないであろう」とすら断言している（S. 106, 同旨 S. 108.）。支配者の降伏とか簒奪等による国家の解体は、まさしく自然状態への市民の復帰が突如として為される場合ではなかろうか。そうだとすれば、こうした場合には「……戦争権、即ち、そこにあってはすべてのこと、それ故に抵抗もまた合法的である敵対状態が復帰する」（*De Cive*, chap. 2, art. 18, *EW* 2, p. 26.）ことになるのだから、各人は自分を支配しようとする人間に対し実力行使に出ても当然「合法的 lawful」ということになるが、この場合の抵抗は、しかしながら、国権行使に対する市民の抵抗ではない。人間が彼を支配しようとする他の人間に対し服従を拒否し、その結果として両者間に戦争状態が発生するのである。マイヤー＝タッシュ自身の言を借用するならば、こうした場合には「抵抗と抵抗権にとって如何なる余地も存しない……」ことになる。そこで、彼がホッブズ理論にあって市民が抵抗権をもつとする第一の場合に限定するならば、E・ライプシュタインの次の批判、「……抵抗は国家に対する市民の抵抗ではなくて、他の人間の脅威に対する人間の抵抗である」[2]、は完全に当たっているといわねばならない。

マイヤー＝タッシュが抵抗権という語の下に何を考えており、またホッブズの自然権の実体は何かという点についての検討は後に譲り、ここでは、抵抗権が市民の政治的権利の一種として構成されるべきだとすれば、ホッブズの自然権は明らかにこれと区別されねばならぬが、マイヤー＝タッシュはホッブズの自然権・戦争権そのものを抵抗権と呼んでいること、しかもこの用語法は必ずしも一貫していないことを指摘するに止める。

（1）　K・F・ベルトラムは、「今日では抵抗権は一種の一般的な緊急救助権としてすべての市民に帰属している」と述べている（K. F. Bertram, *Widerstand u. Revolution*, S. 36. 西浦訳三五頁）。彼がここで市民 Bürger といっているのは能動的地位における国民のことであろう。H・ヴァインカウフは抵抗権を、「国家の違法な行為と不法を行なう国権の担手に対して暴力的－非暴力的抵抗、能動的－受動的抵抗をする国民――国民全体 Staatsvolk であれ、個々の国民集団であれ、個々の国民 Staatsbürger であれ――の権利」と定義している（H. Weinkauff, Das Widerstandsrecht, *Staatslexikon* Bd. 8, S. 677.）。この定義が全体として妥当か否かは措き、ここで注目されるのは彼もまた抵抗権の主体を国民としている点である。W・ヴェルテンブルッフは抵抗権が市民の権利 Bürgerrecht であることを強調し、「抵抗権についての往時の洞察」、抵抗権は第一次的には国民全体の権利であり、ここから派生して国民の諸集団、等族、さらには個々の市民の権利であるとした見解は基本的に正しいと主張している（Vgl. W. Wertenbruch, Zur Rechtfertigung des Widerstandsrechts, in: *Widerstandsrecht,* hrsg. von A. Kaufmann, S. 470f.）。代表的抵抗権論者であるJ・ロックも抵抗権の主体を国民 people とみている（cf. *Second Treatise,* § 149. § 168, § 222.）。フランスの人権宣言二条が自然権の一つとして挙げている圧制への抵抗も、E・ブルムによると、人民 peuple の反乱権に他ならぬとされる（cf. E. Blum, *Déclaration des Droits de l'Homme et du Citoyen, Texte avec Commentaire,* p. 91.）。一七九三年六月二四日フランス憲法三五条はこの点を明確化して、「政府が国民の諸権利を侵害するとき反乱は国民〔全体〕と個々の国民にとって最も神聖な権利、最重要の義務である」と規定しており、ボン基本法二〇条四項も、「この秩序〔憲法的秩序〕の除去を企てるすべての人々に対し、全ドイツ人は、他の法的手段が不可能の場合には、抵抗の権利を有する」としている。もっとも、ヘッセン州憲法一四七条一項は、「違憲の公権力に対する抵抗は各人の権利であり義務である」とし、文言上は抵抗権の主体を市民に限定していない。C・ハイラントはここにいう各人中には外国人も含まれるとするが、他方、ヘッセン州憲法下で生活するが故にその存続と防衛について利害関心を有する者ないし法上利害関心をもつべき者というように限定的な解釈を施している（Vgl. C. Heyland, *Das Widerstandsrecht des Volkes,* S. 87f.）。私は抵抗権は国民の非常的な政治的権利として構成されるべきものと考えているが、この問題に関連して野田良之教授の見解と西ドイツの学界で広く行なわれているように見える二種の抵抗権という考え方に若干触れてみよう。野田教授は抵抗権と呼ばれているものの源流は二つあり、その一つはキリスト教的抵抗権であって、「ここでは、キリスト者の信仰の純粋さを保つための消極的抵抗むしろ抵抗の義務が説かれる」、これに由来するのが人間の権利としての抵抗権であり、もう一つはゲルマン的国家観に発するもので、これに由来するのが市民の権利としての抵抗権、「積極的抵抗の権利」であって、後者は「国民主権の一属性」であると説かれている（参照、「基本的人権の思想史的背景」東大社研編『基本的人権3歴史Ⅱ』七七－七九頁）。傾聴すべき見解であるが、私は教授のいわゆる積極的抵抗の権利、その主体が国民に限定される抵抗権こそが現在では抵抗権と呼ばれるに相応しいと考える。キリスト教に起源をもつ「本来国家の次元の外に成立する自然法的抵抗権」（前掲書七八頁）、「消極的抵抗」の権利の問題は、現代憲法にあっては、信教の自由保障規定によって処理されたと見られるので、一般の人権とは区別され人権宣言の担保の意味で抵抗権というものが考えられるべきだとするならば、抵抗権概念を、その主体が当然のことながら国民に限定される、「国家機関担当者による憲法的秩序……の破壊を阻止するため、それ自体としては有効な国家行為への受忍・服従を拒否する権利」というように構成するのが妥当ではないかと考える（参照、本書三〇二―三〇三頁、六一頁、『国権』三五六―三五七頁）。G・シャイドレは判例を踏まえて「政治的抵抗権」と「超実定的正当防衛権 überopositives Notwehrrecht」としての抵抗権とを区別している。彼によると前者は「能動的地位に由来する著しい権利」でその主体は国民に限定され、その行使は公共 die Allgemeinheit のための行動であり、「正統な国家秩序をもつ我々の現状にあっては」「憲法的秩序擁護のための行動」である、これに対し後者は「国権による侵害に対する防衛権」、「緊急事態に際しての自救」権であって、「この正当防衛権は国権が人権の不可侵の領域を蹂躙するときに承認される」もので、この権利はいわば「消極的地位に由来する権利の番人」でありすべての人々に保障される、ボン基本法二〇条四項は前者つまり政治的抵抗権を規定したに止まる（Vgl. G. Scheidle, *Das Widerstandsrecht*, S. 115f., S. 86, S. 132, S. 128, S. 148.）。J・イゼンゼーもボン基本法二〇条四項はC・シュミットのいわゆる積極的憲法 die positive Verfassung、ドイツ連邦共和国の国家形体、自由で民主的な基本秩序を保護客体としているのであって、この規定は「国家形体そのものが脅かされることなく代表秩序が無傷のままで、ただ個々の場合に効果的な権利保護を欠く結果として正当防衛状況が発生するにすぎぬときには、国家による個々の侵害に対する個人の権利の自力防衛を正当化する decken するものではない」とし、二〇条四項が規定する「専制者的な敵に対する客観的秩序擁護のための（超個人主義的 überindividualistisches）抵抗権」と「個人的法益防衛のための抵抗権」、「個人主義的抵抗権 individualistisches Widerstandsrecht」とを区別している（Vgl. J. Isensee, *Das legalisierte Widerstandsrecht*, S. 14, S. 41.）。シャイドレによる政治的抵抗権と超実定的正当防衛権としての抵抗権の区別は、イゼンゼーによる超個人主義的抵抗権と個人主義的抵抗権の区別と一応相掩うといってよいだろう。私はシャイドレと異なって相対的自然法論をも採れないという理由もあって（Vgl. a. a. O., S. 112.）、超実定的正当防衛権を抵抗権概念に包摂することに賛成できない。「明白な不法統治」が確立した体制下では、政治的抵抗権であれ非政治的それであれ、語の真正な意味での権利としての存在は認めることができないし、また法治国であれば「超実定的正当防衛権」は通常の人権規定から導出可能と解されるので殊更これをも抵抗権と指称する必要はないと考えられるからである。イゼンゼーは「この個人主義的抵抗権の憲法上の根拠は国家による侵害に対し防衛されるべきその都度《ツド》の基本権、例えば自由剥奪と暴行陵虐に対しては人身の自由ないし身体の完全性〔保障規定〕（基本法二条二項）、特別の基本権が見当たらぬときは一般的な行動の自由〔保障規定〕（基本法二条一項）中に存する」と論じている（Vgl. a. a. O., S. 43.）。とすると、自然法の存在を積極的に肯定するのでないならば、個人主義的抵抗権というカテゴリーを特に設けることの有用性は疑わしいということになろう。そのいわゆる政治的抵抗権・超個人主義的抵抗権と超実定的正当防衛権・個人主義的抵抗権とは双方とも不正対正の抵抗状況を前提しており、抵抗権という語の歴史的用例に即しているから、これらを共に抵抗権と指称するのはあながち不当とはいえないが、「個人主義的抵抗権」の根拠が通常の人権規定に求められるとするならば、理想的意味の憲法下で我々が抵抗権について有意味に語り得るのは国民の権利である「政治的抵抗権」・「超個人主義的抵抗権」のみということになりはしないだろうか。尚、ホッブズがpeopleとmultitudeとを峻別しpeopleという語に特殊な意味を付与しているのは留意されてよい。「国民は一箇の意志を有し一箇の行為が帰せられ得る単一なるものであり、群集についてはこうしたことが正確には言うことができない。あらゆる統治において国民が支配する。というのは、一人の人間の意志を通じて国民が意欲するので君主政にあってすら国民が命令するからである。これに対し群集は市民citizens即ち臣民subjectsである。民主政や貴族政にあっては市民は群集であるが会議体courtは国民である。そして君主政にあっては臣民が群集であって（如何に逆説的に見えようが）国王が国民なのである」（*De Cive*, chap. 12, art. 8, *EW* 2, p. 158.）即ち、ここにいう国民とは国家を代表する主権者と同義であり、我々が通常国民と呼んでいる者を彼は市民とか臣民と呼んでいるということになる。もっとも彼の用語法も一貫しているとはいえず、国民という語を「支配される多数の臣民」の意味で用いている箇所もある（cf. *De Cive*, chap. 13, art. 3, *EW* 2, p. 167）。

（2）　E. Reibstein, Literaturbesprechung, *Zeitschrift der Savigny Stiftung für Rechtsgeschichte*, Germanistische Abteilung, Bd. 83, S. 412.

二

市民が抵抗権をもつ第二の場合としてマイヤー＝タッシュが論じているのは（S. 86-103.）、主としてリヴァイアサン二一章「臣民の自由について」の紹介、コメントおよび彼による発展的解釈である。この部分は彼のホッブズ解釈中最も独創性を自負している箇所と見られる上、本稿の目的であるホッブズの「抵抗権」概念の究明にとって極めて重大な意味をもつ箇所なので、私自身のホッブズの臣民の真の自由概念についての論述と重複する部分もあるが、繁を厭わず私なりの紹介をこの章で試みることとする。

始源契約は本質的には主権者に対する臣民の抵抗の断念を意味するが、始源契約締結の目的はすべての者のすべての者に対する保護、隣人の攻撃に対する安全保障であるから、主権者ないしその使用人が攻撃を加えるとき市民に受忍・服従を要求するのは不条理である。事実、ホッブズは実力行使に対し抵抗する権利を放棄することは不可能、実力行使に対し自己防衛しないという契約は常に無効であると主張している。正当防衛の断念はホッブズの第一の自然法の後段と相容れぬばかりか「……心理的にも実現不可能であるだろう」（S. 87.）。そこで個人が始源契約によって将来の支配者の命令に対し抵抗しない義務を自己に課すといっても、自己防衛権を留保してのことということになる。ここから生ずるのは、市民の身体の完全性を危うくする主権者の命令・禁止、自殺や自傷の命令、空気、食物、薬のような生命維持のため不可欠のものの摂取の禁止を無視して服従を拒否する権利である。加えて市民は自白、自首、その者に対する有罪判決が彼の生涯を辛いものにするような人達、自分の父、息子、配偶者の如き近親者とか扶養者の告発を義務づけられぬ。支配者が彼の命令を実力を用いて貫徹しようとするときは、実力行使の対象となる市民は自分の生命、身体、自由に対する侵害から自己防衛する権利を有し、かくて「受動的抵抗権は能動的抵抗権に化する」(S. 88.)。危険な任務または不名誉な任務の遂行を命ずる命令も、場合によっては正当に服従を拒み得る。こうしたときも始源契約の目的が服従拒否の合法性判断の基準であり、服従拒否が国家設立目的の実現を不可能としない限り不正ではない。例えば或る市民が軍役に服することが国家維持のため不可欠であって代替不能の場合には就役を拒否できないが、そうではないときは戦線を離脱するも不正ではない。また何びとも自分の父の殺害を義務づけられぬ。父殺しは息子に死に勝る汚辱と苦痛を与えるが、息子が手を下さなくとも主権者は自分の命令の実施に当たる人間を容易に見出せるので、息子の服従拒否は国家設立の目的実現を不可能ならしめぬからである。主権者が俺を殺せと命じても市民は服従を拒み得る。「こうした場合には国家目的がまさに不服従を命ずる。何びとも自分の協力の下に設立された平和機構を危険に陥らせたり破壊するよう契約によって義務づけられ得ない。支配者の欠落と共に国家も崩壊し原始状態が復帰することになるからである」(S. 90.)。

ホッブズは物的法益のみならず精神的法益についても自己主張の権利を認めている。先ず、市民は内的信仰の自由を有し内心の規制は外的権力に馴染まない。信仰告白と礼拝に関し決定する支配者の命令に対する外形的服従も限界をもつ。神の礼拝を禁じたり神の侮辱を命ずる支配者の命令に服従する必要がない。支配者が自分を神と同様に礼拝せよと要求するときも同じである。とはいえ、支配者が臣民の宗教心を如何に害しようとも、臣民は能動的抵抗権をもつことなく受動的抵抗のみが許される。ここでマイヤー＝タッシュは、ホッブズがこうした場合に能動的抵抗を認めず受動的抵抗・殉教のみがキリスト者の採るべき唯一の途としているのは少なくとも誤解を招くと批判している。信仰の故に肉体を脅かされるときも市民は自己の身体の安全性を保持する権利をもっているのだから、殺人犯にとってすら正当であることが宗教上の被迫害者に許されぬはずはなく、ホッブズが上記の場合、「殉教によってキリストのもとに赴くべきである」というとき、宗教上の被迫害者の自己防衛権の否認を意味するものと解してはならぬ、とマイヤー＝タッシュはいう。そのような解釈はホッブズの教説と甚しい矛盾を来たすというのがその理由である。「殉教の奨めは自己防衛の可能性との選択的提案と解さねばならぬ。……自己の信仰の故に迫害される者は殉教者の途を選ぶこともできれば、彼の基本的自己防衛権行使の途を選ぶこともできるのである」(S. 93.)。

　マイヤー＝タッシュは続けて自己防衛権の法的性格を論ずる。ホッブズにあっては受動的－能動的抵抗の許容性は国権行使の合法性の有無と係わりがない。暴君の恣意による無実の犠牲者も有罪が証明された殺人犯も、等しく国家の逮捕に対し正当に抵抗できる。「死の恐怖が国家法秩序の枠を無視することを可能とする。抵抗状況を認可するのは自然の権利 das natürliche Recht であって国家の法ではない」(S. 93.)。かといって一定の場合、国権が市民の利益のために制限づけられるというわけではない。「国家内にあっても支配者の無制限の自然権と対象的に制限された市民の自然権とが対立する。市民に残された自然権の範囲は契約に基づく自己義務づけによって規定される。そして人は自分の存在を危くする命令を遵守したり暴力的侵害を甘受することを自己に義務づけ得ないので、その限りでは意志を貫徹せんとする支配者の自然権に市民の自己防衛の自然権が対立する。支配者には前国家的権利のすべてが留保されるが……市民は彼の自然的な狼の権利の一部を国家圏域内にもち込むにすぎない。とはいえ市民は彼の始源的法的力の残存部分を紛争時には国家法と係わりなく主張できることになる。『自然権によって naturrechtlich』認可される抵抗状況は彼を脅かす逮捕が国家法によって正当化されると否とを問わず発生する。結局のところ、抵抗状況に在っては常に正 Recht〔権利〕と正 Recht〔権利〕とが対立する。レヴィアタン王国では《王の欲することを法が欲する》という命題が無条件に妥当するので、支配者の要求と行動は支配者自身の法を無視する場合でも常に正しい。明らかに無実なのに自殺することを支配者が市民に命じても、市民に対する関係では不正 Unrecht にならぬ。他方、市民はこうした命令に対し同一の正しさで抵抗できる。国家内でも生き続ける支配者の始源権に市民の制限された始源権が対立する。防衛権の行使は、しかしながら、被攻撃者の法的地位に何ら変更をもたらさない。被攻撃者が抵抗状況の発生と同時に自然状態に復帰するといったことは問題外である。彼は依然としてレヴィアタンの国民であり臣民である。一般的服従義務は抵抗状況が継続する間に限って基本的防衛権によって覆われるにすぎぬ。防衛状況が消滅すると服従義務は完全に回復することになる〔傍点筆者〕」(S. 93f.)。ホッブズは抵抗状況のもつ矛盾、正対正の対立がもつ矛盾を遂に解決することなく実力にその判定を委ねている。

　ここまでは主としてホッブズの臣民の自由論の紹介とコメントであるが、マイヤー＝タッシュはさらに進んでホッブズその人が直接論じていないか或は言及しても詳述していない防衛権行使のための前提条件、防衛権の規模、限界について立ち入った議論を展開している。抵抗は常に自己防衛が必要とされるときのみ行なわれるから抵抗者の受動的態度と攻撃を加える官憲の能動的態度を前提とするが、具体的に如何なる場合に自己防衛が必要になるのか、自己防衛は直接的攻撃に対してのみ許されるのか、それとも予防的自己防衛といったものも考えられるのか、何が攻撃と評価され得るのか、自己防衛と集団的自衛とはどのような関係に立つのか、そして何びとが抵抗状況の発生を認定するのか、といった幾多の諸問題が残されている。ホッブズの言を手掛りにし彼の自己防衛論の基本的傾向を考慮して、以上の諸問題に答えると以下のようになる。先ず、最後の問いへの解答が最も容易である。被攻撃者が抵抗状況発生の認定権を有するのは事物の本性に由来する。とはいえ、彼とて恣意的に認定できるわけでないことも明らかである。各市民のもつこの認定権の大枠はホッブズの明示するところであるが、それ以上に出てどのような制限に服することになるのかは、彼の言から推測するしかない。解釈の余地の最も少ない定式はデ・キヴェ中に見出せる。「何びとも彼を殺害ないし傷害その他の方法で害しようとする者に対し如何なる抵抗をもしないよう契約によって義務づけられぬ」。レヴィアタン中でも、「人は彼の生命を奪うため実力で襲いかかる者に対し抵抗する権利を放棄できない」と述べているが、より含みのある定式、「何びとも死、傷害そして投獄から免れる彼の権利を譲渡もしくは放棄できない」が見出せる。ここで引用した諸定式から防衛状況認定に際し顧慮されるべき標識が看取できる。これらの定式は文字通りには（人身の）自由、身体、生命への攻撃に対する抵抗の合法性を承認するに止まるが、自己防衛が必要 erforderlich もしくは少なくとも必要と思われるときは常に抵抗は合法という結論を内包しており、この必要性概念こそが先の諸問題解答の道標である。この必要性概念こそが自己防衛は直接的攻撃に対する正当防衛 Notwehr としてのみ許されるのか、それとも予防的攻撃も、許される自己防衛中に含まれるのかという問いに対し一義的解答を示してくれる。合法的自己防衛を現在の攻撃に対する防衛に限定するのはホッブズの基本思想に反するだろう。個人が権利を支配者に譲渡したのは保護と安全保障を期待してのことである。そこで自由、身体、生命への攻撃を予期せねばならぬときには自己防衛権の行使は常に許されると見なければならぬ。国際法も国家の自己防衛権を認めており国連憲章五一条はこれを規定している。国際法の文献は自衛を現在の攻撃もしくは確実に予期可能な攻撃からの防衛と解している。もっとも、攻撃の本質と予防行為の合法性については様々な見解が対立しており、特に、如何なる条件下で攻撃が直接に切迫していると見なされ得るかについての見解は甚しく分かれているが、一九一四年、米国国務長官E・ルートは如何なる場合に予防的攻撃が防衛行為と見なされ得るかについて、漠然の気味はあるものの問題の本質に即した解答を与えている。彼は、「身を守る上で遅きに失する状況に先立って自己防衛をするすべての主権国家の持つ権利」について語っている。ホッブズの諸前提を正しく評価するならば、こうした権利はレヴィアタン王国のすべての市民に認められねばならぬだろう。ここでも敵対者の攻撃を坐して待つのが自殺に等しい状況が思考可能である。例えば官憲による計画的逮捕が未だ準備完了しないため延期されているにすぎぬとか、効果的機会を待つため着手に至らぬといった場合、予防的措置をとることの合法性は殆ど疑う余地がない。レヴィアタンという理想国家にあっては支配者の下に彼を脅かすような実力者は存在しないから、こうした問題が現実性をもつのは、支配者の攻撃が広範囲の人々を対象として企てられるときである。最近の歴史に例を求めるならば、ユダヤ人に対し出国が禁ぜられ、何やかやの理由で多数のユダヤ人が収容所送りになった後、確かな筋の情報として国家はユダヤ人を徐々に絶滅する計画をもっているということを一人のユダヤ人市民が知ったとする。こうしたときユダヤ人に対し、反乱計画を建て即時の予防的抵抗を行なう権利を認めないのは不条理ではあるまいか。自分を守る上で遅きに失するまで坐して待てというのか。「何びとも死、傷害そして投獄から免れる権利を放棄することはできない」。自分を死と傷害から守ろうとする努力は或る場合には必然的に予防的抵抗へと赴かしめる。それ故ホッブズの理論からすると、予防的行為は明示された法益（自由、身体、生命）の保全がそれを必要とするときは常に合法と見なされねばならぬ」（S. 98.）。

マイヤー＝タッシュはさらにユダヤ人問題と関連づけながら集団的自衛と誤想防衛についてのホッブズの可能的解答を探し求める。国際法は個別的自衛権と並んで集団的自衛権を認めているが、レヴィアタン王国内でも集団的自衛権が認められる余地が存するか。ホッブズは「有罪であれ無罪であれ、他人を守るため国家の剣に抵抗する自由を何びとも持たぬ」としており、これだけを切り離して見ると彼は集団的自衛を認めていないかのようであるが、彼の挙げている例から知られる如く彼がその際念頭に置いているのは通常の緊急救助 Nothilfe の場合である。緊急救助が禁じられるのはレヴィアタンを弱体化して保護機能を害するからである。レヴィアタンの強化が市民を利するのは市民を保護するからだが、レヴィアタンがその刃を市民に向けるとき利害状況は逆転する。このことを考慮するとホッブズの先に引用した言は真の緊急救助の否定を意図するのみで集団的自衛の否定まで意図したものではないと見られる。事実彼は、「多数人が共同して主権者の権力に不正に抵抗するとか、或は死刑を免れないような重罪を犯したとき彼等は協力し相互に助け合い防衛する自由をもたないだろうか。確かにもつ。というのは彼等は自分の生命を守るだけであって、それは無実の者も犯罪者も等しく為し得ることだからである」と述べている。「集団的自衛のこうした明瞭な承認は、防衛行為の合法性を宣するのみで許される防衛行為の態様について何も述べていない彼の防衛論の諸前提と完全に適合する。そこで、他人の防衛が同時に本質的に自己防衛でもあるような場合には防衛は合法的と見なし得る。そしてまさにレヴィアタンという社会的に平準化された国家にあっては、自己主張は通常一般に集団的自衛によってのみ可能である」（S.99.）。先のユダヤ人の場合、孤立しての抵抗は全く効果がなく、全ユダヤ人市民が切迫する危険からの防衛のため機を失することなく結集して始めてその企ては成功の見込をもつことになるだろう。誤想防衛がどう評価されるかについてホッブズは明言していない。だが死の恐怖は、彼によると国家の基礎である。他のすべての情念は国家内で支配者の意志の前に犠牲に供されるも、死の恐怖のみは最後の避難所、自己防衛権として残る。「この留保によって自己保存の自然権は国家内で生き続ける。主観的必要性から主観的法が生ずるという、自然状態で一般的に妥当した事柄が〔国家内での自己保存という〕この特殊なケースに妥当する」（S.99.）。「……自己保存の主観的必要性のみが防衛権を担うとすれば、防衛の根底にある死の恐怖が根拠のあるものか否かは防衛の合法性に影響を及ぼすことができない。脅威が現実のものであったかどうかだけに着目する客観的考察法は、防衛権のここで示された動機〔死の恐怖〕に殆ど馴染まないであろう。したがってホッブズの理論によると、現実には如何なる危険も存しなかったようなときも、本気で脅かされていると感じた者には自己防衛権が認められねばならぬということになる」（S.100.）。

ホッブズは防衛権の限界を論じていないが、この点についても事物の本性に由来する必要性原理から解答が見出せる。自己防衛権の範囲と危害が及ぶ範囲とは一致する。それ以上に具体的なことは一般的にはいうことはできず、解答は個々のケースの本質に即して見出される。ユダヤ人の例を再びもち出すと、ユダヤ人の組織的抵抗が中央権力を真に危くするときも許される抵抗の範囲内といえるだろうか。「抵抗闘争が政治的暗殺、内戦そして暴力革命gewaltsamer Umsturzにまで至るのは抵抗闘争の内的論理に根拠をもつ。宗教的－政治的対立が激化し……対立の調停が不可能のときは反乱と内戦のみが屢々唯一の解決策である」(S. 100f.)。被攻撃者が抵抗できることはホッブズの明言するところであって、被攻撃者は先ず逃亡を試みるべきであり、それが不可能のときに始めて抵抗が許される、といったことは何処でもいっていない。「かくしてホッブズの抵抗権論は個別的－集団的自己防衛に何ら外的制限を設けていないということが不可避の結論として生ずる。抵抗行動の合法性は政治的暗殺、内戦、暴力革命に至るまで疑問視され得ない。合法性の唯一の判断基準は、抵抗闘争の全段階を通じて、とられる措置が自己防衛のため必要と考えざるを得ないかどうかの考慮のみである〔傍点筆者〕」(S. 101.)。そこで例えばユダヤ人問題についていうと、政府の交替と政治的新秩序の形成はユダヤ人の安全保障をもたらす可能性があるのだから、彼等の抵抗権は政府の暴力的顚覆にも及ぶ、ということになる。

マイヤー＝タッシュは、以上展開した独自のホッブズ解釈から以下の結論を引き出す。「慎ましい要求をしているかの如く見える自己防衛の決疑法を以て、ホッブズは能動的抵抗というトロイの馬にレヴィアタン王国の城門を開いている。（政治的に殆ど重要性を持たない）脅かされた個人の抵抗のみならず、全住民集団の組織化された抵抗もまた自己防衛の自然権によって是認される。その規模と限界は保護法益の限定された数と防衛行為の必要性の原則によって規定されるも、こうした制約はレヴィアタン王国へのビヒモスの侵入を妨げることができぬ。効果的な防衛が反乱と内戦によってのみ実現可能な場合は、抵抗状況により反乱と内戦は正当化される」(S. 101f.)。続けて彼は従来のホッブズ解釈からは全く予想もつかなかったような結論を引き出している。「加えてまた、こうした抵抗状況は挑発可能である。例えば何らかの理由で支配者の打倒を目標とする或る政治集団が政府への敵対を、政府が公然たる攻撃に出ざるを得ないまでに押し進めるといったことも可能である。このような敵対的挑発行為は国家法に照らすと非合法であろうが、この集団が国家の攻撃に抵抗するとき、にも拘わらず、それは合法的行為なのである。ホッブズの防衛論は被攻撃者の心理的窮境のみから出発し攻撃の合法性を問題にしていないので、彼の一般的防衛権は抵抗が本質的に攻撃であるような場合をも包摂する〔傍点筆者〕」(S. 102.)。ホッブズが自分の理論のもつ政治的危険性を認識していたかどうかについては断言できないが、自己の防衛論の効果を過小評価していたということはあり得るし、また、効果を論理的帰結として甘受し単に口外すまいと努めていたといったことも考えられる。彼が反乱と内戦に対し明確に否定的評価を下したにも拘わらず集団的自己防衛を容認したことは、抵抗に敵対的な彼の基本的態度を突き崩す危険性をもつ。「防衛権の技術的中立性は防衛権の政治的道具化を可能とする。挑発者もまた正当に自己防衛をする。したがって、抵抗権を自己防衛に制限するのは表向きのことにすぎぬのが判明する。舞台芸術が茶番劇に変る。それ故レヴィアタン王国でも（形式上はゲームのルールに拘束されるが）能動的抵抗の真の可能性が存する。敵対態様によっては抵抗闘争の第一段階の挑発的‐非軍事的側面は時として国家法を侵犯することになるであろうが――（起り得べき軍事的）終局面では抵抗は国家内でも妥当する自己防衛の自然権によって是認されることとなる〔傍点筆者〕」(S. 103.)。

以上紹介した所から知られるようにマイヤー＝タッシュは、ホッブズの臣民の真の自由論をいわば拡大解釈することで「臣民の真の自由」に暴力革命権をも含む「抵抗権」を読み取ろうとしている。果たしてそのようなホッブズ解釈が当を得たものかどうかについての検討は「むすび」に譲り、次章と第四章では、ホッブズ自身が臣民の真の自由として明示しているものの中でも特に典型的なものに焦点を合わせ、臣民の真の自由とホッブズが呼んでいるものの実体は何か、そしてこれを抵抗権と呼ぶことが妥当か否かを検討してみることとしよう。

三

ホッブズのいう臣民の真の自由を抵抗権と読み替えるならば(1)、その抵抗権なるものは、その主体が自然状態の人間でなくて市民・臣民であるという一点に限ると、政治的権利と解される抵抗権と異なるところがないということになるだろう。もっとも、彼が臣民の真の自由として明示する範囲内の行動であっても、行為者と「主権者」との間に自然状態が発生し抵抗者はその時点で臣民たることを已《ヤ》めてしまい、その結果、この「自由」・「権利」の主体はその実は臣民ではなく自然状態の人間だとするならば、臣民の真の自由の読み替えとしての抵抗権も、その主体が臣民でないという一事で以て、政治的権利と解される抵抗権とは異なるということになり、これを抵抗権と呼ぶについて疑念が生ずることになろう。C・シュミットが、「ホッブズの絶対主義国家内では、国法と同一次元に位する権利としての抵抗権といったものは如何なる見地からも、事実上も法上も、矛盾であり背理である〔傍点筆者〕(2)」と断言した根拠の一つはここにあると思われる。E・ライプシュタインがC・シュミットに与《クミ》して、抵抗権は「国家内では思考不可能、矛盾である。ホッブズの抵抗への権利 Recht zum Widerstand は人間が自然状態でもつ権利であり、自然状態という前提下でのみ行使可能な権利である(3)」と述べているのは、臣民の真の自由の場合であっても、この「自由」・「権利」の主体はもはや臣民でなく自然状態の人間と解したためであろう。M・A・カタネオも、「死罪が科せられた時点で主権者と臣民の権利は同一レベルに置かれることになり自然状態が復帰し、主権者と臣民との争いは戦争状態の性格を帯びる」(4)と述べている。即ち、死刑が宣告された時点で当該臣民は臣民たることを已《や》め、彼と嘗ての主権者との間に戦争状態が発生するのだから、嘗ての主権者に対する彼の抵抗は厳密な意味での臣民の真の自由ではないとカタネオは見ているようである。水田洋教授は、「主権者に対する人民の防えいが集団として行なわれるばあい」、マイヤー＝タッシュのいわゆる集団的自己防衛の場合には「革命への可能性をふくむ」とされながらも、「このばあいは……主権者と人民があるのではなく、むしろ自然状態における homo homini lupus があるにすぎない」とされる。即ち、臣民の真の自由中「集団的自己防衛」に限っていうならば「自由」・「権利」の主体は市民でなくて自然状態の人間であると解されている。(5)

上に引用した諸家のホッブズ解釈が正しいとすると「臣民の真の自由」は実は人間の自由にすぎず、抵抗権が市民の有する強化された政治的権利とするならば、その主体が市民ではなくて人間であるということで以て既に「臣民の真の自由」を抵抗権と指称するのは適当ではないということになるが、この「自由」の主体が臣民であること、より正しくは「臣民の真の自由」の範囲内での行動は抵抗者の臣民としての地位を喪失せしめるものではないという点では、マイヤー＝タッシュの次の主張、「被侵害者は依然としてレヴィアタンの国民かつ臣民である」、「真の自然状態にあるのは、それ自身市民たり得ない国家の敵のみである。市民が国家の敵と化するのは支配者に対し完全に一般的に服従を拒否するときである」(S.94.)、を支持できるよう思われる。国家・「主権者」の権威を全面的に否認する者と、一般的にはこれを承認しながらもホッブズが明示する特定の場合に限って「主権者」の命令・禁止ないし実力行使への受忍・服従を拒否する者とは区別可能であるし、またホッブズ自身両者を区別していると見られるからである。彼によると、「臣民でないすべての人間は敵であるか、もしくは先行する若干の契約によって敵たることを已《や》めた者であるかの何れかである」(*Leviathan*, chap. 28, p. 360.)[6]。「臣民の真の自由」の範囲内で抵抗する人間が「先行する若干の契約によって敵たることを已めた者」でないのは明らかだから、問題は彼が抵抗行為に出た場合に「国家の敵」と化するか否かである。この点についてホッブズは明言していないので彼の言から推測するしかない。

彼によると国家の敵とは「その犯罪の本質が臣従の放棄にある」者、「自分自身の行為によって臣民になっておきながら故意に反逆し revolt 主権を否認する」者である (cf. *op. cit.*, chap. 28, p. 360, pp. 356-357.)。反逆者は国家の敵であり、彼に対する国家の加害行為は敵対行為であって (cf. *op. cit.*, chap. 28, p. 356.)、刑罰、「人々の意志をより良く服従へと向わしめるため、公権威によって法侵犯と判断された作為・不作為の主体に対し同一公権威により加えられる害悪」(*op. cit.*, chap. 28, p. 353.) から区別される。「法で定められている刑罰は臣民に対するものであって敵に対するものでない」(*op. cit.*, chap. 28, p. 360.)。彼は刑罰と敵対行為を峻別し、刑罰に関しては罪刑法定主義の先駆者と見られるようなリベラルな見解[7]を示す反面、敵対行為については殆ど枠を認めていない。例えば彼は「主権者」が無実の臣民を処罰するのは自然法に反すると述べながら、他方、国家の敵に対する敵対行為は既存の刑罰法規に拘束されぬばかりか、本人のみならず本人の三、四代の子孫に及ぼすことも合法的であるとすら断じている (cf. *op. cit.*, chap. 28, pp. 359-360.)。彼の、刑罰と敵対行為との区別、刑罰についてのリベラルな考え方を想起するならば、法を侵犯することで始源契約に違反した者 (cf. *op. cit.*, chap. 26, p. 314.) も臣民たるの地位を喪失することなく彼に加えられるべき害悪が刑罰に止まるのに、始源契約締結に際し留保された「権利」の行使として公権力に抵抗した者が臣民の地位を失い国家の敵と化し敵対行為の対象となるというのがホッブズの真意とは解し難い。「確立された国家の権威を故意に否定する臣民」(*op. cit.*, chap. 28, p. 360.) のみが国家の敵となるのであって、ホッブズが明示する一定の場合に抵抗行為に出たということだけで抵抗者は臣民たることを已《や》めるのではないと見られる。そこで、臣民と国家の敵との区別が維持される限りでは――マイヤー＝タッシュがこの区別に徹しているかどうかは別問題で、その検討は「むすび」で行なう――「臣民の真の自由」の読み替えとしての抵抗権の主体は臣民・市民と見ることができ、その点では政治的権利と解される抵抗権と異ならぬといえよう。

だが他方、通常抵抗権というとき、正当防衛権類似のものが考えられており、このことは正対正の抵抗状況を前提とするホッブズの臣民の真の自由、「抵抗権」と極めて対照的である。いうまでもなく正当防衛は不正対正の関係において成立するからである。H・ヴェルツェルはボン基本法二〇条四項が規定する抵抗権を「……正当防衛に類似する政治的権利」と捉えている(8)。K・F・ベルトラムは、「正当化事由としての抵抗権は刑事法の領域での、例えば、正当防衛……のような正当化事由と異なるところがない。行為者は形式的な法律抵触にも拘わらずその行為が抵抗権の行使に必要である限り、可罰的でない(9)」としている。F・バウアーに至っては、「抵抗は正当防衛の特殊な場合であって――抵抗が第三者のために行なわれるときは――緊急救助である(10)」とまで言い切っている。

マイヤー＝タッシュは抵抗権という語を未定義のまま使用している。しかし、その著の冒頭で、人権宣言二条にいう「圧制への抵抗」は実定法秩序の否認から為されることもあれば実定法秩序の擁護のため為されることもあり、後者であれば抵抗の正当性の判断の基準は法律と憲法ということになるので「国権の違法かつ違憲の行使に対する抵抗の権利」は実定法化可能であるし、前者であるならば前国家的基準による正当化を要するから「(革命と政治的新秩序形成の権利として理解された）抵抗権」を肯定するためには前国家的基準の存在の肯定を不可欠とするよう思われる、と彼は述べている（Vgl. S.2.)。この部分から推察すると、マイヤー＝タッシュは抵抗権という語の下に現行法秩序擁護のための抵抗の権利と革命権との二つを含めて理解しているようである。この二つに共通する要素は不正に対する抵抗の権利ということである。前者は、彼自ら示す如く、違法かつ違憲の国権行使に対する抵抗の権利であるから、その抵抗状況は当然不正対正であるし、後者も「不法秩序に変質した国家秩序そのもの」(S. 6.) を否認して革命、政治的新秩序の形成を目指す権利であるから、これまた、その抵抗状況は不正対正である。とすれば彼自身も、抵抗権という語の下に正当防衛権類似の通常の抵抗権概念を考えているものと見られる。事実、彼がホッブズの抵抗権の「歴史的背景」と題する章 (S. 63-76.) で触れている抵抗権の法典化の例や様々な抵抗権論にしても、それらが前提しているのは何れも不正対正の抵抗状況を予想する通常の抵抗権概念である。例えば彼は「イギリスにおける最古の抵抗権の法典化」としてマグナ・カルタを挙げているが、マグナ・カルタは国王の法侵犯に対するバロンの抵抗を制度化したものであるから、その抵抗は不正に対する抵抗であり、モナルコマッヘンの諸著にしても神命もしくは支配契約に反して行動する暴君に対する抵抗の正当性を主張するものであるから、そこで前提されている抵抗状況はこれまた不正対正の関係である。彼が論及していないホッブズ以降に眼を転じても、代表的抵抗権論者たるJ・ロックの考える抵抗権は自然権《プロパティ》の尊重を命ずる神意、自然法に直接もしくは間接的に違反する為政者に対する国民の抵抗の権利であり、[11] 人権宣言二条にいう「圧制への抵抗」はE・ブルムの註釈によると人民の反乱権、そしてこの「……反乱権は正当防衛権 le droit de legitime défense の論理的帰結にすぎない」のである。[12] 一八世紀末、P・J・A・フォイエルバッハが「アンティ・ホッブズまたは最高権力の限界と統治者に対し市民がもつ強制権」と題して刊行した著書の中で力説したのも統治者の支配契約・服従契約の侵犯という不正に対する市民・国民の抵抗の権利である。[13] これを要するにマイヤー゠タッシュその人をも含めて通常抵抗権というとき、神命であれ、支配契約であれ、自然法であれ、はたまた現行法秩序の根幹部分であれ、これを侵犯する不正な国権行使に対する抵抗の正当性が考えられており、そこで前提されている抵抗状況は正当防衛の場合と同じく不正対正の関係であるということができよう。

しかるに、マイヤー＝タッシュ自身認めるようにホッブズが前提している抵抗状況は正（権利）対正（権利）の関係である（Vgl. S.94.）。「主権者」はその臣民に対する関係で権利侵害injury、不正を為し得ない。「主権者」が無実の臣民を死刑にするのは自然法違反であり神に対する関係では権利侵害となるが、被処刑者をも含めて彼の臣民に対する関係では不正を犯したことにはならぬ（*op. cit.*, chap. 21, pp. 264-265.）。各人が相互に、「……私は次の条件で私自身を支配する権利をこの人間もしくはこの会議体に譲渡し、この人間もしくはこの会議体を正当なものとして認める。その条件とは、貴方も同様に貴方の権利を譲渡し彼の行為のすべてを正当なものとして認めるということである」と言い交わすことで国家が設立され（cf. *op. cit.*, chap. 17, p. 227.）、かく言い交すことによって「すべての臣民は……主権者のあらゆる行為、あらゆる判断を創り出した本人ということになるので、主権者がどのように行動しようとも、それは臣民の誰かの権利を侵害したことにならぬ」（*op. cit.*, chap. 18, p. 232.）からである。もともとホッブズの考える始源契約、少なくとも設立された国家のそれは[14]、支配契約・服従契約と違って「主権者」をその当事者としないので、当事者ならざる「主権者」には始源契約違反といったものはあり得ず（cf. *op. cit.*, chap. 18, p. 320.）、したがって「主権者」は契約違反の意味での不正を犯すことができない。のみならず、契約当事者である各人は始源契約によって「主権者」の将来のすべての行動を予め承認しているのだから、臣民は「主権者」の「如何なる行為をも不正として非難すべきでない」（*op. cit.*, chap. 18, p. 232.）。そこで「主権者」の行為は、たといそれが自然法違反で神に対する関係では権利侵害となるものであっても、臣民に対する関係では「……正当、つまり彼等に対し権利侵害とならぬ……」から（cf. *De Cive*, chap. 6, art. 13, *EW* 2, p. 80.）、臣民の真の自由の典型である「力で以て襲う者に対し抵抗する権利」にいう抵抗は、その力の行使が国権行使として為される限り、自然法違反の国権行使に対するものであっても正当な行為に対する抵抗である。また逆に、自然法に適合する国権行使に対しても、それが直接に自己の生命、身体、（人身の）自由を侵害の対象とするか、もしくはそれへの服従が自己の生命、身体、自由を危くするようなときには、臣民は抵抗が許されるとホッブズは論じているのだから（cf. *Leviathan*, chap. 14, p. 199, chap. 21, p. 270 ; *An Answer to Bishop Bramhall*, *EW* 4, p. 373.）、臣民の真の自由の読み替えとしての「抵抗権」が前提する抵抗状況は常に正対正の関係だということになる。正当防衛が不正対正の関係において成立するとするならば通常の抵抗権概念は正当防衛のアナロギーでこれを捉えることができるが、抵抗者にとって何ら権利侵害を意味しない行為、その意味で正当な行為に対する抵抗の「権利」たるホッブズの「抵抗権」が正当防衛のアナロギーを以てしては捉え得ないものであることは明らかである。

それでは、ホッブズが臣民の真の自由と呼びマイヤー＝タッシュがホッブズの抵抗権の中核を成すと見ているものは近代法の如何なる概念に類似しているのかが問題であるが、マイヤー＝タッシュはこの点について直接論じていない。しかし、国際法の個別的－集団的自衛権を援用してホッブズの正当視する自己防衛中に予防的攻撃が含まれるかどうかを彼が検討しているところを見ると（Vgl. S. 96f.）、臣民の真の自由は国際法上の自衛権に類似するものと考えているようである。だが、個別的にせよ集団的にせよ自衛権は不正な武力攻撃に対し反撃する国際法上の国家の権利であるから[15]、正当防衛権と同様、正対正の抵抗状況を前提とするホッブズの「抵抗権」を捉える上で適切な概念とは考えられない。さらには、「抵抗権」が自然状態における人間ではなくて国家状態において臣民・市民がもつ「権利」であるということを考慮すると、そのアナロギーは国際法ではなく国内法の概念に求められるのが適当であろう[16]。この点について、私はホッブズの「抵抗権」は責任阻却事由としての緊急避難、免責緊急避難entschuldigender Notstand に類似しており、この概念のアナロギーで理解可能ではあるまいかと考えているが、章を改めてこの点について論ずることにしよう。

（1）Ｐ・シュナイダーもホッブズは「極めて特殊な状況下で抵抗権を認めた」とし、これに註して、「市民からこの権利〔自然権〕が始源契約によって奪われぬ限りでのみ、市民は国家状態において抵抗権をもつ。かくして市民は何よりも（人身の）自由、肉体、生命への如何なる脅威に対しても正当に抵抗できる〔傍点筆者〕」と述べている（Vgl. P. Schneider, Widerstandsrecht u. Rechtsstaat, in: *Widerstandsrecht*, hrsg. von A. Kaufmann, S. 368.）。本章と次章ではＰ・シュナイダーも抵抗権と見ている「臣民の真の自由」の中核的部分に焦点を合わせ、これを抵抗権と指称するのが妥当か否かを検討することにする。

（2）C. Schmitt, *Der Leviathan in der Staatslehre des Thomas Hobbes*, S. 71. 長尾訳七八頁。

（3）E. Reibstein, Literaturbesprechung, *Zeitschrift der Savigny-Stiftung für Rechtsgeschichte, Germanische Abteilung*, Bd. 83, S. 412.

（4）M. A. Cattaneo, Hobbes Theory of Punishment, in: *Hobbes Studies*, edited by Keith C. Brown, p. 282.

（5）水田洋『近代人の形成』二九二―二九三頁。

（6）初出誌では、「……若干の契約によって臣民たることを……」、となっていた。千葉大学の前田康博教授の御教示により、本文のように改めた。茲に謝意を表す。原文は、次の通りである。'……all men that are not Subjects, are either Enemies, or else they have ceased from being so, by some precedent covenants.' ラテン語版の当該箇所は、以下の如し。'Omnes…… homines aut cives sunt aut hostes, aut pacto inter civitates amici sunt.'「すべての人間は国民であるか敵であるか、もしくは国家間の契約によって友であるかの何れかである」（*Opera Latina* 3, p. 228.）。

（7）ホッブズは刑罰と敵対行為 an act of Hostility, factum hostile の峻別という形で罪刑法定主義に類似する考え方を展開している。彼によると、刑罰の目的は復讐ではなくて法遵守を確保するための威嚇であるから、法が予め規定する刑罰よりも重い刑を科するのは威嚇を目的とする刑罰の本質に反し加重された部分は敵対行為になる。また、刑罰は法侵犯とその侵犯事実の公権威による認定を前提とするから、法が禁止する以前に為された行為を理由として加えられる害悪は刑罰ではなくて敵対行為である（cf. *Leviathan*, chap. 28, pp. 355-356.）。法が刑罰を特定しているときは法が規定する刑罰より重い刑を科するのは自然法違反である、とすら彼はいう（cf. *De Cive*, chap. 13, art. 16, *EW* 2, p. 180.）。カタネオは、刑罰の本質を犯罪の予防と見る点ではこれを応報と見たカントに比しホッブズはより自由主義的で、「彼はかくして刑法の自由主義的構想への途を開いた」と高く評価している（cf. *op. cit.,* p. 297, p. 291.）。C・シュミットは、フォイエルバッハによる「法律なくして刑罰なく犯罪なし nulla poena, nullum crimen sine lege.」という「典型的に法律国家的定式」は、「実はホッブズによって創出された法諸概念の一適用例たるにすぎず」、「この定式は言語表現に至るまで決定的にホッブズに遡る」と述べている（Vgl. a. a. O., S. 115. 長尾訳一一五頁）。マイヤー＝タッシュも、「ホッブズ研究家P・J・A・フォイエルバッハによって近代刑法学の不動の原則にまで高められた罪刑法定主義 nullum crimen, nulla poena sine lege はホッブズの思想の真正の表現である」と主張している（Mayer＝Tasch, ***Hobbes u. Rousseau,*** S. 63.）。だが、近代刑法の罪刑法定主義が「犯罪と刑罰を成文の法命題によって規定せねばならぬことを意味するもの」とするならば（木村亀二『刑法総論〔増補版〕』九六頁）、ホッブズは普通法・理性によって犯罪とされるものがあることを認め（cf. ***A Dialogue of the Common Laws, EW*** 6, pp. 70-72.）、慣習刑法を否定せず（cf. *op. cit.,* p. 130 ; ***De Cive,*** chap. 13, art. 16, ***EW*** 2, p. 180.）、「……法によって刑罰が何ら規定されていない場合には如何なる害悪が加えられようともその害悪は刑罰の性質をもつ。刑罰が定められていない法を侵犯する者は不確定の、即ち恣意的な刑罰を予期するからである」とし（***Leviathan,*** chap. 28, pp. 355-356.）、罰則をもたぬ法の侵犯者に対し「主権者」はどのような害悪をも刑罰として加え得ることを認めているし、さらには、「反逆者は先行する法によって処罰される特権を失う」と断言しているのだから（cf. ***An Answer to Bishop Bramhall, EW*** 4, p. 293.）、彼は厳密な意味での罪刑法定主義者とはいえないだろう。とはいえ、彼の刑罰についての考え方がE・コークのそれに比し如何にリベラルであったかは、例えばコークが偶発殺人や自己防衛のための殺人 the killing of a man by chance meddley, or se defendo の如きをも重罪 felony としているのを非難して、「不運もしくは自己防衛によって他人を殺した人間の意志を考慮しさえするならば、こうした判決は残酷で罪深いものと思われる」と述べ、普通法・理性にも制定法にも、これらの行為を重罪とする根拠は見出せないと論じていることからも知られる（cf. ***A Dialogue of the Common Laws, EW*** 6, pp. 131-136.）。

（8）　H. Welzel, Das Deutsche Strafrecht, 11. Aufl., S,. 89.

（9）　K. F. Bertam, ***Widerstand u. Revolution,*** S. 42. 西浦訳四五―四六頁。

（10）　F. Bauer, Widerstandsrecht u. Widerstandspflicht, in : *Widerstandsrecht,* hrsg. von A. Kaufmann, S. 492.

（11）　参照、本書五四―五五頁。

(12) cf. E. Blum, *Déclaration des Droits de l'Homme et du Citoyen, Texte avec Commentaire,* pp. 91-92.

(13) Vgl. P. J. A. Feuerbach, *Anti-Hobbes,* S. 147ff.

(14) ホッブズが考える始源契約が、設立された国家の場合には「主権者」を当事者としない各人間の契約であることは明白だが（cf. *Leviathan,* chap. 13, pp. 228-229.）、獲得された国家・征服国家の場合にはこの点は必ずしも明らかといえず、ウォーリンダーは征服者と将来の彼の臣民とが個々に締結する契約、したがって「主権者」をその当事者とする契約と解している（cf. H. Warrender, *The Political Philosophy of Hobbes,* p. 133.）。この解釈を裏づけるものとして彼が引用した箇所 *Leviathan,* chap. 21, p. 268. 以外にも、「国家内のすべての臣民は国家法 Civill Law の遵守を約束した（共通の代表者を設けるため集会したときは各人が相互に、剣によって征服され生命を全うするため服従を約束したときには各人がそれぞれ one by one 代表者と直接に）〔傍点筆者〕」（*op. cit.,* chap. 26, p. 314.）を挙げることができる。マイヤー＝タッシュはリヴァイアサン二十章の冒頭の文、「獲得された国家とは主権が実力によって獲得される国家である。そして主権が実力によって獲得されるのは、人々が死の恐怖もしくは束縛の恐怖から、彼らの生命と自由を権力下におく人間もしくは集会のすべての行動をそれぞれ単独に、もしくは多数決で一緒に承認するときである、〔傍点筆者〕」（op. cit., chap. 20, pp. 251-252.）を引用して、「……征服者の支配権は個別的服従からも集団的服従からも生じ得る」、即ち、獲得された国家の場合にも主権者が始源契約の当事者でないことがあり得るとしている（Vgl. S. 42, Anm. 35.）。この解釈は「ホッブズは……一種類の契約についてのみ語っている」とする彼の主張（Vgl. S. 34.）と矛盾するが、このことは措き、ウォーリンダーとマイヤー＝タッシュの何れのホッブズ解釈を採っても、征服国家に関していえばホッブズは「主権者」を当事者とする始源契約、支配契約・服従契約を認めているということになるが、「主権者」が契約当事者の場合でも契約内容として臣民は彼の将来の一切の行動と判断を予め承認することで「臣民一人一人が主権者の行為の本人」となるので、臣民に対する自然法違反の加害行為であっても臣民に対する関係では不正とか権利侵害になり得ず、その点では「主権者」を当事者としない始源契約と異なるところがない（cf. op. cit., chap. 21, pp. 264-265.）。マイヤー＝タッシュは、「君主と国民との契約関係の存在の否定からのみ支配者の絶対的無答責の根拠づけが可能である」と主張しているが（S. 37.）、もしそうだとすると、ホッブズ自身その可能性を認めている、「主権者」を当事者とする始源契約に基づく国家の「主権者」は臣民に対し無答責でないということになるが、ホッブズがそのように考えていたと見られる形跡は全くない。

(15) 田岡良一博士は一般国際法上の自衛権と第一次大戦後の自衛権、「新自衛権」とを区別され、後者は「武力攻撃が発生した場合に、被攻撃国またはこれを助ける国々が武力をもって反撃する権利」であるとされる（『国際法上の自衛権増訂版』二八六頁）。本文でいう自衛権とは、博士のいわゆる新自衛権の意味である。不戦条約や国連憲章によって禁じられている武力行使、したがって不法な武力攻撃に対する反撃の権利という意味での自衛権であり、ここにおいても前提されているのは不正対正の関係で、この一点に限っていうならば正当防衛と異なるところがない。

（16）　ホッブズにあっては国際社会は自然状態・戦争状態であり、国際法と自然法とは同一物である（cf. *Leviathan*, chap. 13, p. 187, chap. 30, p. 394.）。彼のいう自然権は、田岡博士が「国内法に類似のものを求めれば、正当防衛権よりも、むしろ緊急避難権に近い」と主張されている一般国際法上の自衛権、自己保存の権利（参照、前掲書二八〇頁）に類似していると思われる。

四

刑法三七条一項が規定する緊急避難が違法阻却事由なのか責任阻却事由なのか、即ち、ここで規定されている避難行為は適法行為なのか、それとも、違法行為ではあるが責任非難が不可能なので処罰が阻却されるに止まるという趣旨なのかについては争いがあるが、法益衡量の原則が明定されていること、つまり、避難行為によって守られる法益が同一行為によって害される法益と同等もしくはそれ以上であるのを要求していること、及び、広く他人の法益のための避難をも認めていることから、違法阻却事由と解するのが多数説のようである。(1) だが他方、有力な学説として二分説、「生命対生命又は身体対身体という関係においては、そのいずれかを救うためになされた緊急避難の場合に限り責任が阻却せられ、その他の場合の緊急避難をもって違法阻却事由と解する……」説がある。(2) 西ドイツの新刑法総則は二分説を採用し正当緊急避難 rechtferigender Notstand と免責緊急避難とを夫々別個の条文、三四条と三五条で規定している。三五条一項前段は、「生命、身体もしくは自由に対し他に避ける方法のない現在の危難が生じた場合、自己、近親者 Angehörige もしくは親密な他人 andere ihm nahestehende Person からこの危難を避けるため違法に行動する者は有責でない」と規定する。(3)

ここにいう免責緊急避難は、第一に――これは正当緊急避難を含めて緊急避難一般に通ずることではあるが――「正対正の関係における行為」(4)である点で、第二に法益の衡量を要求していない点で、第三に、避難行為によって守られる法益が自己、近親者もしくは親密な他人の生命、身体、自由に限定されている点で、第四に、行為そのものは違法であるが行為者が避難行為に出た動機決定に非難可能性がないのを理由に犯罪とされない点で、ホッブズの臣民の真の自由、「抵抗権」に類似していると見られる。

第一点に関しては前章で詳述したが尚《ナオ》付言すると、ホッブズが前提する抵抗状況は臣民に留保された「自然権」の一部と主権者が保有する完全な「自然権」との対立状況、「権利」の対立状況、「正対正」の関係であって、臣民も主権者も共に「権利」者であるから、「特殊ノ場合ニ於テ法ガ権利者双方ヲ完全ニ保護スルコトヲ得サル為メ已ムヲ得ス単ニ其一方カ他人ノ権利ヲ侵害スルコトヲ黙認……(5)」する緊急避難に類似するといえよう。

第二点の法益衡量の問題であるが、ホッブズにあっては抵抗行為によって害される法益を考慮している形跡が殆ど見当たらぬので、抵抗行為によって守られる法益が同一行為によって侵害される法益と同等もしくはそれに優越することを彼は格別要求していないと見られる。抵抗が臣民に留保された「自然権」、他人の生命をも含めてのすべてのものに対する「権利」に基づくとされる限り、このことは当然かも知れない。僅かに、国家設立の目的・国家存立の価値が事情によっては一定形態の抵抗（不名誉もしくは危険な任務の遂行の拒否、戦闘参加の拒否等）を不正たらしめるとするに止まる（cf. *Leviathan*, chap. 21, pp. 269-270.）。直接に自己の生命、身体、自由が国権による侵害の対象となるときは、ホッブズにとっての重大関心事であるはずの国家存立の価値すら臣民の抵抗を不正たらしめぬ、と彼は考えているもののようである。何等の条件も付することなく、「力に抵抗しないという約束は如何なる契約にあっても如何なる権利をも譲渡するものではなく、また拘束力をもたない」(*op. cit.*, chap. 14, p. 199.)と断言しているところから、かく推察される。こうした場合の抵抗を無条件に不正でないと彼がしているのは、実質的には、かかる場合に抵抗しないことを臣民に期待するのは不可能という後に詳述する理由に加えて、国家を以て自己保存を目的としての個人の自由な行為の所産とする彼の個人主義的国家観に由来すると見られるが、法益の衡量を殆ど要求していない点でも、ホッブズの臣民の自由は免責緊急避難に類似しているといえよう。(6)(7)

第三点について見よう。ホッブズは始源契約においても「放棄もしくは譲渡されたとは解し得ない何等かの権利がすべての人にあるはずだ」とし、「第一に、人は彼の生命を奪おうとして力によって襲いかかる者に対し抵抗する権利を放棄できない。……同じことが傷害、枷鎖 Chayns、投獄についてもいえる〔傍点筆者〕」と述べている(*op. cit.*, chap. 14, p. 192.)。同様のことをより一般的に以下のように主張している。「力に対し力で以て自己防衛しないという契約は常に無効である。というのは、人は何びとも死、傷害、投獄から自己を救う権利を譲渡したり放棄したりすることは不可能だからである。したがって、力に抵抗しないという約束は如何なる契約にあっても如何なる権利をも譲渡するものでなく、義務づけもしない nor is obliging」(*op. cit.*, chap. 14, p. 199.)。即ち、死、傷害、投獄から自己を救う「権利」、自己防衛の「権利」は不可譲であるから、その譲渡ないし放棄を内容とする契約は常に無効であって義務づけする力をもつことができないとする。始源契約とてその例外でないので、自己の生命、身体、自由に対する現在の危難が国権行使に由来するときも、これを避けるため抵抗するのは不正を犯すことにならない。彼は続けて次のようにいう。「許されるという保証もないのに自己告発〔自首〕するという契約もやはり無効である。……国家状態においては告発は処罰を伴う。そして処罰は力なので、人はそれに抵抗しないよう義務づけられない。このことは、例えば、父、妻、後援者 Benefactor のように、その人達への有罪宣告が自分を不幸に陥れるような告発についてもいえる」（*op. cit.*, chap. 14, p. 199.）。デ・キヴェでは同様のことを次のように述べている。「何びとも如何なる契約によるも自分を、もしくはその人が害されることが彼に辛い生活を送らせることになるような人々を告発するよう拘束されない。それ故、父は息子に、妻は夫に、息子は父に、そして何びともその援助で生計をたてている人に不利な証言をするよう義務づけられない」（*De Cive*, chap. 2, art. 19, *EW* 2, p. 26.）。自己告発（自首）のみならず、父、夫、息子のような近親者、後援者のような親密な他人を告発もしくは彼等に不利な証言をすることは如何なる契約によるも義務づけ不可能であること、そのような内容の契約は無効であることが主張されている。それでは何故こうした契約が無効で義務づけ不可能であるのか。自己告発に関しては、「……告発は処罰を伴う。そして処罰は力なので、人はそれに抵抗しないよう義務づけられない」からだと彼は答える。したがって、自己告発を約する契約の無効の根拠は、直接には、「自己防衛権」の不可譲性にあると見られる。近親者や後援者の告発もしくは彼等に不利な証言をすることを約する契約が無効とされる根拠については、そうした証言は自発的に為されたものでない限り信用できないという実際的理由を彼は挙げているに止まる（*Leviathan*, chap. 14, p. 199 ; *De Cive*, chap. 2, art. 19, *EW* 2, p. 26.）。だが、告発や不利な証言が近親者や親密な他人の生命、身体、自由に対する国権の侵害を招来することになるのを想えば、そしてホッブズが愛好する「権利」という語をこの場合も用いるならば、彼がこの種の契約を無効としたのは、「自己防衛権」に準ずるものとして自分の手で近親者や後援者の生命、身体、自由に対する国権の侵害を招来しない「権利」の不可譲性を前提したためと見ることができよう。彼はさらに、「何びとも殺害されるのを欲するよう義務づけられぬとするならば、なおさら彼にとって死より悪しきことに拘束されぬ」とし、次のように述べる。「……支配者が両親の処刑を命じても——両親が無実か、それとも有罪であって宣告を受けたかを問わず――同様である〔命令に拘束されぬ〕。何故なら、命じられて処刑する他人を見出すのに事欠かないし、息子は世の憎しみを買って不名誉な生涯を送るよりも死を望むだろうからである」(*De Cive*, chap. 6, art. 13, *EW* 2, pp. 82-83.)。ここでは「自己防衛権」に準ずるものとして、両親の処刑に自ら手を下さない「権利」の不可譲性について語っている。(8)

そこでホッブズの考え方からすると、始源契約によるも、自己の生命、身体、自由に関してはこれらを侵害する国権行使に対する「自己防衛権」、近親者のそれに関しては、告発、不利な証言によって国権の侵害を招来しない「権利」、とりわけ両親についてはその処刑に自ら手を下さない「権利」、後援者のそれに関しては告発、不利な証言によって国権の侵害を招来しない「権利」を放棄することは不可能で留保しているので、臣民は自己防衛をしないよう義務づけられず、自己の近親者、後援者を告発したり彼等に不利な証言をするよう義務づけられないし、また、自己の両親の処刑を義務づけられることなく、こうした範囲内では臣民は「自由」であって支配者の命令ないし行為に対し受忍・服従を拒否するも不正を犯すことにはならない、ということになる。自己の生命、身体、自由については国権行使に対し力で以て抵抗することすら許されるが、近親者のそれに関しては単に告発や不利な証言をしないとか、両親に関してはこれに加うるにその処刑を自ら手を下さぬという形での抵抗、後援者のそれについては告発や不利な証言を行なわないという形での抵抗が不正とされないのに止まるが、抵抗によって守られる法益が自己、近親者、後援者の如き親密な他人の生命、身体、自由である点では、ホッブズの「抵抗権」は、避難行為によって守られる法益を自己、近親者、親密な他人の生命、身体、自由に限定している免責緊急避難に類似しているといってよいだろう。(9)

ところで、始源契約によるも放棄ないし譲渡不可能であって、その放棄ないし譲渡を約する契約を無効ならしめる「自己防衛権」にいう権利とは、ホッブズにあって、一体何を意味するのかが問題であるが、この問題は、先に指摘した「臣民の真の自由」と免責緊急避難との第四の類似点と密接な関係をもっている。H・ウォーリンダーはホッブズは二つの異なった意味で権利 right という語を使用しているという。その一は、「道徳哲学と政治哲学」に一般に見受けられる用語法で、「人がそれに対し道徳的に正当な資格をもつもの」という意味での権利であって、ホッブズが所有権とか主権者が課税し軍を徴募する権利というときの権利はこの意味の権利である。だが、こうした意味の権利は「義務の投影」にすぎず、彼の哲学中では重要性をもたぬ、とウォーリンダーはいう。その二は、「個人がその放棄を義務づけられ得ぬもの」、「義務のアンチテーゼ」、「義務からの自由ないし義務の免除」という意味での権利であって、ホッブズが「物事を厳密に考えるときには」権利という言葉をこの意味で使っており、「臣民の真の自由」とは実は「市民がそれを為すよう義務づけられ得ないもの」を指し、自然状態における「すべてのものに対する権利」であるとか、生命に対する権利、自己保存権とはこの意味の権利に他ならないと彼はいう。[10]
D・P・ゴーチェもホッブズの自然権は、それに対応する義務が存在しない特殊な意味の権利であるとしている。[11]
確かにホッブズが、「……権利は自由、即ち国家法〔市民法〕Civil Law が我々に放置している自由であるが、国家法は義務であって自然法が我々に与えた自由を取り去るものである。自然は各人に自分自身の力で自分を保全し予防措置として疑わしい隣人を侵害する権利を与えたが、国家法は法の保護が安全を保障できるすべての場合にはこの自由を取り去る。法と権利との間には義務と自由との差異が存する〔傍点筆者〕」と主張し権利と自由を等置するとき（*Leviathan*, chap. 26, pp. 334-335.）、ここにいう権利・自由を「義務の投影」、義務の反射としての権利、普通の意味の権利（cf. J. Austin, *Lectures on Jurisprudence*, pp. 727-732; H. Kelsen, *The Law of the United Nations*, p. 29.）と解すことは不可能である。疑わしいとして侵害の対象となる隣人は彼に対する侵害を受忍する義務をもたず、彼もまた侵害者と同様に実力を用いて自己を保存する「権利」・「自由」をもつからである。そしてここで「権利」と同義に使用されている「自由」の方も他者の尊重義務、受忍義務を対応物としてもつものでなく、通常の意味での権利としての自由と全く異なるものであることは明白である。そこでホッブズにあっては権利イコール自由イコール義務づけ不可能事を意味するとするウォーリンダーの指摘は正しいと考える。[12] 即ち、通常、「Aは……をする権利ないし自由をもつ」という命題は、「Aが……をすることは正当であって他者はAのその行動を受忍する義務を負う」という命題と同趣旨であるが、ホッブズの臣民の真の自由にいう自由、「自己保存権」にいう権利はこれと異なり、この意味の権利・自由の場合には、「Aは……をする権利ないし自由をもつ」という命題は、「Aは……をしないよう義務づけられ得ない」という命題と同趣旨で他者の義務に言及するところがない。例えば「生命に対する権利」について見るならば、「Aは自分の生命に対する権利をもつ」という命題は、「Aは自分の生命を守らないよう義務づけられ得ない」ということを意味するにすぎず、Aの生命を尊重する他者の義務を言表するものではない。「自己防衛権」も同様である。「各人は自己防衛権を有する」という命題は、「各人は自己防衛をしないよう義務づけられ得ない」という命題と同一内容であって、他者の義務に言及するところがない。しかも、「人は彼の生命を奪おうとして力によって襲いかかる者に対し抵抗する権利を放棄できない」(*op. cit.*, chap. 14, p. 192.)、つまり何びとも「自己防衛権」を放棄できない、というのは、「力に対し力で以て自己防衛しないという契約は無効である」(*op. cit.*, chap. 14, p. 199.) というに等しく、さらには、「何びとも……能う限りの最善の手段を用いて自己防衛しないよう義務づけられぬ」(*op. cit.*, chap. 27, p. 345.) というに等しいと見られる。即ち、これら三つの命題はホッブズにあっては同一趣旨のものと思われる。そしてこうした見方が正しいとするならば、「何びとも自己防衛権を放棄できない」という命題も「各人は自己防衛権を有する」という命題と同様、何びとも自己防衛をしないよう義務づけられぬという趣旨のものということになるだろう。

それでは次に、ホッブズは何故契約ひいては自然法によるも自己防衛をしないよう人間に義務づけることは不可能というように考えたのであろうか。この点については、デ・キヴェ中で彼が以下のように論じている箇所が注目に値する。「如何なる契約によるも、何びとも殺害、傷害もしくはそれ以外の仕方で彼の身体を害しようとする者に対し抵抗しないよう義務づけられぬ not obliged。というのは、誰しもいわば極度の恐怖心をもっているので自分に加えられる害悪を最大のものと思いこみ自然必然的にあらゆる手段を用いてこれを避けようとし、そしてそれ以外の行動は彼にとって可能ではないと想定されるからである。恐怖感がこの程度にまで達すると我々は彼に対し逃亡するか戦うかしか期待できなくなる。そこで何びとも不可能事に拘束されぬ no man is tied to impossibilities 故に、（自然にとっての最大の害悪たる）死、傷害もしくはそれ以外の肉体的苦痛に脅かされ耐えるだけの強さをもたない人々はそれに耐えるよう義務づけられないのである〔傍点筆者〕」（*De Cive*, chap. 2, art. 18, *EW* 2, p. 25.）。即ち、死の恐怖は人間の自己保存の本能に発する、「あらゆる情念中最も強力なもの」[13]、どうにもならない怖れだから、これに直面した人間もしくは現に直面していると思いこんだ人間に対し、彼を脅かす力に抵抗しないのを期待することは不可能であり、一般に、「何びとも不可能事に拘束されない nemo tenetur ad impossibile」（*Opera Latina* 2. p. 177.）が故に、「殺害もしくはそれ以外の仕方で彼の身体を害しようとする者に対し抵抗しないよう義務づけられぬ」のである[14]。近親者の告発、自らの手による両親の処刑、後援者の告発等の義務づけ不可能をホッブズが説いたのも、人間の情愛を考慮するならば、かかる行為を彼に期待することは到底不可能とホッブズは考えたためであろう[15]。

このような考え方は刑法学者の次に引用する所説を想起させる。「……刑法上の緊急避難は身体と生命の緊急時に際しての法への服従は行為者に対し余りにも大きな犠牲を強いることになるので、行為者の自己保存の本能を考慮すると彼に対し適法な行為は通常期待され得ないという思想に基づく〔傍点筆者〕[16]。「『義務は不可能を強いるものではない』(Impossibilium nulla obligatio)。従って、可能性が義務の限界であり、不可能は義務違反を阻却する[17]」、「生命・身体に関する緊急避難は違法である。しかし、社会生活は同時に個人の自己保存の本能を考慮し、行為者の動機決定の面において、一般人の見地から見て、適法行為の決意に出ることが期待し得ない場合は期待可能性を欠くものとして責任が阻却されると解すべきである[18]」。もとよりホッブズの考えとここに引用した刑法学者の主張が文字通り一致しているというわけではない。H・ヴェルツェルや木村博士は違法と責任を区別し、生命、身体に関する避難行為は違法ではあるが、行為者の責任を阻却するが故に可罰性がないとするに対し、ホッブズは少なくとも現代の刑法学のようには違法と責任を区別していないからである[19]。そこで彼が一定の場合の市民の抵抗は合法的lawful、「不正でなしに行ない得る」というとき、彼の真意が抵抗行為は刑法学の意味での適法行為というにあるのか、それとも抵抗状況が行為者の責任を阻却するというにあるのかが問題となる。

木村博士は違法性と責任の関係を次のように説明されている。「……違法性は行為すなわち意思の実現が法秩序に違反するという客観的な無価値判断であるのに対して、責任は行為につき行為者に対して法的見地からなされるところの、したがって客観的な、無価値判断であり、その意味において、意思の実現ではなく、意思の形成又は動機決定に対する無価値判断である。違法性は行為が許されないという無価値性であり、責任は意思形成の可非難性という無価値性であり、ともに、法的見地において客観的に決定せられるところの無価値性を意味する[20]」。ここに引用した箇所を以下のように理解することが許されようか。違法性概念は行為に着目して建てられた概念であるのに対し、責任概念はその行為が違法であることを前提として行為者の、その行為に出た動機決定に着目して構成された概念であって、違法性は行為そのものが公序良俗に反し許されぬとする法的な否定的評価を意味し[21]、これに対して責任は、違法行為に出た行為者の動機決定に関し非難可能であるという法的な否定的評価を意味する、と。このように理解することが許されるとするならば、違法性は行為に係わる概念であり、責任は違法行為者の内心、動機に係わる概念だということができようか。

ところで、例えばホッブズが、「戦闘の場合、どちらの側にも逃亡者がでる。だが、彼等が裏切りからでなく恐怖から逃亡するときは逃亡は不正と見なされるのでなく不名誉と見なされる」と説くとき（*Leviathan*, chap. 21, p. 270.）、戦闘からの逃亡という一種の抵抗行為自体を直接に評価の対象として不正でないといっているのか、それとも、直接には逃亡者の動機を評価の対象としながらも結果的に逃亡行為を不正でないとしたのかが問題である。刑法学のカテゴリーを使用すると、前者であるならば逃亡行為は適法行為であるというのがホッブズのいわんとするところということになるし、後者とすれば逃亡者の責任が阻却されるというのが、彼の実はいわんとするところだ、ということになる。そして後者とするならば、私が先に建てた仮説、「臣民の真の自由」は通常の抵抗権と異なって免責緊急避難に類似するという仮説が、この点で裏づけを得ることになるだろう。

ホッブズの真意が後者であることは、「臣民の真の自由」の典型的場合、自己の生命、身体、自由を力で侵害しようとする者に対する抵抗に関し、何故それが不正にならないのかを論じた、先に引用した箇所、「何びとも不可能事に拘束されぬ故に……死、傷害もしくはそれ以外の肉体的苦痛に脅かされ耐えるだけの強さをもたない人々はそれに耐えるよう義務づけられないのである」、から既に明らかかと思われるが、リヴァイアサン中で彼が total excuse について論じている箇所からも同一結論に到達できる。彼は法の命令・禁止に違反する行為を完全に excuse し、その行為から「犯罪の性質を除去する」もの、「法の義務を除く」ものは何かを論じ、第一に、「法を知る手段の欠如は完全にexcuseする」とし、子供と狂人は法を知ることができぬから自然法に違反してもexcuseされると述べている（cf. *op. cit.*, chap. 27, p.345.）。子供や狂人は責任無能力者だから、ここにいうexcuseが免責を意味するのは明らかであるが、続けて彼が以下のように主張しているのは留意されてよい。「彼自身の過失なくして捕虜になったり敵の掌中に陥る……とき法の義務づけobligation of the Lawは已《ヤ》む。何となれば彼は敵に服従するか死ぬかしかなくなるので、こうした服従は犯罪でないからである。というのは（法の保護がないときには）何びとも能う限りの最善の手段を用いて自己防衛をしないよう義務づけられないからである。〔一般に〕人は現在の死の恐怖によって法に反する行為a fact against the Lawを強いられるときは完全にexcuseされるのである。何となれば、如何なる法も自己保存を放棄するよう人を義務づけ得ないからである。そしてたとえそのような法が拘束力をもつと仮定してみたところで、もし自分がそれをしなかったなら直ちに死ぬが、それをしさえすれば死が後に延びるのだから、それをすることで生きる時間が稼げるという風に人は考えるだろう。それ故、自然がその行為を彼に強いるのである〔傍点筆者〕」（*op. cit.*, chap. 27, pp. 345-346.）。「臣民の真の自由」の中心の「自己防衛権」に関連して、行為としては違法であってもその行為が死の恐怖という動機に発する限り、自然が違法な行為を強要するのでexcuseされ犯罪にならぬと論じているのだから、ここにいうexcuseもまた免責の意味であり、この箇所からも、一般にホッブズが一定の抵抗行為を不正でないというとき、行為自体を直接に評価の対象としているのではなくて、抵抗行為に出た行為者の動機を評価の対象として結果的に抵抗行為を不正ではない、「合法的lawful」であると判断しているのだ、ということが推察される。即ち、現代刑法学風にいうと、抵抗行為そのものは違法ではあるが有責性を欠くため犯罪にならぬ、というのがホッブズの考えだと見られる。

この問題に関連して注目されるのはH・ウォーリンダーによるホッブズの義務論である。彼によると、ホッブズの政治理論は、人々が何を為すべく義務づけられるのかについての理論と人々が何を為すべく義務づけられ得ないのかについての理論との二部分から構成され、自然法論は前者に、自然権論は後者に属する。[22] 自然法は神命として「義務の根拠」であるが、ホッブズの倫理学は「当為は可能を内包する」という命題から出発するので、義務という以上は人間にとって履行可能であらねばならぬ。義務履行は意志行為であるから個人が義務づけられるためには第一に法の内容を彼が知っているか、もしくは知ることが可能でなければならず、第二に、個人は法が定める義務を履行する充分な動機をもたねばならぬ。[23] この条件を欠くときは神といえども人間を義務づけできない。[24] 自然法が適用され実際に個人を義務づけするためには充たされねばならぬ条件、この条件をウォーリンダーは「義務の発生条件 validating conditions of obligation」と呼び、こうした条件の不在を言明する原理を「失効原理 invalidating principles」と名づけている。[25] 例えば、正気、成年、安全、自己保存との両立等は義務の発生条件であり、狂気、未成年、安全の欠如、自己保存との不両立は失効原理である。[26] 義務からの自由という意味での権利、生命に対する権利とか自己保存権といったものは、ホッブズの義務概念からの論理的帰結である「純粋形態の義務の発生条件」の、現実世界への「適用形態」たる義務の発生条件として書き替え可能である。例えば、自己保存権は、「個人は充分な動機をもつことができない事柄を為すよう義務づけられ得ない」という動機に関する純粋形態の義務の発生条件に、人間性の観察と内省の結果得られた仮説、「人間は自殺する充分の動機をもつことができない」が付加されて生ずる、「義務は自己保存と両立するものであらねばならぬ」、「人は……自己破壊へと導く如何なる事柄をも為すべく義務づけられ得ない」という、適用形態たる義務の発生条件としてこれを書き替えることができる。[27]

以上紹介したところから知られるように、ウォーリンダーは「臣民の真の自由」の中核を成す「自己保存権」を動機に関する義務の発生条件として書き替え可能と見ている。即ち、国権に対する抵抗が臣民の自己保存という最高の動機に発するときは、彼に対する自然法の適用が停止され、その結果、抵抗しないことが彼に義務づけられないので抵抗は義務違反とされず、その意味で彼の抵抗行為は不正とならぬというのがホッブズの考えであると捉えている。違法性という概念が行為に着目して建てられた概念であり、責任という概念が行為者の動機に着目して建てられた概念であるとするならば、ホッブズの「抵抗権」は動機に係わる義務の発生条件として書き替え可能なのだから、もとよりウォーリンダーの明言するところではないが、彼のホッブズ解釈よりしても、ホッブズにあって臣民の一定の抵抗行為が不正でないとされるのは、自己保存の動機に発する限り抵抗行為に出た臣民の意志形成は非難できず、抵抗者の責任が阻却されるためだ、ということになるだろう。ホッブズは自己の生命、身体、自由を侵害しようとする者もしくは現に侵害している者に対する抵抗に関しては、抵抗態様を殆ど問題とせずに不正でないとしている。例えば、脱獄のために看守を殺害する如き行為すらも不正でないと彼は考えていたと解する余地が多分にある。「……人は何びとも……投獄から自己を救うための権利を譲渡したり放棄したりできない」と明言しているからである（*op. cit.*, chap. 14, p. 199.）。このことは、一定の抵抗行為についての、不正ではないとする彼の評価は、その実は行為についての評価ではなくて行為者の意志形成、動機決定についてのそれであることを示すものではないだろうか。

これを要するに、ホッブズが臣民は一定の場合に国権に対し「抵抗する権利」をもつというとき、それは、自己保存の本能や人情よりして国権への受忍・服従を臣民に義務づけることは不可能、人間性を考慮するならば臣民が抵抗行為に出た意志形成、動機決定を非難できないという意味のものと見られ、この点でも彼の「抵抗権」は免責緊急避難に類似していると考えられる。但し、両者は類似しているというに止まり、同一でないのは言を俟たない。ホッブズの場合、抵抗状況は国権による抵抗行為の可罰性を失わしめず、如何なる場合にも「主権者」は「彼に服従することを拒否する者を殺害する権利」をもち（cf. *De Cive*, chap. 6, art. 13, *EW* 2, p. 83.）、臣民は単にその抵抗行為の故に神の前に罪とされぬという意味で「抵抗権」をもつというにすぎないのは当然であるが[28]、それ以外にも、自己の責に帰すべき原因によって生じた自己の生命、身体、自由に対する現在の危難を回避するための抵抗や、通常の意味での適法な国権行使に対する抵抗の如きも「不正でない」とされている点で（cf. *Leviathan*, chap. 14, p. 199, chap. 21, p. 270 ; *An Answer to Bishop Bramhall, EW* 4, p. 373.）、免責緊急避難と異なっている[29]。ホッブズの「抵抗権」論、「臣民の真の自由」論は彼の total excuse 論の一部であり、いわば法政策的考慮を混えることの少ない期待可能性の理論といえるのではなかろうか[30]。

福田歓一教授は、「『リヴァイアサン』第二十一章に述べられた『臣民の自由』のうちに、抵抗権を読み取るかどうかは、多分に定義の問題であり、抵抗権の概念如何による」と主張されているが[31]、この指摘は正しい。国民は如何なる場合にも国権行使に対し受忍・服従すべきなのか、それとも、一定の場合、国権行使への受忍・服従を拒否することが正当として認められるのか、という問いに対応する概念が抵抗権であるとするならば、ホッブズの臣民の真の自由、「主権者に命ぜられても彼〔臣民〕が不正でなしにそれを行なうことを拒否できる事柄」（*op. cit.*, chap. 21, p. 264.）を抵抗権と呼ぶことは可能であるだろう。しかしながら、先に指摘したように、通常、抵抗権というとき、不正な国権行使に対する抵抗の権利が考えられており、この意味の抵抗権は正当防衛権に類似している。ところが、臣民の真の自由とは始源契約、ひいては自然法によるも臣民に義務づけすることが不可能な事柄、その意味での自由を指し、しかもこの自由はロックが自然権の一部と見ている自由とは異なって国権の側の不可侵義務を前提としない自由、他者の側に対応する義務のないままでの抵抗者の側の義務の不存在を意味するに止まるので、ホッブズが前提している抵抗状況は正対正の関係であり、不正対正の関係において成立する正当防衛のアナロギーを以てしては把握不可能である。有罪の市民も彼の生命、身体、自由を侵害の対象とする、通常の意味での適法な国権行使に対し抵抗の「権利」をもつという一事を想起しても、「臣民の真の自由」が普通にいう抵抗権と全く異なるものであることは明白である。「国家の正当な意志、そしてそれと共に正義に対抗して権利を主張する」のは不可能事だからである。(32)「臣民の真の自由」は先述の如く免責緊急避難に類似している。両者がこのように異なる以上、「臣民の真の自由」を抵抗権と呼ぶことは抵抗権という語の普通の使用法に反し不適当といわねばなるまい。

マイヤー＝タッシュは通常の抵抗権概念とホッブズの「抵抗権」概念とを対比してその差異を検討する労を殆ど執っていない。のみならず、ホッブズの「抵抗権」論解釈に際し、国家の国際法上の正当防衛権ともいうべき個別的－集団的自衛権概念を利用している（Vgl. S. 96f.）。さらにホッブズの「自己防衛権」に「前国家的－自然的自由権」を見ている（Vgl. S. 102, Anm. 62.）。このことはマイヤー＝タッシュがどの程度までホッブズの「抵抗権」の特殊性を的確に認識しているのかを疑わしくするが、それは別として、彼のこうした脱線は「臣民の真の自由」を抵抗権と規定することで、その把握に際し通常の抵抗権概念に牽引されたためと見られ、ここにも、「臣民の真の自由」を抵抗権と呼ぶことの不適当な所以を知ることができよう。ホッブズの「抵抗権」について論ずる以上は、論者自身抵抗権という語の下に何を理解しているのかを明示せねばならぬはずである。即ち、その人なりのこの語の定義を明示する必要がある。マイヤー＝タッシュのこの著書の大きな欠点の一つはこうした作業を欠いていることである。今仮に、「Aは抵抗権をもつ」という命題が、「Aは、一定の場合、彼が所属する国家の権力行使に対し受忍・服従を拒否することが、何等かの理由で正当とされる」という命題と同一趣旨とするならば、ここにいう抵抗権とは「何等かの理由に基づく、一定の条件下での国権行使への抵抗の正当性」というほどの意味のものということになるが、抵抗権概念をこのように構成するならば「臣民の真の自由」を抵抗権と呼ぶのは確かに可能であるし、またマイヤー＝タッシュが前提している抵抗権概念も、極めて好意的に考えるならば、恐らくこうしたものであるだろう。

しかしながら、抵抗権概念をこのように拡大すると、ホッブズがその非なることを説いて已《ヤ》まない学説から必然的に生じてくる権利もまた抵抗権ということになる。宮沢教授の抵抗権概念は、これを、国の命令である実定法と道徳（自然法）の主観的現象形態たる各人の良心の命令とが矛盾・衝突した場合に良心の命ずるところに従う権利と言い換えることが可能であるが、(33)この意味の抵抗権、実定法に敵対する権利という意味での抵抗権も、実定法が個人の良心に矛盾するという一定の場合に、道徳が実定法に上位するという理由に基づき、各人が国権行使への受忍・服従を拒否するにつき有する正当性であるから、先に試みに構成した広い抵抗権概念に包摂することができる。だが、この意味の抵抗権の存在が肯定されるためには、「人が彼の良心に反して行なうことはすべて罪である」という主張が認められねばならず、こうした主張は、ホッブズにいわしめるならば、国家の病の原因となる害毒を流す「煽動的学説」の一つである。彼はいう、このような学説は「自分自身が善悪の判定者であるという思い上った考えに基づく。何となれば良心と判断とは同一であり、判断と同様に良心も誤りを犯すことがあるからである」。国家内では「法が公的良心であって人は法により導かれるべきことを既に約束しており……」、「もしそうでないならば、私的な意見にすぎない私的な良心の多様さの故に国家は混乱に陥るの他なく、人は自分自身の眼に善しと映ずることでなければ主権に服従しようとしないであろう」（cf. *Leviathan*, chap. 29, pp. 365-366.）。

抵抗状況を不正対正の関係と捉える点では宮沢教授の抵抗権概念と軌を一にするも、これと判然と区別されるべき抵抗権概念、憲法的秩序擁護のための国権への抵抗の権利という意味での抵抗権も、(34)その根拠が実定憲法に求められる場合には、為政者によって個人主義を中核とする実定憲法体系が破壊されようとするという一定の場合に、実定憲法それ自体に基づいて、国権への受忍・服従を拒否するにつき国民各人が有する正当性であるから、これまた先述の抵抗権概念中に包摂可能である。しかしこの意味の抵抗権の存在を主張し、或る抵抗行為が権利の行使に当たるか否かの認定権は裁判所がもつとする主張も、ホッブズにいわしめると、「国家の本質と相容れぬ意見」ということになろう。こうした説は、究極するところ、「主権者」、最高権力をもつ「人間または集会」は「国家法に服従しなければならぬ」という説の一変形にすぎず、かかる説の誤りは、「法を主権者の上に置くことであるから、裁判官を主権者の上に置き、したがって主権者を処罰する権力を主権者の上に置き、かくすることで新たな主権者を創り出すことである。このようにして同じ理由で第二の主権者を処罰するため第三の主権者を創り出すこととなり、それがはてしなく続いて遂には国家の混乱と解体に至ることになる」(cf. *op. cit.*, chap. 29, p. 367.)。

ホッブズの国家理論と全く相容れないこうした諸説に由来する抵抗権と彼の臣民の真の自由を共に包摂する広い抵抗権概念を構成することは可能であっても、そのような抵抗権概念の有用性は疑わしいといわねばならぬ。彼の臣民の真の自由論を誤解させる虞があるだけでなく、さなくとも混乱の気味のある抵抗権を遶る論議を一層紛糾させる危険なしとしないからである。そこで私は、通常の抵抗権概念が正当防衛権のアナロギーを以て捉え得るに反し「臣民の真の自由」は免責緊急避難に類似するという両者の基本的構造の差異からして「臣民の真の自由」を抵抗権と呼ぶのは抵抗権という語の用例に反して適当でないという先述の理由に加えて、抵抗権概念を広く構成することの学問的有用性は認め難いという理由で、「臣民の真の自由」を市民の抵抗権と呼ぶマイヤー＝タッシュに同調することができない。なるほど語の定義——実質説明と記号説明から区別される真の定義——は語の使用法についての約束であり提案にすぎぬから自由であり、(35) マイヤー＝タッシュがこの自由を利用して彼なりの抵抗権概念を構成し、それに基づいて「臣民の真の自由」を抵抗権と指称すること自体は非難できない。だが、法学、政治思想の研究分野で記号説明、即ち、或る語がどのような意味で用いられていたのか、もしくは用いられているかという「特殊な事実についての命題」[36]を無視した定義がどのような意義をもち得るかは疑わしい。少なくとも抵抗権という長い歴史をもつと共に若干の実定憲法が現に使用している語に関していうならば、記号説明を無視した定義は無意味ではないかと思われる。確かにホッブズ自身「抵抗する権利」といった表現を用いているが、既に指摘したように、彼の権利概念の特殊性からしてこれを通常の抵抗権と同一視することは到底不可能である。ホッブズは、権利という語に新しい意味を付与したように、「抵抗する権利」という語にも新たな意味を付与したのである。全く異なった概念を同一語で指称するのは、その語を用いて行なう思考を徒に混乱させることになりはしないだろうか。

（1）参照、斉藤金作「緊急行為」『刑事法学講座第一巻』二三六頁、瀧川幸辰編『刑事法辞典』一七七頁。
（2）木村亀二『刑法総論〔増補版〕』二六九頁。
（3）参照、内藤謙『刑法改正と犯罪論（上）』三〇五頁以下。
（4）木村・前掲書二六七頁。
（5）大判大正三・一〇・二、木村・前掲書二六八頁による。
（6）ホッブズにあっては自由と恐怖は両立する。船が沈むのを恐れて貨物を海に投棄する人間は自発的に行動したのであり、投獄を恐れて債務を弁済するのも「自由な人間の行為である」(cf. *Leviathan,* chap. 21, pp. 262-263.)。そこで「ホッブズの教説によると銃口を突きつけられて強盗されてもその人間は自由だということになるだろう。……犠牲者が自分の財布を手渡すならば彼は任意に行動したのである。ホッブズにとっては意志行為と自由行為とは同一である」(J. R. Pennock, Hobbes's Confusing 'Clarity'—Case of Liberty, in: *Hobbes Studies,* edited by Keith C. Brown, p. 103.)。意志行為は恐怖に由来するときも自由な行為であるから自然状態で恐怖によって結ばれた契約も有効であり、国家内でも実定法がこうした契約の効力を否定しない限り有効である（cf. *op. cit.,* chap. 14, p. 198.）。始源契約もその例外でないので生命を全うするため被征服者が相互に、もしくは征服者と個々的に結ぶそれも、征服原因の如何を問わず有効ということになる。J・ロックが「不正な戦争」による征服の場合、征服者が「被征服者を支配する権利を決して手に入れることができない……」のは「強盗が私の家に侵入して短刀を私の喉元に突きつけ私の財産を彼に譲渡することを約束する証書に押印せしめても……」権利を取得したことにはならないのと同様だ、と述べているのと極めて対照的である（cf. *The Second Treatise*, §176.）。

（7）　ホッブズが個人主義者であることは彼が社会契約論者であることから既に明らかである。社会契約論は個人主義を前提としているからである（参照、本書二五頁、Vgl. O. v. Gierke, *Johannes Althusius*, S. 189 ; cf. R. Derathé, *Jean-Jacques Rousseau et la science politique de son temps*, pp. 129-130.）。彼は「……国家が設立されたのは国家自身のためではなく臣民のためである」と明言している（*De Cive*, chap. 13, art. 3, *EW* 2, p. 167.）。R・カピタンがホッブズを「優れて絶対主義の理論家」であるとしながらも、彼を目して「現代独裁制の予言者」とする見解を斥け、「著しく個人主義的」と評価したのは頷ける（cf. R. Capitant, Hobbes et l'état totalitaire, *Archives de philosophie du droit et de sociologie juridique*, VI, 1936, p. 49, p. 46, p. 52.）。

（8）　ビヒモス Behemoth ではこれと異なった見解を示している。父親が法に従って死刑を宣告され主権者がその執行を子供に命じた場合、それに従うべきか否かという質問に答えて、凡《オヨ》そそうしたことはあり得ないことだがと前置して次のように述べている。「そのような場合、我々はその命令が国王の法の一つなのかどうか考えてみなければならぬ。というのは、国王に服従しないというのは、特定人に適用される以前に制定された国王の法に服従しないということを意味するからである。何故なら国王が子供の父親、使用人の主人、つまり私人としてではなく公人 politic person として国民一般に命令するときには、予め制定された法にのみ依るからである。もし貴方が懸念するような命令が一般的法……になったのであるならば、その法が公布される以前に、そして貴方の父君が有罪判決を受ける前に王国を退去するのでないならば、貴方はその法を遵守する義務を負うことになるだろう」（***EW*** **6, p. 227.**）。子供に対してその父親の死刑の執行を要求する「主権者」の命令も、予め制定され公布された制定法の形式で為されたならば、これに服従する義務があるというのだから、晩年の彼はデ・キヴェやリヴァイアサンの見解を変更したと見られる。

（9）　西ドイツの新刑法総則一一条一項は近親者の範囲を直系血族、直系姻族、配偶者、婚約者、兄弟姉妹、兄弟姉妹の配偶者、配偶者の兄弟姉妹（非嫡出関係の血族、姻族をふくむ。以下の関係を生じた婚姻がもはや存在しない場合もふくむ）、養親子関係によって結合した者、育ての親および育ての子に限定している（山田晟『ドイツ法律用語辞典』一八頁）。イェシェクは、三五条にいう避難行為者と「親密な他人」とは、近親者間の関係に比すべき強い共属感情で結びつけられている人達、例えば法にいう近親者に該当しない血族、内縁関係の男女、恋愛関係の男女、親友、多年にわたって家族共同体関係にある者がこれに当たるとしている（Vgl. H.H. Jescheck, *Lehrbuch des Strafrechts*, Allgemeiner Teil, 3. Aufl., S. 390.）。したがって西ドイツ新刑法総則三五条が免責緊急避難を認めている人的範囲は、ホッブズが明示的にその者の生命、身体、自由のために一定形態での抵抗が許されるとしている人的範囲、両親、息子、配偶者、後援者に比し著しく広いということになるが、両親、息子、配偶者、後援者というのは本文で引用したリヴァイアサン、デ・キヴェの文章から看取できるように例示的列挙にすぎないから、実質的には差異がないといえよう。因に、ラテン語版リヴァイアサンの当該箇所は次の通りである。'Idem verum est de accusatione eorum quorum condemnatione conjicimur in miseriam, quales sunt pater, uxor, aliique necessarii'.（*Opera Latina* 3, p. 109.）。即ち、ここでは父、妻に、その他の necessarii（relative, kinsman, friend, patron 等の意味を持つ necessarius の複数形）と続けている。

（10）cf. H. Warrender, *The Political Philosophy of Hobbes*, pp. 18-20. なお、一七世紀の自然法論者についてのカール・オリーヴエクローナの所説は傾聴に値いする（cf. K. Olivecrona, *Law as Fact*, 2 ed., p. 145, pp. 293-294.）。

（11）cf. D.P. Gauthier, *The Logic of Leviathan*, pp. 30-31.

（12）ホッブズに特徴的なこうした権利という語の使用法は他に類例が見出せないわけではない。「スタンダールの一人物がいうように『自分の生命が相手の手にある以上、その相手を殺す権利がある』と思っていた。従って戦場では望まずとも私を殺し得る無辜の人に対し、用捨なく私の暴力を用いるつもりであった」（大岡昇平『俘虜記』新潮文庫二八頁）。ここにいう「殺す権利」とは殺害行為に出ないことの義務づけ不可能性、殺しても行為者を非難できないという意味での消極的正当性である。権利という以上、正当性の観念が不可避的に随伴するが、ホッブズに特徴的な権利概念に内包される正当性は非難不可能性という消極的正当性である。

（13）L. Strauss, The Spirit of Hobbes's Political Philosophy, in: *Hobbes Studies*, edited by Keith C. Brown, p. 12.

（14）ホッブズは、法とは臣民が何をしてよいか何を為すべきでないのかを公に宣言する、臣民に向けて発せられた主権者の命令であり、公に宣言されることは法の本質、法が拘束力をもつための条件であって、法を知る手段をもたない者が義務づけられるといったことは凡そ不可能であると論じた後、「何びとも不可能事を為すべく拘束されぬ no man is bonnd to do a thing impossible というのは普通法におけるエドワード・コーク卿の格言の一つである」と述べている（cf. *A Dialogue of the Common*

Laws, EW 6, pp. 26-28.）。何びとも不可能事を為すべく拘束されぬというのはホッブズの倫理学、法理論の根本命題の一つであって、彼の total excuse 論、そしてその一部たる臣民の自由論はこの命題適用の所産と見られる。

(15)　こうしたホッブズ解釈は彼自身の言に直接根拠をもたぬ、強引にすぎる解釈といわれるかも知れぬ。しかし必ずしもそうではないということを示すと共に、本文における臣民の真の自由論の検討を補う意味で、信教の自由問題についての彼の見解をとりあげてみることにする。彼は、「主権者」は世俗的法のみならず宗教上の法 sacred law の制定権、解釈権をも有し、神は「主権者」を通じてすべての事柄、礼拝の仕方をも命ずるとしながらも、「主権者」が神を直接に侮辱することを命じたり、神の礼拝を禁止するときも尚かつ臣民はこれに服従しなければならぬのかという問に対しては服従してはならぬと答え、この面でも臣民の真の自由を認めている。臣民がこうした「自由」をもつのは、国家設立前に既に神の支配権を承認していた者は神に相応しい敬意を捧げることを神に対し拒否する権利をもたないので、神の侮辱を命じたり神の礼拝を禁ずる権利を国家に譲渡できないからだ、という甚だしく形式的な論法をここで用いているが（cf. *De Cive*, chap. 15, art. 17, art. 18, *EW* 2, pp. 220-225.）、この臣民の真の自由の根拠も、その実は、こうした命令・禁止の遵守の臣民への期待不可能性にあると見られる。ホッブズの真意がここに存することは次に引用する文章からも明らかである。「……その履行が即座の死を招くことになると確信している人間が正しい義務を履行する自信をもち得ないとするならば、より一層、内心でそれを行なったならば神の永遠の処罰を免れないと信じこんでいる事柄をその人間が遂行するといったことは期待され得ない」（*The Elements of Law*, edited by Tönnies, p. 159.）。「……彼等〔主権者〕が永遠の死を以て処罰されるような事柄を我々に為すよう命ずるとき、この命令に服従して永遠に死ぬよりも自然の死の方を我々が選択しなかったとするならば、それは狂気の沙汰であるだろう」（*De Cive*, chap. 18, art. 1, *EW* 2, p. 299.）。彼は、先述の限られた範囲においてではあるが、外的行為たる礼拝に関して臣民の真の自由を認めているが、内心たる信仰に関してはどうか。「主権者」が我々にキリスト信仰を禁じた場合どう振舞うべきかに答え、信ずるとか信じないというのは元来人間の命令に馴染まない事柄だから、こうした禁止は効果がないと述べているところから見て、内心の自由としての信仰の自由を侵害することは国権にとって事実上の不可能事と考えているものの如くである。否、国権にとって不可能事に止まらず、本人にとっても信仰は随意のものではないと彼は考えているようである。信仰は神の賜物であるといっている箇所、そして、「……人間の内的思想と信仰に関しては、それらは随意のもの voluntary でもなければ法の効果でもなく、不可思議の意志、神の力の効果であって、それ故義務づけられない」と述べている箇所がこれを証する（cf. *Leviathan*, chap. 42, p. 527, chap. 40, pp. 500-501.)。そこで彼の臣民の真の自由論の根底にある、人間にとっての不可能事は義務づけ不能というテーゼよりするとキリスト信仰の自由も臣民の真の自由の一部ということになる。もっとも、彼は内心の自由としての信仰の自由と表現の自由としての信仰の自由を区別し、後者を或る意味では否定している。主権者がキリスト信仰を公に否認せよと命じた場合どう振舞うべきかという問いに対して、公言は外的行為にすぎず、キリスト教徒はキリスト信仰を胸に秘めつつ、預言者エリシュアがナーマンに容認したのと同じ自由をもつ、キリスト教徒のこの行為は彼自身にではなく、かくすることを命じた主権者に帰属することになる、と答えているからである（cf. *Leviathan*, chap. 42, pp. 527-528, chap. 43, p. 625; *Elements of Law*, edited by Tönnies, pp. 320-321; *Answer to Bishop Bramhall*, *EW* 4, pp. 319-320, p. 339.)。

(16) H. Welzel, *Das Deutsche Strafrecht*, 11. Aufl., S. 184.

(17) 木村・前掲書三〇二頁。

(18) 木村・前掲書二七〇頁。

(19) ホッブズが現代の刑法学の意味で違法と責任を区別していないことは、total excuse 論中で子供や狂人のような責任無能力者に関しての犯罪の不成立を、正当防衛や正当緊急避難と目すべき事例と共に論じているところからも知られる（cf. *Leviathan*, chap. 27, pp. 345-346.)。

(20) 木村・前掲書三〇二頁。

(21) 参照、木村・前掲書二四六頁。

(22) cf. H. Warrender, *op. cit.*, p. 13, p. 252.

(23) cf. H. Warrender, *op. cit.*, p. 23.

(24) cf. H. Warrender, *op. cit.*, p. 99, p. 213, p. 264.

(25) cf. H. Warrender, *op. cit.*, p. 14.

(26) cf. H. Warrender, *op. cit.*, p. 14, p. 23, p. 25.

(27) cf. H. Warrender, *op. cit.*, pp. 24-25, p. 96, p. 264.

(28) 抵抗権の問題が、国家は抵抗行為を理由に行為者を処罰できるかどうかの問題だとするならば、「臣民の真の自由」は可罰性を阻却するものではないという一事で以て既に抵抗権ではないということになってしまうだろう。F・C・フードは次のように述べている。「臣民は彼の真の自由から多くの現世的利益を引き出すことを望み得ない。この自由は優越的自然力を利用できる主権者の権利に競合する道徳的権利である。その意義は専らといってよいほど道徳的つまり宗教的であるよう思われる。とはいえ、この権利は明らかにホッブズにとって重要性をもっていた」（F. C. Hood, *The Divine Politics of Thomas Hobbes*, p. 188.）。ホッブズにとってのみならず、彼の同時代人にとってもこの「権利」が重大な意味をもっていたことは推察するに難くない。とすれば、可罰性の有無と関係がないという一事で以て「臣民の真の自由」は抵抗権でないと論断するのは当を得ないであろう。B・ヴィルムスはマイヤー＝タッシュは非法的問題を法的に取り扱ったと非難しているが（Vgl. B. Willms, Von der Vermessung des Leviathan, *Der Staat*, Bd. 6, S. 99f.）、ホッブズの法実証主義は後世のそれのように徹底したものではないので同調できない。

(29)　西ドイツの新刑法総則三五条一項の後段は、自ら危難を招いた者と、特別法律関係に立つ者（例えば兵士、航空士、警察官、消防夫、医師等）とに関しては、同条一項前段が適用されぬことを明示している（Vgl. H. H. Jescheck, *a. a. O.*, S. 393.）。また、適法な国権行使、例えば精神衛生法や種痘法に基づく強制処分とか適法な抑留拘禁、自由刑の執行等による自由侵害に対しては緊急避難は認められず、違法に科せられた自由刑であっても確定してしまうと、その科刑手続が法治国家の諸原則を充たした場合には受刑者に受忍義務が存し、脱獄のための看守殺害行為の如きは三五条一項によって免責され得ないと解されている（Vgl. H.-H. Jescheck, *a. a. O.*, S. 394; E. Dreher, *Strafgesetzbuch u. Nebengesetz*, 37. Aufl., S. 167.）。特別の法律関係に立つ者についてはホッブズも臣民の真の自由が制限されると見ているもののようである。一般の兵士とは異なって志願兵や前払金を受取った兵士は指揮官の許可なしに戦闘離脱をしない義務があると述べているからである（cf. *Leviathan*, chap. 21, p. 270.）。この論理を貫くと、警察官や医師等も危険を理由に職務の遂行を拒む「自由」をもたないということになるだろう。

(30)　ホッブズの total excuse 論はハートが指摘する、現代刑法に共通する考え方に符合する点が多い。「少なくとも重罰を伴う重大な犯罪に関しては、個人を処罰すべきか否かを特に或る種の心的諸条件に係わらしめるのは、我々の、そしてすべての進歩した法体系の特徴である。これら諸条件は免責条件 excusing conditions という消極的形式で最もよく表現可能である。さもなければ処罰されることになるであろうような行為の時点で彼が意識を喪失していたとか、自分の身体的運動の物理的結果や、その運動によって影響を受ける事物や人の性質・状態に関し錯誤があったというようなとき、もしくは場合によっては、脅迫その他著しい強制下にあったとか、或る種の型の精神病の犠牲者であったようなときは個人は処罰されるべきではない。こうした免責条件不在のままに法を破ると、彼は、通常、『自由意志で』行動したとか『自発的に』行動したとか、『任意に』行動したとかいわれるが、『彼は自分が行なったことを思い止まることができただろう he could have helped doing what he did』という風にもいえるであろう」（H. L. A. Hart, *Punishment and Responsibility,* p. 28）。期待可能性の理論を確立する上で多大の貢献をしたフロイデンタールの理論におけるライトモティーフは「不可能事は義務ではない Impossibilium nulla est obligatio」という原則を貫徹することであった、といわれる（参照、佐伯千仭『刑法に於ける期待可能性の思想上巻』八七頁）。とすれば、nemo tenetur ad impossibile という命題から導出された「臣民の真の自由」が免責緊急避難に類似するのは偶然ではないし、またホッブズを以て期待可能性の理論の先駆者と見ることもあながち不当ではないであろう。白井駿教授はホッブズの犯罪観中には「後の期待可能性の思想と通ずるような考え方がある」とされながらも、「ホッブズはあくまでも人間の本性そのもの観察によって、かような考え方を導き出しているものであって、必ずしもヒューマニズムの背景をもっているものではない」とされ、ホッブズを期待可能性の理論の先駆者と見ることを拒否されているようであるが（「ホッブズの犯罪および刑罰観」北海学園大法学研究六巻1号一七四頁）、首肯できない。

（31）　福田歓一「トマス・ホッブズの自由論」『国家学会雑誌』九〇巻九・一〇号六七八頁。

（32）　P. Schneider, Widerstandsrecht u. Rechtsstaat, in: *Widerstandsrecht,* hrsg. von A. Kaufmann, S. 363. もっとも、P・シュナイダーは「臣民の真の自由」を国家状態における抵抗権と見ている（Vgl. a. a. O., S. 368 Anm. 17.）。これは彼もマイヤー＝タッシュと同じくホッブズの権利概念の特殊性を看過したためだろう。この点では「臣民の真の自由」に「個人主義的抵抗権」を見ているJ・イゼンゼーも同断である（Vgl. J. Isensee, *Das legalisierte Widerstandsrecht,* S. 41, Anm. 84.）。

（33）　宮沢教授は抵抗権を明示的には、「合法的に成立している法律上の義務をそれ以外の何らかの義務を根拠として否認することを正当とする主張」と定義されるが（『憲法Ⅱ』一九五九年一三七頁）、他方、抵抗権の問題は「……実定法秩序とこれによって義務づけられる各個人の『内の声』ないしは『良心』との矛盾・衝突である」とされているので（前掲書一七二頁）、教授の抵抗権概念は本文で再構成したようなものとなる。もっとも、教授はこの意味の抵抗権の存在に懐疑的というよりは否定的である。

（34）　参照、本書三〇二―三〇三頁。

初宿正典教授は私が抵抗権を個人主義、その主観的現象形態としての人権擁護のための抵抗の権利と規定しておきながら、これを他方「憲法的秩序」擁護のための抵抗の権利と同一視しているのは当たらないと批判される。憲法的秩序は一定の統治原理であって個人主義とは区別されねばならぬはずだ、というのがその理由であるよう見受けられる（「実定法上の抵抗権」『社会科学の方法』、一九八〇、五号五一七頁）。私はボン基本法二〇条四項にいう憲法的秩序が「自由で民主的な基本秩序の本質的要素」と言い換え可能であるかぎり、これを個人主義とさらに簡約化できるものと考える。初宿教授との見解の差異は教授と私との個人主義概念の差異、それと密接な関係をもつことであるが個人主義と統治原理との関係についての考え方の相異に由来するもののようである。私が個人主義という語をどのような意味で使用したかは拙著中で示しておいたが（参照、本書二五頁、二七頁）、個人主義概念に関しては宮沢教授と異ならない。教授は以下のように説かれる。「日本国憲法は『個人の尊厳』に立脚する。『個人の尊厳』とは、人間社会のあらゆる価値の根元が個人にあると考え、何にもまさって個人を尊重しようとする原理をいう。これを個人主義といっていい。……個人主義は……すべての人間を……平等に個人として、すなわち人間として尊重する主義である。これを人間主義……といってもよい。個人主義の反対は全体主義である。……全体主義とは、ほかの言葉でいえば独裁主義であり、ファシズムである。かような全体主義を否定して多数の国民の一人一人の生命や自由を大切に保護し、さらにすすんでその生活を保障しようというのが個人主義である〔傍点筆者〕」（『憲法〔改訂版〕』六八－六九頁）。全体主義の反対としての個人主義、一人一人の人間を最高価値の担い手として尊重すべしとする主義、そのような内容の規範が私の念頭にある個人主義である。この意味の個人主義は人権を底礎づける規範だから人権は個人主義の主観的現象形態といえるし、のみならず、宮沢教授の説かれる如く、「民主主義はこういう個人主義に立脚する」（前掲書、六九頁）ということができる。即ち、この意味の個人主義は統治原理である民主主義を正当化する規範、上位規範と見ることが可能である。この点に関しては前掲拙著中で次のように述べておいた。「……民主主義は個人主義と国家価値の承認との妥協の産物、個人主義は民主主義の上位規範として両者は密接不可分離の関係に立つというように考えるならば、理想的意味の憲法は『自由で民主的な基本秩序』ということになり、その基本原理は個人主義ということになるだろう」（本書六二頁）。個人主義の主観的現象形態が人権とするならば、個人主義の統治原理としての発現が民主主義といえるのではなかろうか。とすれば個人主義の擁護は人権擁護に通ずると共に統治原理たる民主主義の擁護にも通ずることになる。もっとも、この場合の民主主義とは何かがこれまた問題であるが、個人主義によって正当化される民主主義は人権尊重を前提するから人権保障と権力分立を伴なう民主主義である。J・ロックが個人主義から出発してこのような民主主義と正反対の専制を予防する抵抗権、専制から逃れる抵抗権を説いたのも（参照、本書五四頁以下）、個人主義は統治原理と対立するものではなく、むしろ一定の統治原理を要求することで両者は不可分離の関係に立つことを示すものでなかろうか。専制・独裁政治は大量の人権侵害をもたらすのが常である。個人主義を擁護し人権を擁護しようとするならば専制を阻止する必要がある。それ故、個人主義、そしてその主観的現象形態たる人権を擁護するための抵抗の権利は専制を阻止するための抵抗の権利、民主主義を擁護するための抵抗の権利であらねばならぬ。そこで、「憲法的秩序」が「自由で民主的な基本秩序の本質的要素」とされる限り、憲法的秩序を擁護するための抵抗の権利とは、究極するところ、「個人主義を擁護するための抵抗の権利」（本書六一頁）といってよいと考える。

(35) 参照、碧海純一『新版法哲学概論』五三頁。

(36) 参照、碧海・前掲書五一頁。

五

この章では、マイヤー＝タッシュがホッブズ理論にあって市民が「抵抗権」をもつとしている第三の場合、「始源契約がその法的実効性を喪失した場合」（S. 103-110.）と第四の場合、「反対行為による始源契約の破棄の場合」（S. 110-S. 115.）について彼の語るところを紹介すると共に、これに対し若干の批評を試みることにする。

先ず市民が「抵抗権」をもつとされる第三の場合であるが、ここで中心となるのは「服従の目的は保護である」というホッブズの命題である。服従と保護は相関関係にあるから支配者は臣民を保護できる限りでのみ自己の支配の正当性を主張できる。支配者が公的秩序を維持する能力を失うと「各市民は再び彼の自然権の主」となる。「始源契約上の義務が拘束力をもつのはこの義務の遵守が支配者の事実上の力で保障される限りにおいてのみである。支配者の事実上の力が未だ存在しないか、或いはもはや存在しなくなったときは、すべての契約上の義務も消滅する。服従義務の消滅と共に国家統合の媒介が、そしてそれと同時に国家そのものが脱落、崩壊する」(S. 104.)。シュミットはいう、「不可抗のレヴィアタン〈国家〉に対しては区別可能な地歩もなければまして〈対抗地歩〔抵抗〕〉などありはしない。この国家は現存するか否かのみであって、現存するときは安寧秩序の道具として機能するし、そうでなくて平和保障機能をはたさぬときは自然状態が再び支配して如何なる国家も現存しないことになる。……これより簡明で即物的構成は考えられぬ」と。だが、現実はシュミットがいうほど単純ではない。「レヴィアタンの病と死についての教説の枠内でも抵抗権を肯定する手掛りが見出せる」(S. 105.)。国家が一挙に崩壊するのは稀であって通常はその崩壊は徐々に段階を経る。政府が公共の秩序維持能力を喪失する正確な時点は確定し難い。のみならず政府は自己の能力喪失を認めたがらず、その回復に努める。安寧秩序維持能力の回復には臣民の服従を必要とするので政府はその資格を欠いても尚臣民に服従を要求し続ける。「他の側からの国家崩壊の宣告は期待できないので始源契約上の義務の消滅時点の決定は個々の市民に委ねられざるを得ない。各市民が支配〔保護－〕力の圏外にあるとき、彼の下す決定は正当である」(S. 105.)。この決定を下した瞬間から市民は自然状態に復帰し自然的行動の自由を取り戻し、彼の事実上の力にのみその限界を見出す「すべてのものに対する権利」を再び掌中にする。「(往時の)主権者が尚彼に服従を要求しても(往時の)市民は正当に服従を拒否できる〔傍点筆者〕」(S. 105.)。服従拒否に止まらず、反乱者に与することもできる。支配者は保護能力がないのだから反乱は合法的である。もっとも、「市民の自然状態への復帰が突如として為されるならば……もとより抵抗と抵抗権にとって如何なる余地も存しないであろう〔傍点筆者〕」(S. 106.)。しかし、国家緊急時には中央権力に服する地域が徐々に狭まり、それに応じて「抵抗権者」の数が増大してゆくというのが通常の経過である。「主を失った市民の受動的－能動的抵抗が、法的には既に再帰した自然状態の枠内で行なわれるということは、真の抵抗権の存在に何ら変更を加えるものではない。安寧秩序維持能力の喪失にも拘わらず政府が依然として支配の要求をし続けるとき、命令という現実に服従拒否という現実が、権威僭称という現実に正当な反乱という現実が対立する〔傍点筆者〕」(S. 106.)。支配者が個々の市民を追放に処するときには、追放処分はその市民に保護をもはや与えないという支配者の意志表示なのだから、支配者に対する市民の服従義務は消滅する。被追放者が政治的野心と実力の持主であり内戦によって帰国をかちとろうとするときは、政府に対する彼の攻撃は、彼が再び掌中にした「すべてのものに対する権利」によって是認される。しかしながら、「彼の行為を（国家団体からの排除を理由に）外敵の攻撃ときめつけるのは現実離れ lebens-fremd にすぎるだろう。実際には帰国者の戦闘的敵対行為はまさしく真の政治的抵抗闘争なのである。彼の抵抗権が国籍喪失によって購われたということは、結局のところ、このことに何ら変更を加え得るものではない〔傍点筆者〕」(S. 107.)、「……現実の社会生活においては（法的には既に国家性の圏外で為される）こうした場合のこのような敵対は国権に対する真の抵抗なのである〔傍点筆者〕」(S. 108.)。

マイヤー＝タッシュは「ここで論述された抵抗状況の現実性」を最近の二つの事例で例証しようとしている。その一つはキューバ革命であって、一九五九年カストロに率いられた進撃に已むを得ず参加したキューバ人の反乱行為、そしてまた一九六一年政権奪回のための亡命者のピッグズ湾上陸は、ホッブズの考え方からすると何れも合法的であった。一九四四年七月二〇日のヒットラー暗殺未遂事件に参加した軍人達の行為も、この観点から正当化される。当時、「ヒットラーはもはや彼の国民を保護することができず、ドイツの抵抗運動はこのことを充分意識していた」のだから、「一九四四年七月二〇日の反乱は、ホッブズの教説よりしても正当に行なわれたのである。支配者はもはや彼の臣民を敵から保護できなかった。かくして七月二〇日の軍人達にとって再び獲得された、すべてのものに対する権利は暴君に敵対する権利に化したのである〔傍点筆者〕」(S. 109.)。

以上紹介したところでマイヤー＝タッシュがホッブズの抵抗権と呼んでいるところのものは、ホッブズ理論からすると、人間が市民としてではなく自然状態における人間として有する自然権そのものに他ならない。支配者が明示的に支配権を放棄する場合とか空位になったとき、これらの場合に全市民が一挙に自然状態に復帰するのは明白であるが、内乱その他の理由で支配者が臣民の保護能力を失う場合も、何時保護能力を喪失したかについての判断は、各市民が夫々独立して行なうことになるが、保護能力なしとして「自然権」の行使に踏み切った時点で彼は市民たることを已《や》めて自然状態に復帰するのだから、こうした場合の「抵抗権」もまた第一の抵抗状況のそれと同じく市民の「権利」ではない。したがって抵抗権を非常的な政治的権利とするならば、ここでマイヤー＝タッシュが抵抗権と呼んでいるものは、その実は、抵抗権ではないということになる。彼は中央権力が徐々に崩壊する場合を挙げてシュミットのEntweder-Oder的思考法を批判しているが、国家が特定市民に関して保護能力を失い当該市民がこのことを認定するときには、彼にとってはもはや国家は現存しないのだから、いわば彼にとっては国家は解体したのだから、以後の彼の行動は、それが何であれ彼に関する限り、国権に対する抵抗ではあり得ない。マイヤー＝タッシュ自身このことを、「（往時の）主権者が尚彼に服従を要求しても（往時の）市民は正当に服従を拒否できる〔傍点筆者〕」と述べることで暗に認めている。ホッブズによる国家状態と自然状態の区別、臣民と自然状態の人間の区別を前提とする限り、国家の即時的解体とその漸次的解体との区別は抵抗権論議にとって実質的意味をもたない。前者の場合は全市民が一挙に自然状態に復帰し、後者の場合は自然状態に復帰する市民の数が漸次増大するというだけの差異であって、自分達を支配しようとする人間に対し「自然権」の行使として「抵抗」するという点では両者は何ら異なるところがないから、そのいわゆる抵抗権とは市民が国権行使に対し抵抗する権利ではない。即時的解体の場合に「抵抗と抵抗権にとって如何なる余地も存しない……」とするならば（Vgl. S. 106）、漸次的解体の場合も同様である。全体に適合することは部分にも適合する。

もっとも、こうした批判を予想してか、マイヤー＝タッシュは、「主を失った市民の……抵抗が……自然状態の枠内で行なわれるということは、真の抵抗権の存在に何ら変更を加えるものではない。……命令という現実と服従拒否という現実とが……対立する」という反論を用意している。だが、「真の抵抗権」とは何か。それはいうまでもなく抵抗権の定義に係わる。こうした場合の「抵抗」をも抵抗権の行使と見るためには、前章で私が試みに構成した広い抵抗権概念をさらに拡大する必要がある。先に示した広い抵抗権概念ですら学問的有用性が認め難く、むしろ有害無益とするならば、抵抗権という語の通常の使用法を全く無視して、自然状態における人間相互間、対等者間の実力行使の正当性を抵抗権と呼ぶことに賛同することは全くできない。これをしも抵抗権というのであれば、社会生活の現実に間々見受けられる、法的根拠をもたぬ、一者の他者に対する服従要求への後者の拒否も、「真の抵抗権」の問題ということになろう。「命令という現実と服従拒否という現実とが……対立する」ところに常に抵抗権を見るのがlebensfremdならざる思考法というのであれば（Vgl. S. 107.）、そのような思考法は法的思考法と全く無縁であるばかりか、国家状態と自然状態を区別するホッブズの思考法とも無縁といわねばならぬ。

これを要するに、マイヤー＝タッシュが「真に前国家的権利を彼〔市民〕がもつ」としている第三の場合にいう抵抗権とは、第一の場合のそれと同じく、その資格が無いのに服従を要求する他人に対し個人がもつ行動の「自由」を意味するにすぎず、これを抵抗権と呼ぶのは先述の理由により不当と考える。

マイヤー＝タッシュが市民が抵抗権をもつとする第四の場合は「反対行為」による始源契約の破棄である。彼はホッブズ解釈として「支配〔権〕を主権者の同意なしに彼から取り戻すことが可能かどうか」を問題とし、ホッブズ自身デ・キヴェ六章二〇節でその可能性を否定しているにも拘わらず、このホッブズの主張は全著作で示している彼の基本的見解に矛盾するとしてこれを肯定し、自分のホッブズ解釈はラテン語版リヴァイアサン一八章中の、「……君主制国家の市民は……市民の誰もが同意するのでなければ、この制度を変更したり自然状態に復帰し得ない」という箇所にその確証が見出せるとしている（Vgl. S. 113.）[1]。即ち、ここには、「ホッブズの教説の諸前提から何れにせよ生じてくる命題、始源契約は反対行為によって破棄可能という命題が明瞭に言表されている。個人は確かに支配者に彼等の権利を譲渡するについて合意したが、この譲渡を撤回しないという合意は行なわなかった。契約上の義務づけが存しない限り如何なる不法もあり得ない。それ故、始源契約の破棄を法的に妨げるものは何もない」（S. 113.）。「……支配者のすべての法的力は前国家的始源契約に基づくので、始源契約の破棄は国法によっても不法とされ得ない。契約の破棄によって支配者から法と不法を決定する力が剥奪される。したがって始源契約の破棄という観点からも革命権 Recht auf Umsturz が生じてくる。革命権は政治的新秩序に向けて一致して表現される意志のみを前提とする」（S. 114.）。全員一致で新秩序を希求する意志を表示すること、「この権利の実現」は実際上困難であるが、これまでの通説に反し、「ホッブズによると、政治的な新しい方向づけを決意した国民は古い支配者を打倒して国家生活を新たに形成する権利をもつ」ということになる（S. 114f.）。

彼のこうしたホッブズ解釈の当否は措き[2]、ここで彼が「革命権」とか「全国民の抵抗権」と呼んでいるものは（Vgl. S. 114.）、通常の参政権とその本質を異にするものではないと見られる。国民各人に即して見るならば、この場合の「革命権」、「全国民の抵抗権」とは始源契約――いわば最高の実定法規――の破棄という消極的立法行為に参加する権利――自己防衛「権」とは異なって通常の意味の権利――にすぎないからである。こうした消極的立法行為への参加はそれ自体適法行為であって、通常の抵抗権にいう抵抗がそれ自体として見るならば違法な行為、より正確には、構成要件に該当するが故に違法性が推定される行為であるのと極めて対照的である。この一事を想起しても、始源契約の反対行為による破棄権を全国民の抵抗権と呼ぶのは適当でないことが知られよう。これをも抵抗権というのであるならば、憲法改正手続への個々の国民の参加権も抵抗権ということになるが、その不当であるのは言を俟たない。

（1）マイヤー＝タッシュが自説に有利なようにラテン語版リヴァイアサンを不完全な形で引用している点をH・ホフマンは衝いている（Vgl. H. Hofmann, Bemerkungen zur Hobbes's Interpretation, *Archiv des öffentlichen Rechts*, Bd. 91, S. 128f. Anm. 10.）。本文で引用したマイヤー＝タッシュによる独訳文に対応する原文は、"……qui sub monarcha cives sunt, neque monarchiam rejicere, neque ad libertatem naturae relabi, si noluerit qui habet summam potestatem vel quilibet alius civium, jure possunt."（*Opera Latina* 3, p. 132.）、「君主国の市民は、最高権力を持つ者が欲しないならば、或いは市民中の他の誰かが欲しないならば、正当に君主制を廃止したり、自然的自由に復帰したりすることができない〔傍点筆者〕」であって、マイヤー＝タッシュは拙訳中傍点を付しておいた部分を省略して独訳することで、反対行為による始源契約の破棄の可能性という彼のホッブズ解釈がホッブズその人の言にもその根拠が見出せるとしたのである。

（2）反対行為による始源契約破棄の可能性というマイヤー＝タッシュのホッブズ解釈の源は、以下に紹介するH・ウォーリンダーのホッブズ批判に端を発していると思われる。ウォーリンダーによると設立による主権の場合には主権者は始源契約の当事者でないとするホッブズの主張は、彼の理論に様々な難問を投げかけることになる。その一つは、主権者が契約当事者でないとすれば市民が始源契約を破っても主権者に対する関係では権利侵害を犯したことにならず、他の市民に対する関係で権利侵害があったという点に止まるという点である。これが正しいとすると、「……すべての市民が〔契約の〕変更に同意するならば、契約の全当事者は正当に契約を解消できるということになるだろう。こうした状況下では主権者に対する義務――それは本質的には一市民の他の市民に対する契約上の義務である――は消滅するであろう〔傍点筆者〕」。ホッブズ自身この難点を自覚しており、デ・キヴェ六章二〇節でこれに答えようとしている。各人が各人と締結する始源契約は、或る人間もしくは集会への各人の権利譲渡を内容とすることで契約当事者間に義務を創出することになるが、それに止まらず、自分が行なった権利贈与を支配者に対し承認し、これを維持するという義務を各人に生ぜしめるから、臣民は如何に多数であっても支配者の同意なしには彼から支配権を奪うことができない、と。しかしながら、今ホッブズの始源契約を、市民aが市民bとx（主権者）に権利の譲渡を約束するというように定式化するならば、「xが契約によって利益を受けるという単なる事実は、通常、ホッブズの体系内では、xに対するaの如何なる義務をも創出するものではないだろう」。aはbに対してのみ義務を負い、bのみがaの義務を免除できる。ホッブズ自身権利侵害と損害とを区別し、主人が第三者に金銭を与えるよう召使に命じたにも拘わらず、召使がこの命令に従わなかったときは、その召使は第三者の権利を侵害したことにはならず、単に彼に損害を与えたに止まる、と述べている。そこで、「主権者が契約当事者でないとするならば、全市民が彼等の契約の変更に同意するとき、主権者が損害以上のものを如何にして蒙ることになるのか理解し難い。『損害』は被害者に対する義務侵犯を内包しない」。即ち、ホッブズ自身による権利侵害と損害の区別を維持するならば、そして主権者が契約当事者でないとするならば、彼の理論よりすると、彼の言にも拘わらず、全市民の同意による始源契約の変更、主権者からの支配権の剥奪は権利侵害を犯すことなく可能、その意味で正当にこれを行ない得るという結論が生ずるはずだ、とウォーリンダーはホッブズを批判している（cf. H. Warrender, *The Political Philosophy of Thomas Hobbes*, pp. 134-137.）。マイヤー＝タッシュはホッブズの言を無視して只一種の始源契約の存在のみを前提した上で（参照、本稿第三章註14）、ウォーリンダーのホッブズ批判にヒントを得て全国民の合意による始源契約破棄の可能性、全国民の抵抗権、革命権という結論に到達したものと見られる。この問題についての私自身の判断は留保したい。

むすび

マイヤー＝タッシュが「真に前国家的抵抗の権利」を市民がもつとしている四つの場合をこれまで逐一検討した結果を要約すると、以下の通りである。第一と第三の場合は、国家外において、したがって市民でなくして人間が「自然権」を行使する場合であって、抵抗権の主体は国民に限定されるべきだとするならば、これを抵抗権と呼ぶことはできず、またマイヤー＝タッシュがこれをも「市民」がもつとしているのは理解に苦しむ。これらの場合に関しては先にも引用したE・ライプシュタインの批判、「……抵抗は国家に対する市民の抵抗ではなくて、他の人間の脅威に対する人間の抵抗である」、に全面的に与することができる。[1]自然状態における人間の行動の「自由」をも抵抗権と指称するためには途方もない抵抗権概念の拡大を要するだろう。その非なることはマイヤー＝タッシュ自身、国家が突如として崩壊し全市民が同時に自然状態に復帰するときは「……抵抗と抵抗権にとって如何なる余地も存しないであろう」と述べているところから既に明らかである。第二と第四の場合は確かに「抵抗権」の主体は市民である。Ｅ・ライプシュタインの批判はこれらの場合に関しては当たらない。しかし、第二の場合、マイヤー＝タッシュが抵抗権と呼んでいるものは免責緊急避難に類似し、正当防衛のアナロギーで捉えられる通常の抵抗権と性質を異にするので、これを抵抗権と呼ぶのはこの語の通常の用法に反し不適当であり、第四の場合、彼が全国民の抵抗権と呼んでいるものは始源契約破棄という消極的立法行為への参加権であるから、これまた、これを抵抗権と呼ぶのはこの語の用例に反し不適当である。第一から第四の場合を通じて彼がホッブズの抵抗権と呼んでいるものと通常の抵抗権概念とを共に包摂する、極めて広い抵抗権概念を構成することはあながち不可能ではないにしても、全く異なった様々な諸概念を抵抗権という語で指称することの有用性は疑わしく、むしろ有害と思われる。[2]

以上が「はしがき」で予定しておいた作業の成果の要約であるが、以下、マイヤー＝タッシュのこの著書の瑕疵と思われる点を若干指摘することでこれまでの論述を補足することとする。その一つは、臣民・市民と「国家の敵」、「臣民の真の自由」・「抵抗権」と「自然権」・「戦争権」とを区別しないままでの立論、即ち、国家状態と自然状態とを区別しないままでの立論が屢々見受けられることである。市民が「抵抗権」をもつと彼が説く第一と第三の場合の論述にこの欠点が最も明瞭な形で現われているが、第二の場合の論述中の「臣民の真の自由」の、彼による拡大解釈にもこれが認められる。例えば彼は、「何等かの理由で支配者の打倒を目指す政治集団」が敵対的挑発行為によって政府の側からの攻撃を自ら誘発しておきながら、「……この集団が国家の攻撃に抵抗するとき……それは合法的行為である」とし、こうした場合の「集団的抵抗」をも「臣民の真の自由」、「抵抗権」の行使であると解釈しているが（Vgl. S. 106.）、このような場合の「抵抗」の主体は「自分自身の行為によって臣民となっておきながら故意に反逆し主権を否認する者」だから、もはや臣民ではなくて「国家の敵」である（cf. *Leviathan*, chap. 29, pp. 356-357.）。「単なる権勢欲からにせよ、はたまた、恣意と圧制に対する戦いにおいてであれ」（S. 102 Anm. 36.）、挑発によって自ら防衛状況を作り出すのは、まさに、「臣従の拒絶」の最たるものでなかろうか。とすれば、「それは戦争状態への復帰であって通常反乱と呼ばれる。このような犯罪者は臣民としてではなくて敵として扱われる。反乱は再開された戦争に他ならないからである」（*op. cit.*, chap. 28, pp. 360-361.）。マイヤー＝タッシュ自身、ホッブズ解釈として、「市民が支配者に対し完全に一般的に服従を拒否するときは国家の敵となる」ことを認めているのだから（Vgl. S. 94 Anm. 40.）、彼もまた先の場合の「集団的抵抗」の主体が市民ではなくて反逆者・「国家の敵」であること、したがってこの場合の「抵抗」は「臣民の真の自由」でないことを認めねばならぬはずである。権勢欲や圧制に対する反感から政府打倒を目指して故意に防衛状況を作り出す者、それは「支配者に対し完全に一般的に服従を拒否する者」といわねばならぬからである。彼はリヴァイアサン二一章の一部（p. 270.）を根拠としてホッブズの臣民の真の自由の中には集団的自己防衛権も含まれるとし、その抵抗形態は政治的暗殺、内乱、暴力革命にも及ぶと論じている箇所に註して、「重大な犯罪を一緒に犯したこのような市民の集団的抵抗権をホッブズが認めるとき、第一次的に彼が念頭に置いていたのは（内乱罪 Hochverrat や反逆罪 Landesverrat のような）政治的犯罪であったろう」と述べているが（Vgl. S. 101 Anm. 60.）、「内乱罪」や「反逆罪」を犯した者は「臣従の拒否」者として市民ではなく反逆者であるから、かかる場合の「集団的抵抗」の主体は「国家の敵」であり、国家と彼等の間に存するのは「真の自然状態」、戦争状態であって国家状態ではない。反逆の意志がないのに誤って「主権者」により反逆者と認定され処刑されようとした場合、純粋に死の恐怖から集団的抵抗に出るのは「臣民の真の自由」といえるが、反逆の意志をもち、その準備行為もしくは実行行為に出た者は「国家の敵」であって臣民ではないのだから、彼等の「集団的抵抗」をも「臣民の真の自由」に含めるのは、ホッブズの臣民の真の自由論の不当な拡大解釈である。[3]

マイヤー＝タッシュが挙げている、政府のユダヤ人絶滅計画を察知してのユダヤ人市民による集団的抵抗の例にしても、市民が集団的抵抗権をもつ場合と果していえるかどうか疑問である。この場合も自然状態への復帰であり「戦争権」の行使ではなかろうか。政府はユダヤ人絶滅計画を建てることで政府の側から一方的に「臣従契約」を破棄ないし無視することによっていわば戦争を仕掛け、ユダヤ人市民はこの挑戦を受けて「主権者」の権威の全面的否認へと踏み切り、両者間に戦争状態が発生したのだから、ユダヤ人市民は市民たることを已《や》めたのであって、こうした場合の「集団的抵抗」の主体はユダヤ人であってユダヤ人市民ではないと見られる。反逆の場合には反逆者の側に重大な自然法違反があり、この場合には「主権者」の側に重大な自然法違反があるという違いはあるが、自然状態への復帰という点では両者は一に帰すと考えられる。

私は、ホッブズが犯罪者による集団的抵抗を不正でないとしたとき念頭に置いていた犯罪者中には「内乱罪」や「反逆罪」のような政治犯、少なくともその首謀者や謀議に参与し群集を指揮した者は含まれぬと考える。彼等は故意に国家の権威を否定した者として臣民とは見られぬからである。ホッブズによる臣民と「国家の敵」との区別を前提とする以上、このことは不可避の結論のように私には思われる。「主権者」の権威を一般的には承認しながらも、死の恐怖という動機から国権行使に対し集団的に抵抗する行為のみを、彼等が自己保存の本能から抵抗行為に出ないのは到底期待できないという理由でホッブズは不正でないと評価したに止まるものと解される。彼はマイヤー＝タッシュが自説を根拠づけるために引用した箇所に続けて以下の如く述べている。「始めに義務に違反したのは彼等の不正であった。それに続いて武器を執ったのは既に行なったことを維持するためであったとしても決して新たな不正ではない。そしてもしそれが自分自身の身体を守ることのみを目的としているのであれば全く不正でない」(*op. cit.*, chap. 21, p. 270.)。ホッブズが全く不正でないとしている集団的抵抗は自分自身の身体を守ることのみを目的とするそれであるから、このような集団的抵抗はもとより暴力革命と区別されねばならず、彼の臣民の真の自由論は暴力革命自体を是認するものではない。死の恐怖に由来する集団的抵抗が結果的に政府の顚覆を招くといったことはあり得るが、政府の顚覆それ自体を直接の目的とする暴力革命とこの種の集団的抵抗とは、行為の評価に際し行為者の動機を重視する彼の思考法に即す限り、(4) 全く異なったものといわねばならぬ。この点では次に引用するH・ホフマンのホッブズ解釈は正鵠を射ているというべきである。「ホッブズにとっては合法的抵抗の根拠と限度は、本来、動機であった。純粋に〔状況〕反応的な動機が臆病な脱走兵を裏切者から、助かりたい一心で戦う犯罪者を反逆者から区別する。単に恐怖心から人身の自由、身体、生命を防衛するのでなくて、自由に自ら決意して攻撃を仕掛け国権の権威もしくはその存立を危くする者は、個々の場合における合法的な服従拒否と一般的な服従拒否との間に横たわる境界を踰越《ユエツ》する。そのように行動する者は、もはや、国家法秩序内で権利を主張しているのではなく、始源契約上の義務を侵犯することで社会から脱落し自然状態に戻るのである。法侵犯者は敵となる(5)」。

これを要するに、権勢欲からにせよ、圧制に対する反感からにせよ、はたまた主権者の側よりする「宣戦布告」が原因であるにせよ、主権者の権威を意図的に否定しその打倒を企てる者は主権者との間に戦争状態に入るのであって、彼等は臣民たるを已めており、彼等による「政治的暗殺、内乱、暴力革命」は「臣民の真の自由」の範囲内の行動ではなく、これを正当化するのは「戦争権」なのである。その限りではC・シュミットの次の主張、「国家が機能することを已め〔国家という〕巨大な機械が反乱や内戦によって破壊されるといったことはもとより生ずる。だが、このことは『抵抗権』と何ら関係ない[6]」、に与《クミ》することができる。そしてその限りでは、ホッブズの「内乱に対する敵対的態度」と彼の「臣民の真の自由」論とは矛盾しない。マイヤー＝タッシュが、ホッブズの政治理論における「テロスとロゴスの緊張関係」と呼んでいるものは（Vgl. S. 38.）、「臣民の真の自由論」に限定するならば、マイヤー＝タッシュ自身がホッブズによる臣民と「国家の敵」との区別というロゴスを看過したために生じた幻影にすぎない。

マイヤー＝タッシュのこの書の第二の欠点はホッブズの自然権概念の把握が曖昧で動揺していることである。彼は或る箇所では「自然権は自然力である」といい（Vgl. S. 21.）、他の箇所では、「個人の自然権は主観的意味の法 Recht im subjektiven Sinne である。それは（個人の事実上の力によってのみ制限づけられる）行動の自由を指す。主観的法 subjektives Recht の理念は意志である。そして権勢欲によって担われる意志が自然権の根拠であり基準である」と述べ（Vgl. S. 57.）、また他の箇所では、「対象的に制限された自然権」である「自己防衛権」に関して、「それ（ホッブズによる市民の自己防衛権論）は……国家規範に対してもその法的性格を主張する前国家的―自然的自由権の明白な承認を含んでいる」といっている（Vgl. S. 102 Anm. 62.）。即ち、彼によるとホッブズの自然権は自然力であり主観的法であり、且つまた前国家的自由権でもある。だが、この三者が同一視できるものかどうかは疑問である。ホッブズの自然権が自然力とするならば、それは主観的法ではあり得ない。主観的法は意志説によるも「法秩序によって承認された意志力ないし意志支配[7]」であって、自然力と同一ではない。ホッブズの自然権を主観的法と規定するためにはホッブズの理論体系中に客観的法としての自然法の存在を認める必要がある。ホッブズの考える基本的自然法は、「各人は希望のある限り平和獲得に向けて努力すべきである。それが不可能な場合は戦争によるあらゆる援助と利便を求め、且《カ》つ、これを用いてよい」であるが（cf. *op. cit.*, chap. 14, p. 190.）、この自然法の後段を彼自ら「自然権の要約」と呼んでいる。(8) 自然権の根拠が基本的自然法の後段に求められるとすれば、彼のいう自然権を主観的法と規定することは可能であるだろう。自然権は客観的法たる基本的自然法によって是認された個人の行動の「自由」、基本的自然法による、平和獲得努力義務の違反者に対する、一定条件下での免責ということになるからである。しかしながら、自然権を主観的法と見るためには客観的法たる自然法の存在、その法的拘束性が前提されねばならぬ。ところがマイヤー＝タッシュはホッブズの自然法の法的拘束性を明示的に否定しているのだから（Vgl. S. 23f.）、自然権を主観的法、自然法の主観的現象形態と規定することは彼にとって不可能のはずである。「ホッブズ〔自身〕はスピノツァの簡潔さを以てその同一性を明言していないが、自然権と自然力potentia naturalisとは〔ホッブズにあっては〕一致する」と主張したH・シュライハーゲに追随してマイヤー＝タッシュは自然権イコール自然力という解釈を固守せねばならなかったはずである。(10) 然るに彼はホッブズの自然権を主観的法と規定するに止まらず、さらに進んで自然権を「国家規範に対してもその法的性格を主張する前国家的−自然的自由権」とすら性格づけている。この点に関しては、彼の著書に極めて好意的な書評を寄せているR・ナイデルトすらも、「……少なくとも誤解を招くと思われる。いずれにせよ〔ホッブズの自然権は〕古典的自然法論の自由権と全く共通するところがない」(11) と述べているが同感である。例えばJ・ロックの考える自然権の一種たる自由権は、実定法に上位する法、正当防衛および自然法違反者に対する処罰の場合を除くならば、「他人の生命もしくは生命の保全に役立つもの、即ち、他人の自由、健康、四肢または所有物を奪い去ったり傷つけたりしてはならない」と命ずる自然法によって保護され不可侵とされる個人の利益、したがってそれに対する侵害は自然法違反となる自由であるが、[12] ホッブズの自然権はそれに対応する法義務の存しない自由である。本稿第四章で既に述べた如く、ホッブズにあっては、自然状態において人間は自然権、ius in omnia をもつという命題は、自然状態では人間は自己保存のため必要と考えるすべての事柄を行なわぬよう義務づけられていない、という命題と同一内容であり、しかも一者の自然権の行使に対し他者は受忍の義務を負うものではない。彼の自然権は、「それを根拠に一者が正当に侵害し他者が正当に防衛するところの、すべての者のすべてのものに対する権利」(*De Cive*, chap. 1, art. 12, *EW* 2. p. 11.) という特殊な意味の権利、「義務からの自由ないし免除」という意味での権利である。これに反し「古典的自然法の自由権」は「義務の投影」、義務定式で書き替え可能な通常の意味の権利であって、「狼の権利」たるホッブズの自然権と全く異なるのだから、両者を同日に論ずることは不可能である。然るにマイヤー＝タッシュは、一方ではホッブズの自然権を自然力、法に根拠をもたぬ裸の実力と同一視しながら、他方でこれを「義務の投影」たる「前国家的―自然的自由権」と同一視している。前後撞着も甚だしいというべきである。彼のホッブズの抵抗権論はこうした前後撞着を重要な礎石の一つとして構築されていると評したならば酷にすぎるであろうか。

ホッブズの政治理論は様々に解釈されている。一七世紀末から一九世紀半ばまでは彼を絶対専制主義者と見る解釈が支配的であったが、モールズワースを始めとするイギリスの功利主義のグループとテエニエスに代表されるドイツの社会民主主義者はこれと対照的に彼をブルジョワ・イデオローグとして見直した、といわれる。[13] L・シュトラウスやC・B・マクファースンのホッブズ解釈もこの系列に属することになるだろう。臣民の自由論に暴力革命の肯定論を見出すマイヤー＝タッシュのホッブズ解釈はこの傾向を極端にまで押し進めたものと見られ、[14]「この刺激によって伝統の重荷を負ったドイツのホッブズ研究の停滞が克服されることになるだろう」[15]とか、彼のホッブズ像は「将来無視できない新たなホッブズ」[16]であるといった高い評価が与えられたのも故なしとしない。ユダヤ人問題、キューバ革命、一九四四年七月二〇日のヒットラー暗殺未遂事件のような現代的問題にホッブズの政治理論を照射するといった手法も、この書が学界の注目を集めた一つの理由であったろう。しかしながら、本稿での検討が示したように、彼のホッブズ解釈は意外に杜撰《ズサン》であり、また論理に一貫性が欠けている。この書の学問的価値を全面的に否定したE・ライプシュタインやB・ヴィルムスに同調する者ではもとよりないが、率直にいって私もこの書に高い価値を認めることができない。にも拘わらず敢えて検討・批評を試みたのは、「はしがき」で述べた狙いに加えて私自身のホッブズ勉学の一助とするため、そしてこの書の影響の下にホッブズの抵抗権という言い回しが定着して、日本の抵抗権をめぐる議論に一層の混乱がもたらされるのを危惧したためである、ということを告白して稿を閉じることにする。

〔付〕刑法学の諸概念についての筆者の幼稚な質問に快く応じられ、また参考文献を貸与下さった阿部純二教授に感謝の意を表する。文責は筆者一人が負うものであることはいうまでもない。

(1)　マイヤー＝タッシュは『ホッブズとルソー』と題する著書中でE・ライプシュタインの批判を全くの的はずれであるとし、国家に対する抵抗は常に他の人間による脅威に対する人間の抵抗として行なわれるのであって、「……事実、ホッブズはレヴィアタンが実現すべきことの最小限を為さぬ場合、国家内部において、自然状態に由来する抵抗の権利を認めており、この権利は論理的には危殆状況の廃止、したがって市民を脅かす支配団体の破壊にまで至り得るものである。こうした権利に抵抗権の性格を拒否せんとする者は一般に如何なる抵抗権をも認めることができない〔傍点筆者〕」と論ずると共に、ホッブズの抵抗への権利はマグナ・カルタにおけるバロンの制度化された抵抗権と同一次元のものとは見られないとするライプシュタインの批判に対しても、『あらゆる抵抗権は（国家法秩序に形式的に統合されたそれも）前―超国家法の存在の観念に基づく。この権利が客観的な前国家的秩序に基づくのか、それとも――ホッブズにおける如く――前国家的自由権に基づくのかは、この際全く重要性をもたない。そしてまた、抵抗状況がレヴィアタンにおけるように極めて狭く限定されているのか、それとも政治的秩序〔についての特定の〕観念が実現されぬ場合に既にして承認されるのか、といったことも重要性をもたない』と反論し、これを斥けている（*Vgl. Hobbes u. Rousseau*, 1976, S. 68f.）。本文中で述べた如く、「主権者」が現存し保護能力をもつ場合、国家内部において、「主権者」の権威の全面否定に至らない者、反逆者ならざる者は自己の生命、身体、自由を脅かす国権行使――それが自然法に適合すると否とを問わず――に対し抵抗する「自由・権利」を市民としてもつことになると解され、その限りではライプシュタインの批判は当を得ないと見られるが、マイヤー＝タッシュがホッブズの政治理論にあって市民が抵抗権をもつとしている第一、第三の場合の「抵抗」は明らかに市民による国家に対する抵抗ではない。国家に対する抵抗も他の人間に対する人間の抵抗として為されるとマイヤー＝タッシュは反論しているが、「他の人間」が「主権者」もしくはその意志実現に仕える者なのかどうか、国家法人説流にいえば国家機関なのかどうか、そしてまた、抵抗する「人間」が市民の地位を保有するのかどうかがここでは問題なのであって、国家行為も事実観察よりすれば人間行為であり、市民も人間だという当然のことを楯にとってもライプシュタインに対する正当な反論になり得ない。彼の批判の要点は、マイヤー＝タッシュのいわゆるホッブズの抵抗権とは国民ではなくて自然状態の人間の有する自然権そのものであり、その抵抗の対象は国家機関の組織たる国家ではなくて抵抗者と同一レベルに立つ自然状態の人間だというにある。これに対する反論は、マイヤー＝タッシュがホッブズ理論にあって市民が抵抗権をもつとした四つの場合を通じて「自由・権利」の主体が市民であること、抵抗状況は依然として国家状態内に止まることの論証を以てしなければならぬはずである。尚《ナオ》彼がホッブズの「抵抗権」をマグナ・カルタ等において制度化された抵抗権そして革命権と同一視している点の不当性について本文中で詳述した。

（2）　W・ダルマイヤもマイヤー＝タッシュの抵抗権概念構成について疑念を表明し、四つの場合を抵抗権という共通項で括ることが可能かどうか疑わしいとし、「『抵抗権』は或るときは主権的国家権力に、或るときは非主権的審級に向けられ、また或るときは国家圏域外で行使される。別様に表現すると、抵抗の基礎は或るときは自然権に、或るときは国家法に、また或るときは国家法存続下での自然権に在る〔とされている〕」と批判している（W. Dallmayr, Rezensionen, *Archive für Rechts-u. Sozialphiloso-*

phie, Bd. 52, S. 606.)。佐々木高雄教授は第二の場合に関しては「抵抗権」と呼ぶのは正当とされながらも、第一、第三、第四の場合は「自己保存権」、「自然権」の行使であって「『抵抗権』を求めることは無用な努力である」とされる（「『トマス・ホッブズと抵抗権』の研究」青山法学論集一三巻四号、一五九－一六〇頁）。私は既に述べた理由ですべての場合を通じてこれを抵抗権と呼ぶのは不適当と考えるが、この点は別として、佐々木教授が第四の場合、反対行為による始源契約の破棄という形での抵抗をも第一、第三の場合のそれと同一視されている点には賛成できない。マイヤー＝タッシュの論旨は例の如く明快とはいえないが、彼がここで問題にしているのは始源契約が破棄され自然状態が復帰した後の各人の行動ではなく、全市民による始源契約破棄という行為そのものと見られるからである。

(3) デ・キヴェ中でホッブズは反逆 treason について以下のように述べている。各臣民が相互間で主権者への絶対的且つ一般的服従を約した契約によって、臣民はすべての国家法を遵守する義務を負うことになったのだから、その契約はそれ自身の中にすべての法を一括して含んでいることとなる。したがって、この一般的服従を約する契約への違反は同時にすべての法への違反であるので、個々の法侵犯に比して罪が遙かに重い。そしてこれこそが反逆と呼ばれる罪である。反逆はもはや主権者に服従するつもりがないということの、言葉もしくは行為による意志表示であり、例えば、或いは主権者ないし主権者の命令を執行する人間への暴行という行為によって、或いは主権者への不服従を説く言論活動によって、この意志が表示される。これらの行為や言論は国家法によってではなく自然法によって反逆なのであり、反逆の罪は契約と与信 betrothed faith の侵犯を禁ずる自然法違反であって、反逆が罪であることは国家法の制定を待たず、国家法が反逆を禁ずるのは屋上屋を架するに等しい（cf. *De Cive*, chap. 14, art. 20, art. 21, *EW* 2, pp. 199-201.）。「ここから反乱者 rebels、反逆者 traitors、その他反逆が立証された者は国家法上の権利によってではなく自然権によって処罰される。即ち、国民 civil subjects としてではなく国家の敵 enemies to the government として、主権と統治権 dominion によってではなく戦争権によって処罰される、という結論が生ずる」（*op. cit.*, chap. 14, art. 22, *EW* 2, p. 201.）。もっとも、ホッブズは反逆者も法上の臣民 subject de jure たること、形式上は臣民たることを認めているが、事実上の臣民 subject de facto たること、実質上の臣民たることを否定し、臣民であれば当然もつことになる、既存の法によって処罰される特権を反逆者は失うとし、「公然たる敵と不実な反逆者は共に敵である」と断言している（cf. An Answer to Bishop Bramhall, *EW* 4, p. 294.）。また、ホッブズが、リヴァイアサンはO・クロムウェルのタイトル弁護のため書かれたとする彼への非難に対し、リヴァイアサン執筆の動機を次のように語っているのは注目されてよい。「……この書物は、陛下の権利と玉体を反乱者の手から守るため戦闘参加、その他の仕方で最大限の努力をし、その結果、保護、そしてそれに止まらず多くの場合生計の手段をも得る上で他に方法がなくなってしまい、貴方の御主人達と妥協し自分達の生命と財産の安堵と引き替えに服従の約束を余儀なくされた多くの忠良な陛下の家臣と臣民達のために書かれたものである。彼〔ホッブズ〕は彼の書物中で、こうした行為〔妥協・臣従〕を彼等は合法的に行なうことができ、したがって勝利者に対し武器を執るのは合法的でないということを証明したのである。国王に対する義務を履行するのに最大限の努力をした彼等は、義務づけ可能なこと総てを為し終えたのだから、到る処で自分達の生命と生計の安全を求める自由をもち、かくすることで裏切りを犯すことにならぬ。しかしながらこの書物には、国王追放後の貴方や貴方のような人々の、議会とオリヴァへの屈従を正当化する箇所は一箇所たりともない。というのは、貴方達は国王の敵であって、自分自身が拒否し否定し反抗し破壊しておきながら保護の欠如を口実にするのは不可能だからである。……保護と服従とは相関的である。人は保護の欠如の故に敵に屈することができると彼〔ホッブズ〕がいうとき、その人とは忠順な人 the obedient を指しているとしか解釈できない」（*Considerations upon the Reputation of T. Hobbes, EW* 4, pp. 420-421.）。これを以て見るならば、ホッブズの臣民の真の自由論が暴力革命を正当化するものでないことは火を見るより明らかであろう。

（4）　ホッブズが行為の評価に際し如何に動機を重視しているかは、例えば以下に引用する箇所から明らかである。「……重罪 felony と重罪でないものとを区別できるのは意図 purpose のみである」（A Dialogue of the Common Laws, EW 6, p. 93.）、「如何なることも罪深い意向 sinful intention が存しなければ罪ではない」（op. cit., p. 102.）、「悪しき意図なしに単なる不運で他人を殺した人間がすべての家財と debts and duty を失うというのは、それらが殺害された人間の血族に損害賠償として与えられるのでないならば、極めて苛酷な判決である」（op. cit., p. 131.）。

（5）　H. Hofmann, Bemerkungen zur Hobbes Interpretation, *Archiv des öffentlichen Rechts,* Bd. 91, S. 134.

（6）　C. Schmitt, *Der Leviathan in der Staatslehre des Thomas Hobbes,* S. 72. 長尾訳七八－九頁。

（7）　B. Windscheid, *Lehrbuch des Pandektenrechts,* 4 Aufl., S. 91f. F. Kasper, *Das subjektive Rechts-Begriffsbildung u. Bedeutungsmehrheit,* S. 69. による。

（8）　この箇所は、法と権利との間に義務と自由との差異が存すという彼の主張（cf. *Leviathan,* chap. 14, p. 189.）と矛盾する。ホッブズにあっても、実は、権利と法とが無関係のもの、もしくは対立するものとしては考えられていない、ということを、この箇所は示しているのでなかろうか。

（9）　Vgl. H. Schreihage, *Thomas Hobbes' Sozialphilosophie*, S. 9. R・ポランもホッブズの自然権を、道徳的カテゴリーでも法的カテゴリーでもなくて、「事実、人間をして自分にとっての善 bonum sibi を希求せしめ望ましめるよう仕向ける『自然必然性』、即ち、彼の自由になるあらゆる手段を用いて自己を保存し常に自己の生を全うすべく努めるよう仕向ける『自然必然性』を表現する」とし、「擬似権利」、「自然力」たるにすぎぬものと見ている（cf. R. Polin, *Politique et Philosophie chez Thomas Hobbes*, pp. 184-185, p. 127.）。

（10）　マイヤー＝タッシュが「自然権」と自然力とを同一視したのはホッブズの自然法に真の意味での法的性格を認めなかったためと思われる（Vgl. S. 23f.）。自然法の法的性格が認められるならば、「自然権」は自然法という規範によって何らかの意味で正当視される自由、したがって自然力そのものではないと捉えられるはずである。尚、「法的力 potestas は実力 potentia を前提とする」とか「個人の権利は彼の力と範囲を同じくする」といったことは（Vgl. S. 21.）、「自然権」を自然力と同一視する理由にならない。

（11）　R. Neidert, Leviathan u. Widerstandsrecht, *Politische Vierteljahrschrift*, 1966, S. 633.

（12）　参照、本書三六―三七頁。

（13）　参照、水田洋『近代人の形成』三一四頁。

（14）　G・マセイのホッブズ解釈はマイヤー＝タッシュに近い。彼は、「ルールが社会目的の実現を目指さぬときは何時でも、一人によってであろうが少数者によってであろうが、はたまた多数者によってであろうが、如何なるルールに対しても抵抗する権利、主権者や主権集団の如何なる代理人に対しても抵抗する権利というのがホッブズの思想の主題である」とし、ホッブズの教説は、J・ロックのそれよりも独立宣言の個人主義および自由主義と親近性をもつと断定している（G. Mace, *Locke, Hobbes, and the Federalist Papers*, p. 44.）。

（15）　I. Contiades, Buchbesprechung, *Deutsches Verwaltungsblatt*, 80 Jg., S. 707.

（16）　R. Neidert, *a. a. O.*, S. 634.

Ⅵ　T・ホッブズの自然法論についての一考察
――長尾龍一『リヴァイアサン』に触発されて――

私は、長尾龍一教授と同じく、H・ケルゼンから出発してC・シュミット、T・ホッブズの三者に特に関心を持っている。ホッブズについては、「ホッブズの抵抗権？」（本書所収）と、「ホッブズ法理論覚書――配分法と刑罰法――」（本書所収）の二篇で論じたことがある。最近、長尾教授の『リヴァイアサン』（講談社学術文庫）を手にする機会に恵まれ、あらためて教授の才華の尋常ならざるを印象づけられた。ケルゼン、シュミットを自家薬籠中のものとされ、同じく両者に学びながら菲才の私の思いもよらない広大な世界を展開されている。ただただ敬服の他はない。

しかしながら、教授のホッブズ解釈に関しては、多々承服しかねる箇所があるので、教授との対話を通じ、これまでの私のホッブズ解釈の反省もこめると共に、私自身のホッブズ勉学の続行を念じて、敢えて筆を執る次第である。

De Cive のテクストとしてはモールズワース編 ***English Works***（以下、*EW* と略記）vol. II と、必要に応じ ***Opera Philosophica Omnia***（以下、*Opera Latina* と略記）の vol. II を用い、*Leviathan* のテクストとしては、読者の便宜を考え Penguin Books の *Leviathan* edited with an introduction by C. B. Macpherson を使用し、引用その他に際し

ては章と共に頁数も示した。なお岩波文庫の訳本を参照して多大の御教示を得たことを付記し、水田洋教授に謝意を表する。ラテン語版 *Leviathan* のテクストとしては *Opera Latina* 3 を用いた。なお長尾教授の前掲書からの引用その他に際しては、頁数のみを示したことを、予めお断わりしておく。

長尾教授は、C・シュミットのホッブズ解釈、「……ホッブズによれば……法律という形をとる決断は、規範的に考察すれば、無から生まれる（*Die Diktatur*, S. 22-3)」（一八九頁）を批判しつつ、教授自身のホッブズ解釈を示されている。上記書一九〇頁から一九二頁までの論述は、教授のホッブズ解釈を集約していると思われるので全文引用することにするが、幾多の問題点が含まれているので、七つに区切って引用し、そのつど疑義を呈しつつ私見を述べるという形式を採ることにしたい。

1　「ホッブズにおける主権者の権利は社会契約に由来する（その意味ですでに規範は無から生ずるのではない）。この社会契約の効力は何に由来するのか。それは『契約は遵守さるべし』(Pacta《ママ》 standum esse) という自然法に根拠を有するのであろう（*De Cive*, III, i)」（一九〇頁）。

「ホッブズにおける主権者の権利」は社会契約に、その社会契約は「契約は遵守さるべし pactis standum esse」という自然法にその効力根拠を有するのであって、「規範的な無から生ずるのではない」とされる教授の指摘に、賛意を表する。だが、ここに引用した教授のホッブズ解釈と、一二三頁の教授のそれとの論理的整合性は疑わしい。教授はいう、「……社会契約説の効力根拠が、死の恐怖という情念なのか、平和条項を提案（suggest）する理性なのか、不明確である〔傍点筆者〕」、と。社会契約説は自らtheory、したがって真理値を有する言明Aussageを以て任じているのだから、その「効力根拠」について語るのは当を得ない。「社会契約説」とあるのは、恐らく、「社会契約」の誤植なのだろう。しかし、そうだとすると今度は、社会契約の効力根拠は、教授自ら一九〇頁で述べられた如く、'pactis standum esse'という自然法、「理性」の「提案」なのだから、二二三頁の、社会契約の「効力根拠」が「死の恐怖という情念なのか、……理性なのか、不明確である」とされる教授の言は、理解し難いものとなる。「死の恐怖」という「情念」は、「理性が提案……する平和条項」を受諾し社会契約の締結へと人々を赴かしめる動機なのであって、社会契約の「効力根拠」ではない。社会契約の「効力根拠」は「理性が提案……する」「平和条項」の一つたる'pactis standum esse'という自然法law of natureである。ここでは教授は、quaestio facti と quaestio juris とを混同されたものの如くである。

2　私が先に引用した箇所（一九〇頁）に続けて、教授はいう、「しかし、問題は、この自然法が第一の自然法ではなく、根本規範でもなく、そして効力において絶対的なものでないところにある。第一の自然法は『平和の得られるところでは平和を求めよ。平和の得られないところでは、戦争に訴えよ』というものであり（II, 2）、分説すれば『平和を求め、それに従え』（To seek peace and follow it.）と『手段を尽くして自己防衛せよ』（By all means we can, to defend ourselves）に分かれる（*Leviathan*, chap. XIV）。後者は『自然権を要約したもの』である」（一九〇頁）。

教授は「第一の自然法」の叙述に際し『国民論 *De Cive*』と『リヴァイアサン』の間に看過できない差異があるのを度外視して立論されている。両者の関係部分を、先ず、原文のまま引用しよう。

'……the first and fundamental law of nature is, *that peace is to be sought after, where it may be found; and where not, there to provide ourselves for helps of war.* For we showed in the last article, that this precept is the dictate of right reason; but that the dictates of right reason are natural laws, that hath been newly proved above. But this is the first, because the rest are derived from this, and they direct the ways either to peace or self-defence.'（*De Cive*, chap. II, art. 2.）

'……it is a precept, or generall rule of Reason, *That every man ought to endeavour Peace, as farre as he has hope of obtaining it; and when he cannot obtain it, that he may seek, and use, all helps, and advantages of Warre.* The first branch of which Rule, containeth the first, and Fundamental Law of Nature; which is, *to seek Peace, and follow it.* The Second, the summe of the Right of Nature; which is, *By all means we can, to defend ourselves.*'（*Leviathan*, chap. 14, p. 190.）

『国民論』では、「第一にして基本的自然法は、平和が見出されるときは、平和は求められるべきであり、見出されないときは、戦争の与える救済手段に訴えるべきである」だが、『リヴァイアサン』にあっては、これと若干異なる。ここでは、「第一にして基本的自然法」は「理性の指示ないし一般的規則」の前半部、「凡ての人は平和獲得の望みのある限り、平和に向けて努力すべきである」、「平和を求め且つ追求せよ persequere」に限定され、「理性の指示ないし一般的規則」の「第二部 the Second」・後半部、「平和獲得が不可能なときは、戦争の与えるあらゆる救済手段と利便を用いてよい may」の方は「自然権の要約」とされ、「能う限りの凡ての手段によって自己防衛せよ」と言い換えられている。この部分はラテン語版では次の通りである。「第二部は、ありとあらゆる暴力と方法によって自己防衛する権利は、何びとにも存するという自然権の要約である secunda est juris naturalis summa, omnibus viis et modis seipsum defendi jus unicuique esse.〔傍点筆者〕」（*Opera Latina* 3, p. 103.）。ラテン語版の方が「第二部」の趣旨を正確に伝えている、と見られる。平和獲得不可能のときは「戦争の与えるあらゆる救済手段と利便を用いてよい」なのであって、「用いよ」ではないからである。即ち、これらを用いるのは義務ではなくて、「権利jus」・自由なのである。この点で『国民論』と『リヴァイアサン』との間には、無視できない差異がある。また、『リヴァイアサン』の「理性の指示ないし一般的規則」の定式化の仕方から見て、前半部は原則であり、後半部はその例外を規定したものと考えられないだろうか。ここでは『国民論』と異なって、「第一にして基本的自然法」は、平和希求－追求義務を課している前半部に限られているからである。しかもホッブズ自身、後半部を「自然権の要約」と呼んでいる。とすると、彼のいう自然権は後半部の所産ではあるまいか。即ち、前半部によって課された平和希求－追求義務の違反者への、一定条件下での免責を定める後半部に基づく「自由」が、ホッブズのいう自然権なのではないだろうか。もしそうだとすると、彼が法と権利との間には義務と自由との差異があって正反対のものであると主張しているのは、問題だということになるだろう（cf. *Leviathan*, chap. 14, p. 189 ; *De Cive*, chap. XIV, art. 3）。私のような捉え方をすると、法が先行し、権利は法に基づく「自由」だ、ということになるからである。私がここで提起した問題は、後に紹介し検討することを予定している長尾教授の所説、「平和を命ずる第一の自然法規範」は「自己保存を命ずる自然権」に「遡る」との主張、つまり、自然権を以て「第一の自然法規範」の効力根拠とする見解の当否の問題と密接に係わる、ということを予めお断りしておく。

3　教授の文章の引用を続けよう。「第一の自然法と第二の自然法たる契約遵守義務が喰い違った場合には、第一の自然法が優先する。例えば、正当防衛権を放棄する契約は無効であり（*De Cive*, II xviii）、また平和保持目的に反する君主の契約、すなわち主権の本質を害するような契約（例えば軍事権、徴税権）を譲渡する契約も無効である（*Leviathan*, chap. XVIII）。そして何よりも、征服や内乱によって平和を保持し、国民を保護する能力を失った主権者からは、国民は服従義務を免れる（chap. XXI）〔傍点筆者〕」（一九〇－一九一頁）。

契約遵守を要求する自然法は、『国民論』では確かに第二の自然法とされているが（cf. chap. III art. 1）、『リヴァイアサン』の方では第三の自然法とされている（cf. chap. 15, p. 201.）。ここにあって第二の自然法とされているものは、『国民論』の方では、基本的自然法から導出された自然法の一つ、「第一の特殊な自然法」とされており、その内容は以下の通りである。「万人の万物に対する権利は保持されるべきでなく、若干の或る種の権利は譲渡ないし放棄されるべきである」。ホッブズはその理由を次のように述べている。「というのは、万人が万物に対する彼の権利を保持すると、ある人々は権利によって侵害し、他の人々は同一権利によって彼らに対し自己防衛する、ということにならざるを得ないからである。それというのも、凡ての人は、自然必然的に、自己の身体と自己の身体を守る上で自ら必要と判断する事物の防衛に努めることになるからである」（cf. *De Cive*, chap. II, art. 3.）。これに対応する『リヴァイアサン』中の箇所は、以下の通りである。

「平和に向けて努力することを人々に命ずる、この基本的自然法から次の第二の法が導き出される。他の人々もまたそうであるならば、人は、平和と自己防衛のため必要と考える限度で、万物に対するこの権利を進んで手放すこと、そして、自分に対し他人が持つことを許せる範囲内の自由を、他人にたいして自分が持つことで満足すること、これである〔傍点筆者〕」（chap. 14, p. 190.）。万物に対する権利を手放すことを要求するこの法は、どう見ても、「理性が提案する平和条項」の一つ、しかも極めて重要な条項と考えられるから、『リヴァイアサン』における如く、これを「第二の法」と呼ぶのが適当と思われる。それは措き、この法は、要するに、万物に対する各人の権利は手放さるべく、他人と同じ権利の自己留保に甘んずべきだという趣旨の法なのであって、この「第二の法」に関連して或る種の契約の無効をホッブズは論じているのであり、教授がいわれるように「契約は遵守さるべし」という「第二の自然法」――『リヴァイアサン』における第三の自然法――との関連においてではない（cf. *Leviathan*, chap. 14, p. 192, p. 199.）。そもそも、第一の自然法と契約遵守義務を謳う「第二の自然法」とが「喰い違」うとは何を意味し得るのか、私には理解できない。「平和を求め且つ追求せよ」とする第一の自然法と、万物に対する権利の譲渡ないし放棄を内容とする契約の遵守を謳う「第二の自然法」とは、目的とその目的達成に不可欠の手段との関係にあるのだから、両者の間に「喰い違」いなど、あり得るはずがない。

両者の「喰い違」いの一例として、教授は「正当防衛権」の放棄を内容とする契約を挙げ、「第一の自然法」が「優先する」から、こうした契約は無効になると見ておられるようだが、そうではない。「何びとも如何なる契約によるも、彼の殺害、傷害ないし其の他の仕方で彼の身体を傷つけようとする者に抵抗しないよう義務づけられない〔傍点筆者〕」からである。即ち、「正当防衛権」の放棄を内容とする契約が無効とされるのは、ホッブズの倫理学、法学の根本思想といってさして過言ではない、「何びとも不可能事に拘束されない no man is tied to impossibilities」という考え方に由来する（cf. *De Cive*, chap. II, art. 18.）。正当防衛をしないという契約だけではない。通常の意味での適法な国権行使であっても、彼の生命・身体を侵害の対象とするときは、これに抵抗しないよう義務づけることは不可能なので、正当防衛権だけではなく広く自己防衛権の放棄を内容とする契約が、ホッブズにあっては、無効とされるのである（cf. *Leviathan*, chap. 14, p. 199. chap. 21, p. 270. ; *An Answer to Bishop Bramhall*, *EW* 4, p. 373）。そもそも、この種の契約は無効、したがってその遵守義務は発生しないのだから、「第一の自然法」と「第二の自然法たる契約遵守義務」の「喰い違」いが在ろうはずがない。「また平和保持目的に反する君主の契約、すなわち主権の本質を害するような契約（例えば軍事権・徴税権）を譲渡する契約も無効である（*Leviathan*, XVIII）」（一九〇頁）とされているが、これも「第一の自然法と第二の自然法たる契約遵守義務が喰い違った場合」といえるかどうか、すこぶる疑問である。『リヴァイアサン』のこの箇所は、「主権の本質を害するような契約」は「平和と正義の保全」を不可能とし国家設立の目的に反するが故に無効であり、権利譲渡は生じないと論じている部分なのであって（cf. p. 236.）、先述の如く、無効の契約についてはその遵守義務について語る余地がないという理由からも、「第一の自然法」との「喰い違」いについて語ることはできないだろう。「征服や内乱によって、平和を保持し、国民を保護する能力を失った主権者からは、国民は服従義務を免れる（chap. XXI）」（一九〇頁）とされているが、教授が参照を求めている『リヴァイアサン』のこの件《クダリ》も、彼が保護と服従との相関関係を主張している箇所、「服従の目的は保護［を受けること］である」（p. 272.）という有名な句を含む箇所であって、主権者の保護能力の喪失は社会契約の失効を齎《モタラ》すのだから、この場合も又、先述の理由で、「第一の自然法と第二の自然法たる契約遵守の義務」の「喰い違」いについて語る余地がない。「喰い違」うためには、「契約遵守義務」が存在することが前提となるからである。

4　教授は続けていう、「ところで『平和を求め、それに従え』という第一の自然法の前半の部分も、結局、自己保存の自然権に帰着する。なぜなら、平和を求めるのは、自然状態においては得られない、自己保存の永続的な保障を得るためだからである（*De Cive* I《マ》, XV《マ》）〔傍点筆者〕」、と（一九一頁）。

平和は「自己保存」の永続的保障を可能ならしめるのだから、「平和を求め、それに従え」という「第一の自然法の前半部」も、究極するところ、「自己保存の自然権に帰着する」とされる訳か。教授は「自己保存の自然権」の持つ破壊的性格を看過されたもののようである。「自己保存の自然権」――それは、自然状態にあっては、万人の万物に対する権利に他ならない――は、自己保存のため必要と自ら判断するときは、他人の殺害も含めて何でも行なう自由であり、こうした危険な「権利」を制限するため、『国民論』にいう「第一の特殊な自然法」、『リヴァイアサン』にいう「第二の法」が登場し、他の人もそうするのであれば万物に対する権利を手放し他人と同等の権利の留保に甘んずべきことを要求するのである。そしてさらに、この「権利」を「一人ないし一つの合議体」に譲渡することを約束する社会契約（cf. *De Cive*, chap. V, art. 7.）を無にしないために、『国民論』にいう第二の自然法、「契約は遵守さるべし」、『リヴァイアサン』にいう第三の自然法、「人々は結ばれた信約を実行すべきである」が接続するのである（cf. chap. 15, p. 201.）。ここから、平和が目的であって、「自然権」の放棄ないし譲渡はその不可欠の手段であるというのがホッブズの見解であることが、明瞭に読み取れる。「平和を求め且つ追求せよ」という「第一の自然法」の前半部を、その放棄ないし譲渡こそが平和を齎す不可欠の条件であるはずの「自己保存の自然権」に帰着せしめる、したがって、平和を以て「自然権」保持の手段と捉える教授のホッブズ解釈は、私には、本末顚倒としか思えない。平和を必要とするのは自己保存のためなのであって、自分の生命保全のため自分で最適と判断することを何でも行なう自由である自然権（cf. *Leviathan*, chap. 14, p. 190.）、こうした危険な「自己保存の自然権」のためではない。ホッブズが最も恐れ忌み嫌っていた自然状態こそが、万人の「自己保存の自然権」の無制約の行使の場である。

思うに、教授はホッブズの自然権 jus naturale を、普通の意味の権利と解しておられるようである。我々は、通常、権利とか自由というとき、義務と表裏一体のものを考える。「人がそれに対し道徳的に正当な資格を持つもの」の意味での権利（cf. H. Warrender, *Political Philosophy of Hobbes*, p. 19.）、したがって、権利者以外の人々は彼の権利行使を妨げない義務、その行使を甘受する義務を負うものを考える。「それに対応する義務を伴わない裸の権利は、存在しない」（A. Verdroß, *Abendländische Rechtsphilosophie*, 2. Aufl., S. 288.）。ホッブズも、所有権とか主権者の有する徴兵権について語るときは、この意味で権利という語を使用している。しかし、ウオーリンダーは、こうした意味の権利は「義務の投影」にすぎず、ホッブズの哲学中で重要な意味を持たず、彼が「物事を厳密に考えるときには」、権利という語を、「個人がその放棄を義務づけられ得ないもの」、「義務のアンチテーゼ」、「義務からの自由ないし義務の免除」の意味で用いており、「臣民の真の自由」とか、自然状態における「万物に対する権利」とか、「生命に対する権利ないし自己保存権 a right to life or to self-preservation」にいう権利は、この意味の権利に他ならない、としている（cf. H. Warrender, *op. cit.*, pp. 18-21.）。

事実、ホッブズが、「……自然は各人に自己自身の力で自己を保全し予防措置として疑わしい隣人を侵害する権利を与えたが、国家法 Civil Law は、法の保護が安全を保障できる凡ての場合には、この自由を剥奪する。法と権利との間には、義務と自由の差異が存する〔傍点筆者〕」（*Leviathan*, chap. 26, pp. 334-335）と主張して権利と自由とを等置するとき、ここにいう権利を「義務の投影」、通常の意味の権利（cf. J. Austin, *Lectures on Jurisprudence*, p. 344; H. Kelsen, *Reine Rechtslehre*, 2 Aufl., 5. 132.）と解することは不可能である。疑わしいとして侵害の対象となる隣人は、自分に対する侵害を甘受する義務を持たず、彼もまた侵害者と同様、実力を用いて自己防衛する「権利」・「自由」を持つことになるからである（cf. *De Cive*, chap. II, art. 3.）。自己保存権を例にとると、「Aは自己保存権を持つ」という命題は、ホッブズにあっては、「Aは自己保存をするため必要と判断する事柄を行なわぬよう義務づけられ得ない」という趣旨であって、自己保存権なるものに対する他者の尊重義務について言及するところがない。同様に、「自然状態にあっては、各人は万物に対する権利を持つ」という命題は、「自然状態においては、各人は自己保存のため必要と考えることは、それが何であれ、行なわぬよう義務づけられ得ない、殺人すらその例外ではない」という趣旨のものであって、これまた、他者の義務を含意しない。ホッブズの自然権は、「それを根拠に一者が他者を正当に by right に侵害し、他者が正当に抵抗するところの、万人の万物に対する権利」（*De Cive*, chap. I, art. 12.）という特殊な意味での権利である。「自然権」は自己保存に必要と判断して各人が行なう凡ての行為を正当化するが、この場合の正当化とは、私見によれば、非難不可能という意味での正当化、いわば消極的正当化にすぎない（参照、本書一五六―一五八頁、一六〇―一六一頁、一七〇頁、註12）。これに反し、教授の念頭にある自己保存の自然権、それは、他者に対しその尊重を要求することができ他者を義務づけできる、通常の意味での権利なのではあるまいか。もしそうだとすると、教授にあっては、「各人は自己保存の自然権を有す」という命題は、「各人は自己保存を自己の正当な利益として主張することができ、他者はそれを尊重する義務を有す」という命題と同趣旨のものということになる。この意味の権利であるならば、「『平和を求め、それに従え』という第一の自然法の前半の部分も、結局自己保存の自然権に帰着する」といえるかも知れない。平和なときにのみ、「義務の投影」として理解される「自己保存の自然権」の「永続的な保障」が可能となるからである。しかし既に見たように、ホッブズの政治哲学にあっては、平和を獲得・維持するためには自然権の尤《ユウ》なるもの、万物に対する個人の権利の譲渡こそが必要不可欠とされているのだから、この点についても、教授のホッブズ解釈に同じ得ない。

5　続けて教授は説く、「自然法は『正しき理性の命令』（dictamen rectae rationis）であるが、ホッブズにおいて理性とは単なる演算規則（reckoning, that is, adding and substracting）に過ぎないから（*Leviathan*, chap. V）、その帰結の内容を決定するのは理性外の前提であるに相違ない。そしてその前提は自己保存の要請なのである〔傍点筆者〕」（一九一頁）。

ここにいう「自己保存の要請」が、ホッブズの思念する「自己保存の自然権」を指すのでないとするならば、この箇所における教授の論述には、格別、異論がない。但し、帰結の内容を決定するのが理性外の「自己保存の要請」だとしても、理性が「演算能力」にすぎないとするならば、理性の「命令 dictamen」について語るのは、おかしいことになるだろう。命令は意志作用だからである。もっとも、教授も二一二頁から二一四頁にかけて、この点を詳細に検討して、命令する理性は「計算的理性・理論理性ではなくて、当為を命ずる実践理性である」との結論を示されている。即ち、ホッブズは理性という語を二義的に使用したと見られる訳である（参照、二一五頁）。この点についての私のホッブズ解釈は、次の通りである。無神論者にとっては、理性は「計算的理性・理論理性」であり、ホッブズの自然法は、彼等にとっては、生存価値を至上と前提しての、「汝、自己保存を欲するのであれば、かく行動するのが合目的的である」といった趣旨の言明である。これに反して、神を信ずる者にとっては、理性は人間に宿る神の理性・実践理性であり、そして神にあっては理性と意志とは一に帰するから、それは神の命令であるとしているが、不適当である。(Vgl. H. Kelsen, *Reine Rechslehre*, 2. Aufl, S. 415ff.)。ホッブズはいう、「人々は理性の命令を自然法と呼ぶのを常としているが、不適当である。これらは、何が彼等自身の保存と防衛へと導くかについての結論ないし定理なのであり、これに反し、法とは、正しくは、権利によって他者を支配する者の言葉だからである。しかしながら、この同一定理を、権利によって万物を支配する神の言葉において述べられていると考えるならば、そのときは、これらは、正しく法と呼ばれる」(*Leviathan*, chap. 15, pp. 216-217 ; cf. *De Cive*, chap. III, art. 33.)。端的にいえば、ホッブズの自然法は、無神論者にとっては処世訓にすぎないが、神を信ずる者にとっては、まさしく法、しかも神意として妥遍妥当性を有する法、ということになる。

6　教授の文章の引用を続けよう。「このようにしてホッブズの政治学説は、究極においてエゴイズムに帰着する。そこで『エゴイストには助言が可能だが、命令は不可能だ』というテイラーの批判に行き当たるが、これは実は没規範的なエゴイズムと規範的なエゴイズムとの混同に発する批判である。自己の自然的な欲望を可能な限り充足させよという没規範的エゴイズムの信奉者に対しては命令は不可能で、助言のみ可能であるが、『神の与えた生命は、徹底的に防衛せねばならぬ』という規範的なエゴイズムからは、命令が派生し得る。『リヴァイアサン』の序文は、神が天地創造に際して『いざ人間を創ろう』(Faciamus hominem) と命令 (Fiat) したとしているが、まさしくこの命令によって、人間はあらゆる苦悩に堪えて生き続けることが命じられたのである」（一九一―一九二頁）。

ここに引用した文章中のテイラーの言、理解し難い上に、「エゴイズム」の語義また判然としない。次に引用を予定している教授の文章と勘案すると、「エゴイズム」を生存欲と読み換えた方が文意が通ずると思われる。かく読み換えると、没規範的エゴイズムとは事実としての生存欲、規範的エゴイズムとは、神意によって是認された生存欲、「神彼等を祝し神彼等《かみかれら》に言《いひ》たまひけるは生《うめ》よ繁殖《ふえ》よ地に満盈《みて》よ」（創世紀一・二八）との祝福を受けた生存欲ということになる。生きることは、自己の自然的欲望の充足たるに止まらず、神意に適《カナ》う所以、神によって課せられた義務の履行と見るとき、生命の保持は「神の命令」だといえる、というのが教授のいわんとされることか。ところで上記引用文中の末尾で、教授は自分のホッブズ解釈を根拠づけようとして、彼は『リヴァイアサン』の序文中で、「神が天地創造に際して「いざ人間を創ろう」と命令（Fiat）したとしている……」と述べられているが、この箇所は些か流用の嫌い無しとしない。「……政治体を構成する諸部分を最初に創出し、とり集め、結びつけた約束と信約は、天地創造に際し神によって発せられた、かの『在《ア》れ』ないし『我ら人をつくらん』という言葉に類似している」（pp. 81-82., cf. *Opera Latina* 3, p.2.）と彼が述べている箇所なのであって、その文意の重点は、国家は自然の産物ではなくて人間の意志行為の所産だという点にあり、「天地創造に際し云々」は、いわば付け足しにすぎないのだから、この部分を根拠に、ホッブズは、「人間はあらゆる苦悩に堪えて生き続けること」を神によって命じられていると考えていた、との結論を導き出すのは、強引にすぎるのでなかろうか。

7　先に引用した文章に続けて、教授はシュミットのホッブズ解釈を、以下のように批判される。「このように考えるならば、シュミットのいうところの主権的決断は、ホッブズにおいては、規範的な無から生まれてくるのではなく、それはさらに『契約は守らるべし』という第二の自然法規範——平和を命ずる第一の自然法規範——自己保存を命ずる自然権——そして生命の維持を命ずる神の命令（Fiat）にまで遡るのである」（一九二頁）。

ダッシュ（——）でつないでいる箇所は「主権的決断」の効力根拠を示しているのではないだろうか。「主権的決断」は「規範的な無」から生ずるのではないとする教授の見解を根拠づけようとして、「……第二の自然法——……第一の自然法規範——……自然権——……神の命令（Fiat）にまで遡る」と論じておられるからである。判決は、法律——憲法——憲法改正規定$_1$——憲法改正規定$_N$——歴史的に最初の憲法——根本規範「にまで遡る」という文章が、判決の効力根拠を示そうとするものであるように。このように理解することが許されるとすると、先ず疑問なのは、「自己保存を命ずる自然権」を「平和を命ずる第一の自然法規範」の効力根拠とされている点である。ホッブズは法と権利を峻別し両者の間に義務と自由の差異があるとしているが（cf. *Leviathan*, chap. 26, pp. 334-335.）、これを文字通りにとると、自然権という自由が「第一の自然法規範」という拘束 fetter（cf. *De Cive*, chap. XIV, art. 3.）の効力根拠になるといったことは、およそ考えられぬことである。自由から効力＝拘束力は生じ得ないからである。さらには、先に私が彼の説を合理的に（?）再構成したように、自然権は、「理性の指示ないし一般的規則」の後半部・「第二部」、ホッブズ自ら「自然権の要約」と呼んでいる部分による、一定条件下での、平和希求ー追求義務違反者への免責に基づく自由を意味するとしたならば、自然権は、「第一にして基本的な自然法」をその前半部・「第一部」とする「理性の指示ないし一般的規則」の「第二部」に由来するのだから、「第一にして基本的な自然法」の効力根拠たり得ないこと、これまた明白である。教授は「自己保存を命ずる自然権」の効力根拠、したがって「主権的決断」の究極の効力根拠は、ホッブズにあっては、「生命の維持を命ずる神の命令」に在るとされている。しかし、かく解する根拠は特に示されていない。僅かに『リヴァイアサン』の序文中（cf. pp. 81-82.）

に見出そうとされているようであるが（参照、一九一－一九二頁）、既に述べた理由で、この箇所に根拠を求めるのは無理と私は考える。さらには、先述の如く、神を信ずる者にとっては、ホッブズのいう自然法それ自体が「権利によって万物を支配する神の言葉 the word of God that by right commandeth all things」、神命なのである。神命たる自然法の効力根拠を「神の命令」なるものに求めるのは、屋上屋を架すに等しいことになりはしないだろうか。

ホッブズは、自然法を、無神論者として、生命の保全を最高価値と想定しての処世訓にすぎぬと考えていたのか、それとも、神を信ずる者として、神命と考えていたのか、「神のみが心を知り給う」のだから（cf. *Leviathan*, chap. 40, p. 501.）、彼の同時代人とて知り得なかった事柄であろう。まして三百年以上隔てた我々においてをや。長尾教授は、ホッブズは神の存在を信じていたと見ておられるようである（参照、一九五頁）。とすれば教授は、ホッブズの自然法を神命、語の適切な意味での法と見ておられることになる。私も、ホッブズが無神論者であったということを証するものが何も無いこと（cf. J. Austin, *Lectures on Jurisprudence*, p. 281.）、神法 divine law の一種たる自然法 law of nature に効力根拠を持つ、優れて国家法たる配分法の禁止に反する行為を彼は罪と見ていたこと、その意味で配分法による禁止を絶対的と見ていたこと（cf. *De Cive*, chap. XIV, art. 4, art. 23. なお参照、本書二六九－二七〇頁、二七二－二七三頁）、これらから推して、ホッブズにとって自然法は神の理性である「正しい理性」の命令、神命であったと解するのが妥当ではあるまいか、と考える。このように考えるので、私は、神命たる自然法を「自己保存を命ずる自然権」に、そしてこの自然権を「生命の維持を命ずる神の命令」へと「遡」らせる長尾教授のホッブズ解釈に、追随することができない。

教授の論旨を誤解しているのでなければ、幸いである。

［後　記］　本稿で引用ないし参照を求めたラテン語の訳については、J・ヨンパルト教授と林信夫教授の教えをうけた。両教授に深甚の謝意を表する。文責は筆者一人が負うものであるのは言を俟たない。

Ⅶ　単眼ホッブズ論
——長尾龍一教授に答える——

はじめに

長尾龍一教授は「ホッブズ再考」『東京大学教養学部　社会科学紀要第四十五輯　一九九五年三月』（以下、「再考」と略記）で、教授著わすところの『リヴァイアサン』（講談社学術文庫、以下、「文庫」と略記）中で示されたホッブズ解釈に対して私が投じた疑問（参照、「T・ホッブズの自然法論についての一考察」『日本大学法学部　法学紀要第三六巻』、本書所収、以下、本書から引用する）に回答の労を執られている。このことを多とし、教授に深甚の謝意を表する。相互批判を通じ少しでもホッブズ解釈に資することができれば幸甚である。なお、教授は「再考」中で一部、ボビオのいわゆる歴史的方法を用いられているが、「考察」におけると同様、私は専ら「分析的方法」のみによって、「再考」で展開された教授のホッブズ解釈に対し改めて疑問を提起することとする。「歴史的方法」は私の資質にあわず、能力を越えているからである（cf. Norberto Bobbio, *Thomas Hobbes and Natural Law Doctrine*, Preface X）。したがって「歴史的方法」を駆使された教授の立論については、何も言うことができない。本稿が検討の対象とするのは、「再考」の「Ⅰ　分岐点」、「Ⅲ　自然権と自然法」、「Ⅳ　自然権の根拠」、「Ⅴ　ホッブズの『抵抗権』」に限られることを、予めお断わりしておく。本稿中で引用するホッブズの諸著作の略記は次の通りである。

Lev, 28, 356　→　*Leviathan*（edited by C. B. Macpherson）, chap. 28, p. 356.

DC, 2, 18　→　*De Cive*（W. Molseworth 編の *English Works*〈以下、*EW* と略記〉2）chap. 2, article 18.

EL, 2, 4, 10　→　*The Elements of Law*（edited by F. Tönnies）, part 2, chap. 4, article 10.

私の莫逆の友であり同僚であった故尾吹善人教授の遺品を整理した際、彼の手になる、長尾教授と私の論点対照表を見出した。在りし日の尾吹教授との交遊を偲び、若干これに手を加えて、本論の冒頭に掲げることにする。けだし、簡にして要を得ているからである。

対　照　表

長尾教授の論点	菅野の批判
1.「契約は遵守さるべし」という自然法−社会契約−主権者の権利。	それ自体には異議なし。
2. 社会契約（説）の効力根拠が死の恐怖という情念なのか、平和条項を提案する理性なのか、不明確。	1の命題に矛盾し、また事実問題と法問題を混同している。
3. しかし「契約は遵守さるべし」は第一の自然法で	「第一の自然法」に関し *De Cive* と *Leviathan* の間

はなく、第一の自然法は「①平和の得られるところでは平和を求めよ、②平和の得られないところでは手段を尽くして自己防衛せよ」。②は自然権を要約したもの。	にある差異を度外視している。長尾教授は *De Cive* のみに拠る。 *Leviathan* では、第一の自然法は上の①に限定され、②のほうは「自然権の要約」とされている。ラテン語版では「自己防衛する権利は何人にも存するという自然権の要約である」。自己防衛せよではなく、してよい（権利・自由）。 ①は原則、②は例外と見られるのではないか。また、②の権利・自由は第一の自然法の許容する例外であるから、Hobbes 自身、法と権利は、義務と自由のように正反対のものと主張しているのは問題。
4．第一の自然法と第二の自然法たる契約遵守義務が食い違った場合には、第一の自然法が優先する。例①正当防衛権を放棄する契約は無効、②平和保持目的に反する君主の契約も無効、③国民を保護する能力を失った主権者からは、国民は服従義務を免れる。	契約遵守を命ずる自然法は *De Cive* では「第二の自然法」とされるが、*Leviathan* では、「第三の自然法」とされ、「第二の自然法」は *De Cive* で言う「第一の特殊な自然法」＝「万人の万物に対する権利は保持されるべきではなく、若干のある種の権利は譲渡ないし放棄されるべきである」。これは「第一の自然法」から導出される。 Hobbes がある種の契約の無効を論じているのは、この「自然Ⅱ *Lev*」との関連においてであって、長尾教授の言う「契約は遵守さるべし」との自然法との関

	連においてではない。 　そもそも、「平和を求めよ」との「第一の自然法」と「契約は遵守さるべし」との第二の自然法との間に食い違いはあり得ない。例①～③もすべて不適当。
5.「平和を求めよ」という第一の自然法も結局自己保存の自然権に帰着する。なぜなら平和を求めるのは自然状態においては得られない自己保存の永続的な保証を得るためだから。	「自己保存の自然権」＝「万人の万物に対する権利」の破壊的な性格を看過。この自然権の放棄ないし譲渡こそが平和に不可欠なのに、平和則をもって自然権保持のためというのは本末転倒。 　この誤認の原因を推測すると、長尾教授はこの「自然権」を普通の意味での「権利」＝これを尊重する他者の義務が伴うもの、と見ているらしい。しかし、Warrender が指摘するように、Hobbes の議論の重要な点では「権利」＝「義務からの自由ないし義務の免除」。自己保存の自然権＝人は自己保存をする為必要と判断する事がらを行わないよう義務づけられ得ない。
6.自然法とは「正しい理性の命令」であるが、Hobbes においては理性とは単なる演算規則に過ぎないから、その帰結の内容を決定するのは理性外の前提＝この自己保存の要請なのだ。	「自己保存の要請」が「自己保存の自然権」と別物なら格別異論なし。 　ただし、理性が「演算能力」に過ぎないとすれば、「理性の命令」について語ることはできないはず。 　長尾教授もこの点を検討し、「命令する理性は……

	当為を命ずる実践理性である」と言う。 私の Hobbes 解釈 無神論者にとっては理性＝計算的理性－Hobbes の自然法は「汝、自己保存を欲するのであれば、かく行動するのが合目的的である」との言明。 神を信ずる者にとっては理性＝実践理性＝神の命令。Hobbes はこの場合のみ「正しく法と呼ばれる」と言う。
7. Hobbes の政治学説は、究極的にエゴイズムに帰着する。没規範的エゴイズムの信奉者に対しては確かに命令は不可能で、助言のみが可能だが、神の与えた生命は、徹底的に防衛せねばならぬという規範的なエゴイズムからは命令が派生しうる。*Leviathan* の序文は、神が天地創造に際して「いざ人間を創ろう」と命令したとしているが、まさしくこの命令によって、人間はあらゆる苦悩に堪えて生き続けることが命じられたのである。	事実としての生存欲と神意によって是認され、当為とされた生存欲の対照に置き換えたほうがよい。 しかし、序文の引用は流用のきらいあり。Hobbes の原文「……政治体を構成する諸部分を最初に創出し、とり集め、結びつけた契約と信約は、天地創造に際し神によって発せられた『在《ア》れ』ないし『我ら人を創らん』という神の言葉に似かよっている」。この文の重点は国家が人間の意志行為の産物であるという点にあり、あとは比喩にすぎぬ。これを根拠として、Hobbes が人間は神によって生き続けるべく命じられたものと考えていたとは論じられない。
8. Schmitt のいう主権者の決断は、Hobbes におい	これが効力根拠の系列であるとすると、既述のよう

ては―「契約は遵守さるべし」との第二の自然法規範―平和を命ずる第一の自然法規範―自己保存を命ずる自然権―生命の維持を命ずる神の命令にまで溯る。	に、自然権という自由が第一の自然法という拘束の効力根拠になるといったことは undenkbar.……「生命の維持を命ずる神の命令」にまで溯るという Hobbes 解釈の根拠は示されていない。 長尾教授は、Hobbes は神の存在を信じていたと見る。自分も Hobbes が無神論者であったという証拠はなく、そう思う。そこで神命たる自然法の効力根拠を自己保存の自然権へ、さらにこの自然権の効力根拠を「生命の維持を命ずる神の命令」へと溯らせる Hobbes 解釈に追随することはできない。

一　「自然権優位説」への疑問

長尾教授のホッブズ解釈と私のそれとの差異は前掲対照表で明らかであるが、教授自身も言われるように、我々の間の最大の対立点は、ホッブズが「自然権」と「自然法」のどちらが「優位」すると見ていたかである。教授は「自然権優位説」を採り、私は「自然法優位説」に立つ（参照、「再考」一五頁、「文庫」序言三頁、本書二〇〇頁、二〇九頁）[1]。教授は「再考」で「文庫」における「自然法Ｉ」についての御自分の「論述がややルースで、misleading であった」とされ、「筆者が自然法Ｉとよんだのは、自然法であるよりも、むしろ自然権であり、『平和の得られるところでは平和を求めよ、平和の得られないところでは、戦争に訴えよ』という第一規範においても、これを自然権の具体化と解し、重点を後半の自然権において理解していたのである〔傍点筆者〕」（『再考』二七頁）、と述べられている。前稿「考察」および先に掲げた尾吹教授の手になる論点対照表と重複の嫌いはあるが、重要な問題なので、ここに引用した文章に示される教授のホッブズ解釈について、再度、私見を述べることにしよう。

教授は「自然法Ⅰ」は、その後半部に重点があって「自然権の具体化」だと断定されると共に、「効力根拠の序列」を「生命の維持を命ずる神命――自己保存の自然権――平和を命ずる第一の自然法――契約遵守を命ずる第二の自然法〔傍点筆者〕」とされ、この点についての私見を「神命――平和を命ずる第一の自然法／自然権――契約遵守を命ずる第二の自然法」と定式化されている（『再考』一五頁）。「効力根拠の序列」についての、教授による私の見解の定式化の当否は措き、先に引用した教授のホッブズ解釈に眼を向けることにする。

先ず、教授が「自然法Ⅰ」の重点は「後半部」にあるとし、「自然法Ⅰ」を「自然権の具体化」とされている点であるが、賛成できない。『リヴァイアサン』における、ホッブズ自身の手になる「第一にして基本的自然法」を前半部とする「理性の指示ないし一般的規則」の定式化からみても、「自然法Ⅰ *DC*」（*De Cive* における第一の自然法の略）の後半部に重点があると捉えるのは無理であろう（参照、本書一九九―二〇〇頁）。のみならず、「……それによって人々が平和に向けて努力するよう命じられている、この基本的自然法……」（*Lev*, 14, 190）、「その精髄が平和を生ぜしめるに在る自然法」（*EL*, 1, 15, 2）、「理性の第一の命令は平和である」（*DC*, 3, 19.）、「……我々が基本的自然法とみなしているもの、即ち、平和は追求されるべきである、は神法の要約でもある……」（*DC*, 4, 3.）等の箇所から見ても（cf. N. Bobbio, *T. Hobbes and the Natural Law Doctrine*, p. 119）、「自然法Ⅰ」より正しくは「自然法Ⅰ *DC*」の後半部に重点があるとする教授のホッブズ解釈は説得力に欠ける、と言わねばなるまい。

のみならず、「自然権の具体化」の意味、判然としない。「自然権」実現に資するルールといったほどの意味か。

自然法は、「彼（人間）自身の自然すなわち彼自身の生命の保全」（*Lev*, 14, 89）を目的とするならば遵守されねばならぬルールという意味では、生命保全策の「具体化」といえるかも知れないが、「自然権の具体化」とは考えられない。何となれば、『リヴァイアサン』における第二の自然法（以下、「自然法Ⅱ *Lev*」と略記）、『国民論』における「第一の特殊な自然法」（以下、「特殊自然法Ⅰ *DC*」と略記）は、純粋形態の自然権ともいうべき万物に対する権利 ius in omnia の放棄を要求しているからである（cf. *Lev*, 14, 89; *DC*, 2, 3）。こうした内容の「自然法Ⅱ *Lev*」、「特殊自然法Ⅰ *DC*」が、教授によって「自然権」ないし「自然権の具体化」と解されている「自然法Ⅰ *DC*」・「理性の指示ないし一般的規則」から「導き出される」（cf. *Lev*, 14, 190.）とは、とうてい考えられぬことである。「自然権」ないし「自然権の具体化」が「自然権」の原則的放棄を要求する、これは私の理解を絶する。

さらには、その当否は別として、ホッブズ自身、法と権利との間に拘束 fetter と自由の差異があると明言している（cf. *DC*, 14, 3; *Lev*, 14, 189.）。「自然権」という「自由」から「自然法Ⅰ」・「第一規範」という拘束がいかにして導出可能なのか、これまた理解できない。このような私の批判に対して教授は、「……典型的な自由主義の哲学は、一切の拘束を自由な主体の自己拘束によって基礎づけようとするもので、社会契約説はその古典的な事例といえよう。……自由の内容の一部に自己拘束能力が含まれるとすれば、自由から拘束は当然生ずるのである（傍点筆者）」（「再考」二二一―二二三頁）、と反論される。しかし、私が問題にしたのは自然権・自由から如何にして拘束が導出可能なのかであって、「自由な主体」が何に基づいて自己を拘束し得るのかではないということに注意されたい。「自由」と「自由な主体ないし其の意志」とを混同されているようである。言うまでもなく、社会契約論者は、自由な諸個人が相互に行なう、国家を設立するについての合意、社会契約という意志行為から「拘束」を導き出している（cf. John Locke, *Second Treatise*, sec. 95）。いま暫く社会契約論から離れて法の一般理論の見地よりすると、意志行為というSeinから「拘束」というSollenは導出不可能だから、社会契約論者が意識しているかどうかは別として、彼らはpacta sunt servandaという規範から社会契約およびそれに基づく国家法の「拘束」を導出しているのである。ここに社会契約とは、意志行為としてのそれでなく、意志行為の所産たる・規範としての社会契約を指す（参照、本書二五頁）。なお、私はホッブズの自然法それ自体が、有神論者にとっては神命と解しているので（参照、本書二一〇頁）、私の見る、ホッブズにおける「効力根拠の序列」は「神意――第一の自然法」ということになる。「第一の自然法」と爾余の自然法との間に目的と手段の関係は認められるとしても、「効力根拠の序列」が存するとまで言えるかどうかについては、判断を保留したい。

長尾教授は、「自由から効力＝拘束力は生じ得ない」とする私の主張にいう「効力」概念を問題視されている。この辺の教授の議論は難解なので、文章をそのまま引用する。

「効力と拘束とは同義であろうか。効力……とは規範性、即ち規範体系の中に位置づけをもつことである。規範体系の中では、権利・義務・権限・責任等の諸概念が位置づけをもっているが、自由もまたその中に位置づけをもっており、例えば言論の自由は日本国憲法体系の中に、位置づけ、即ち効力をもっている」（「再考」一二三頁）。

ここで教授が言わんとされることは、以下のようなことか。「命題ないし其の構成要素が効力をもつというのは、それらが規範・客観的当為の性格をもつということ、より正しくは、それは現に規範体系の一部を成しているということを意味する」、といった趣旨なのか。とするならば、「Aが効力をもつ」というのは、「Aは規範体系の一部として客観的当為である」、というに等しいことになろう。私はこの効力概念に別に異を立てるつもりはない。「効力Geltung, validity」は主観的当為ではなくて、根本規範の想定の下であれ、客観的当為を意味するという見方は、私の「効力＝拘束力」という見方に何ら反するところがない。私の法の効力概念は、いわば法学界の常識に従ったまでのことである。法実証主義者のH・ケルゼンも、これと対照的に自然法論者であるA・フェアドロスやE・v・ヒッペルも、法の効力という語の下に拘束力binding force；Verbindlichkeitを理解している（参照、『国権』一五一―一六頁）。何ら異とするに足りない。

先に引用した教授の文章の末尾、「例えば言論の自由は日本国憲法体系の中に、位置づけ、即ち効力をもっている」とされている箇所と、若干これと行数を置いてホッブズの「自然状態＝絶対的自由の状態」について述べられている箇所、「この絶対的自由とは規範からの自由であるが、更に厳密に言えば規範からの規範的自由であり、それ故効力ある自由である」（「再考」一三頁）、この二つの箇所を検討してみよう。上記引用文から察するに、長尾教授はホッブズの権利＝自由を、日本国憲法の「言論の自由」にいう自由と同一視されているものの如くである。だが、ホッブズの権利＝自由は、それに対応する義務の存在しない自由、ないし、「侵害権能の不存在」を伴わない自由である。これに反し、日本国憲法の保障する言論の自由の方は、特別の理由のない限り、個人の言論活動を制限してはならない・公権力の側の義務、より正しくは、公権力の側の侵害権能の不存在を伴う自由である（参照、『続・国権の限界問題』一二三頁、以下、『続・国権』と略記）。ホッブズのいう自然権における権利とは「……他者の側の如何なる義務も含意しないもの」、「義務づけ可能性の不在a freedom from possibility of obligation」を意味し、例えば、「私は生命に対する権利を有する」という命題は、「私は生命の放棄を義務づけられ得ない」というに等しく、他者の義務に何ら言及するところがない（cf. H. Warrender, Obligation and Rights in Hobbes in: *Thomas Hobbes, Critical Assessments* vol. 2, p. 158 ; *Lev*, 27, 345）。日本国憲法の言論の「自由」と同日の談でない。教授自身、先に私が引用した文章中で、ホッブズが自然状態イコール絶対的自由というときの自由は「規範からの自由」と解されている。自然権を行使する人だけでなくて、行使の対象となる人も「規範から自由」、したがって、相手の実力行使を受忍する義務がなく「自由」に反撃できる、したがって双方とも「義務づけ可能性不在」ということになる。もっとも、教授が、「更に厳密に言えば規範からの規範的自由であり、それ故、効力ある自由である（傍点筆者）」と述べられているのは、真意捕捉に苦しむ。次のように解して大過なからんか。「規範からの規範的自由」とは、「規範によって義務づけられぬ（制約されぬ）のが当為とされる状態」を意味し、そこで例えば、「言論の自由」とは、言論活動が公権力によって何らかの形で制約されぬのが当為とされる状態、言論活動に関しては、「消極的授権規範」の存在により、これを制約する公権力の権能不在の状態を意味する、と（参照、『続・国権』一一六頁）。かく解して大過ないとしたならば、この意味の自由は、マイヤ＝タッシュのいわゆる「国家規範に対しても、その法的性格を主張する前国家的―自然権的自由権」に該当するということになるが、彼に対し好意的なR・ナイデルトすらも、「少なくとも誤解を招くと思われる。いずれにせよ〔ホッブズの自然権は〕古典的自然法論の自由権とは全く共通するところがない」、と述べているのは留意されてよい（参照、本書一八九頁）。

二　万物に対する権利と自己保存権

長尾教授はホッブズのいう万物に対する権利ius in omniaを「原始権」と呼び、これと「生命に対する権利」とは区別されねばならないのに、私は両者を混同している、と批判されている。私が両者の違いを分明に捉えていないのは確かであって、御批判を率直に認める。現在も、なおこの点についての私見は熟していない。そこで、次に述べるのは思いつき以上のものではないが、私なりの見解を述べてみよう。

ホッブズの自然権が、何よりも、「生命に対する権利」、自己保存権であるのは間違いないだろう。このことは、

「……自然権は各人自身の自然すなわち各人自身の生命を保全するため、思うがままに自分自身の実力を用いる・各人の有する自由である〔傍点筆者〕」(*Lev.* 14, 189) とする彼の文章から窺える。ところで、『国民論』では彼は以下のように述べている。「……他者からの侵害に対する安全が保障されない限り、各人の手許にあって使用可能な手段ないし各人が使用を欲する手段によって自己を防衛する前述の始源的権利 primitive right すなわち万物に対する権利が戦争権として残される〔傍点筆者〕」(*DC,* 5, 1)。「各人自身の生命を保全する……自由」と「自己を防衛する……始源的権利」との本体は同一だろう。とすると、「他者からの侵害に対する安全」保障のない局面での「生命に対する権利」・「自己保存権」・「自己防衛権」が「万物に対する権利」ということになりはしないだろうか。

国家状態にあっても「他者からの侵害に対する安全」保障のない局面が現出することがある。例えば、自分の生命、身体の安全を守るため、正当防衛として実力行使を余儀なくされる場合とか、公権力の適法な行使としての逮捕拘引であっても、自分の死につながる場合ないし死につながると思いこんだ場合、それに対し実力を用いて抵抗するとき、「生命に対する権利」は「万物に対する権利」とその本体を同じくすることが露わとなる。暴力による死を回避したいというのは人間の最も強い情念だから、実力行使を含めて凡ての手段を尽くして自分の生命、身体を守ろうとする行動に出ても、行為者を非難できない。そうした行為は彼の「非難の余地のない自由 blameless liberty」(*EL,* 1, 14, 6) として lawful とされる。これが、「ホッブズの抵抗権」とマイヤ＝タッシュが呼んだものの真実態であって、この場合の lawful とは非難不可能性、問責不可能性の意味と解されるので、「臣民の自由」を抵抗権と指称するのは、抵抗権という語の慣用に反しミスリーディングだ、というのが私の年来の主張である〈参照、本書一五八–一六八頁〉。

長尾教授は、私が「生命に対する権利」と「万物に対する権利」とを混同していると批判された際、次のように論じられている。「前者〔原始権・万物に対する権利〕は座席指定権が重複して発行された場合のように、本質的に重複する権利であるが、後者〔生命に対する権利〕は各人が各々自己の生命についてのみ有するもので、本質的には重複しない。それが他者と接触して生命防衛権という形態をとった場合に、防衛の必要の認定をめぐって、初めて抵触するのである。従って、社会契約に際しても、前者は基本的に否定されなければならないが、後者は生命権という本体は維持しつつ、防衛必要認定の抵触の可能性を除去するだけで足りるのである。福田歓一教授も、『自然権の放棄は何よりも判定権の放棄であって、自己の身体とその保存とに関する自由はこれを放棄することはない。また、契約によって成立した国家状態においても、自己防衛権、抵抗権はなお生きている』……と言っている(2)」(「再考」二二四頁)。

これまた難解であるが、次のように解することが許されるだろうか。「生命に対する権利」は他者との接触において「生命防衛権」の形態をとることになるが、生命防衛の必要の有無の認定は、人々が相互に社会契約を結ぶ際、第三者たる将来の主権者に委ねることで、「防衛必要認定の抵触の可能性を除去する」ことになる、と。かく解して大過ないとすると、社会契約によるも放棄不可能であって各人に留保されている「生命防衛権」の中には、防衛必要の有無についての「認定権」は含まれておらず、その有無は専ら主権者がこれを認定する、ということになるだろう。だが、こうした防衛必要の有無の「認定権」を包含しない「生命防衛権」は、主権者に対する関係では、世俗的意味はもとよりのこと宗教的意味をも持たないことになりはしないだろうか（参照、本書一七二頁註28)。主権者の判断によって臣民が逮捕拘引されるとき、当の臣民には自分の「生命防衛の必要」の「認定権」が残されていないのだから、これに対し実力を用いて抵抗するのは、神の前に罪とされることになりはしないのか。たとい、その逮捕拘引が当該臣民の死につらなる場合であっても。こうした「生命防衛権」についての理解の仕方は、ホッブズの「臣民の自由」論と整合性を持つことはできないよう思われる（cf. *Lev,* 14, 199; 21, 270; *An Answer to Bishop Bramhall, EW* 4, p. 373)。

先述の如く、「生命に対する権利」・「生命防衛権」は主権者の権力の下に圧搾された「万物に対する権利」、したがって生命防衛の必要の有無の「認定権」を内包している権利と捉えることができないだろうか。ホッブズが「万物に対する権利」と「自己保存権 se conservandi jus」との関係をどう考えていたのかは、私もホッブズ解釈中の難問の一つだと思うが、いずれにせよ、上述の理由で、「自然権の放棄は何よりも判定権の放棄」とする福田教授のホッブズ解釈に服し得ない（cf. J. P. Sommeville, *Thomas Hobbes : Political Ideas in Historical Context,* p. 37, p. 95)。一応、私なりの、この問題についての考えを述べたが、教授の問題提起を受けとめ、今後の私の課題としたい（cf. A. P. Martinich, *A Hobbes Dictionary,* pp. 263-265)。

三　「自然法」内部の段階構造？

「再考」における教授の所論中、注目されるのは、ホッブズの自然法に三種の別ありとされている点である。『国民論』によっての分類なので、「自然法Ⅰ」とは、「平和を求め追求せよ、それが不可能なときは戦争に訴えよ」を指し、ここに「自然法Ⅱ」とは「契約は遵守さるべし」を、「自然法Ⅲ」は爾余の自然法、忘恩のいましめ、他者との協調の勧め、寛容のそれ等を指しているが、教授は「自然法Ⅲ」のみを「黄金律」と呼ぶと共に、「効力においてⅠ＞Ⅱ＞Ⅲの順位になっている」と主張されている（参照、二一七頁)。「自然法Ⅲ」のみが「黄金律の具現としての諸規範」とされているが、ここにいう黄金律が‘Do not that to another, which thou wouldest not have done to thy selfe ; quod tibi fieri non vis, alteri ne feceris.’を指すとするならば、「自然法Ⅰ」も「自然法Ⅱ」も、等しく「黄金律の具現としての諸規範」と私は思っていた（cf. J.P. Sommerville, *Thomas Hobbes : Political Ideas in Historical Context*, pp. 30-31）。何を根拠に教授が斯く断ぜられたのか、不明である（cf. *DC*, 3, 26 ; *Lev*, 14, 190 ; 15, 214 ; 26, 318）。

もっと注目に値するのは、教授がホッブズの自然法内部に、効力の強弱の度合の観点よりする規範の段階構造がある、と主張されていることである。『リヴァイアサン』にいう「基本的にして第一の自然法」によって設定される平和価値と「第二の自然法 *Lev*」をも含めて爾余の自然法との間に目的と手段の関係が認められるとはいえるが、ホッブズの自然法規範相互間に「効力の序列」が在るとまで言えるかどうか、俄に賛成しかねる。「契約遵守原則（自然法Ⅱ）が自然法Ⅲと抵触した場合には前者が優先する」との教授の主張を裏づけるものとして挙げておられるダヴィテ王の挿話にしても（参照、「再考」二〇頁、二七頁　サムエル後書一一・二―二七）、ホッブズがここで主張しているのは（cf. *Lev*, 21, 265）、王がウリヤの妻パテシバを奪うためにした行為は、王が好むことをする権利はウリヤ自身によって王に与えられていたのだから、王の行為が公正 Equity に反し自然法に反しても、ウリヤに対する関係では不正 Injurie, injustum とはならぬというに止まるのであって、王が自分の忠実な将校のウリヤを戦死するよう仕向けたのは、王の王たる神に対する関係では、神命・自然法に反し罪を犯したことになるということ、これは「主意主義者」たるホッブズ自らの認めるところである（cf. N. Bobbio, *Thomas Hobbes and the Natural Law Doctrine*, pp. 139-140）。「われはわが愆《とが》を知る。わが罪はつねにわが前にあり。我はなんぢにむかひて獨《ただ》なんぢに罪ををかし聖前《みまへ》にあしきことを行へり」（詩篇五一・三―四 cf. *Lev*, 21, 265）。ホッブズの自然法は臣民のみを拘束するにすぎず、彼の自然法論は主権者の絶対的権力の正当化のみを目的にしているに止まるというのであれば、教授のようなホッブズ解釈（参照、「再考」二七頁）も成り立つかも知れぬが、彼の自然法は神命であって主権者も神の前には自然法違反について問責を免れないというのがホッブズの真意だとしたならば（cf. *Lev*, 28, 359-360 ; 30, 376）——『リヴァイアサン』第三〇章 Office of Soveraign の存在も、私のようなホッブズ解釈を支持してくれるのではあるまいか——、「自然法Ⅰ∨自然法Ⅱ∨自然法Ⅲ」とされる長尾教授のホッブズ解釈は、問題なしとしない。

なおここで、長尾教授が「自然法Ⅱ *Lev*」、「特殊自然法Ⅰ *DC*」（「各人は他の人達もそうであるならば、平和と自己保存のため必要と考える範囲で、進んで万物に対する権利を放棄して、自分自身に対し他人が持つのを許容できる程度の自由を他者に対して持つことで満足すべきである」〈*Lev*, 14, 190〉、「万人の万物に対する権利は保有されるべきではなく、若干の或る権利は譲渡もしくは放棄されるべきである」〈*DC*, 2, 3〉）を度外視して立論されているのは、納得しかねるということを付言しておこう。「自然法Ⅲ *Lev*」、「自然法Ⅱ *DC*」（どちらも契約遵守義務を課す規範）は、「自然法Ⅱ *Lev*」、「特殊自然法Ⅰ *DC*」を「空虚な言葉」にしないための法であるとホッブズ自身が明言しているところから、両者の間に手段と目的との関係があると彼が考えていたと見られ（cf. *Lev*, 15, 201 ; *DC*, 3, 1.）、ホッブズの政治理論体系中で占める「自然法Ⅱ *Lev*」、「特殊自然法Ⅰ *DC*」の地位の重要さは、疑う余地がない。

四　ホッブズの「抵抗権」？

ここで、長すぎるのを承知の上で、先ず、長尾教授の文章を引用することにする。

「評者〔菅野のこと〕は『第一の自然法と第二の自然法たる契約遵守義務が喰い違った場合には、第一の自然法が優先する。例えば正当防衛権を放棄する契約は無効』である……という筆者〔長尾教授のこと〕の論述に対し、次のようにいう。『両者の〈喰い違い〉の一例として、教授……は〈正当防衛権〉の放棄を内容とする契約を挙げ、〈第一の自然法〉が〈優先する〉から、こうした契約は無効になると見ておられるようだが、そうではない。〈何びとも如何なる契約によるも、彼の殺害、傷害ないし其の他の仕方で彼の身体を傷つけようとする者に抵抗しないように義務づけられない〉からである。即ち、〈正当防衛権〉の放棄を内容とする契約が無効とされるのは、ホッブズの倫理学、法学の根本思想といってさして過言ではない、〈何びとも不可能事に拘束されない……〉という考え方に由来する……。この種の契約は無効、したがって其の遵守義務が発生しないのだから、〈第一の自然法〉と〈第二の自然法たる契約遵守義務〉の〈喰い違い〉が在ろうはずはない』。これは筆者には、不思議な議論に見える。例えば、公序良俗に反する契約が無効であるという民法九〇条の原則は、『賭博契約のような場合、公序良俗という第一規範と、契約遵守という第二規範が抵触しているが、民法九〇条は前者の優位を定めたものだ』と説明する方が、『公序良俗違反の契約はそもそも無効であるから、契約遵守の原則との喰い違いはあろうはずがない』というよりもずっと自然であるように感じられる。このことは、平和保持目的に反する君主の契約の場合や、国民を保護する能力を失った主権者の場合に関する評者の批判にも当てはまる」（「再考」二八―二九頁）。

この点についての長尾教授のホッブズ解釈に対する私の批判は、第一に、『国民論』第二章第一八節の一部を引用し、それに基づいていることに注意されたい。第二に、無効の契約は義務づける力・効力を持たないという、ホッブズ自身も認めている法学の常識に従っている、ということである。私の論述の何処に「不思議」があるのか、理解できない。教授の立論は、本稿中で既に批判した、「第一の自然法」の重点は後半部にあるとし、「第一の自然法」の全体を「自然権の具体化」と捉える、ホッブズの語に即する限り無理な解釈を前提として為されているのは、明白である。その点は措くとしても、民法九〇条は、「公序良俗という第一規範」に「契約遵守という第二規範」が抵触した場合に、「第一規範」が優位する旨定めたものだとされる教授の見解には、違和感を覚える。例えば、期日までに借金が返せないときは指をつめるという契約は民法九〇条によって無効、したがって promisor に斯《カ》かる契約の遵守義務がないと説明する方が遥かに自然だろう。民法九〇条は Privatautonomie に例外を設けたもの、私人の立法権の内容的制限を意図した規定だと私は理解している。例えば契約を締結して自己拘束するのは原則として自由なるも、個別－具体的法たる契約の内容が、公序良俗に反するときは、これを無効として扱い其の内容実現に公権力は如何なる形での助力をも与えぬことを規定したもの、と解している。民法九〇条は、立法権の限界を定めているという点に限るならば、憲法の平等－自由権保障規定に類似している。後者は、個人の尊厳と不可分離の自由・平等を不当に侵害する法令その他の公法上の行為を無効とすることで、国家を初めとする公法人の立法権に限界を設けたものだからである。私には、教授のように民法九〇条を理解する必要が那《ナ》辺にあるのか、不可解である。教授のような思考法よりすると、刑法第三六条第一項は、「急迫不正の侵害に対し自己又は他人の権利を防衛すべしという第一規範」と、「人を殺すな」、「他人の身体を傷害するな」、「他人の物を損壊するな」といった規範とが衝突した場合、「第一規範」の「優位」を定めた規範だということになりかねない。「formulation」についての趣味の問題」で果たして済むかどうか、疑問である。

「再考」の「第五章　ホッブズの抵抗権」で長尾教授は、私が一九年前、一九八二年に公表した「ホッブズの抵抗権?――P・C・マイヤ＝タッシュ『トマス・ホッブズと抵抗権』第二部の批判的検討――」（初出、『法学第四六巻第二号』、『続・国権』と本書所収。以下、引用は本書から行なう）中で展開した私見に論及し、疑義を表明されている。七〇頁を超える、私にしては長いこの論文中で特に主張したかったのは、以下のことである。ホッブズのいう臣民の自由、「主権者に命じられても彼〔臣民〕が不正でなしにそれを行なうことを拒否できる事柄」（*Lev*, 21, 268）をマイヤ＝タッシュは抵抗権と呼んでいるが、「臣民の自由」はドイツの刑法総則第三五条第一項前段が規定する免責緊急避難 entschuldigender Notstand に類似し、マイヤ＝タッシュその人をも含めて人々が正当防衛のアナロギーで捉えている抵抗権とは、その性格を異にするから、「臣民の自由」を抵抗権と指称するのは、抵抗権という語の慣用に反し不適当であり misleading である、このことは、ホッブズの場合、「有罪の市民も彼の生命、自由を侵害の対象とする、通常の意味での適法な国権行使に対し抵抗の『権利』をもつ」〔ことになる〕という一事を想起しても」明らかである（参照、本書一五一―一七六頁、とくに一六三頁、一六五頁）。

上記私見に対し教授は、『リヴァイアサン』中でホッブズは「臣民の自由」を「責任阻却事由的な説明」をしていないとし、その例証として次の文章を引用される。「このような権利を放棄し、或いは譲渡する動機や目的は、人の身位《ママ》、即ち生命・生命維持手段を保持し、生活を倦むことなからしむるところにある。それ故、人が言葉やその他の徴しによって、この目的を毀損するような意思を表明したように見えたとしても、それを彼の意図・意思であると解すべきでない。それは、彼がその言葉や行為の意味を知らないためであると解されるべきである（L, XIV）」。この引用文に続けて教授はいう、「契約者は、生命防衛権を最高のものと考えていたに相違ないから、自然権譲渡契約は錯誤であって無効だというのである。これこそ、自然法Ⅰ（自然権）が自然法Ⅱ（契約遵守義務）と喰い違った場合、前者が優先することの表明でなくて何であろうか（傍点筆者）」（「再考」三〇頁）。

「自然法Ⅰ」を「自然権」と読み換えることが、ホッブズ解釈として無理なことは既に述べたが、「自然法Ⅰ（自然権）」が「自然法Ⅱ（契約遵守義務）」に「優先する」との自説を根拠づけようとして教授が引用された一文が、どうして教授のホッブズ解釈の正しさを裏書することになるのか、理解できない。ここでホッブズは、「生命を奪おうとして力で襲いかかる者達に抵抗する権利」等の放棄を内容とする契約は、生命と生命保全の手段との保障を目的とする契約の本旨に反するから無効だと述べているのであって（cf. *Lev*, 14, 192, 199.）、「自然法Ⅰ（自然権）」と「自然法Ⅱ」との優劣を問題としている箇所ではない。そもそも「自然法Ⅰ」と「自然法Ⅱ」との間の、効力の強弱の意味での優劣を論じている箇所は、或いは私の見落しか知れないが、ホッブズの著作中で見たことがない。教授が引用された『リヴァイアサン』の一節は「自然法Ⅱ *Lev*」（cf. 14, 190）に関連して、したがって「自然法Ⅲ *Lev*」（契約遵守義務を謳う自然法）の説明に先立って、凡ての「権利」が始源契約によって放棄された訳ではないとするホッブズの見解の例示として、述べている箇所である（cf. *Lev*, 14, 192-200）。「自己防衛権」の「放棄」ないし、「譲渡」を約する契約は promisor にとって何らの善 good をも齎すことがないから、このような契約は、その文言に拘泥することなく、「権利」の「放棄」ないし「譲渡」という法的効果を発生せしめると解釈してはならぬ、と論じている箇所である（cf. *Lev*, 14, 192）。長尾教授は、こうした契約がその文面上「放棄」ないし「譲渡」の対象としている「生命防衛権」と契約締結の目的である、promisor にとっての good たる「生命の安全保障」とを混同されたのではあるまいか。そもそも、ホッブズにあっては、「各人は自己防衛権を有する」という命題は、「各人は自己防衛しないよう義務づけられ得ない」という命題と同一趣旨である。しかも、「人は彼の生命を奪おうとして力によって襲いかかる者に対し抵抗する権利を放棄できない」（*Lev*, 14, 192）、つまり、何びとも「自己防衛権」を放棄できないというのは、「力に対し力で以て自己防衛しないという契約は無効である」（*Lev*, 14, 199）というに等しく、さらには、「何びとも……能う限りの最善の手段を用いて自己防衛しないよう義務づけられない」（*Lev*, 27, 345）に等しい。これら三つの文章は、彼にあっては、同一内容なのだから、「何びとも自己防衛権を放棄できない」は「各人が自己防衛権を有する」と同様、「何びとも、自己防衛しないよう義務づけられぬ」の趣旨のものと見られる。人間性を考慮するならば、自己防衛しないよう義務づけするのは不可能であって、自己防衛のため実力行使の挙に出た意志形成、動機決定は非難できないというのが彼の考えなのだから（参照、本書一六三－一六四頁）、教授が先に引用された『リヴァイアサン』の一節は、「臣民の自由」についての私の捉え方の誤りを立証できるものとは思えない。

また菅野は、「……抵抗する死刑囚も違法であるが責任が阻却される者」と見ているが、こうした場合、国家と「抵抗する死刑囚」との間に自然状態が発生すると「構成」することも可能であり、とりわけ、「確信犯的犯罪者は……自然状態への回帰者」であって、これに対する「刑罰権行使を自然状態の出来事と解する〔傍点筆者〕」ことが可能ではないのかと、教授は拙論を批判されている（参照、「再考」三〇頁）。

確かにホッブズ解釈として、それは可能であろう。現にM・A・カタネオも、「死罪が科された時点で、主権者と臣民の権利は同一レベルに置かれることになって自然状態が復帰し、主権者と臣民との争いは戦争状態の性格を帯びる」と主張している（M. A. Cataneo, Hobbes Theory of Punishment in: *Hobbes Studies*, p. 282）。しかし、私は以下に述べる理由で、そのような「構成」に賛同できない。ホッブズは刑罰Punishment, poenaと敵対行為act of Hostility, factum hostileとの峻別という仕方で罪刑法定主義に近い主張をしていることに、私は注目する。「自分自身の行為によって臣民になっておきながら、故意に反逆し主権を否認する者」は国家の敵Enemy of the Commonwealth, hostis civitatisであり、彼に対する国家の加害行為は敵対行為であって（cf. *Lev*, 28, 356-357）、刑罰、「人々の意志をより良く服従へと向かわしめるため、公権威によって法侵犯と判断された作為・不作為の主体に対して同一公権威により加えられる害悪」（*Lev*, 28, 353）から区別される。「法で定められている刑罰は、臣民に対するものであって、敵に対するものではない」（*Lev*, 28, 360）。法が刑罰を特定しているときは、それよりも重い刑を科するのは自然法に反するとしながら（cf. *DC*, 13, 16）、他方、国家の敵に対する敵対行為は、既存の刑罰法規に拘束されぬばかりか、本人の三、四代の子孫に及ぼすことすら合法的だと主張している（cf. Lev, 28, 360）。

ホッブズによる敵対行為と刑罰との区別、国家の敵と臣民との区別を考慮に容れ、また刑罰についての彼のリベラルな思考法を勘案するならば（参照、本書一四八－一四九頁）、死刑囚が自分の命の惜しさの余り抵抗したからといって国家の敵と化し、彼の三、四代の子孫までが敵対行為の対象、戦争権の行使の対象となる、というのがホッブズの真意だとは、とうてい思えない。「確立された国家の権威を故意に否定する臣民」、「反逆者」のみが臣民たることを已《ゃ》め、「自然状態に回帰して」国家の敵と化し、「反逆者は、先行する法によって処罰される特権を失う」ことになるというのが、ホッブズの考えではあるまいか（cf. *An Answer to Bishop Bramhall*, *EW* 4, p. 293）。「確信犯的犯罪者」であっても、例えばホッブズの時代の決闘者のように（cf. *Lev*, 10, 157）、国家の権威を全面的に否定する者でないならば、彼と国家との間には自然状態・戦争状態は発生しない、彼は依然として国家状態に在って臣民でありつづけ刑罰権の対象に止まる、というのがホッブズの真意ではないかと私は解している。

なお、死を免れようとしてありとあらゆる抵抗——看守の殺害も含めて——をする自由・権利が死刑囚にあるというのは、彼の抵抗行為は「不正」でない、その行為は神の前に罪とされることがないという専ら宗教的意味をもつに止まるものであって、それ以上に出て、例えば主権者は、抵抗行為を理由に法が予定している死刑の執行方法よりも残酷な仕方での生命剥奪をしてはならないといった拘束を受けるものでない、と解する。自殺の拒否、父親の処刑に自ら手を下すことの拒否も同様であって、拒否を理由に主権者が彼を殺害するのは不正でないのだから（cf. *DC*, 6, 13; *Lev*, 20, 256）、「臣民の自由」のもつ意義は「専らといってよいほど道徳的つまり宗教的」なものに止まって、世俗的意義は無いといえよう（参照、本書一七二頁註28）。しかし、「臣民の自由」を主権者に対する「抵抗を事実において……認めた」にすぎぬと見るのは（参照、清水征樹「ホッブズの『犯罪と刑罰』論に関する一考察」『同志社法学第三五巻第二号』七五頁）、ホッブズの「臣民の自由」の定義、「主権者に命じられても彼が不正でなしにwithout Injusticeそれを行なうことを拒否できる事柄〔傍点筆者〕」（*Lev*, 21, 268）から見て賛成できない。「臣民の自由」の範囲内での臣民の抵抗をホッブズ自ら不正に非ずと評価しているのだから、単に「抵抗を事実において……認めた」とは言えないだろう。

むすび

以上、長尾教授の「再考」を読みながら私の頭に浮かんだことを書きつらねてみた。教授が私の批判を無視されることなく正面から受けとめて「再考」を公にされたこと、そしてこれを契機に私が自分のホッブズ解釈を再検討することができたことを、衷心から感謝する。ホッブズほどの巨人の思想を捕捉するのは容易でない、否、私のような者にとっては至難の業である。H・ウォーリンダー――私の理解できた限りでのだが――に導かれ、一般法理論と刑法学の基本概念についての私の乏しい知識を用いることで、「臣民の自由」と「配分法 distributive law」について、私なりの分析・検討を試みたことがある（参照、本書Ⅴ論文、Ⅸ論文）。教授のホッブズ解釈に対する私の批評は、そのときの僅かな蓄積に基づいている。私のホッブズ解釈が幾多の欠陥を持っているのは、充分、自覚している。群盲の一人としての私の触覚から構成されたホッブズ像にすぎない。私の願うことは、政治思想史専攻者も、ホッブズの政治思想を研究の対象とされるとき、法理論をも分析の道具として用いていただきたい、ということである。(3) J・ロックの場合も同様であるが、とくにホッブズの場合、若干の法学の素養は、その読解に不可欠と思える。私のこの提言が必ずしも的はずれでないことは、「ホッブズは法のエキスパートでなかったとしても、現今のソルボンヌの大多数の哲学者ほど法について無知ではなかった」というヴィレの言葉が裏書してくれるだろう（cf. M. Villey, Le droit de l'individu chez Hobbes, *Thomas Hobbes, Critical Assessments* 3, p. 127）。私のささやかなホッブズ論とJ・ロック論（参照、本書一二四―一九六頁、一五六―一八五頁、二三―六四頁、六三―七九頁）は、こうした問題の提起として受けとめていただければ幸甚である。

（1）　L・シュトラウスの「自然権優位説」が日本におけるホッブズ研究に多大の影響を与えているようである。ヨーロッパ思想史についての彼の該博な知識は瞠目に値するが、肝心の彼の自然権概念、否、それ以前に彼の権利概念が甚だ曖昧である。彼は或る種の情念passion、自己保存の欲望そしてそのいわば裏返しと言ってよい「暴力死への恐怖という不可避の力」と、自己保存の権利 right to self-preservation とを同一視しているようである。こうした私の推測を裏づけると見られる文章を、アト・ランダムに引用してみる。

「自然法あるいは道徳法を自己保存の自然的権利から from the natural right of self-preservation、あるいは暴力死への恐怖という動かし難い力から from the inescapable power of fear of violent death 演繹する deduce 試み……〔傍点筆者〕」（塚崎智・石崎嘉彦訳L・シュトラウス『自然権と歴史』昭和堂二〇一頁 cf. *Natural Right and History*, p. 186.）、「道徳法はまた、自己保存の自然権から導出されることによって by being deduced、大いに単純化されることになった。自己保存は平和を求める self-preservation requires peace〔傍点筆者〕」（前掲訳書二〇三頁 cf. *op. cit*, p. 187.）、「自然法はあらゆる情念のうちで最も強力なものから演繹されねばならない。……あらゆる情念のうちで最も強力なものは死の恐怖である。さらに詳しくいえば他人の手にかかる暴力死への恐怖である〔傍点筆者〕」（前掲訳書一九七頁 cf. *op. cit*, p. 180.）。「暴力死への恐怖は……自己保存の欲望を表現〔傍点筆者〕する、そして「自己保存の欲望は正義と道徳の唯一の基底」なので、「凡ての基本的な道徳事実 moral fact は義務ではなくて権利である。凡ての義務は、この基本的で不可譲の自己保存権から演繹される〔傍点筆者〕」（cf. Leo Strauss, On the Spirit of Hobbes's Political Philosophy in: *Hobbes Studies*, p. 13）。

ここに引用した文章から容易に看取できるように、シュトラウスは「暴力死への恐怖」と表裏一体化している「自己保存の欲望」を「自己保存の自然的権利」、「自己保存権」と同一視している。ここにいう権利とは、彼にあっては、善ないし正の別名にすぎぬようである。「生命の維持は……『第一の善』である。この思想の当然の帰結として、ホッブズは自然権、自然法そしてあらゆる徳……を自己保存の原理から導出しようと試みる」（添谷、谷、飯島訳　L・シュトラウス『ホッブズの政治哲学』みすず書房二〇頁）、「暴力による死への恐怖こそが、ホッブズによれば、あらゆる正しさの、したがってまた、あらゆる道徳の根源なのである」（前掲訳書二一頁）。そこでシュトラウスの解釈によると、ホッブズにあっては、「人間は自己保存の欲望をもつ」という命題は、「自己保存の欲望は善である」というに等しく、「暴力による死を恐れる」という命題は、「暴力による死への恐怖は正しい」というに等しいことになる。これは――凡てのと言わないまでも――現実に価値が内在するという考えに引きつけてのホッブズ解釈ではあるまいか。現実に価値が内在するという見方をすれば、自己保存の欲望という現実は、即、善であり、暴力死への恐怖という現実は、即、正ということになり、そして「権利」が善ないし正の別名にすぎぬとしたならば、自己保存の欲望・暴力死への恐怖と自己保存権とは同一に帰することとなるだろう。シュトラウスのホッブズ解釈が肯定されるためには、ホッブズは価値は現実に内在すると考えていた・「現実的なものは理性的である」とするタイプの自然法論者であったということが証明されねばならぬだろう。善悪判断とか正・不正の判断は価値判断であって、それは規範を事実に適用して行なわれる判断だから、自己保存の欲望を有価値と判断するときは、「人は自己保存に努むべし」という規範、暴力死への恐怖を正と判断するときは、「人は暴力死を恐れるべし」という規範の普遍妥当性を想定し、これを尺度として使用しなければならない。こうした尺度・規範に適合する故に、そしてその限りで、それ自体としては無記の、自己保存の欲望とか暴力死への恐怖が有価値（善・正）と判断されるのである（参照、『論争』一〇九頁）。このような見方をすると、「自己保存権」から「自然法あるいは道徳法」、その主観的現象形態としての「義務」が演繹・導出されるのではなくて、逆に、「人は自己保存に努むべし」との規範に適合することで「自己保存の欲望」が有価値とされるという意味では、上記規範から「自己保存権」が演繹・導出されるのである。暴力死への恐怖が有価値、正とされるのも、同様に、「人は暴力死を恐れるべし」という規範の適用の結果の表明である。シュトラウスのホッブズ解釈の根抵にあるのは、「人は自己保存の欲望をもつ」という言明 Aussage・認識命題（参照、『続・国権』二二六頁）から「自己保存の欲望は善である」ないし「暴力死への恐怖は正しい」といった価値命題を演繹・導出できるとする彼の考え方である。こうした考え方が仮に許されるとしたら、例えば、「人は異性との強い交接欲をもつ」という言明から、「異性との交接欲は善である」、「人は異性との交接『権』を有する」といった価値命題が演繹・導出できることになるだろう。そして勢い、ここから、交接欲充足のための不可欠の手段でありさえすれば、暴力の行使も交接「権」の行使として許容されるとの結論が生じかねない。

このような私のシュトラウス批判は方法二元論に立脚する論難であって、ホッブズの論理に即するものではない、といった反論が予想される。しかし、シュトラウスその人のホッブズ解釈がホッブズの論理に即していると言えるかどうか、頗る疑問である。彼はいう、「……自然法は自己保存の欲望から演繹されねばならぬ……」、「凡ての義務は、この基本的で不可譲の自己保存権から演繹される」、と（cf. The Spirit of Hobbes's Political Philosophy in: *Hobbes Studies*, p. 13）。だが、ホッブズは法と権利とは混同されてはならず、両者の間には義務と自由の差異がある、と明言している（cf. *Lev.* 14, 189）。彼のこうした主張の当否は措き、法と権利との間に彼のいうような差異が存するとしたならば、「自然法あるいは道徳法」ないし「凡ての義務」が「自己保存権」という「自然的な権利」から演繹可能とするシュトラウスのホッブズ解釈が、ホッブズの論理に即しているとは、とうてい言えないだろう。「義務のアンチテーゼ」・「義務からの自由ないし免除」あるいは少なくとも「義務の不在」を意味するホッブズの「自由・権利」から「義務」が演繹可能だというのは、背理以外の何ものでもないからである（cf. H. Warrender, *The Political Philosophy of Hobbes*, p. 19; J. Plamenatz, Mr. Warrender's Hobbes in: *Hobbes Studies*, p. 85.）。

（2）　わが国の学界でのホッブズ解釈にあっては、「自然権優位説」が通説のようである（参照、有馬忠広「ホッブズにおける個人と国家」八本編『法をめぐる人と思想』二四頁）。その代表者である福田歓一教授の語るところを聴こう。ホッブズには、教授によると、「人間の自己保存の欲求を『自然権』として肯定しようとする意図がある……」とのことであるが、何を根拠にかく断言されるのか、不明である（参照、『近代政治原理成立史序説』四六頁、以下、この本からの引用は頁数のみを示す）。また教授はいう、「ホッブズは権利が法の下にのみ存し得ることを繰り返し強調するが〔?〕、自然権は断じて自然法の承認によって成り立つのではない」（五五－五六頁）。これ又、このようなホッブズ解釈が彼のどの著作の何処に拠ったのか、不明である。二行おいて註（3）とあるが、註（3）を見ると'E II, p. 8'と記されている。'E II'とは、通常、'EW II or 2'と略記されるMolesworth 編の *The English Works of Thomas Hobbes* vol. II, *Philosophical Rudiments concerning Government and Society, De Cive* の英訳本を指しているようだが、第何章の第何節なのかを示すことなく頁数のみを示すに止めている。私には、これは甚だアンフェアな参照の求め方としか思えない。「簡潔好み」なのかどうか知らないが、教授のホッブズ解釈の当否を検討しようとする者にとって、不便きわまりない。*De Cive* の英訳の別の版やラテン語版あるいは独訳本で調べようとするとき、'E II, p.8' では、手のつけようがない。しかも 'E II, p.8' を読んでみても、教授の断定を裏書できるものかどうか疑わしい。ここでホッブズが述べているのは、人間が死を避けようとするのは石が地上に落下するのと同様、自然必然だから、自分の身体を死や苦痛から免れさせようとして凡ての手段を用いるのは不合理 absurd でないし、非難可能 reprehensible でもないし、真の理性に反するものでもない、正しい理性 right reason に反せずに行われた事柄を、人々は正しくも justly とか法上正当に with right, jure とか呼んでいる、ということである（cf. *DC*, 1, 7）。約言すると、人間が自己保存のため行動するのは、いわば自然必然なのだから、行為者を非難することはできず、一般に、こうした行為は正しいとか法上正当だとか呼ばれている、というだけのことである。この箇所だけを根拠に、「自然権は断じて自然法の承認によって成り立つのではない」といった結論が直ちに引き出せるかどうか疑わしい。自然法が自己破壊ないし自己破壊に通ずるような行為を各人に禁止し、自己保存に努めることを命じている結果として（cf. Lev. 14, 189）、各人は自己保存のため行動するのを自己の正当な利益として主張可能となる、その意味で自然法は各人に自己保存の「自然権」を「承認」した、というように考えることも可能だからである（cf. *Lev.* 14, 189）。二十世紀の有力な法の一般理論に反対して、法に対する権利の「優位」について語ろうとすれば——ホッブズの解釈としてであっても——、もっと詳細な根拠づけを要すると思われるが、福田教授は断定するのみであって、我々を納得させるような理由づけをしていない（cf. H. Kelsen, The Natural Law Doctrine before the Tribunal of Science in: *What is Justice ?*, p. 138; *Reine Rechtslehre*, 2 Aufl., S. 135）。さらに教授はいう、「平和を追求する基本的自然法の目的とするところは、実はそのまま自然権の基礎——自己保存にほかならなかった。自然法は冒頭に『人がその生命を破壊し、あるいはそれを維持する手段を失うような行いをすること』を禁じ、次に『生命を維持するのに最適の手段と自ら考えるところを避けること』を禁ずる。これはいわば消極的な形における自然権の肯定であり、自然権が自然法によって成立するのではなくて、むしろ自然法が根抵において自然権によって貫かれていることを示すものにほかならない。したがってその第一の自然法が後半において、『そして平和が獲られないときは、戦争のすべての手段と利便とを求め、また用いてさしつかえない』とことわっており、ホッブズ自身これを『自然権の要約』と呼んでいる〔傍点筆者〕」（五八頁）。

「基本的自然法」の目的が自己保存を可能ならしめるにあるということと、自己保存が「自然権の基礎」——この表現、何を意味させんとしているのか不明であるが、自己保存の欲望の積極的肯定が自然権だといった程のものか——だということとは別個の事柄なのだから、ここから「自然権」が自然法を貫いている——これまた比喩的にすぎて、その言わんとされていること、正確に捉える自信がないが、ホッブズにあっては、自然権から自然法が導出されている、といったほどの意味か——との結論は生じないだろう。このことは、自己保存を可能ならしめることを目的としているはずの「基本的自然法」から、いわば無制約の自然権ともいえる ius in omnia を手放すことを要求する「第二の自然法」が「導出される」とホッブズ自身が述べているところからも（cf. *EW* 3, chap. 14, pp. 117-118 ; *Lev.* 14, 190.）、明らかである。自然権がいわば主であって自然法が従だとする福田教授の見解よりすると、従のはずの自然法が己の主の自然権の放棄ないし譲渡を要求するのは、主客顛倒であって不可能といわねばなるまい。

「自然法は冒頭に」と書かれているが、不正確の譏《ソシ》りを免れない。註（1）で参照を求められている箇所を見るに、「自然法の冒頭」ではなくて『リヴァイアサン』第一四章の冒頭であり、しかもこの箇所は自然法に通ずる一般的性格を述べているのである。「自然の法、（Lex Naturalis）は、理性によって見出された指示 precept ないし一般準則であって、人間に対し自分の生命を破壊したり、生命保全の手段を失うようなことを為すのを禁じ、そして、人間が自己保存に最適と考えることをしないのを禁ずる」（*EW* 3, chap. 14, pp. 116-117 ; *Lev.* 14, 189）。即ち、自然法が求めているのは人々の自己保存なのであって「自然権の肯定」ではない。教授は自己保存と自然権とをイコールに置いておられるようである。これまで私が引用した文章をみても分かるように、教授のこの著書は難文につぐ難文の連続であって、何を主張しようとされているのか、私にはよく理解できなかったということを告白しておこう。ちなみに、長尾教授が自説を根拠づけるために引用された福田教授のこの著書の一文を含む全文を引用してみることにする（参照、「再考」二四頁）。

「さらに注目すべきことは、このような自然権の放棄、すなわち自然権の相互譲渡として成立する国家契約の核心が、実に多くの本人 author に対する一人の代理人 person の形成であり、『各人がその意志を彼の意志に、その判断を彼の判断に服せしめる』ことに求められていることである。すなわちこの自然権の放棄は何よりも判定権の放棄であって、自己の身体とその保存とに関する自由はこれを放棄することができない。また、契約によって成立した国家状態においても、自己防衛権、抵抗権はなお生きている。その意味は単に権力の目的上の限界というにとどまらず、善悪をまったく名目化してその主権者による法定をさえ説き、あれほどまでに執拗に法解釈権の主権者による独占を追求したホッブズが、ここに生き延びた自然権については、その要求を中断して、判断をなお個々の臣民の手に残していることにある〔傍点筆者〕」（五九頁）。

一読して理解できる人が、一体、何人いるだろうか。再三読み返して、やっと何を言わんとされているのかを朧気ながら推察できるに止まる。先ず、上記引用文の中ほどに「また」とあるが、ここは「それ故に」と直さないと、前の文章につながらない。「国家契約」によるも「自己の身体とその保存とに関する自由」は放棄不可能なので「……自己防衛権、抵抗権はなお生きている」のである。「その意味は」とあるが、ここは重複を厭わず、「自己防衛権、抵抗権が生きているということの意味は」と書くべきであったろう。これに続く文章は、冗漫にすぎて意味がとり難い。枝葉を取り払うと、「自己防衛権、抵抗権が生きているということの意味は、これら自然権についての判断は個々の臣民に委ねられているというのが、ホッブズの考えである」といった趣旨のものであろう。「判定権」と、ここにいう「判断」の権利とはどこがどう違うのか分からないが、両者が仮に同一だとしたならば、「自然権」たる「自己防衛権、抵抗権」は、国家状態にあっても、各人がそれぞれ持つことになるというのだから、「自然権の放棄は何よりも判定権の放棄」とされた教授の前言に反することになる。福田教授は詳述すべきことを詳説されず、簡潔に書くべきところを徒に飾り、かてて加えて参照文献の示し方、甚だ不親切である。『近代政治原理成立史序説』を学生に推奨された安念潤司教授は何を考えていたのだろうか（参照、樋口編『ホーンブック憲法』七七頁）。

（3）　本稿を草するに際し、たまたま田中浩教授の『近代政治思想史』（講談社学術文庫）に目を通す機会を得た。田中教授は以下のように言われる。「……われわれとしては、歴史的所産である政治学の著作を分析し解釈するためには、まず何よりも、われわれ自身が当時における最重要な政治課題はたしてなんであったのか、また歴史の進歩や発展に即した正しい解釈の方向はなんであったのか、という諸点をあらかじめ十分に知っていなければならないであろう。歴史的諸事実をほとんど捨象して、きわめて高度に抽象して書かれている『リヴァイアサン』のような著作を読むばあいには、とくにそうであり、もしも、われわれが、前述した歴史研究――ここでは、たんに政治・社会史だけをさしているのではなく、宗教・哲学・文化・経済・思想等々の理論的系譜の諸状況をもふくめていっているのであるが――にほとんど無知であれば、たとえ『リヴァイアサン』の文言の表面的な解釈はできても、ピューリタン革命前後の緊迫した状況に即して、この偉大な政治学書を生き生きと再構成して解釈することはとうてい不可能であろう〔傍点筆者〕」（『近代政治思想史』一七六－一七七頁）。

田中教授のいう意味での広汎な「歴史研究……にほとんど無知」な私のホッブズ解釈など採るに足らない、ということになりそうである。私は、必ずしも、そう思わない。『リヴァイアサン』が今日も古典として読みつがれ多数の研究書や論文が公にされているのは、この著作が、産まれた歴史的背景から独立した価値を持ち、現在の政治社会を考察する上で示唆に富むためだと考える。それは措くとして、『リヴァイアサン』の「再構成」にとって最も大事なのは、とりとめない「歴史研究」ではなくてテキストの精読に努めることだ、と私は信じている。いったい田中教授の「歴史研究」は、『リヴァイアサン』理解にとって、どれだけの意味を持っているというのか。例えば教授は「ホッブズの言葉」として、「……自然法の内容（自然権・自己保存）に反する市民法は無効である。いかなる理由であれ、各人の生命を奪うような主権者の命令には反抗して良い（抵抗権の思想・良心的徴兵忌避の思想）とさえ述べている〔傍点筆者〕」と記されている〔前掲書五八頁〕。ホッブズのどの著書のどの箇所を根拠にかく断ぜられたのか、何ら示されていない。学生向けに書かれた一般書の一部らしいので、省略されたのだろう。では、教授の主著の『ホッブズ研究序説』お茶の水書房一九八二年（以下、『序説』と略記）を見てみよう。同書三八頁にいう、「……ホッブズは、主権者が戦争に出陣することを命じたばあい、もし本人が戦場に行きたくなければ――恐怖心からであれ、信条としてであれ――金を払ってでも免除してもらってもよいし、国外に逃亡してもよい[11]、とさえいう。……ホッブズの思想は、こんにちの英米に伝統的な良心的徴兵忌避の思想原理の先駆的形態であった、といえよう〔傍点筆者〕」、と。註（11）でかく断定する根拠を示しているというので当たってみると ibid, pp. 204-209 となっている。ibid は『リヴァイアサン』を指し、頁数は *EW* 3 のそれらしい。幸い手許にあったので調べてみると、pp. 204-209 となっているが実は p. 205 とすべき箇所、「第二一章　臣民の自由について」の一部であった。ここでホッブズはいう、「軍隊が相搏つとき、一方の側もしくは双方から逃亡者が出る。だが、彼らが裏切りからでなくて恐怖心から逃亡したのであれば、不正とは評価されず、不名誉とされるのみである。同じ理由で、戦闘を回避するのは不正ではなくて臆病なのである」、と（*Lev*, 21, 270）。「信条」に基づく逃亡が不正でないなどと何処でも言っていない。逆に、同頁の後の方で、「……国家防衛が、武器を執り得る凡ての人々の助力を即刻もとめるときは、各人は〔武器を執るのを〕義務づけられる。さもないと、彼等が維持しようともせず、又その勇気を持たないような国家の設立は水泡に帰するからである」、とすら述べている（*Lev*, 21, 270）。「良心的徴兵忌避の思想」の先駆者をホッブズに求めるのは、見当違いも甚だしい。教授は、このように判断する根拠を全く示していない。それは当然である。「良心的徴兵忌避」の自由を臣民に認めるためには、「人が良心に反して行なうことは凡て罪である」とする考えの正しさが容認されねばならないが、こうした考え方は、ホッブズに言わせると、国家の病の原因となる害毒を流す「扇動的な学説」の一つであって、こうした学説は「自分自身が善悪の判定者だという思い上がった考えに基づく。何となれば良心と判断とは同一であり、判断と同様、良心も誤りをおかすことがあるからである」、国家状態にあっては「法が良心」なのであって、「もしそうでないとしたら、私的意見にすぎない私的良心の多様性の故に国家は混乱に陥るの外なく、人は自分の眼に善しと映ずるのでなければ、主権者に服従しようとしないであろう」(cf. Lev, 29, 365-366)。このようなホッブズの良心観から「良心的徴兵忌避の思想」など出てくる余地がないのは明白である。

田中教授は同書五八頁でいう、「ともかく、ホッブズによれば、個々人の生命を危険に陥れるような状況においては、主権者に服従しなくともよい[12]、ということになる。とすれば、政治の目的である、すべての人びとの生命や自由の保障を侵害するような状況が発生し、一人一人が主権者に抵抗したら、それは、結局は、革命是認の思想にまでたちいるのではないだろうか。中世における『反抗（謀反）の権利』では、個人的抵抗権は認められず、身分議会や長官をとおしてしか抵抗は可能ではなかった。ホッブズによって、はじめて、近代的な個人的抵抗権が確立されたのである」。ホッブズは個人の抵抗権、それどころか「革命是認の思想」まで持っていた、と教授は主張される訳である。教授のこうしたホッブズ解釈は、期せずしてP. C. Mayer＝Tasch, *Thomas Hobbes und das Widerstandsrecht*, 1965と吻合する。私はマイヤ＝タッシュのこのようなホッブズ解釈はとうてい受容できないと考えて、詳細にこれを批判する論文を一九八二年に公表した（「ホッブズの抵抗権？」初出『法学第四六巻第二号』、『続・国権』と本書所収。以下、参照を求める頁数は本書のそれである）。先に引用した教授の一文中の註（12）から察するに、田中教授が「個人的抵抗権」と呼んでいるのは「臣民の自由」を指しているものの如くである。註（12）で教授が参照を求められたのは*Leviathan*, chap. 21, *Of the Liberty of Subject*, *EW* 3, p. 204だからである。だが、本稿本文でも述べたように、「臣民の自由」は免責緊急避難に類似し、正当防衛のアナロギーで考えられている通常の抵抗権と性格を異にするから、「臣民の自由」を抵抗権と呼ぶのは語の慣用に反し不適当である（参照、本書一五一―一七四頁、とくに一六三頁、一六五頁）。例えば、空軍力の増強を目的とする特別税を課す法律への服従を拒否して納税しないのは、受動的抵抗権の行使と見る余地はあるが、断じて「臣民の自由」とは言えないという一事を想起しても、このことは明らかである。また逆に、法治国家的法律の適用として下された死刑判決の執行に抵抗するのを、抵抗権の行使とは言わないが、「臣民の自由」に属する（cf. *Answers to Bishop Bramhall*, *EW* 4, p. 373)。「反抗（謀反）の権利」、「革命是認の思想」にまで至るであろうと言われるが、「反抗（謀反）」、革命の主体はもはや「臣民」ではなくて「国家の敵」なのだから、「臣民の自由」の承認から出てくる結論ではあり得ない（参照、本書一八四―一八八頁）。ホッブズの思想のうちに個人的抵抗権、反乱権、革命権の是認まで見ようとされる田中教授のホッブズ解釈は、「歴史の進歩や発展」を信仰する教授のイデオロギーにひきつけてのホッブズの曲解である（cf. *Lev*, 24, 297)。

それにもまして不可解なのは、自然法と国家法（＝市民法 Civil Law）との関係についての教授のホッブズ解釈である。教授は、ホッブズは国家法の内容が「自然法の内容（生命の尊重、自己保存、快適な生活の保障つまり自然権イコール人権と自由）に反するならば、その法律は無効である……と考えた〔傍点筆者〕」、と述べている（参照、『序説』一二〇頁）。寡聞にして、このようなホッブズ解釈は初耳である（e.g. cf. H. Kelsen, The Natural Law Doctrine before the Tribunal of Science in: *What is Justice?*, p. 142; N. Bobbio, *Thomas Hobbes and the Natural Law Doctrine*, pp. 130-131, p. 136, p. 141）。ホッブズはいう、「自然法と国家法は相互に含みあい、範囲を同じくする」、「自然法は……世界のすべての国において国家法の一部である。また逆に、国家法は自然の命令 Dictate of Nature の一部である」（*Lev*, 26, 314）。ここには、自然法違反の国家法を無効とする考えは片鱗だに窺えない。自然法と国家法とは一体化しているのだから、自然法違反の国家法とは形容矛盾である。もっとも、教授は、「自然法と市民法は相互に含み合う」というのは、「人々の生命を危うくするような命令や法律は、いくら制定しても無効」との趣旨と解されている（参照、『序説』一二〇頁）。どうしてこのように解釈できるのか、不可解というしかない。「自然法は……すべての国家において国家法の一部」であり、「また逆に、国家法は自然の命令〔自然法〕の一部」だというのが、先の命題の趣旨なのだから、ここには、両者の規範衝突は全く想定されていない。「……自然法は窃盗、姦通等を禁じているが、国家法が我々に何かの侵害を命ずるならば、それが何であれ、その侵害は窃盗、姦通等ではない」（*DC*. 14. 10）、とすら彼はいう。但し、「何びとも不可能事に拘束されない」（*DC* 2, 18）ので、自己保存の本能や骨肉の情愛を考慮するならば、その遵守ないしそれへの服従が人々に期待できないような事柄は「臣民の自由」、「主権者に命じられても彼〔臣民〕が不正でなしに sine injustitia それを行なうことを拒否できる事柄」であることをホッブズは認めているが、「臣民の自由」に属する行為であっても、主権者に対する関係で可罰性が阻却される訳ではなく、行為者たる臣民は、神の前に罪人とされることがない、というに止まる（参照、本書一六三―一六四頁、一七二頁註28）。自然法違反の国家法？を「無効」とホッブズが見ていた痕跡は、私の知る限り、全く無い。

田中教授のいわゆる歴史研究の成果が、ここに紹介・検討したようなホッブズ解釈だとしたならば、そのような「歴史研究」はホッブズ思想の理解にとって全く不必要、それどころか、百害あって一利無しと断言して憚らない。

［後　記］　長尾教授は一九九六年一月初旬「再考」の原稿を私に送付され、再検討の時間的余裕を恵与された。教授の雅量に心から敬意を表し、このことを附記する次第である。

Ⅷ　L・シュトラウスのホッブズ解釈についての一つの疑義

——社会契約論と死刑制度覚書——

小論はL・シュトラウスのホッブズ解釈のごく一部を検討・批判の対象としようとするものである。行論の必要上、ベッカリーア、ルソーの所説をも引用するが、両者の所説についての私の理解は極めて未熟なので、ほんの心覚えのための記載の域を出ない。副題を、「社会契約論と死刑制度覚書」とした理由の一斑は茲《ココ》にある。本稿は、先に発表した拙稿「単眼ホッブズ論」日本大学法学紀要第三八巻（一九九七年）の註1（本書二三五―二三七頁）のいわば補論である。

私はイタリア語が全く読めないので、ベッカリーアの『犯罪と刑罰』からの引用は、すべて風早八十二・風早二葉訳（岩波文庫）から行ない、傍ら Cambridge Texts in the History of Political Thought の *On the Crimes and Punishment and Other Writings* edit. by Richard Bellamy を参考にした。ホッブズの『リヴァイアサン』の引用に際しては水田洋訳（岩波文庫）、ロックの *Second Treatise of Government* の引用に際しては鵜飼信成訳『市民政府論』（岩波文庫）、ルソーの *Contrat social* の引用に際しては桑原武雄・前川貞次郎訳『社会契約論』（岩波文庫）を参考にした。上記訳者の方々に謝意を表する。Leviathan のテキストとしてはマクファースン版を用い、例えば *Lev.* 14, 199. とは『リヴァイアサン』第一四章、マクファースン版一九九頁の略記である。*Second Treatise* のテキストとしてはラスレット版を用い、例えばII. §11. は『統治論』第二篇第一一節の略記である。*Contrat social* は M. Halbwachs の註釈つきのテキスト (Bibliothèque Philosophique Aubier) を用いた。ホッブズの *De Cive* と *A Dialogue between a Philosopher and a Student of the Common Laws of England* のテキストとして Molesworth 編の *English Works* vol. II; vol. VI を使用した (以下、*D. C.*; *A Dialogue, E. W.* 6. と略記する、なお *D. C.* II 18. は *De Cive* 第二章第一八節の略記である)。

L・シュトラウスのホッブズ解釈の特徴は、ホッブズの政治哲学にあっては「自己保存」の「自然権」こそが主であって、すべての義務をホッブズはこの「自然権」から導出していると説く点にある。

「……自然法が自己保存の欲望から導出されねばならぬとしたら、換言すると、自己保存の欲望がすべての正義と道徳の唯一の根源だとしたら、基本的な道徳的事実 moral fact は義務ではなくて権利だ、ということになる。即ち、すべての義務は自己保存権に由来することになる〔傍点筆者〕」(L. Strauss, The Spirit of Hobbes's Political Philosophy in: *Hobbes Studies,* p. 13.)。

ここでシュトラウスは「自己保存の欲望」という事実と「自己保存権」という「自然権」とを同置しているのは大いに問題であるが (参照、本書二三五―二三七頁)、このことは措き、彼は、このようなホッブズ解釈に基づいて次のような結論に達している。

「唯一無条件の道徳的事実が個人の自己保存権だとしたならば、国家は個人に対し戦争へ参加することと死刑に服することとで以て、自己保存権を放棄するよう要求するのは、殆ど不可能ということになろう」。死刑に関しては、ホッブズは「臣民の自由」の一つとして、正当な法手続きによって死刑を宣告された者であっても、自分の生命保全のため抵抗する権利を失わないと論ずることで、政府の権利と個人の自己保存の自然権との間の解決不可能な衝突の存在を認めることにより首尾一貫性を保とうと努めている。「だが、この衝突は、ホッブズの文面には反するがその精神に即することで、ベッカリーアによって解決された。ベッカリーアは自己保存の絶対的優位性から死刑廃止の必然性 necessity を帰結した」(cf. *op. cit.,* p. 26. なお「臣民の自由」については、参照、本書一五八―一六四頁)。つまり、ホッブズが自己の論理に忠実であったならば、彼もベッカリーアの死刑否認論と同一結論に到達したはずだ、とシュトラウスは主張しているのである。ホッブズの「精神に即する」と果《は》たしてそのようなことになるのかを、検討してみよう。

　ベッカリーアはいう、「人間が同胞をぎゃく殺する『権利』を誰がいったい与えることができたのか？　この権利はたしかに主権と法律との基礎となっている権利とは別のものだ。法律とは各個人の自由の割前 [portion] ――各人がゆずることができる最小の割前の総体以外の何物でもない。それは個々人の意思の総体である総意を表示する。さてしかし、誰が彼の生命を奪う『権利』を他の人々に与えたいなどと思っただろうか？　どうして各人のさし出した最小の自由の割前の中に、生命の自由――あらゆる財産の中でもっとも大きな財産である生命の自由もふくまれるという解釈ができるのだろう？　もし、このようなことが肯定されるのだとすれば、このような原理と、自殺を禁じているいましめとをどうやって調和させるというのか？　人間がみずからを殺す権利がないのなら、その権利を他人に――たとえそれが社会であったとしても――ゆずり渡すことができないはずだ。死刑とはいかなる『権利』にももとづかないものである [the death penalty is not a matter of right.]。死刑とは一人の国民に対して国家が彼を亡ぼすことを必要あるいは有用と判断したときに布告する宣戦 [an act of war] である〔傍点筆者〕」(風早前掲訳書九〇―九一頁)。

ここに引用した箇所で、ベッカリーアは三つのことを主張していると見られる。その一は、社会契約締結に際し個人の広義のプロパティの中で最も大切な彼の生命を奪う『権利』を他人に、よしんばそれが国家たろうとも、与えたいなどと彼が思うはずがない、このことは人間の自己保存の本能を考慮すれば当然看取できる事実だということである。この論法は、社会契約は国家設立のために実際に結ばれた契約だということを前提している。

その二は、これまた国家設立のため社会契約は現実に締結される契約であることを前提しているが、仮に社会契約締結に参加する個人が自分の生命を奪う権利を他人に与えることを約束したとしても、そのような契約は自殺禁止の「いましめ」に反し公序良俗則に反する法律行為として無効と評価されねばならぬはずだ、ということである。

以上の二つの理由に基づいてベッカリーアは、死刑はいかなる「権利」にも基づくものではない、国家は自国民に対し死刑を宣告しこれを執行する「権利」——法の法たる社会契約に基づく「権利」——を持つことはあり得ない、と論結する。しかし、現実には国家は死刑制度を設け、死刑を執行している。この事実をどのように見るのかが、前記引用文中の彼の第三の主張である。

三は、前二者と全く別箇のことを問題としている。前二者は、死刑は社会契約に由来する「権利」に基づくものではあり得ない、死刑は社会契約を以てしては正当化できないということの論証であったが、三は、それでは死刑はいかなる性質のものと解されるのかについてのベッカリーアの見解の表明である。彼は死刑判決はその対象となる個人に対する国家の宣戦布告、死刑の執行は彼に対する「戦争行為 an act of war」とみているようである（cf. Beccaria, *On Crimes and Punishments and Other Writings* edited by R. Bellamy, p.66.）。このように解して大過ないとすると、国家と死刑囚との間には自然状態が発生し、死刑囚はもはや国民ではなくて国家による戦争権 jus belli の対象、死刑囚の方も国家を相手どって「万物に対する権利 ius in omnia」を行使できる、ということになる。

ホッブズ流にいえば、死刑宣告をうけた者は臣民ではなくて「敵 Enemies」であり（cf. *Lev.* 28, 360-361.）、彼に加えられるのは刑罰ではなくて敵対行為 an act of Hostility ; factum hostile ということになるだろう（参照、本書一四三―一四四頁、一四八―一四九頁）。

三は措き、一と二で要約したベッカリーアの主張をホッブズのそれと比較して、はたしてホッブズは彼の論理の不徹底性の故にベッカリーアと同一結論に到達しなかったのかどうかを検討してみよう。先ず一についてみる。ホッブズは社会契約論の持つ、このような問題点を炯眼すでに洞察していたようである。彼はいう、「暴力によって暴力から自己防衛しないとする信約は常に無効である。というのは、いかなる人も、死、傷害そして監禁から自分を救う権利を譲渡ないし手放すことができず、すべての権利を手放すことの唯一の目的は死、傷害そして監禁から免れるにあるから、暴力に抵抗しないという約束は、いかなる信約にあっても、どんな権利をも譲渡することなく、［信約はかかることを］義務づけるものではないからである。そこで、『私がこれこれのことをしない場合は、私を殺せ』という信約は可能だが、『私がこれこれのことをなさず、［その結果］貴君が私を殺しにやってきたとき、私は抵抗しません』という信約は不可能ということになる。というのは、人はその本性上、より小さな害悪を選ぶのであって、抵抗しないことによる現前の死に比較するならば、抵抗して死ぬ危険の方がより小さいからである」(*Lev.* 14, 199.)。

同様のことを『国民論』の中で、ホッブズは以下のように述べている。「私が指定された日にそのことをしなかったならば、私を殺せと私が約束することと、私がそのことをしなかったのを理由に貴君が私を殺しにきたとき、私は抵抗いたしませんと約束することとは、別箇の事柄である。すべての人々は必要とあれば前者のような契約をするし、また屡々そうした必要がある。［だが］後者のような約束は誰もしないし、その必要もない。……抵抗しないと約束することで、我々は二つの害悪中の、より大きいとみられる害悪の方を選択することになる。というのは、確実な死は［生を求めて］闘うよりも大きな害悪だからである。だが、二つの害悪中の、より小さな方を選ばぬといったことは［人間にとって］不可能である。それ故、こうした契約によってかかる不可能事に拘束されるとするならば、それは正《マサ》しく契約 compact の性質に反することになる〔傍点筆者〕」（*D. C.* II 18.）。

ホッブズの倫理学、法学の根底にあるのは、「何びとも不可能事に拘束されない nemo tenetur ad impossibile.」（*D. C.* II. 18. *Opera Latina 2*, p.177 ; cf. *A Dialogue E. W.* 6, p.28.）という彼にとっての自明の理であり（参照、本書一五八－一五九頁、一七二頁註30）、ここからの当然の帰結として、不可能事を義務づけるような契約は無効、「不可能と知られていることを約束するのは信約ではない」（*Lev.* 14. 197.）ということになる。例えば「これこれをしないときは私を殺せ」という契約は屢々締結されるし、また有効である。しかし、これとは判然と区別されねばならぬ、「私がこれこれのことをしないとき貴方がそれを理由に私を殺しにきたとき、私は抵抗いたしません」という契約は、人間の自己保存の本能を考慮すれば不可能事を義務づけようとするものだから、無効である。暴力を用いても自己保存のため抵抗するのは自然必然だから、このような場合に「抵抗しない」と約束しても、それは信約ではなく拘束力を持つことがない。これがホッブズの考えと見られる。

そこで、こうしたホッブズの考えからすると、「これこれのことをしないときは私を殺せ」という契約は、約束に違反したとして殺しにきたとき抵抗しないという契約と違って、「屢々必要」なので現に締結されているし有効だということになる。したがって、社会契約中のこうした条項――それは有効な条項である――に基づく死刑は法的根拠を持つ、換言すれば、'matter of right' であって「権利」に基づくものだ、ということになる。

因みに、この問題に関するルソーの考えを見てみよう。曰く、「人殺しの犠牲者 la victime d'un assassin にならぬためにこそ、われわれは［自分が］人殺しになった場合には死刑になるのを承諾しているのだ。この契約にさいしては、われわれは自分自身の生命が［他人の］思うままにされると考えるどころか自分自身の生命が保障されることのみを考える。そのとき契約当事者のなかに誰一人として自分の首が吊るされるなどと予想する者が居ようとは考えられない」（桑原・前川訳『社会契約論』岩波文庫第二篇第五章五四－五五頁、若干字句を修正した）。

風早訳『犯罪と刑罰』第16章「死刑について」に挿入されたディドロの評註は、死刑についてのホッブズやルソーの考えを極めて具体的に詳述したものとして重要性がある。少々長いが引用しよう。「生命があらゆる財産中もっとも大きなものであるからこそ、他人の生命をうばった者の生命をうばう権利を、各人は社会に承認しているのだ。もとより誰も、たとえどんな口実によっても、彼の生命をうばう権利を社会に与えたくなかったにちがいない。だが、各人は自分の生命を保存することだけにかかりきっていて、他人の生命を侵すという彼自身その時持ち合わせていない意思について他人を警戒しない。それですべての人は死刑は、安全のため、防衛のため、公的な復讐のために利益であるとしか見ないのだ。『もし私が他人の生命を侵したときは、私の生命がうばわれることに同意します』という人はみずからに向かって『私は他人の生命を侵さないだろう。だから法律は私の味方であって敵にはならないだろう』というであろうことは容易に考えられる。この契約は人間性にとって極めて適切であり、特殊社会でしばしばむすばれる。たとえば陰謀において、人々は秘密をもらした者の血をあびることを誓い合う。この刑罰の正当性についていえば、この刑は社会契約と共通の実利に基礎をもっている。もしこの刑が必要ならばそれは正当なのだ。だから問題はそれが必要かどうかを知ることである」（風早訳前掲書九〇－九一頁）。

ここには先に私が『国民論』から引用した文章中の、「すべての人々は必要とあらば前者［私が指定された日にそのことをしないならば、私を殺せ、と私が約束すること］のような契約をするし、また屢々そうした必要がある」と述べるホッブズの主張の含意が詳細に説き明かされている。即ち、社会契約を結ぶ時点では、締結者は誰一人として自分が死罪に値する重罪を犯すだろうなどとは露おもわず、専ら自分の身の安全、公的復讐のみに眼を奪われて死刑を必要と考えるから、社会契約締結のさいにすべての人々が死刑条項に賛意を表するのは、人情として充分ありうる、という訳である。

ホッブズとルソーは、このように、社会契約締結の際の個々人の同意に死刑制度の正当性の根拠、死刑が「権利」に基づくものであることを認める根拠を見ていることになるが、同じく社会契約論者であってもロックの場合は、前記二者と異なる。ロックは社会契約締結者の同意にではなくて、社会契約に上位する「自然の大法 the great Law of Nature」に死刑の法的根拠を見ている。ロックの自然法というと、一般に、正当防衛および自然法に反して自己の権利を侵害する者に「報復する場合を除いては、他人の生命ないし生命の維持に役立つもの、他人の自由、健康、四肢もしくは財貨を奪い或いは傷つけてはならない」（II §6.）を想起するが、この自然法は人々に一定の不作為を一方的に義務づけする規範、尾高博士のいわゆる行為規範・社会規範（参照、『国家構造論』一八三頁）、H・L・A・ハートの primary rules of obligation（cf. H.L.A.Hart, *The Concept of Law*, p.89.）の性格を有するもので、私はロックのこの種の自然法を第一次自然法と呼ぶことにするが、ロックの自然法はこれに限られないことは留意の要がある。第一次自然法違反者に対する制裁の何たるべきかを規定する法は——これも自然法だが——、尾高博士のいわゆる強制規範（参照、尾高前掲書一八〇―一八一頁）、H・ケルゼンのいう強制を命ずる規範 zwangordnende Norm（Vgl. Idee des Naturrechts, in : *Die Wiener rechtstheoretische Schule*, S.274.）の性格を持つものであって、これを第二次自然法と呼ぶことにする。ロックはこの種の自然法の存在をはっきり認めているが、詳述していない。僅かに殺人に対する刑罰が死刑であることを明言するに止まる。

曰く、「……各人は自然状態においては、人を殺した者を殺す権力を持っている。それは一方においては、この場合にすべての人から加えられる刑罰を知って……他の者が同じような不法行為……を行なわないようにするためであり、他方においては、神の人間に与えた一般的規則、規矩、理性を否認してこの者が一人に加えた、不正の暴力と殺人とによって、全人類に対して戦いを宣したところの、その故に人間との間に何ら共同の社会や保障を形づくることのない、あの野獣である獅子や虎と同様に殺されていいところの、犯罪人の企てから人々を保護するためである。そしてここに、かの自然の大法が基づいている。曰く、「凡《およ》そ人の血を流す者は人其血を流さん」と（「創世記」九章六節）。カインは、誰でもこのような犯罪人を殺す権利を持っていたことをかたく信じていたから、その弟を殺した後に叫んでいった、『凡《およ》そ我に遇ふ者我を殺さん』（「創世記」四章一四節）。それほどはっきりこのことは全人類の心に書き記されていたのである」（II §11.）。

　殺人者に対する刑罰が死刑であるのは「自然の大法」の明示するところだから、これに基づいて「各人は自然状態においては、人を殺した者を殺す権力を持っている［傍点筆者］」。国家状態にあって如何。「自然権保全《プロパティ》」のため各人は相互に社会契約を結んで国家状態に入るが、その際、各人が放棄する二つの権力ないし権利のうちの一つは、自然法違反者に対する処罰権であり（cf. II §127. §128. なお参照、本書四一頁）、国民の代表者が受託者としてこれを行使することになる（参照、本書五八頁註3）。

　以上、紹介したところから知られるように、ロックにあっては、死刑制度は終局的には「人の血を流す者は人其血を流さん」という「自然の大法」によって正当化されることになる、否、むしろ「自然の大法」の要求するところだ、ということになる。これは、ベッカリーアの、「死刑はいかなる『権利』にも基づかないものである」とする主張と極めて対照的といわねばなるまい。ロックにあっては死刑は「自然の大法」が規定する刑罰なのだから、自然状態においては各人が、国家状態にあっては国民の代表者が死刑を執行する「権利」、といわんよりは義務を有する、ということになる。社会契約の締結者の全員が死刑に同意するかどうかは問題にならない。殺人者を死刑にするのは神意だからである。社会契約締結者ではない「外国人」であっても、他国の領土上で人を殺したときは、その国の政府は彼を死刑に処することができる。ロックはいう、「……君主や国家が、その国で罪を犯した外国人を死刑に処し、またはその他の刑罰を科し得る」のは「各人が自然法によって有する」権利によるとしか説明できない、と（II §9. なお参照、本書八四―八七頁）。

次にベッカリーアが死刑を以て法的に正当化不可能としている二つめの理由についてみよう。彼は、仮に社会契約締結の際に人々が死刑に同意したとしても、「このような原理と、自殺を禁じているいましめ［the other principle which denies that a man is free to commit suicide］とをどうやって調和させるというのか」と設問する。即ち、自殺禁止の「いましめ」は強行規定だから、仮に契約当事者が死刑制度を設けることに同意しても、そのような契約は無効のはずだ、という訳である。死刑制度の設置に同意することがどうして「自殺を禁じているいましめ」に反することになるのか、それ自体疑問である。死刑は本人の意に反する・公権力による彼の生命の剥奪行為であり、自殺は何らかの内的苦悶からすすんで自らの命を断つ行為である。両者は全く性質を異にする行為なのだから、死刑制度の設置に同意したからといって「自殺を禁ずるいましめ」に反すということにならないし、この「いましめ」の妥当性を承認したからといって、死刑制度の設置に同意してはならぬ、ということにもならない。このように私は考えるが、本稿の主題と関連づけながら、自殺問題についての、ロックとホッブズの見解をみてみよう。

ロックは自殺は許されぬ、とする（e.g. II §135.）。その理由は、人間は神の被造物であり、神の所有物 property

であることに求められる（cf. II §6, §135.）。自殺は神意、所有者たる神の意志に反して所有物である人間が自己を破壊する行為として罪だというのがロックの考えであり、少なくとも一七世紀の大方《おおかた》のキリスト教徒の考え方であったろう。もっとも、先述したように、ロックの場合は、死刑を正当化するのは社会契約に上位する第二次自然法なのであり、死刑は法に基づくものとして'a matter of right'ということになって、社会契約締結に参加する個人の同意の有無と関係ないので、死刑と「自殺を禁ずるいましめ」とが抵触することはあり得ない。

肝心のホッブズの場合はどうか。*A Dialogue* のなかで、明らかにホッブズ自身の意見の代弁者とみられる「哲学者」に、次のように語らせている。「どんな人間でも、進んで自分の身体を傷つけるほどに、ましてや自分を殺すほどに自分自身に animus felleus、悪意を持つことが可能だなどと考えることができない。というのは、自然必然的にすべての人々の意図は自分にとっての善きものを目指すのであり、自分の保全を志向するからである。それ故、思うに、もし彼が自分自身を殺すならば、その人間は正気 compos mentis ではなくて、ある内的苦悶もしくは死よりももっと悪いことの何らかの懸念によって動顚していたのだと推定されねばならぬ」。これに対し対話の相手方のコモン・ローの法曹家も、「正気でないならば、たしかに自殺者は felo de se（自分自身に対する重罪犯人）とは言えない」と同意している（cf. *E. W.* 6, p. 88.; J. Cropsey 版 p. 116.）。

自殺は自殺者の「正気」でないことに由来し、一時的にせよ狂気のなせる業《ワザ》だとするならば、狂人 Madman は自然法に反する行為をしても免責されるから excused（cf. *Lev.* 27, 345.）、自殺者は神に対して罪を犯したことにならない。その意味では自殺は禁じられていないので、死刑への同意といわゆる自殺の禁止とは両立可能ということになるだろう。とすれば――ベッカリーアの土俵にあがって論じても――、社会契約中の死刑への同意を表示する条項はホッブズの考え方からすると、有効ということになる。自殺は禁じられていないからである。

ベッカリーアが死刑を非とする二つの理由は、双方ともホッブズの言に即していないだけでなくて、ホッブズの精神にも即していない。よって、Ｌ・シュトラウスの如く、ベッカリーアの死刑否認論はホッブズの思想の理論的帰結とみるのに賛成できない。この点についても、シュトラウスのホッブズ解釈はホッブズの真意の曲解としか思えない、と述べることで擱筆する。

IX　トマス・ホッブズの法理論覚書
——配分法と刑罰法——

小論は、従来、筆者の知る限り殆ど注目されることのなかったトマス・ホッブズの配分法 distributive law, lex distributiva と刑罰法 penal law or vindicative law, lex poenalis sive lex vindicativa の概念、とりわけ前者の明確化を目的とする。*Leviathan* のテキストとしてはC・B・マクファースン校訂の Pelican Classics のそれを用い、引用に際しては、章と共にテキストの頁数をも示した。水田洋教授訳『リヴァイアサン』岩波文庫から多大の御教示を得たことを附記し謝意を表する。*Leviathan* のラテン語版はモールズワース編の Thomas Hobbes, の *Opera philosophica quae latine scripsit* vol. III（以下、Opera Latina 3. と略記）を使用した。本稿の論旨展開の必要上、筆者のラテン語の読解力の乏しさを顧みず、*De Cive* のテキストとして、モールズワース編の *Opera Latina* 2. を用い、絶えずモールズワース編の *The English Works of Thomas Hobbes,* vol. 2. を参照すると共に必要に応じ此処からも引用し、傍ら独訳（Thomas Hobbes, *Vom Menschen/Vom Bürger,* eingeleitet und herausgegeben von Gawlick）も参照した。ジョン・ロックの *The Second Treatise of Government* のテキストとしては *Two Treatises of Government,* a critical edition with an introduction and notes by Peter Laslett, A Mentor Book を使用し、鵜飼信成博士訳『市民政府論』岩波文庫を参照することで種々の御教示に与《アズカ》ったことを茲《ココ》に記し、今は亡き博士の学恩に深甚の謝意を表する次第である。

配分法と刑罰法についてのホッブズの論述は極めて断片的なので、私が気づいた限りでこの問題について彼が言及している殆ど凡ての文章を引用し、これに若干のコメントを加えつつ、彼の主張の再構成を試みることとする。ホッブズは『リヴァイアサン』第二六章中で以下のように述べている。

「……実定法中の若干のものは人的Humaneであり、若干のものは神的Divineである。そして人定法中の若干のものは配分的であり若干のものは刑罰的である。凡《スベ》ての人々に対して何に基づいて土地や財貨の所有権a propertyと行動の権利ないし自由を獲得保持し得るのかを宣言することで、臣民の権利を定める法が配分的なのであって、これらの法は凡ての臣民を受命者とする。法の侵犯者に対し如何なる刑罰Penaltyを科すべきかを宣言する法は刑罰的であって、執行に任ぜられた主権代行者Ministersと公吏がその受命者である。というのは、凡ての人々は法侵犯に関し予め定められた刑罰Punishmentsについて知らされていなければならないが、〔刑罰法の〕命令は（誠実に〔自分で〕自分自身を処罰するとは〔到底〕考えられない）〔配分法の〕違反者を受命者とするものではなくて、刑罰の執行に任ぜられた公的な主権代行者をその受命者とする。そしてこれら刑罰法は、大抵の場合、配分法と共に成文化されて、屢々、判断〔判決〕Judgementsと呼ばれる。というのは、凡ての法は立法者の一般的な判断もしくは判決文Sentencesなのであって、このことは、凡ての個別的判断〔判決〕Particular Judgementが訴訟当事者にとっての法であるのと、変わるところがないからである」(pp. 330-331)。

上記引用文に該当するラテン語版の一節は次の通りである。「人定法の或るものは配分的であり、或るものは刑罰的である。国民の権利がそれによって画定されるのが配分的であって、それは凡ての国民を受命者とする。法侵犯者に加えられるべき刑罰を限定するのが刑罰的であって、刑罰の執行をその任務とする主権代行者のみを受命者とし、配分法に結びつけられる Humanarum aliae sunt *distributivae*, aliae *poenales*. Distributivae sunt, quibus jura civium definiuntur, quaeque civibus praescribuntur universis. Poenales sunt, quae poenas violatoribus legum infligendas definiunt, quaeque ministros, quorum officium est poenas exequi, solos alloquuntur ; et cum legibus distributivis conjunguntur. 〔原文中イタリックの部分の訳に圏点を付した。以下、同様〕」（*Opera Latina* 3, pp. 206-207）。

フェルディナンド・テニエスは言う、「そのため〔国内の平和維持と外敵からの防衛のため〕には、ホッブズが本質的には私のもの Mein と貴方のもの Dein に係わるとの正しい認識の下に『配分法 distributives Gesetz』とも名づけたところの私法 ein bürgerliches Privatrecht(1) と共に、当を得た刑罰法 ein zweckmässiges Strafgesetz が必要である〔傍点筆者〕」（F. Tönnies, *Thomas Hobbes*, 2. Aufl., S. 186.）。ここに引用した文章よりすると、テニエスはホッブズの配分法を「私法」と同一視しているかの如くである。ここにいう私法が現代の意味でのそれだとしたならば、配分法をそのようなものとして捉えることが妥当だろうか。先に引用した『リヴァイアサン』の一節のみよりすると、テニエスの配分法概念の把握は当っているかのようであるが、ホッブズの『法学綱要』と『国民論』について、この点を検討してみよう。

『法学綱要』中で彼は、「法に服従する者の差異」の観点の下に、「端的に simply 法であるところの法」と「刑罰法」とを区別している。「法が係わる人の差異から若干の法は端的に法と呼ばれ、若干のものは刑罰法と呼ばれる。例えば、『汝、盗む勿れ』は端的に法であるが、『牛を盗んだ者は四倍の償いを為すべし』というのは刑罰法であり、もしくは他の人々の呼ぶところに従うと裁判法 judicial law である。ところで、端的に法であるところの法にあっては命令は凡ての人に向けて発せられるも、刑罰法にあっては命令は主権代行者に向けられ、そこで定められた罰 penalties が科せられぬときは、彼のみが刑罰法違反の責めを負うのであって、彼以外の人々は刑罰法と何ら係わりを持つことなく、〔刑罰法は〕単に彼等〔に法侵犯〕の危険を知らしめるにすぎない」(*The Elements of Law*, edited with a preface and critical note by F. Tönnies, 2. ed., p.187. 以下、*Elements* と略記)。

ここで彼が、「端的に法であるところの法」と呼んでいるのが『リヴァイアサン』でいう配分法であることは、配分法に関し最も詳細に論じている『国民論』からこれを知ることができる。『法学綱要』ではホッブズは受命者の差異に基づく国家法の分類として「端的に法であるところの法」と「刑罰法」とを区別しているが、『国民論』では立法者の二つの職務 officium に対応する、国家法が有する二つの部分として、配分法と刑罰法について語っている。

「……国家法 lex civilis は、判断すること judicare と其の判断に人々が従うよう強制すること cogere の二つの立法者の職務に応じて二つの部分を有し、その一は配分的であり、他の一は懲罰的ないし刑罰的である」(*De Cive*, Cap. 14, art. 6.)。続けて彼は両者を以下のように定義する。「それによって各人に彼の権利 jus suum が配分される部分が配分的である。即ち、我々が我々のもの nostrum〔our own〕を使用し享受するのを他人が妨げることのないようにするため、また同様に、彼等が彼らのもの sui〔theirs〕を使用し享受することを我々が妨げることがないようにするため、何が我々にとって固有のもの proprium であり、何が他人にとって固有のものなのかを、そして、何を為し或いは何を為さぬことが各人にとって許され乃至許されないのかを我等が知ることができるようにするために、凡てのものの規律 regula omnium rerum を定める部分が配分的なのである。法 lex を侵犯する者が如何なる刑罰に服すべきかが、其れによって規定される部分が懲罰的である〔傍点筆者〕」(*De Cive*, Cap. 14, art. 6. 英語版の該当語をキッコーで示した。以下、同様）。

『法学綱要』とは異なって此処では、配分法と刑罰法（＝懲罰法）とは受命者の差異に基づく二種の国家法とされず、立法者・主権者の二つの異なった職務に対応する、同一法の二つの部分とされている。何が各人にとっての彼の権利なのかを判断することと其の判断を強制することとの二つが主権者の職務であって、その遂行のため主権者の命令たる法は配分的部分と刑罰的部分との二つを持つことになる、と説いている。ここにいう権利 jus が私益を内容とする故に原則として「権利」者の自由意志で処分可能であると共に民事訴訟手続で救済され得る私法上の権利を指すに止まるものなのか——テニエスのように配分法を ein bürgerliches Privatrecht として捉えるならば、ここにいう jus は私権ということになるだろう——、それとも広く、「人がそれに対して道徳的に正当な資格を持つもの」という意味での権利（cf. H. Warrender, *The Political Philosophy of Hobbes*, p. 18; K. Olivecrona, *Law as Fact*, 2ed. p. 145.）、したがってそれに対する侵害は原則として「権利」者の意志と係わりなく不正と評価されねばならぬものを指すのかが問題である。先に引用した箇所で彼が、「何を為し何を為さぬことが各人にとって許され乃至許されないのかを我々が知ることができるようにするため、凡てのものの規律を定める部分が配分的なのである」と述べているところから見ると、後者ではあるまいかと思われるが、この点は追々検討することとして、『国民論』中で刑罰法の必要性を彼が強調している箇所を引用してみよう。

「ところで配分法と懲罰法とは、法の二つの異なった種類ではなくて同一法の二つの部分である。もし法が、例えば、貴方の網を用いて海で貴方が捕獲したものは何でも貴方のものであれ tuum esto ということ以上のことを言わないとしたら、そのような法は無益である frustra est。貴方が捕獲したものを他人が奪っても、そのことは、そのものが依然として貴方のものであることを妨げないからである。というのは、凡《スベ》てのもの omnia が凡ての人の共有であった自然状態においては、貴方のものと他人のもの et tuum et alienum との区別がなく、法が貴方のものと規定するものは、法以前においてすら既に貴方のものであり、法〔制定〕の後において他人が占有しても依然として貴方のものであることを已《ャ》めないからである。それ故、貴方自身が欲しいままに常に自由に使用するのを妨害することが他の凡ての人々に禁じられその享受が保障されるという意味で、そのものが貴方のものだというように解されない限り、法は無益なのである。財貨にとって必要なのは人がそれらを使用できるということなのであって、こうしたことは、彼にとって〔使用の〕障害となることが他人に禁じられて〔始めて〕可能だからである。そこで、刑罰の恐怖を吹きこまぬ者は何びとに対しても無益に禁止するということになる。それ故、違法〔不正〕行為 injuria を禁止する部分と違法行為者を処罰する部分との双方を含まないと、法は無益である。配分的と呼ばれる前者の部分は禁止的 prohibitoria であって凡ての人々を受命者とし、懲罰的ないし刑罰的と名づけられる部分は強制的 mandatoria であって、公的な主権代行者のみを受命者とする〔傍点筆者〕」(*De Cive.*, Cap. 14, art. 7.)。

上記引用文中、「配分的と呼ばれる……部分は禁止的」であるとホッブズが述べている箇所は、配分法を「私法」と同一視するのは不当ではあるまいかとの疑念を生ぜしめる。私法の中心を成すのは、私的自治の承認の下に私人間の合意によって創出される法なのであって、一方的な禁止をその内容とするものではないからである（Vgl. W.Burckhardt, *Methode und System des Rechts*, S. 155 ; *Einführung in die Rechtswissenschaft*, S. 139. なお参照、美濃部達吉『公法と私法』二一頁、三四―三五頁）。それはともあれ、ここで彼は、凡ての臣民に対し単に何が「貴方のもの」で何が「他人のもの」なのかを規定してその侵害を禁ずるだけでは法は実効性を持つことができないので、公的な主権代行者を受命者とする刑罰的部分をも法は不可欠のものとして持たねばならぬ、と説いている。そしてここから彼は、「……すべての国家法には、明示的にせよ黙示的にせよ、刑罰が結びつく。刑罰が文書によっても先例によっても定まっていないときは、刑罰は恣意的と解される。即ち、立法者つまり最高の命令者の意志次第と解されるからである。というのは、それを破っても刑罰を受けることのないような法は無益だからである」（*De Cive*, Cap. 14, art. 8.）と帰結する（参照、本書一四九頁）。

続けて彼の説くところは、配分法とは何かを考える上で極めて重要と見られる。「ところで、国家法に基づいて、あるいは各人が彼に固有であって他人のもの alienum から区別される彼の権利 jus suum を持つことになり、あるいは他人のもの aliena〔another's right〕の侵害が禁止されることになるので『汝、法によって定められた敬意 honor を汝の両親に表明することを拒む勿れ』、『法が汝に対し殺すことを禁じた人間を殺す勿れ』、『法によって禁じられた性交 concubitus を避けよ』、『汝、持主の意に反して他人の物 res aliena を奪う勿れ』、『汝、偽証によって法と判決を無とする勿れ』といった掟は、国家法だということになる。自然法も同じことを命ずるが、その命令は黙示的である。というのは、自然法は……我々に契約 pacta を守ることを命じているので、我々が服従を約束するときは服従することを、そして国家法が何が他人のものなのかを定めたときは他人のものに手出ししないこと aliena abstinere を命じているからである。他方、凡《スベ》ての臣民は……政府が樹立されたその時点で、つまり国家法の侵犯が可能となる以前に、最高権力の持主の命令 mandatum ejus, qui habet summum potestatem、即ち、国家法に服従するのを約束している paciscor ということになる。というのは、自然法は、自然状態において既に義務づけしていた obligabat からである。この自然状態にあっては第一に、自然は凡てのもの omnia を凡ての人々に与えていたので、如何なるものも他人のものではなく nihil aliena erat〔nothing did properly belong to another.〕、したがって他人のものを侵害することは不可能であった。第二に、そこでは凡てのものが共有なので ubi omnia communia erant, quare 凡ての性交は合法であった。第三に、戦争状態だったので殺人は合法であった、第四に、凡てのものは各人自身の判断によって決せられたので、両親に表明する敬意もその例外ではなかった。最後に、そこでは公的判断が存在しなかったので、それが真であるにせよ偽であるにせよ、証言の必要がなかった〔傍点筆者〕」（*De Cive*, Cap. 14, art. 9.）。

右に引用した文章中でホッブズは、何が各人にとって「彼の権利 jus suum」なのかとか、何が「他人のもの aliena〔another's right〕」――この箇所は、彼にあっては「他人のもの」即「他人の権利」であることを示している。そこで「彼のもの suum」とホッブズがいうとき、「彼の権利」と同義で使用していると見て良いだろう。「他人のもの」や「彼のもの」は「他人」や「彼」に「固有のもの proprium」として、それを支配ないし要求する正当な資格を「他人」や「彼」が持つという意味で「他人の権利」であり「彼の権利」なのである――なのかは偏《ヒトエ》に国家の定めるところなので、「汝、法によって定められた敬意を両親に表明することを拒む勿れ」等の掟は凡て国家法であるということを強調し、自然法も同一事を命じているが、契約の遵守を命ずる自然法は、主権者の命令に服従することを約束した始源契約・国家設立契約をいわば媒介とすることによって、暗黙裡にこれらの事柄を命じている、と説いている。ここで注目されるのは、国家法によって規定された敬意を子供が両親に表しないのは両親の「権利 jus」、「他人のもの aliena」の侵害であり、国家法が殺害を禁止している人間を殺すのは被害者の jus, aliena の侵害であり、国家法に禁じられた性交を行なうのは他人の jus, aliena の侵害であり、持主の意に反して彼の物を奪うのは持主の jus, aliena の侵害であり、偽証によって法と判決を無にするのも他人の jus, aliena の侵害だとし、一般に国家法が何が aliena かを定めるとき、自然法は aliena に手出ししないことを命じている、と主張している点である。ここにいう権利、例えば生命権（殺害されない権利）についてホッブズが語り、加えてこの権利の侵害禁止を実効的たらしめるためには刑罰法が不可欠であると力説するとき、そのいう権利が現今の意味での私法上の権利を指すものでないことは明らかであろう。(2) とすると、配分法を以て「私法」と同一視するテニエスの見解には賛成できないということになる。

配分法は、広く、何が「彼のもの suum」——ここには所有物も含まれるがそれに限られず、範囲が遥かに広く、生命、自由、貞操、敬意（名誉）honor 等も含まれる——で何が「他人のもの」なのかを定めることによって「各人に彼のものを与えること suum cuique tribuere」を要求する配分的正義規範（参照、加藤新平『法哲学概論』四四四－四四五頁）を具体化する国家法なのではあるまいか、と推測される（cf. *Leviathan*, chap. 15, p. 202, chap. 30, p. 382; *Opera Latina* 3, p. 112.）。先にも引用したホッブズの言は、私のこうした推測を裏付けてくれるもののようである。「それによって各人に彼の権利が配分される部分が配分的である。即ち、我々が我々のものを使用し享受するのを他人が妨げることのないようにするために、また同様に、彼等が彼等のものを使用し享受することを我々が妨げることがないようにするため、何が我々にとって固有のものであり、何が他人にとって固有のものなのかを、そして、何を為し或いは為さないことが各人にとって許され乃至《ナイシ》許されないのかを、我々が知ることができるようにするために、凡てのものの規律を定める部分が配分的なのである *Distributiva* est, qua jus suum cuique distribuitur, hoc est, quae regulas omnium rerum constituit, quibus sciamus quid nobis, quid aliis proprium sit; ita ut nos nostris uti et frui alii non impediant, neque nos impediamus illos ne utantur et fruantur suis; et quid cuique licitum sit facere vel omittere, quid illicitum.」（*De Cive*, Cap. 14, art. 6.）。

ここに引用した文章中の「我々に固有のもの」とか「他人に固有のもの」といった言い回しは我々ないし他人の所有物のみを指しているかの如くにも読めるが、「何が我々に固有のものであって何が他人に固有のもの」なのかを定める「凡てのものについての規律」は、同時に、如何なる作為・不作為が、「各人にとって許され乃至許されない」のかについて定める「凡てのものについての規律」だと述べている箇所を勘案すると、ここにいう「もの」は有体物に限らず、広く国家法に保護されている利益を指すと見られる。このことは、前記引用文中でホッブズが、他人の生命とか両親が受けて然るべき敬意等をも「他人のもの」に含めている所からも窺い知ることができよう（cf. *De Cive*, Cap. 14, art. 9.）。

K・オリーヴェクローナは、「十七世紀の英語の用法にあっては、“propriety”という語はラテン語のsuumに対応している。ホッブズは『各人に彼のものを配分すること』という格言中のsuumを正しく“propriety”と訳している」と述べ、その例証を『リヴァイアサン』第十五章の一節に求めている。「『リヴァイアサン（オークショット版）』九四頁（第十五章）。ホッブズはいう、『正義についての大学における通常の定義は、正義とは各人に彼自身のものhis ownを与えようとする恒常的な意志である』（cf., Ulipen, *Digesta* 1, 1, 10 Pr. : Iustitia est constans et perpetua voluntas jus suum cuique tribuendi）。続けてホッブズはいう、『そしてそれ故、own即ちproprietyの無いところには不正は無い』と」（cf. K. Olivecrona, The Term 'Property' in John Locke's Two Treatises of Government, ***ARSP***, 1975, LX1/1, p. 113.）。即ち、オリーヴェクローナはここで、ホッブズがウルピアヌスの正義の定義中のsuumをhis ownと訳し、さらにこれをown, proprietyと言い換えている事実を指摘している。

もっとも、右に引いたオリーヴェクローナの論文の主眼は、ジョン・ロックがPropertyないしproprietyという語を、所有権あるいはその客体たる有体物を指示するのに用いる一方（e.g. cf. *Second Treatise of Government*, §138, §139, §140.）、およそ現代英語では考えられぬ、「生命、自由、財産Estate」の三者、それのみか「労働Labour」をも含めて包括的に指示する語として用いており（cf. J. Locke, *op. cit.* §87, §123, §27）、しかも、この語の下に「財産Goods」よりも「生命」の方を優先的に理解していたという事実（cf. J. Locke, *op. cit.*, §6.）は、ロックのいわゆるPropertyはグロティウスやプーフェンドルフのいうsuumに該当する語と見て始めて理解可能である、ということを論証するに在る（cf. K. Olivecrona, *op. cit.*, p. 113.）。十七世紀の自然法論者は、「各人」はそれぞれ「彼自身の領分sphere」を持っているとし、「この領分が所有者自身の観点から見られるとき彼のものsuumと呼ばれ、他人の観点から見られるとき他人のものもalienumと呼ばれた」とオリーヴェクローナは説く（cf. *op. cit.* p. 111.）。ちなみに、彼によると、グロティウスが「自然的suum」として挙げているのは、生命vita、肉体corpus、四肢membra、自由libertas、声価fama、名誉honorそして彼自身の行動actiones propriaeである（Vgl. K. Olivecrona, Das Meinige nach der Naturrechtslehre, ***ARSP***, LIX/2, S. 198f.）。

ホッブズのsuum（his own, propriety）概念もグロティウスのそれと大差のないことは、次に引用する彼の『国民論』の第十七章第十節が示している。私がホッブズのsuum概念に拘るのは、この概念が彼の配分法概念把握にとって大きな意味を持つと考えているためであるのは、言を俟たない。

「我々の救世主は、君主の臣民subditusと国家の市民civisに対し如何なる配分法をも、つまり、それによって市民が何が彼にとって固有の彼のものであり、何が他人のものなのかを知り弁別できるような規則regulas……quibus civis scire et diagnoscere possit, quid sit ***suum*** sibi proprium, quid ***alienum***〔rules whereby a subject may know and discern what is *his own*, what *another* man's〕を定められなかったし、又その物resが受領者、侵奪者あるいは所有者の物と法上看做されるためには如何なる方式、言語、状況下でその物が与えられ引渡され侵奪され所有されることを要するのかを定められなかった。このことから、個々の凡ての市民は……これらの規則も彼の国家つまり最高権力を持つ人間もしくは会議体から受け取らねばならぬ、と解さざるを得ない。ここから生ずる帰結は、次の通りである。『汝殺す勿れ』、『汝姦淫する勿れ』、『汝盗む勿れ』、『汝の父母を敬え』といった法によって、市民と臣民は、私のもの ***meum***、貴方のもの ***tuum***、彼のもの、他人のものに関する凡ての問題について彼等の君主に絶対的に服従すべきだということ以外の何事も命じられはしなかったということ、これである。なぜならば、『汝殺す勿れ』という掟によって凡ての殺人が禁止された訳ではないからである。というのは、『汝殺す勿れ』といった同一人物が『安息日に働作をなす者は殺さるべし』と言っているからである（出エジプト記35・2）。事情聴取を経ないままの殺人すら禁止されない。というのは、彼は、『各々その兄弟を殺し各々その伴侶を殺し各々その隣人を殺すべし』と言ったからである（出エジプト記32・27）。かくして略《ほぼ》三千人の民が殺された（出エジプト記28）。また、無実の人の殺害すら禁じられぬ。というのは、エフタは、『誰であれ……出来たりし者必ずエホバの所有となるべし。我之を燔祭と為してささげん』と誓い（士師記11・31）、神はこれを嘉納されたからである。それでは何が禁じられたのか。何びとも彼自身にとって殺す権利の無い者を殺してはならぬということ、即ち、何びともそれを為すことが彼のものでないならば殺してはならないということ、これのみである。Hoc tantum, ne quis occidat quemquam, quem occidere non sit ipsi jus, id est, nemo occidat, nisi id facere *suum* sit 〔only this: that no man kill another, who hath not *a right* to kill him; that is to say, that no man kill, unless it belongs to him to do so.〕。それ故、殺人そして従ってあらゆる人身傷害に関するキリストの法と、如何なる刑罰が科せられるべきかについてのキリストの法は、国家にのみ服従することを我々に命ずるに止まる。同様に、『汝姦淫する勿れ』という戒律で凡ての性交が禁止された訳ではなく、他人の妻 *aliena* 〔*another man's wife*〕と寝ることのみが禁じられたのであり、何びとが他人の妻なのかの判断は国家に属し、国家が定める規則によって決定されねばならぬ。この戒律は、それ故、国家制定法に従って交わされた信を全うすることを男女に命じているのである。同様に、『汝盗む勿れ』という戒律によっても、凡ての物の侵奪 omnis rei invasio もしくは窃盗が禁止されたのではなくて他人のもの aliena のそれのみが禁じられたにすぎない。それ故、国家が侵奪ないし窃盗を禁止しているものを侵奪もしくは窃盗しないことが臣民に命じられているに止まる。そして一般に、国家法に反して為されたことでないならば、如何なることでも殺人とか姦淫あるいは窃盗と呼ばれないのである。最後に、キリストが父母を敬うよう命じられたとき、如何なる礼法、どのような呼称、如何なる服従によって斯くするのかを定められなかったので、子供達は内面的には両親を自分達の王や主人に対する如く心を尽くして敬わねばならぬと解されるも、外的には〔他のものと同様〕各人に彼のものである敬意〔の表明の仕方〕を配分する国家 civitas, quae *suum cuique*（sicut et res alias）*honorem* assignabit の許可を超えない範囲内で敬わねばならぬものと解される。ところで、正義の本性は各人に彼のものが配分されるに在る natura justitiae in eo consistat, ut *suum* cuique tribuatur〔the nature of justice contains in this, that every man have his own given him〕のだから、何が正義で何が不正もしくは正義に反する罪なのかを決定することはキリスト教国にあっても、国家に存することは明白であり、そして、国家に属するものは国家の最高権力を持つ人々に属するというように考えなければならない〔傍点筆者〕（*De Cive*, Cap. 17, art. 10）。

以上は、長々と引用した文章からも看取できるように、ホッブズの配分法 lex distributiva にいわゆる distributiva は「各人に彼のもの」を要求する「正義の根源的形式」たる配分的正義 justitia distributiva（参照、加藤新平『法哲学概論』四四四－四四五頁、アリストテレス山本光雄訳『政治学』岩波文庫二二八－二二九頁 cf. Leviathan, chap. 15, p. 208 ; H. Kelsen, Aristotle's Doctrine of Justice, in : What is Justice, ? p. 128.）に由来し、配分法は有体物のみならず生命、貞操、名誉等をも含めて suum と alienum とを区別し、alienum の侵害を一方的に禁止する国家法なのである。ここで、オリーヴェクローナが、suum cuique は十七世紀の自然法論者によって「他人の観点より見られた」suum、「他人のもの alienum」の侵害を避けよという風に消極的に解釈されていた、と指摘しているのを附言しておくことはあながち無意味ではあるまい（Vgl. K. Olivecrona, Das Meinige nach der Naturrechtslehre, ***ARSP***, LIX/2, S. 197. なお参照、本書三三一―三四頁）。国家が他人のものと規定した有体物を強奪ないし窃取するのは勿論のこと、国家が alienum として定めた生命を剥奪したり、女と寝たり、敬意に欠ける行為をすることも、これまた配分法――suum cuique のいわば消極的表現たる alienum abstinere を要求する配分的正義の表現である配分法――に違反する行為なのである。そこで、ホッブズのいう配分法は、主として私益に係わるが故にその内容実現が原則として私人の自由意志に委ねられている「私法」よりは、「望むと否とを問わず、これを為せ」と言表することで人々を一方的に義務づける、H・L・A・ハートのいわゆる primary rules of obligation に該当すると見る方が、適当ではあるまいか、と考えられる（cf. H. L. A. Hart, *The Concept of Law*, p. 28）。

事実、ホッブズは、配分法、より正しくは法の配分的部分は「絶対的禁止」を命じている、と見ているようである。このことは、「配分的」と呼ばれている部分は「禁止的 prohibitoria」であると述べている、先に引用した箇所からも窺えるが（cf. *De Cive*, Cap. 14, art. 7.）、法――「端的に法であるところの法」＝配分法＝法の配分的部分――の侵犯それ自体が既に罪 peccatum, sin なのか、それとも、法を侵犯しても刑罰を甘受しさえすれば罪を犯したことにならぬのかを論じている箇所からも、同じ結論に達し得る。ホッブズはいう、上記二通りの法文解釈はどちらも可能であって、その何れが正しいかは主権者・立法者の意志に依存するが、法文にこうした疑義が存する以上、そこで禁止されている行為をしさえしなければ、何れにせよ罪を犯すことにはならないのだから、事後的に後者――法を侵犯しても刑罰を甘受しさえすれば罪を犯したことにならぬとする解釈――が立法者の意志に即して正しいということが判明したとしても、自己抑制が可能なのに法が禁じている疑いのある行為を敢えてするのは、法への侮辱であって自然法に反することになる、と（cf. *De Cive*, Cap. 14, art. 23.）。即ち、ホッブズは配分法の侵犯それ自体が罪だとしているのだから、配分法による禁止は絶対的と見ていることになる。

配分法とは、これを要するに、何が suum で何が alienum なのかを規定し、alienum の侵害を受命者の意志に拘わらず一方的に禁止する法、アリストテレスのいう配分的正義を具体化する国家法、ホッブズの眼よりすると優れて法なのである（参照、アリストテレス高田三郎訳『ニコマコス倫理学（上）』岩波文庫一七九――一八一頁）。キケロは正義原理を suum cuique, jedem das Seinige と定式化した、といわれる（Vgl. K. Olivecrona, Das Meinige nach Naturrechtslehre, *ARSP* LIX/2, S. 197.; A. Verdroß. *Abendländische Rechtsphilosophie* 2. Aufl., S. 281f.）[5]。ケルゼンは suum cuique を無内容で、「空虚な定式」にすぎないとし、この定式は「何が各人自身のものなのかという問いに答えていない」、この問に対する「答えは実定法によって与えられているものと想定されている」、と批判している（cf. H. Kelsen, *General Theory of Law and State*, p. 10.）。ホッブズは恰《アタカ》もケルゼンのこうした意見に同調するかの如く、先にも引用した箇所で、「……正義の本性は各人に彼のものが配分されるに在るのだから、何が正義で何が不正もしくは正義に反する罪なのかを決定することは、キリスト教国にあっても、国家に存することは明白であり、そして国家に属するものは国家の最高権力を持つ人ないし人々に属する、というように考えねばならぬ」（*De Cive*, Cap. 17, art. 10.）という。即ち、「国家の最高権力」たる立法権の持主、主権者の命令たる国家法・実定法が、「何が各人自身のものなのか」を定める、としている（cf. T. Hobbes, *A Dialogue of the Common Law*, *EW* 6, p. 29.）。この国家法・実定法こそが、配分法に他ならぬ。

次に引用するホッブズの文章も、彼の配分法概念についての私の捉え方を裏書してくれるだろう。「……すべての主権者は〔国民に〕正義が教えられるよう仕向けねばならぬ。正義の本質は彼のものであるところのもの what is his を何びとからも奪ってはならぬということに存するので、上のことは、主権的権威によって彼らのもの theirs であるところのものは何であれ、自分達の隣人から暴力もしくは詐欺によって奪ってはならぬということを人々に教えるよう仕向ける、というに等しい〔傍点筆者〕」（*Leviathan*, chap. 30, p. 382.）。ここにいう what is his とか things which……is theirs が彼ないし彼らの所有物のみを指しているのでないことは、上記引用文に続くの次の箇所が明確にこれを示している。「propriety として保持されているもの things held in propriety の中で、人間にとって最も大事なのは彼等自身の生命と四肢 his own life, & limbs、そして次に（大多数の人々にあっては）夫婦愛に関する事柄 those that concern conjugal affection、そしてそれらに次いで富と生活の手段 riches and means of living なのである。それ故、国民は、私的復讐によって互いに身体に暴力を加えぬこと、貞操を犯さぬこと、そして互いに財産の強奪や詐欺を行なわぬよう教育されねばならぬ〔傍点筆者〕」（*Leviathan*, chap. 30, pp. 382-383.）。

things held in propriety を水田洋教授は「所有権によって保持されるもの」と訳しておられるが（参照、『リヴァイアサン（二）』岩波文庫二八二頁）、先に注意を促しておいたように、ホッブズは propriety という言葉を suum, his own の意味で用いることがあるのだから（e.g. cf. *Leviathan*, chap. 15, p. 202; *Opera Latina* 3, p. 112.）、ここにいう propriety に関しては、「目的物を自己の欲するままに使用・収益・処分し得る物権」を意味する「所有権」よりは、「彼のもの」の方が訳として適当なのではあるまいか。生命、四肢、夫婦愛に関する事柄をも propriety に含めている（水田訳よりすると、これらも所有権の対象になるということになろう）、否、それどころか、「富と生活の手段」にも増してこれらは一層 propriety だと明言しているところから見ても、そういえるのでなかろうか。ここにも、ロックと同様、ホッブズにあっても propriety ないし Property という語の下に、グロティウスやプーフェンドルフのいわゆるsuumを理解していた、と見ることができる証左が見出せる（cf. K. Olivecrona, The Term 'Property' in Locke's Two Treatises of Government, *ARSP* LXI/1, p. 112. なお参照、本書三三一―三四頁）。

ホッブズは、国家法を次のように定義している。「国家法とは、国家が口頭、文書その他の適当な意志『表示』の記号で以て、それを使用することで善悪の区別を為すよう命じている、国民各人にとっての規則である *Lex civilis unicuique civi est regula qua civitas verbo vel scripto vel alio quocunque voluntatis signo idoneo, ad distinctionem boni et mali uti imperat.*」（*Leviathan*, Cap. 26. *Opera Latina* 3, p. 197.）。この定義は、ホッブズが国家法という言葉の下に何よりも配分法を考えていたこと、配分法こそ、彼にとって優れて法であったことを示す。ケルゼンやアルフ・ロスと異なり、ハートにとってprimany rulesこそが優れて法であるのと同様に（Vgl. H. Kelsen, Die Idee des Naturrechts, in: *Die Wiener rechtstheoretische Schule*, S. 273f.; A. Ross, *On Law and Justice*, p. 32; H. L. A. Hart, *The Concept of Law*, pp. 35-38.）。「それを使用することで善悪の区別を為すよう命じている、国民各人にとっての規則」とは、何が「彼にとって固有のもの」・「彼のもの」であり、何が「他人のもの」なのかを規定することで、「他人のもの」の尊重――それはいうまでもなく「善」である――を命ずると共に、「他人のもの」の侵害――これまたいうまでもなく「悪」である――を禁止する、「国民各人にとっての規則」と見られるからである（cf. *De Cive*, Cap. 6, art. 9.）。ホッブズが『法学綱要』の中で、配分法を「端的に法であるところの法laws, which are simply laws」と呼んだのは故なしとしない（cf. *Elements*, p. 187.）。

ホッブズにとっての真正な法が国家法の一部たる配分法に他ならないとすると、彼も法を「各人に彼のものを配分することsuum cuique tribuere」を要求する正義規範・自然法の具体化と見ていたことになる。その限りではジョン・ロックの法の見方と異なるところがない。ロックにあっては国民による立法権信託の目的は、何よりも、自然法・正義規範の主観的現象形態である彼等の自然権の保全preservation of their Propertyであり、自然法の成文化ないし其の具体化こそが立法府の任務とされているからである（cf. J. Locke, *op. cit.*, § 124, § 134, § 222. なお参照、本書三三―三四頁、三六―三七頁、四一―四二頁、五八―五九頁）。

同じく国家法を正義規範・自然法の明確化・具体化としながらも、「暴政と奴隷的屈従の、最も明敏にして透徹した擁護者」と非難されたホッブズ（Vgl. P. J. A. Feuerbach, *Anti-Hobbes*, S. XVIII.）と「近代自然権論者中、最も有名であり影響力ある人」と評価されたロック（cf. L. Strauss, *Natural Rights and History*, p. 165.）との差異は、ホッブズは、国家・主権者が何が「彼のもの」で何が「他人のもの」なのかを自由に定め得るとしたのに対し、ロックは何が「彼のもの」なのかは国家法を俟たず自然法・神意によって直接に定まっており、この自然法は国家状態にあってもなお有効であって、これに反する国家法は無効だと考えたことに由来する、と見られる（cf. J. Locke, op. cit. §6, § 135.）。ホッブズは「自然的 suum」を、その実、認めることなく、旧約聖書を援用することによって「彼のもの」は立法者が自由に定め得ると主張することで十七世紀自然論者の主流派の思考枠組、というよりも用語法を踏襲しつつ、ロックと全く異なった結論に到達したのである。同時代の自然法論者の用語を借用しつつ、これに彼等と異なった意味を付与することで彼等と異なった結論を導出するホッブズの手法は、彼の people 概念、jus, right 概念、liberty 概念にもその例が見受けられるが（参照、本書一三一頁、一五六―一五七頁、一六六頁、一七〇頁）、彼の配分法概念も、その一例なのではあるまいかという問題を提起することによって、この小論を閉じることにする。

（1）テニエスが、ホッブズの配分法を私法 ein bürgerliches Privatrecht と解したのは、Donellus の学説の影響によるのではないか、と思われる。「この定義〔Digesta 中で公法と対比して行なわれている私法の定義、個々人の利益保護を目的とするもの quod utilitatem singulorum spectat という私法の定義〕を、彼〔ドネルス〕は D 1, 1, 10 の一般的正義の定義、正義の本質は各人に彼の権利を配分するに在るとする正義の定義に結びつけて、ここから、彼は、私法にあって肝要なのは、私人と個々人に、その時々において彼らのもの〔彼らの権利〕であるところのものを配分する法 ius quod privatis et singulis quod suum est tribuit だ、と帰結したのである」（H. Coing, Zur Geschichte des Begriffs „Subjektives Recht", in: *Gesammelte Aufsätze zur Rechtsgeschichte, Rechtsphilosophie und Zivilrecht* 1947-1975 1. Bd., S. 252.）。

（2）ホッブズは刑罰 punishment, poena を、「人々の意志をより良く服従へと向かわしめるため、公権威によって法侵犯と判断された作為・不作為の主体に対し同一権威により加えられる害悪」と定義し（cf. *Leviathan*, chap. 28, p. 353.）、刑罰とそれに似かよっているものとを区別しているが、その中で罰金と損害賠償金 damages とを峻別しているのが注目される（cf. *op. cit.*, chap. 28, pp. 357-358 ; *A Dialogue*, *EW* 6, p. 37.）。殺害されない権利、生命の維持をその内容とする権利も私法上の具体的人格権の一つである Recht auf das Leben と解する余地が無いでもないが（人格権については参照、斉藤博『人格権法の研究』）、民事訴訟手続で不作為請求と損害賠償を訴求し得るに止まる限りで人格権は私権なのだから（Vgl. W. Burckhardt, Einführung in die Rechtswissenschaft 2. Aufl., S. 89.）、損害賠償と区別されるべき刑罰によってその実効性が担保される、殺害されない権利は私権でないだろう。「刑罰は、公法規範侵犯の必然的効果」だからである（Vgl. W. Burckhardt, Die Organisation der Rechtsgemeinschaft 2. Aufl., S. 279.）。

（3）ハートは、周知のように、第一次準則と異なって義務を課するのではない、「法という強制機構の枠組内で自由に法的権利と義務とを創出する便宜を提供する」第二次準則 secondary rules（cf. H. L. A. Hart, *The Concept of Law*, p. 48.）、いわば私的立法権と公的立法権とを付与する権能付与準則 power-conferring rules の重要性を強調し、「一般的に服従されている人によって発せられ、脅しによって支えられている一般的命令」というJ・オースティンの法概念を以てしては、この第二次準則は包摂不可能であるということを、オースティンに対する彼の批判の一つの要《かなめ》としている（cf. H. L. A. Hart, *op. cit.*, p. 27 et seq.）。ところでハートによると、「あらゆる種類の法の中で脅しによって支えられる命令に最も類似性を持っている」のは（cf. H. L. A. Hart, *op. cit.*, p. 21.）、「一定の行為を刑罰の下に禁止もしくは命令する刑事法 criminal statute」（H. L. A. Hart, *op. cit.*, p. 77）、

「一定の行為を刑罰の下に禁止もしくは命令する刑事法 criminal statute」(H. L. A. Hart, op. cit., p. 77)、「一定の行為を犯罪と宣言し、犯罪者が服すべき刑罰を明記する刑罰法 penal statute」だとされる(cf. H. L. A. Hart, *op. cit.*, p. 6 et seq.)。しかも、刑事法 criminal law の準則が「要求するところのものが『義務 duty』と呼ばれる」とハートは述べているのだから(cf. *op. cit.*, p. 27.)、刑罰法・刑事法は広く一般国民に対し一定の作為・不作為の義務を課しているものと、彼は見ていることになる。とすると、ハートの念頭にある刑罰法・刑事法は、一般国民に「義務」を課すという点では第一次準則の性格を持つということになる(cf. H. L. A. Hart, *op. cit.*, p. 28.)。ハートの criminal statute, penal statute, criminal law 概念をホッブズの Penal Law 概念と同一視できない所以である。本文で示したように、ホッブズの Penal Law の受命者は主権代行者に限られるが、ハートの criminal statute の受命者は、ホッブズの配分法のそれと等しく、一般国民だからである。ハートの念頭にある criminal statute は、ホッブズの配分法と Penal Law とが合体したものと見られる。他方、ホッブズのいう Penal Law は、ハートの概念を用いると、公的権能を付与する第二次準則と、その第二次準則の適用を確実ならしめるための第一次準則との複合体ということになりはしないだろうか。ハートはいう、大多数の法秩序は原則として私人による処罰と自力救済を禁止したが、「その代りに、義務づけする第一次準則を補うに〔第一次準則〕侵犯に対する刑罰 penalties を特定するか若しくは少なくとも制限づける〔第一次準則とは〕別種の第二次準則〔傍点筆者〕」を以てする、と(cf. *op. cit.*, p. 95.)。「刑罰を特定するか若しくは少なくとも制限づける……第二次準則」がホッブズの Penal Law の一部を成すことは疑いない。Penal Law, leges poenales は「法侵犯者に対し科せられるべき刑罰を制限する definire」、とはホッブズ自ら明言するところだからである(cf. *Leviathan, Opera Latina* 3, p. 207.)。だが他方、Penal Law は主権代行者を受命者として、これを義務づけるのだから(cf. T. Hobbes, *op. cit.*, p. 207.)、第一次準則をも併せ含むと見なければなるまい。

(4) suum cuique という定式がキケロのどの著書に見出せるのか、実は、はっきりしない。オリーヴェクローナは ***De republica*** 3, 9 の参照を求めているが(Vgl. K. Olivecrona, Das Meinige nach der Naturrechtslehre, ***ARSP*** vol. LIX/2, S. 197 Anm. 1)、Loeb Classic Library の ***De republica*** の第三巻中の該当文と思われる箇所は "esse enim hoc boni viri et justi, tribuere id cuique, quod sit quoque dignum" (For, they say, it is the duty of a good and just man to give every one that which is his due)、(***De republica*** III. XI. 19) である。フェアドロスは ***De finibus bonorum et malorum*** V 23, 25-26 の参照を求めているが(Vgl. A. Verdroß, ***Abendländische Rechtsphilosophie***, 2. Aufl., S. 281.)、これまた Loeb Classic Library による限り V 25-26

には該当箇所は見当らず、V 23の該当箇所と見られるのは次の一文である、"quae animi affectio suum cuique tribuens atque hanc quam dico societatem coniunctionis humanae munifice et aeque tuens iustitia dicitur..."（This sentiment, assigning each his own and maintaining with generosity and equity that human solidarity and alliance of which I speak, is termed Justice.）（Book V. xxiii 65.）

X 『リヴァイアサン』「序説」の中の 'Fiat' の訳について

筆者がこの小論で問題にしようとするのは、T・ホッブズ著、水田洋訳『リヴァイアサン』・岩波文庫一九九二年改訳、一九九四年第三一刷の「序説」の中の一文、というより、一語のみの翻訳である。水田教授の『リヴァイアサン』の全訳は後進を裨益するところ多大であって、現に私もその学恩に浴している一人である。教授のこの偉業は今後とも永く学界に貢献するものと信じている。水田訳を少しでもより良いものにすることを念じ、ここに細《ササヤ》かな一つの疑問を投じ、教授を始めとする博雅の士のご教示をうけたいというのが、本稿執筆の動機である。

水田教授は前掲訳本の「例言」で「翻訳にあたって使用した原典」は主として 'Leviathan……, By Thomas Hobbes of Malmesbury' London, printed for Andrew, 1651' であると明記されている。残念ながらこの刊本は手許にないので、'***The English Works of Thomas Hobbes of Malmesbury***, now first collected and edited by Sir William Molesworth, Bart. vol. III,'（以下、*E. W.* 3 と略記する）と、Penguin Classics の *Leviathan*, edited with an introduction by C. B. Macpherson（以下、マクファースン版と略記する）との二つを使用することにする。

次に引用するのは *E. W.* 3 の 'Introduction' 中の私がここで問題にしようとする一文である。

'……the *pacts* and *covenants*, by which the parts of this body politic were at first made, set together, and united, resemble that *fiat*, or the ***let us make man***, pronounced by God in the creation.'（X.）

念のため、マクファースン版中の、これに対応する箇所を掲げよう。

'……the *Pacts* and *Covenants*, by which the parts of this Body Politique were at first made, set together, and united, resemble that *Fiat*, or the *Let us make man*, pronounced by God in the Creation.' (p. 82.)

マクファースンによると、『リヴァイアサン』の初版には三種あって、その中の 'the *Head* edition' が 'authentic' なのに、一九世紀に刊行されたE. W. 3は「不幸にして」'the *Bear* edition' を底本として用いたとのことである。しかし、先に引用した一文に限っていえば、マクファースン版と*E. W.* 3との間に内容上の差異はなく、前者のスペリングが古風であるに止まる。

前掲英文の水田訳は左の如し。

「この政治体の諸部分を、はじめてつくり、あつめ、結合した協定*Pact*と信約*Covenants*は、創造において神が宣告したあの命令*Fiat*すなわち人間をつくろうということばに、類似している」（一巻三八頁）。

改訳前の水田訳は、次の通りである。「……この政治體Body Politiqueの諸部分をさいしょにつくりだし、あつめ、結合した、その約束Pactsおよび信約Covenantsは、創世のときに神が宣言したあの命令Fiat、すなわち人間をつくろうということばに、にている」（岩波文庫一九五四年第一刷、一九八四年第二五刷三八頁）。因みに、水田・田中（浩）訳の該当箇所を示しておこう。「……この政治体の各部分を最初に作り出し、集め、結合した、約束および信約は、創世のさいに、神が宣し給うた、人間をつくろうという、あの命令にたとえられる〔傍点筆者〕」（『ホッブズ　リヴァイアサン〈国家論〉』・河出書房・世界の大思想一九六六年、一一頁）。

私が問題にしたいのは、'that *fiat*'；'that *Fiat*' を「あの命令」と訳されている点である。『永井（道）・宗片（邦）訳　ホッブズ　リヴァイアサン』・中央公論社・世界の名著一九六四年の当該箇所の訳をみてみよう。

「……『協定《パクト》』と『契約《カブナント》』は、政治体の各部分をはじめてつくり、集め、そして結合したものであり、それは神がこの世を創るときに宣言した『人間をつくろう』という『命令』に似ている」(五四頁)。

次に、故和田小次郎教授が、その著『近代自然法学の発展』・有斐閣一九五二年中で引用されている『リヴァイアサン』「序説」の問題の箇所の、和田教授による訳文は、以下の通りである。

「……この政治的身体の諸部分を最初に作り出し、よせあつめ、結合せしめたところの約束と約定(pacts and covenants)は創造のときの神のあの命令、あるいは、いざ人間を創らん、というあの言葉に似ている〔傍点筆者〕」(四九頁)。

和田訳も、‘fiat’;‘Fiat’を「命令」とする点では、前二者と軌を一にしているが、岩波文庫版で、‘or’を「すなわち」と水田教授が訳されているのに対して、「あるいは」と和田教授が訳されているのは注目に値する。ここにいう‘or’が「すなわち」の意味だとしたならば、「あの命令」の具体的内容は「人間をつくろう」だということになる。とするならば、水田訳は水田・田中訳の「人間をつくろうという、あの命令」、永井訳の「『人間をつくろう』という『命令』」と何ら異なるところがないこととなろう。これに対し、和田訳のように、‘or’を「あるいは」と訳すならば、‘Fiat’と‘Let us make man’とは、神によって発せられた二つの別個の言葉ということになる。

それでは、神の「あの命令」の内容は一体なになのか。和田訳では不明というしかあるまい。だが他方、「命令」の内容を「人間をつくろう」と解する水田訳と永井訳に与することもできない。水田訳と永井訳では、命令の名宛人が不明だからである。絶対者である神が自分自身に命令をくだす。これは私にとって不可思議事でしかない。それに加えて、ホッブズによって、‘Let us make man’と同様、‘Fiat’の方も神の言葉として引用されているということに注意せねばならなぬ。

　そもそも、この箇所の‘fiat’;‘Fiat’を「命令」と解してよいものかどうかが問われねばなるまい。指示形容詞の‘that’が前置されているところから‘Fiat’は名詞と思われがちだが、‘or’で接続する、‘Let us make man’という文章に定冠詞の‘the’がつけられているところからみても、‘Fiat’を名詞と断定する所謂《イワレ》は全くない。確かに英語では、‘Fiat’が「命令」を意味する名詞として用いられることがあるのは、事実である。*Oxford English Dictionary*（以下、*O. E. D.* と略記）の第二版についてみると、Ibとして‘authoritative pronouncement, decree, command, order’の意味をあげ、その一例として、‘a 1750 …… Our hands, at length, the unchanging fiat bound’という一文を示している。また‘2. With reference to “fiat lux” (let there be light) Gen. i, 3. in the Vulgate: A command having for its object the creation, formation, or construction of something’の意味ありとし、その例文の一つとして、‘a 1631 …… So that we (except God say Another “Fiat”) shall haue noe more day’を引いている。

　しかしながら、「序説」にいう‘Fiat’が天地創造の命令だとしたなら、人間の創造は「創世記」における最重要の事件とはいえ、天地創造の一部を占めるに止まるのだから、天地創造の命令の内容を「人間をつくろう」に限定するのは、何といって無理があろう。‘fiat’が天地創造の命令の意味で使われるのは*O. E. D.* が示すように「‘fiat lux’（let it there be light）に関連して」のことなのである。

　ここで端的に私なりの見解を示しておこう。私は「序説」にいう‘fiat’ないし‘Fiat’は命令を意味する名詞ではなくて‘fiat lux’と‘fiat firmamentum’という文章の省略形と考える。これを立証するには『旧約聖書』「創世記」の第一章第三節、第六節、第二六節を引用する必要がある。これが引用にあたっては、東京・日本聖書協会版の『旧新約聖書』、『関根正雄訳　旧約聖書創世記』（岩波文庫）、‘King James Version *The Holy Bible*’;‘*Stuttgarter*

Erklärungsbibel'; '*La Bible de Jérusalem*'; *Vulgata* を用いるが、「創世記」の第一章の第三節、第六節、第二六節を、各節ごとに和英独仏羅のそれを夫々とりまとめて引用することにする。なお、傍点を付したり、イタリックにしたのは筆者であることを、予めお断わりしておく。

第三節。「神光《かみひかり》あれと言《いひ》いたまひければ光《ひかり》ありき」、「神が『光あれよ』と言われると、光が出来た」。

'And God said, *Let there be* light: and there was light.'

'Und Gott sprach; *Es werde* Licht! und es ward Licht.'

'Dieu dit:《*Que* la lumière *soit*》et la lumière fut.'

'Dixitque Deus: *fiat* lux et facta est lux.'

第六節。「神言《かみいひ》たまひけるは水《みづ》の中《なか》に穹蒼《おほぞら》ありて水《みづ》と水《みづ》とを分《わか》つべし」、「そこで神が『大水の間に一つの大空が出来て、大水と大水とを分けよ』と言われると、そのようになった」。

'And God said, *Let there be* firmament in the midst of the waters and let it divide the waters from waters.'

'Und Gott sprach; *Es werde* eine Feste zwischen den Wassern, die da scheide zwischen den Wassern.'

'Dieu dit:《*Qu'il y ait* un firmament au milieu des eaux et qu'il sépare les eaux d'avec les eaux》.'

'Dixit quoque Deus: *fiat* firmamentum in medio aquarum et dividat aquas ab aquis.'

第二六節。「神言給《かみいひたま》ひけるは我儕《われら》に像《かたど》り我儕《われら》の像《かたち》の如くに我儕《われら》人を造《つく》り之《これ》に海《うみ》の魚《うを》と天《そら》の鳥《とり》と家畜《かちく》と全地《ぜんち》と地《ち》に匍《は》ふ所《ところ》の諸《すべて》の昆蟲《はふもの》を治《おさめし》めんと」、「そこで神が言われた、『われわれは人をわれわれの像《かたち》の通りわれわれに似るように造ろう。彼らに海の魚と天《そら》の鳥と、家畜と、すべての地の獣と、すべての地の上に這うものとを支配させよう』

と」。

'And God said, *Let us make man* in our image, after our likeness: and let them have dominion over the fish of the sea, and over the fowl of the air, and over the cattle, and over all the earth, and over every creeping thing that creepeth upon the earth.'

'Und Gott sprach: *Lasset uns Menschen machen*, ein Bild, das uns gleich sei, die da herrschen über die Fische im Meer und über die Vögel unter dem Himmel und über das Vieh und über alle Tiere des Feldes und über alles Gewürm, das auf Erden kriecht.'

'Dieu dit:《*Faison l'homme* à notre image, comme notre ressemblance, et qu' ils dominent sur les poissons de la mer, les oiseaux du ciel, les bestiaux, toutes les bêtes sauvages et toutes les bestioles qui rampent sur la terre》.'

'et ait; *faciamus hominem* ad imaginem, et similitudinem nostram et praesit piscibus maris, et volatilibus caeli, et bestiis universaeque terrae omnique reptili quod movetur in terra.'

『リヴァイアサン』「序説」中の 'that *Fiat*, or the *Let us make man*' と、ここに引用した「創世記」第一章第三節、第六節とを読みくらべるならば、'Fiat' は「命令」ではなくて、'*Let there be* light'、'*Let there be* a firmament'、'*Es werde* Licht!'、'*Es werde* eine Feste'、《*Que* la lumière *soit*》《*Qu'il y ait* un firmament……》中の 'Let there be'、'Es werde'、'Que……soit'、'Qu'il y ait' に当たる *Vulgata* の 'fiat' すなわち fieri（fio の不定法、発生する、生まれる、存在する、を意味する動詞）の第三人称、単数、現在、接続法とみるのが適当ではなかろうか。もしそうだとすると、'that Fiat' は「彼の在《か》れ」と訳して然るべきだということになる。'or' の方も「すなわち」

ではなくて、通常の「あるいは」の意味と解される。

ホッブズは「序説」の中の、先に引用した箇所で、社会契約は天地創造の際に発せられた神の言葉「(光、穹《おほ》蒼《ぞら》)あれ」(第一章第三節と第六節)と「我儕《われら》人を造らん」(第一章第二六節)に類似しており、国家の設立は、社会契約の締結に参加する諸個人の自覚的な意志行為に基づくものだ、と言おうとしているのである。

以上が小論の冒頭で提起した問題についての私見であるが、水田教授が訳出に際し参照したと言われている、英語版『リヴァイアサン』の Walter Euchner による独訳(suhrkamp taschenbuch wissenschaft)と François Tricaud による仏訳を参照してみよう。

‘...... gleichen die *Verträge* und *Übereinkommen*, durch welche die Teile dieses politischen Körpers zuerst geschaffen, zusammengesetzt und vereint werden, jenem ›Fiat‹ oder ›Laßt uns Menschen machen‹, das Gott bei der Schöpfung aussprach.’ (S.5.)

私がアンダーラインをひいた箇所が、‘that *Fiat* or the *Let us make man*’ に当たる。ここでは、›Fiat‹は未訳のままである。しかしドイツ語の das Fiat は ‘Einwilligung, Genehmigung’ を意味する、すなわち、「承諾、許可」を意味するのであって「命令」を意味するものではない(Vgl. Heyse, *Fremdwörterbuch*; Brockhaus Wahrig, *Deutsches Wörterbuch* zweiter Bd.)。とはいえ、この独訳は ‘that *Fiat*’ を名詞ではないとする私見を直接支持するものでないことも、認めねばなるまい。仏訳をみてみよう。

‘...... les *pactes* et *conventions* par lesquels les parties de ce corps politique ont été à l'origine produites, assemblées et unifiées ressemblent au *Fiat* ou au *Faisons l'homme* que prononça Dieu lors de la création.’

仏訳も、‘that *Fiat*’ は名詞でないとする私見をサポートするものでないことは認めざるを得ないが、他方、le

fiat という名詞は「天地創造の意志の表明」、「熟慮に基づく人間の決断の表明」、「承諾」を意味し（cf. *Trésor de la Langue Française Dictionnaire de la langue du XIX*^{e} *et du XX*^{e} *siécle* tom. 8.）、命令の意味を持たないことに留意せねばならぬ。

そこで、この点を明確にするためには、ホッブズその人の手になるラテン語版『リヴァイアサン』（テキストとして Molesworth 編の *Thomæ Hobbes Malmesburiensis Opera Philosophica Quae Latine Scripsit Omnia* vol. III を用いる。以下、*Opera Latina* 3 と略記）の参照が不可欠と考える。先に引用した水田訳、永井訳、和田（小）訳の全文に対応する *Opera Latina* 3 の全文を次に引用する。

'…… pacta, quibus partes corporis hujus politici conglutinantur, imitantur divinum illud verbum *fiat sive faciamus hominem*, a Deo prolatum in principio cum crearet mundum.' (p. 2.)

ラテン語版は英語版を簡略化しているが、「序説」のこの部分に関して言うならば、その内容は殆ど異なるところがない。試みに訳してみよう。「この政治体の諸々の部分がそれによって結合される信約は、神が天地創造のとき初めに発せられた彼《カ》の神の言葉 divinum illud verbum、fiat sive faciamus hominem に似ている」。ラテン語の fiat に「命令」の意味がないのは言を俟たない。ここの fiat は「我儕《われら》人を造らん faciamus hominem」と共に「神の言葉 divinum verbum」としてホッブズが引用しているのだから、名詞ではなくて 'fiat lux' と 'fiat firmamentum' の省略形、fiat は fieri の第三人称、単数、現在、接続法であるから、「在れ」と訳すべきものとみる。

Jacob Peter Mayer をその訳者とする、レクラム文庫の『レヴィアタン』の独訳（これはラテン語版の独訳であるが、惜しいことに第一部と第二部、第三一章までの抄訳である）の当該箇所の全文を次に掲げよう。

'Die Verträge……, welche die Teile dieses Staatskörpers verbinden, sind jenem bei Erschaffung der Welt von Gott gebrauchten Machtworte gleich; *Es werde oder laßt uns Menschen machen.*' (S.6.)

この独訳では、'fiat' は 'Es werde' と訳されている。この 'Es werde' は Lutherbibel 中の 'Es werde Licht!'（「光あれ」）、'Es werde eine Feste'（「穹蒼《おほぞら》あ」れ）の省略形で「在れ」を意味することは明白である。私見は、ラテン語版『リヴァイアサン』と、その独訳によって裏書されたと思う。問題の箇所のみについての拙訳は以下の通りである。社会契約は「天地創造に際し神によって宣せられた、彼《カ》の『〔光、穹蒼《おほぞら》〕あれ』もしくは『我ら人を造らん』に似かよっている（……resemble that *Fiat*, or the *Let us make man*, pronounced by God in the Creation.）」（マクファースン版八二頁）。

前言を繰り返すことになるが、本稿による水田訳の問題点の指摘は、教授の優れた訳業を些かも貶《オトシ》めようとするものではない。『リヴァイアサン』の全訳は、私のような生来怠惰な者にとって着手すら思いもよらぬ難事業である。私の願うことは唯一つ、学界の共有財産といっても過言ではない水田訳を少しでも改善すること、これに尽きる。

〔付　記〕 本稿完成後、水田教授が訳出にあたり底本とされた『リヴァイアサン』の初版本が日本大学法学部図書館に所蔵されていたことを知って、早速参看したが、私が問題とした箇所に限っていうならば、マクファースン版と全く異ならないことを確認した旨、ご報告しておく。

〔後　記〕 本稿作業の資料蒐集に際しては、東北大学の森田寛二教授、東京会計法律学園専任講師の吉田隆氏の御助力を得た。このことを記し、両氏に深甚の謝意を表する。

［参考論文］

XI　抵抗権論についての若干の考察

――宮沢教授の抵抗権論の分析・検討――

はじめに

本稿の目的とするところは、副題の示す如く、宮沢俊義教授の抵抗権論を分析・検討し、併せてこれに対する筆者の若干の批判的見解を論述するにある。

教授の抵抗権論は、戦前からの研究の集大成であり、結城光太郎教授の評する如く、「最も深度の高い」ものということができる。抵抗権を論じようとする者にとっては、是非とも通過せねばならぬ門にこれを喩えることができよう。しかるに、教授の抵抗権論が発表されて今日に至るまで、これを正面から取り上げ、教授の抵抗権論との対決を通じて自己の見解を展開した論文は、筆者の知る限り、まだ現れていない。結城教授の力作「抵抗権」にしても宮沢教授の抵抗権論批判を欠く憾みなしとしない。少なくとも文化科学についていうならば、優れた精神との対話は、問題を掘り下げる上で不可欠のものと思われる。
自己の浅学菲才をも省みず、敢えて、宮沢教授の抵抗権論に取り組み、その分析・検討を志した理由もまた実にここに存する。
尚、本文中に引用した宮沢教授並びにケルゼンの著作の略記号は次の通りである。

憲Ⅱ——『憲法Ⅱ』有斐閣法律学全集4　一九五九年
RRL II——*Reine Rechtslehre*, 2 Aufl., 1960.

一

抵抗権に関しては、最近も、結城教授が論じられている（「抵抗権」『日本国憲法体系Ⅷ』）。結城教授、そしてまた、田畑忍、佐伯千仭、黒田了一等の諸教授が考えておられる抵抗権（参照、『討論日本国憲法』一一五頁、但し、田畑教授の抵抗権概念はこの討論に参加された他の諸教授のそれともまた異なるように思われる）と宮沢教授が問題とされた抵抗権との間には若干のずれがあるように見受けられる。

そこで、宮沢教授は、「抵抗権」論の標題の下に、どのような事柄を論じようとされたのかを先ず検討する必要がある。その際、手懸りとなるのは、教授による抵抗権の定義である。教授は、抵抗権を、「合法的に成立している法律上の義務を、それ以外の何らかの義務を根拠として否認することを正当とする主張」（憲Ⅱ一三七頁）と定義される。それでは、この意味での抵抗権の存在が承認されうるためには、どのような事柄が認められねばならぬかを考えてみよう。「法律上の義務」以外の何等かの義務なるものが、実定法に上位する規範によって課されたものであることが、このような「主張」、「抵抗権」を肯定する上での不可欠事である。義務は、それを課する客観的規範の存在を前提とする。「合法的に成立した法律上の義務」も、それを課する法律、そして更には、その法律の妥当性を根拠づける憲法の存在を前提とする。したがって、「法律上の義務」を成立せしめる根拠は憲法に求められることになる。国権の最高の表現たる憲法に由来する「法律上の義務」に優先して履行されるべき「何らかの義務」があるとすれば、その義務がそこに由来するところの客観的規範は、憲法に更に上位するものでなければならぬ。その規範と憲法との関係は、形式的意味の憲法と法律とのそれに等しく、「法律上の義務」を究極的に根拠づけているのは、実は、憲法ではなくてその規範なのだ、ということが認められるならば、「抵抗権」の存在もまた認められねばならぬ。「法律上の義務以外の何らかの義務」の履行を妨げている「合法的に成立している法律上の義務」なるものは、外見的に「法律上の義務」であるにすぎず、その実は、憲法に上位する規範に根拠を持ちえないものだから、権力者の恣意的命令に他ならず、人々を拘束する資格を持たぬ故、これを「否認することを正当とする主張」、「抵抗権」もまた肯定されることになる。

このようにみてくると、宮沢教授の「抵抗権」論は、憲法に上位する規範の存在、そして憲法は国権の最高の現れだから、すべての国々の国権に上位し、国権行使を究極的に正当化する規範の存在を問題とされているのだ、ということが分かる。いわゆる自然法の存否の問題である。「事物の自然」、より狭くは「人間性」に由来するが故に普遍妥当性を有し、実定法はそれと矛盾することによって効力を失うものと考えられている自然法が果たして存在するかどうか、存在するとしても、その具体的内容如何、というのが教授の提起された問題だと思われる。

もっとも、教授は、自然法の存否そのものについては殆ど論じられていない。専ら、自然法の具体的内容は何かとか、何びとが個々の場合にそれと実定法との矛盾の存在を認定するのか、といった事柄を問題とされている。そして結論的には、「実定法に優越するとされる自然法とは何か、それはどんな内容をもつものか、『人間による人間の圧制』が存することを具体的な場合にだれが認定するのか、というような点について客観的に明白な基準を見出すことは、ついに断念しなくてはならないもののようである」(憲Ⅱ一七二頁)と「抵抗権」の存在、同時にこの権利を付与する自然法の存在を否定されるものの如くである。或は、自然法の存在の否定というよりも、不可知論的に存否については断定できないが、仮に存在するとしても、その具体的内容であるとか、それに由来する「抵抗権」行使を許容する事態の存否の認定者を明らかにそれと指示することは不可能と考えておられる、とみる方がより正確だろうか。ともあれ、結論を急がずに、教授の自然法に対する考え方、そしてそれに基づく「抵抗権」についての考え方をもっと綿密にみてゆくことにしよう。

教授は、ラートブルッフを引用されて、彼のいう「『自然法』ないし『理性法』の内容は、歴史的に成長してきた具体的な近代社会の『人間性』というようなものから、いわば歴史的・理性的に引き出されたもので、それが経験的・歴史的に多くの近代人によって承認されるだろうことは明らかである。その意味で、それをもって抵抗権を発動すべきか否かを決定する場合の基準とすることは、実際上、便宜であることはたしかである。しかし、それでも、具体的な事件において、はたして実定法が自然法に反しているかどうかを、この基準だけで、客観的に明確に知ることができるかどうかは、疑わしい。たとえ、そういう基準が認められるとしても、結局のところ、この基準の解釈ないし適用の段階では、ある程度において、各個人の――必然的に多かれ少なかれ主観的な――良心にたよることは、何としても避けることができないようにおもわれる」(憲Ⅱ一六五頁)、「良心は、必然的に、個人的そして主観的な性格をもつ。その結果、多かれ少なかれ『良心』に依存せざるを得ない抵抗権の発動には、かならずしも当事者の善意にかかわりなく、非常な実際上の危険を伴う。すなわち一歩あやまると、抵抗権の名において、あらゆる実定法秩序違反が是認され、弁明される恐れがある」(憲Ⅱ一六六頁)、といわれる。今引用した箇所は、教授の自然法論や「抵抗権」問題についての基本的な考え方を最もよく表明しているように思われる。

第一に、教授は、ラートブルッフのいう法律を超える法 übergesetzliches Recht の内容は、近代社会の成立を背景として生まれた、時代制約性をもつイデオロギーであって、時代を超越しての普遍妥当性を持つとの証拠は別にない、と考えておられる。即ち、教授は、ラートブルッフの「法律を超える法」が近代人の多数者の法意識の内容だということは承認されるが、永久不変の普遍妥当の規範であるとの証明はなされていない、とみられる。したがって、語の真正の意味での自然法の存否の問題に関しては、判断を留保されているわけである。

第二に、仮にラートブルッフのいう法律を超える法が真正の自然法だとしても、その内容が余りにも抽象的・一般的に過ぎて、その適用段階において適用者の主観の介入を許さざるをえぬから、これを自然法と前提して「抵抗権」を根拠づけるのは、実際問題として、アナーキイを是認する結果になりかねない、という風に考えておられる。そこで、教授は、二重の意味で「抵抗権」論に対して懐疑的態度を採られていることになる。その一つには、自然法の存在それ自体について、もう一つには、その内容の一般性・抽象性に由来する適用段階での「抵抗権」濫用の危険性というものを顧慮されて。

だが、自然法の存否の問題と、その具体的内容の確認とか具体的状況への適用の問題とは原理的には分割可能である。その具体的内容の認識の困難性は、必ずしも、その存在の否定には連ならない。存在することは確実であるが、その内容を明確化するのは困難である、といったこともありうるからである。

ところで、教授をして抵抗権の存在を認めることを躊躇せしめているのは、「抵抗権」を基礎づける自然法の存否の問題よりも、むしろ、自然法として一部の人々が現に示している規範の内容の一般性・抽象性の方にあるように見受けられる。

この点について問題にするならば、例えば、フェアドロスが示したような一般原則（Vgl. A. Verdroß, *Abendländische Rechsphilosophie*, 1958, S. 201f.）ですら、これを判断の基準として用いることによって、国権に対する抵抗行為の正当性を明白に肯定できる場合が存しうるものと考えられる。即ち、フェアドロスの五原則 fünf allgemeine Forderungen[1] が仮に真正の自然法だとした場合、これを判断の基礎として採用するならば、それに対する抵抗が各人の権利であると共に義務であると認められるような国権行使が存しうること、そしてしかも、それが何びとの目にも明らかといった場合がありうると考えられる（cf. A. J. Ayer, *Language, Truth, Logic* 2 ed., pp. 108-9.）。ナチスによるユダヤ人に対する迫害行為、特にその大虐殺行為などはその例である。ナチズムの信奉者や同情者であっても、価値判断の規準としてフェアドロスの五原則を使用するならば、ナチスのこのような権力行使に対する抵抗の正当性を容認せざるをえぬであろう。無抵抗の降服者を虐殺することがキリスト教道徳に反するものであるのを認めるのに、認定者自身がキリスト教徒であるのを要しないのと同じことである。

こうした場合がありうる、ということは、「抵抗権」を根拠づける自然法の内容の一般性・抽象性を理由として「抵抗権」の存在そのものをも否定し去るのは正しくない、ということを示す。法の下の平等、不合理な差別扱いの禁止という概念が不確定的だからといって、空虚な語に過ぎぬとして、この原則が立法者に対して持つ拘束性を否定されはしないだろう。また、教授が憲法改正の限界として示される国民主権の原理と基本的人権尊重の原理（『日本国憲法』七八八－九頁）、これらの原理の内容が漠然としているからといって、教授自身、限界論を撤回されることはないだろう。

「抵抗権」の存否の問題は、これを基礎づける自然法の内容の具体性欠如の問題とは別箇に考えることが可能だし、また考えねばならぬように思われる。教授の念頭に置かれている「抵抗権」の存在自体が先ず検討に付され——それはまさに自然法の存否の問題に他ならぬ——その存在が確認された後に、次の段階で、如何なる情況下での抵抗行為が、そして如何なる態様の抵抗行為が権利の行使とみなされてしかるべきかとか、また、公にこのことを認定する権威を持つのは何びとであるのか、といった事柄が考究されることになろう。

仮に真正の自然法の存在が肯定されるとするならば、特定情況下での国権行使に対する特定態様の抵抗行為が果して「抵抗権」の行使と認められるかどうかの認定権は、自然法をも含めての法の維持者たる裁判所がこれを持つことになろう（Vgl. E. v. Hippel, *Einführung in die Rechtstheorie*, S. 51.）。裁判所にこうした権限を認めるのは、裁判所を余りにも強大化することになりはせぬか、といった懸念もありうるが、違憲立法審査制が既にしてそのような危険性を持っているわけであり、もし自然法なるものが存在し、それと共に「抵抗権」というものも存在するとすれば、裁判所は違憲立法審査権を行使するが如く「抵抗権」発動を許容する事情の存否を認定するのだから、こうした懸念も、そしてまた、アナーキイの懸念も先ず無用であろう。フェアドロスの五原則と具体性の欠如においてさして見劣りのしない憲法規範が、現に裁判所によって適用されているところからみても、このことはいえよう。

以上の理由で、筆者は、フェアドロスの五原則のような具体的明確性を欠いた規範であっても、それが仮に真正の自然法だとしたならば、教授のいわれる意味での「抵抗権」を根拠づけ成立せしめうるものと考えるが、これに対しては、「抵抗権を実定法上の権利としてみとめるのは論理的矛盾である」（憲Ⅱ一七〇－一頁）とする教授の主張が壁として立ち塞がる。もともと、私がフェアドロスの五原則が真正の自然法だとすれば「抵抗権」を根拠づけうる、というとき、当然のこととして、「実定法上の権利」としての「抵抗権」を考えているからである。或は、より正確には、自然法上の権利であると同時に実定法上の権利でもある「抵抗権」を考えているからである。そこで、「抵抗権」は概念必然的に実定法上の権利たりえないとされる教授の主張（参照、憲Ⅱ一六〇頁）の当否を章を改めて考察してみることにする。

（1）　フェアドロスは、人格の尊厳は如何なる団体秩序にも優先する故、ここから次の五つの原則が生ずると説く。「一、如何なる団体秩序も人間が自由で自己責任を負える者として行動しうる領域を人間に容認せねばならぬ。二、団体秩序はかかる領域を保障し保護せねばならぬ。三、団体権威には限界が画されねばならぬ。四、この限界の遵守は〔外部から〕制禦可能なものでなければならない。五、団体に対する法成員の服従義務は絶対的なものではない。服従義務は人格の尊厳にその限界を見出す」（A. Verdroß, *Abendländische Rechtsphilosophie*, 1958, S. 241.）。

二

宮沢教授は、「抵抗権という言葉にそれが本来意味するところの、実定法を破る権利という意味を与えるかぎりそうした抵抗権を実定法上の『権利』としてみとめることは、論理的に矛盾である」（憲Ⅱ一七〇－一頁）と説かれる。

教授の抵抗権概念を前提としつつ、果たしてこの意味の「抵抗権」を実定法上の権利として認めることが論理的矛盾を犯すことになるかどうかを検討してみることにしよう。

この際、立論の便宜上、宮沢教授に倣って、自然法という語を、広く、「抵抗権」を基礎づける「実定法秩序以外の秩序」、とりわけ道徳を意味するものとして使用することにする（参照、憲Ⅱ一五〇頁）。

自然法と実定法とでは、同じく規範ではあっても、その性質が異なる、例えば両者の各人に対する「義務づけよう」が全く異なるというのであれば、教授の上の指摘は容認できよう。自然法と実定法とはそれぞれ独立の体系で、各々完結した規範体系としてその間に上下はない、どちらもいわば主権的秩序として並存している、とするならば、実定法が自己と別箇独立の体系たる自然法に由来する義務履行のための実定法上の義務不履行を正当として容認するということは、即ち、教授のいわゆる抵抗権を実定法上の権利として認めるということは、実定法にとっての独立性の放棄、自己否定を意味することになるから、これを矛盾といえばなるほど矛盾かも知れない。

しかし、これが「矛盾」といいうるのは、自然法と実定法とが別箇独立の規範体系として並存していると想定される限りにおいてのことである。もし、両者が同質の規範体系であって、しかも自然法の方が実定法に上位するのだとしたならば、つまり、両者は外見的な二元性にも拘《カカ》わらず、その実は、一体化して法秩序を形成しているのだとすれば、こうした場合にも尚《ナ》且《オ》つ「抵抗権」を「実定法上の『権利』としてみとめることは、論理的に矛盾である」と断言できるだろうか。

真正の自然法論者は、自然法と実定法とは上下関係に立ち、実定法の妥当性は自然法から引き出されると考える。この考え方の論理を徹底せしめるならば、妥当するのは自然法のみであって、実定法は自然法のいわば反射として妥当するにすぎない、法としての性格を持ちうるに止まる、ということになろう。自然法論は実定法と共に不可侵の自然法の存在をも認める二元論的法理論であるとするケルゼンも（Vgl. *RRL* II, S. 404.）、「実定法規範が自然法に適合する限りにおいてのみ妥当するとするならば、実定法規範にあって妥当しているところのものは自然法のみだ［ということになる］。これこそ、実定法と並んで、というよりも実定法の上位に自然法が妥当していると主張し、しかもその際、実定法の妥当根拠をこの自然法の中にみる自然法論の帰結なのである。即ち、こうした理論によれば、真実には、実定法そのものではなくして自然法のみが妥当するとみなされうることとなる」（*RRL* II, S. 359.）と述べている。

自然法論は、本質的には、一元論である。自然法のみが、自然法論者にとっては、法なのであって、実定法はこれと矛盾しない限度で法であり、人々に服従を要求できるものにすぎないのだから。とすれば、自然法論を採る限り「実定法を破る権利」という意味での「抵抗権」を「実定法上の権利」として認めるのは別に「矛盾」ではないことになる。上位に立つ自然法を侵犯する「主権者の命令」、実定法は妥当性を持つものでないから、これに対して抵抗するのは法義務履行を拒否したことにはならぬので正当であり、このことを予め実定法自身が確認的意味合いで「権利」として承認しておくことは、このような思考法にとっては別に論理的矛盾を犯すことにはならないだろう。「抵抗権」行使によって「破られる実定法」なるものは、真実には法ではないのだから、「社会的な勢力の持主の恣意的命令」（A. Verdroß, *Völkerrecht*, 4 Aufl., S. 21.）にすぎないのだから、これに対する抵抗が自然法によって正当視されるのはもとよりのこと、自然法の反射たる実定法によってもまた正当視されねばならぬ、即ち「権利」として認められねばならぬのは当然といえよう。

以上の理由で、真正の自然法というものが存在し、且《カ》つ実定法の妥当性はこれに由来するという立場、自然法論を採るならば、教授のいわれる抵抗権は実定法化可能と考えられる。したがって、「抵抗権」を実定法上の権利として認めるのは論理的矛盾とされる教授の主張は、自然法論とは全く異なった立場から生じたものとみなければなるまい。自然法と実定法とを別箇独立の規範体系として捉え、両者の間に上下関係は存しないとする立場に由来する主張とみなければならぬことになる。

両者間に上下関係は存在しない、実定法規範の妥当性は自然法（正義規範）に何等依存するものではない（Vgl.

H. Kelsen, *RRL* II, S. 360.)、「法が道徳の若干の要請を複写する、もしくは充たすということは、決して必然的な真理ではない」(H. L. A. Hart, *The Concept of Law*, p. 181.) とする考え方が法実証主義であるとするならば、宮沢教授は法実証主義に立脚された上で先に引いた主張をも含めて全議論を展開されているのだろうか。

しかし、そうとも断定できないもののようである。教授は「抵抗権は……『義務の衝突』の一つの場合である」とされ、「……抵抗権とは、実定法の定める義務と自然法の定める義務とがたがいに矛盾し、衝突し、『こちら立てればあちら立たず』という関係にあるときに、自然法を根拠として、実定法上の義務を拒否する権利をいう〔傍点筆者〕」(憲Ⅱ一四八頁、一五〇頁) といわれている。即ち、教授は自然法上の義務、道徳義務と実定法上の義務、法義務との間の矛盾・衝突は可能だとされている。このことは、教授がその立論の基礎に法実証主義を置いておられるのかどうかを疑わしくする。法実証主義は、自然法と実定法 (道徳と法) とを峻別するので、いささか比喩的な表現を用いるならば、その各々に由来する「義務」なるものは同一平面に位することなく、したがって両者間に「義務の衝突」は発生しえないと考えるからである。

にもかかわらず、教授が両者間の義務の衝突が可能とされているところをみると、教授は道徳と法との峻別を前提とされておられぬ、法実証主義を採っておられぬ、と考えてよいだろうか。

とすると一体、教授は自然法 (道徳) と実定法との関係をどのように捉えておられるのかが不明だということになる。自然法論ではもとよりないが、かといって法実証主義に拠られているかどうかも疑わしい。一方では自然法と実定法との峻別の上に立論されながら、他方では「義務の衝突」は可能とされているのだから、両者に由来する「義務」の等質性、両者の規範の同質性を前提される、つまり両者を峻別されないわけである。法実証主義者であると同時に自然法論者でもあろうとされるのか。嘗て、教授は、自然法論と法実証主義との二つの見解は

Entweder-Oder であって「超克しえぬもののようである」とされたが（参照、「法の義務づけよう」法学協会雑誌五十周年記念論文集五〇四―五一五頁）、第三の途を見出されたのであろうか。

三

これまでも、もし真正の自然法というものが存在し、これが実定法の妥当の根拠をなしていると考えることが許されるとすれば、その内容が具体的明確性を欠いていても、そこから自然法上の権利であると共に実定法上の権利でもある「抵抗権」を導出することが可能であるし、また、そのような「抵抗権」を認めることは、必ずしも、宮沢教授が恐れられているアナーキイをもたらすことにはならないだろう、ということを論じてきた。

この節では、教授のいわれる「客観的に妥当する自然法」（憲Ⅱ一六五頁）といったものが存在しうるかどうかを検討してみたい。

もし、その存在が肯定できないとなると、教授のいわれる抵抗権はその存立の基礎がないことになり、「抵抗権」そのものも否定されねばならぬことになる。真正の自然法の存否の問題について、ここで一挙に態度を決定するのは無謀の謗《ソシリ》を免れないが、この問題を回避したのでは、教授の「抵抗権」論の検討が中途半端になるので、敢えてこの問題を取り上げてみることにする。

既に触れた如く、教授が求められている「自然法」とは、真正の自然法であって、ラートブルッフやノイマン、更にはフェアドロスが示したような一時代の多数人の「共通の世界観」といったものではない。このことは、「それ［ノイマンが示した規範］をもってただちに客観的に妥当する自然法の内容とみることは、とうていできないにちがいない〔傍点筆者〕」（憲Ⅱ一六五頁）と断ぜられているところから明らかである。教授は、「客観的に妥当する自然法」のみが「抵抗権」を基礎づけうる、と考えておられる、或は、教授の論法よりするとそういうことになる。「客観的に妥当する」というのは、その適用を受ける人々がその存在を意識すると否とを問わず、また、適用を受ける各人の世界観の如何を問わず、義務づけする資格を持つ、というほどの意味であろう。恰《アタカ》も、自然法則が、その存在について無知な人々に対しても、また、個々人の意欲とか願望に関わりなしに自己を貫徹する如く。教授自身は、こうした社会規範が存しうるか否かについては直接論じられていない。しかし、この問題の検討こそ、実は、教授の「抵抗権」論の中心課題であらねばならぬはずである。

この問いに対する解答は、神の存在が認められるならば簡単である。被造物たる人間が創造主たる神の意志に従わねばならぬのは余りにも当然だから、神の意志行為の意味たる命令が客観的当為であること、「客観的に妥当する自然法」であることは肯定されねばならない。神が存在し、且つ、絶対者たる神が人間の行動に関して何等か要求するところがあるとすれば、神の存在に無知な人間に対しても、また強《シ》いて神を認めまいとする者に対しても、造物主としての神の命令は妥当する。即ち、神意は「客観的に妥当する自然法」としての資格を有するであろう。

神の存否の問題を離れて、「人間の本性」から自然法を直接引き出そうとする試みも、その実は、「人間の本性」の中に造物主たる神の意志の客観化をみ、神意から普遍妥当の社会規範を読みとろうとする試みに他ならない。「人間の本性」とか「人間性」といっても、「因果法則によって相互に結びつけられた諸事実の総体」、「存在－事実」ではなくて、あるべき状態として既に神の意志がそこに働いている存在、いわば seiendes Sollen だから、したがってそれ自体既に規範的なものだから、ここから客観的当為としての自然法の導出が可能となるのである。まさにケルゼンが指摘するように、「自然法の究極の根源は神の意志」であり、「自然法論は、意識すると否とを問わず、形而上学的－神学的基礎を持つ」のである（Vgl. Zum Begriff der Norm, *Festschrift für H. C. Nipperdey* I, S. 62, S. 60.）。

だが、神の問題は信仰の問題であって、認識の問題として「客観的に妥当する自然法」の存否を論ずる際には考慮の外に置かれるべき性質のものであろう。それでは、神の観念の助けを借りずに、真正の意味の自然法の存在を肯定することが果たして可能であろうか。この問題は、おそらくは、規範の本質論の角度からアプローチされねばならぬものと思われる。

ケルゼンは、規範と言明 Aussage とを峻別する。彼によれば、規範と言明との差異は、指示 Vorschreibung と記述 Beschreibung とのそれである（Vgl. Die Grundlage der Naturrechtslehre, *Österreichische Zeitschrift für öffentl. Recht*, XIII, S. 2.）。規範の意味は当為、とりわけ、「人々は一定の条件下では一定の仕方で振る舞うべきである」というにある。このような意味を人々は通例「指示」と呼んで、これを「記述」、つまり、或る物が存在しているとか、これこれの性質を持っているとか、「物・生物・人間が一定の条件下では実際に一定の仕方で振る舞う」といった意味の言明と区別している。規範は言明でないし、指示は記述ではない。この間の相違は明白である。「規範は意志行為の意味、他人の行態に向けられた意志行為の意味である。言明は思考行為の意味である。規範は他人の意志規定を目指すが、言明は他人の思考、知に働きかけ、他人に何物かを知らしめようとする。……したがって言明は真もしくは偽である。規範は真でもなければ偽でもなく、妥当するか否か〔だけで〕ある」（H. Kelsen, *a. a. O.*, S. 2.）。

ところで、事物より狭くは人間行態の有価値 wertvoll、反価値 wertwidrig は、規範との関係で決せられる。即ち、規範がかくあるべしと要請している行態が有価値なのであり、この要請に反する行態が反価値的である。したがって、この意味では、規範が価値を創るkonstituieren、といっていいだろう。ところで一方、価値を創出する規範とは、実は、人間の意志行為の意味にすぎず、「……語の本来的意味において、恣意的性格を持つ」(H. Kelsen, Zum Begriff der Norm, *Festschrift für H. C. Nipperdey* I, S. 59.) ものだから、その真偽が我々の意志と全く関わり合うところのない言明とは異なって、「……極めて多様で、且《カ》つ互いに衝突する諸価値が同時に妥当しうる。何となれば、価値の妥当性とは規範の妥当性であって、しかも、様々な人々に対し、様々な時代・場所において、様々な規範が妥当するからである。規範と言明、当為と存在、意欲Wollenと思考Denkenとの二元論は、主観的価値のみが存し、客観的価値、即ち、その妥当性が現実についての言明の真理性Wahrheitのように客観的であるような価値といったものは存在せぬ、という結論を不可避的にもたらす。ところで、価値がその本質上主観的だとすると、価値はまた相対的にすぎぬことになる、その意味がその価値を創出する規範であるような意欲に関し、そしてまた規範が妥当しその行態を規律する人間に関して相対的である。しかも、一つの価値を創出する規範の妥当性は、それと衝突する他の規範の妥当性を、したがって先の価値と衝突する他の価値をば、存在言明の客観的真理性がそれと矛盾する他の存在言明を排除するが如くに、排除するものではない」(H. Kelsen, Die Grundlage der Naturrechtslehre, *Österreichische Zeitschrift für öffentl. Recht*, Bd. XIII, S. 3.)。

　自然法論者は、人間の意志行為の意味ではないところの規範、その内容の正しさの故に直接的に、且つ人間の意志とは全く無関係に拘束力を持ち、現実についての言明の真理性と同様の客観性を有する価値を基礎づける規範が存在すると主張する。しかし、こうした主張は、「我々の論理的－合理的思考に課されている存在と当為、現実と価値、規範と言明、意欲と思考との二元論」の放棄以外の何物でもなく、「こうしたことが可能なのは、合理的－論理的思考の領域と共に経験の領域……をも逸脱して、そこにあっては、同時に思考でもあるような意欲、同時に存在でもあるような当為、同時に言明でもあるような規範、正義であると同時に真理でもある法といったものが可能であるところの、超越的－形而上学的領域に訴えるときだけである。それは、人間から神への、学問から神学への飛躍である」(H. Kelsen, a. a. O., S. 4.)。

以上、紹介してきたケルゼンの考え方は、少なくとも筆者にとっては、納得のゆくものである。筆者の理解できた範囲内で言い換えてみるならば、次のようになろう。

自然法論は、事物に内在し、それ故、認識の対象たりうる客観的価値の存在、及び、そうした価値を基礎づけるところの、人間意志の所産ではない普遍妥当の規範の存在を主張している。しかし、およそ価値は事物、より狭くは人間行態の属性といったものではなく、事物の外部にある規範との関連において産み出されるものだから、事物の属性とは異なって認識の対象とはなりえない。しかも、それによって事物の有価値・反価値が決せられるところの規範は、有限な人間の意欲の内容にすぎないのだから、何びともその正しさを容認せざるをえないといった規範、言明の真理性と同様の客観性を有する規範といったものは有りえない。このため、こうした規範への適合・不適合によって決せられる価値の方も必然的に主観的・相対的でしかありえず、ここから、価値の客観性、及びそれと表裏をなす普遍妥当の社会規範の存在を主張する自然法論は否定されねばならぬ。

このように考えるのが正しいとすると、「抵抗権」を基礎づけるものとして教授が探し求められた「客観的に妥当する自然法」は、自然法論者が自然法として呈示する規範の内容を一々検討するまでもなく、当初から存在しえないものだ、ということになる。如何なる内容の規範であれ、有限な人間の意欲の内容に止まるのだから、その妥当圏域も有限たらざるをえず、普遍妥当性・永久不変性を主張できるものではない。ラートブルッフの法律を超える法、ノイマンの四原則、フェアドロスの五原則にしても、教授の指摘される如く、近代人の多数者の法意識、意欲の内容以上のものではない。人権宣言の中味の一致は、それが近代人の法意識の内容だという証明にはなっても、真正の自然法の存在の証明にはならない。そもそも、人権宣言の根底にある「人間の尊厳」というテーゼそれ自体、真偽の証明の不可能な信仰告白の類い、言明と峻別されるべき規範であって、「その本質上主観的」なものではあるまいか。

四

真正の自然法の存在の否定は、宮沢教授が求められた「抵抗権」の否定を必然的にもたらす。合憲の国権行使に対する抵抗を法的な権利の行使とみることは、憲法に上位する法を考えることなしには不可能だから。しかし、真正の自然法の存在の否定は、結城教授等が念頭に置いていると思われる抵抗権の存在の否定に通ずるものではない。結城教授等は、抵抗権を明示的には定義していないが、この語の下に、「違憲に行使された公権力に対する抵抗」の権利を考えておられるとみてよいだろう。もっとも、違憲の国家行為それ自体は、外見的に国家行為たるに止まり、真実には、国家機関担当者の恣意的命令にすぎないのだから、それに対して受忍・服従を拒否することは、格別、抵抗権を持ち出すまでもなく正当視される。そこで、一般の人権とは区別され、「人権宣言の担保」的意味合いで抵抗権というものが考えられるべきだとすると、抵抗権とは、国家機関担当者による憲法的秩序（その中核を成すのが人権保障）の破壊を阻止するため、それ自体としては有効な国家行為への受忍・服従を拒否する権利、宮沢教授の表現を借りるならば、それ自体としては合法的に成立している法律上の義務の履行を拒否する権利、ということになるだろうか（参照『討論日本国憲法』一一九―一二〇頁、佐伯教授の発言）。そして、「権利」という語は多義的であるが、これまた、宮沢教授に倣って、「……するのを正当とする主張」の意に解し、抵抗権とは、憲法的秩序擁護のため、それ自体としては合法的に成立している実定法上の義務履行を拒否するを正当とする主張、と定義しよう。

ただ、「正当」とか「不当」というのは、価値判断の一種であるから、そして価値判断は規範への適合・不適合の判断であるから（Vgl. H. Kelsen, *RRL* II, S. 16ff.）、ここで「正当」という場合、何に照らしてかくいうのかも示されねばならぬ。真正の自然法の存在は既に否定しているので、この場合当初から問題になりえず、実定憲法規範のみが問題となりうる。即ち、ここで正当というのは、実定憲法を尺度として測ってみてのことである。

憲法が、如何なる目的のためにもせよ、合憲的に成立している法義務の不履行を自ら正当視するというのは自己矛盾ではないか、といった懸念も生じうるが、非常例外的場合を想定して、一般則に対する例外を法自らが設けることが自己矛盾でないように、憲法自身が、非常例外的場合の想定の下に、自己保存のため、それ自体としては有効な国家行為への受忍・服従の拒否を正当視する、ということは別に矛盾ではない。そして、刑法第三六条第一項を根拠として、正当防衛「権」について語りうるとすれば、そこにいう「権利」と同様の意味合いで、抵抗「権」について語ることが許されよう。

この意味の抵抗権と宮沢教授のいわれる「抵抗権」との間には、一見したよりも大きな開きがある。第一に、教授の「抵抗権」は、憲法的秩序に対する現実の侵害乃至侵害の危険の切迫を前提とせず、合憲的に成立している法義務の履行を拒否する権利である。教授が「抵抗権」問題の具体的な裁判事件として挙げておられるのが、国家機関の担い手による憲法的秩序に対する侵害の問題とは一往関係がないとみられる、「石井事件」であるのを以てしても、このことは知られる。

それに反して、結城教授等が念頭に置かれている抵抗権が、違憲の国権行使の存在を前提として、これを妨げる目的で以てなされる抵抗の権利であることは、結城教授が抵抗権問題の裁判事件として挙げられるのが「ポポロ事件」、「砂川事件」といった、国権行使の憲法適合性の問題が世上を賑わせた事件であることがこれを示す（参照、結城、上掲書、一三二頁以下）。

宮沢教授の「抵抗権」は、法秩序以外の秩序の要請に従って、法上の義務履行を拒否する権利、いわば法秩序以外の秩序の保持のため抵抗する権利であるのに対して、結城教授等が考えている抵抗権は、法秩序の中核たる憲法的秩序保持のため法上の義務履行を拒否する権利である。法上の義務履行の拒否という点では共通していても、拒否によって追求される目的を異にする。

第二に、宮沢教授の「抵抗権」の存否は、既に述べた如く、「客観的に妥当する自然法」、真正の自然法の存否とその運命を共にするのに対して、結城教授等のそれは、本来的には、真正の自然法の存否に関わりなく存在しうる性質のものである。前者は、その定義上超憲法的権利であるのに反し、後者は、その存立の基礎を憲法に持つので憲法上の「権利」であり、その有無は、専ら個々の実定憲法の内容如何に関わり、真正の自然法の存否の問題とは関係がない。

もとより、自然法思想が、憲法上の権利としての抵抗権の思想的淵源であることは否定できぬが、自然法論を肯定せねばこの種の抵抗権は認められぬ、といったものではない。価値相対主義と法実証主義とを併せ採る者にとっても、自然法思想に由来する人権を実定法上の権利として認めるのに何の障害も存せぬ如く、抵抗権思想が元来自然法論に発するという事実は、憲法が抵抗権を実定法上の権利に化せしめたり、また、そうした憲法の下での抵抗権の存在を確認する上で何ら妨げとはならぬ。「客観的に妥当する」と現に多くの人々によって信じられている規範の内容が、実定憲法中に取り入れられて実定法化されれば、それは法曹家が法的判断を下すに際しての最高の基準となる。その内容が実定化された規範それ自身が、果たして、真に普遍妥当のものであるか否かは、極言すればどうでもよいことである。問題は、実定憲法自身が、抵抗権思想を受容してこの「権利」を実定法化しているとみられるか否かだけである。

このように、同じく抵抗権というも、権利の内容・存立の基礎共に異なるのだから、宮沢教授のいわれる抵抗権の存在の否定は、結城教授等の抵抗権の存在の否定をもたらすものではないし、また逆に、結城教授等の抵抗権の存在の肯定は、宮沢教授の抵抗権の存在の肯定を結果するものではない。しかるに、和田英夫教授は、宮沢教授の抵抗権定義を踏襲しながら、「安保阻止闘争」に「『圧政への抵抗』の現代化」をみている（参照、和田英夫「緊急権と抵抗権」『現代法Ⅱ』一三五頁、一六六頁）。これは、明らかに、二つの抵抗権概念の差異を看過されたため、と思われる。

否、宮沢教授自身、この間の区別を充分意識されているかどうか疑わしい。教授は、「抵抗権」の実定法化・制度化の究極的不可能性を説かれつつ、「抵抗権に関する明文の規定を人権宣言に入れることは、どういう意味を有するだろうか」という問題を提起され、これに対して、「それによって抵抗権が少しでも実定法化・制度化されるわけではなく、そうした規定は、ひとつの宣言的性格を有する規定にすぎないと見るべきであろう。では、そうした宣言的な規定を設けることにどのような効用があるかといえば、それは、一方において、立法者や公務員に対して人権への侵害について極度に神経質であるようにとの警戒を与えると同時に、他方において、国民の心の中に人権はそのための戦いによってのみ終局的には守られることのできるものであるとの自覚を確立することに少なからず役立つであろう」（憲Ⅱ一六二―三頁）と述べておられるし、また、ヘッセン憲法の試みを無用且つ無意味と評して「抵抗権は、自然法でのみ有り得る」とするメルクルの発言や、ラウンの「許された抵抗は抵抗ではない」とする発言を多大の共感をもって引用されている（参照、憲Ⅱ一六二頁）。

ところが、周知の如く、ヘッセン憲法一四七条にいう抵抗権は「違憲に行使された公権力に対する抵抗」の権利なのであって、「実定法以外の秩序を根拠として、実定法上の義務を拒否する……」ことを本質とする宮沢教授の抵抗権（参照、憲Ⅱ一三九頁）、「何らかの実定法以外の秩序」擁護のための抵抗の権利とはその本質を異にする。「……憲法擁護のために、そしてそれと共に、憲法に碇着せしめられた基本権擁護のために、各人に、違憲に行使された公権力に対する抵抗の権利と同時に義務を認めた」（C. Heyland. *Das Widerstandsrecht des Volkes*, S. 83.）のがヘッセン憲法の抵抗権規定である。即ち、ヘッセン憲法は、実定法のいわば中核ともいうべき憲法的秩序擁護のための抵抗の権利を認めたのであって、実定法以外の秩序擁護のための抵抗の権利を意味する宮沢教授のいわゆる抵抗権を実定法化したものではない。

しかるに、教授は「抵抗権」を論ずるに際し、教授が定義されたはずの「抵抗権」の実定法化の例としてヘッセン憲法を引かれている。このことは、教授自身、抵抗権の二概念の相異を充分識別されていないことを証するものではなかろうか。

なるほど、教授の「抵抗権」の実定法化・制度化は不可能かも知れぬ。国家生活を一定方向に秩序づけようと意図する憲法自身が、自分の確立しようとする特定秩序とは別箇の秩序の要求に従ってなされる合憲の国権行使に対する抵抗を正当なものとして認めるといったことは自己否定に他ならないから。しかし、自己保存のため、憲法自らが非常的場合を想定して、それ自体としては合憲的な国家行為への受忍・服従の拒否を予め正当として認めておくということは、刑法が違法性の阻却される場合を予め定めておくのと同様、自己矛盾とはいえないだろう。即ち、宮沢教授のそれとは異なる、上の意味での抵抗権は、充分、実定法化・制度化可能と考えられる。

次に、それでは、どちらの抵抗権概念が採択されてしかるべきか、という問題が生ずる。語の定義は、少なくもこうした場合は、一種の約束なのだから、真偽はそもそも問題となりえないが、それでも定義の適・不適の問題は依然として残される。筆者は、次の理由で宮沢教授の抵抗権概念は採りえないと考える。

定義に際して考慮されるべき語の用例という点からみると、少なくともこの語が歴史的意味の憲法に登場してくる限りでは、憲法的秩序擁護のための抵抗の権利という意味においてである。ヘッセン憲法、ブレーメン憲法はもとよりのこと、フランスの人権宣言にしても、そこにいう「圧制への抵抗」とは、人権宣言を中核とする憲法を無視もしくは破壊するような国権への抵抗を意味するものと考えられる（cf. G. Burdeau, *Traité de Science Politique*, Tome III, p. 496.）。一定の世界観の客観的表現としての人権宣言とは関わりなく、圧制か否かの判断が全く個人の主観に委ねられ、それへの抵抗を「権利」として承認したものとは考えられない。例えば、この規定が王党派の反革命行為をも正当化しうるとみるのはナンセンスであろう。宮沢教授自身、抵抗権を「人権宣言の担保」として論じられているのだから、抵抗権がこれまで憲法（歴史的意味のそれ）保障のための一つの手段として考えられてきているという事実は暗黙裡に承認されているわけである。とすれば、抵抗権の問題を、歴史的意味の憲法擁護の問題から全く切断して、実定法秩序と各個人の「良心」の矛盾・衝突の問題として捉え（参照、憲Ⅱ一七二頁）、抵抗権を以て、「必然的に、個人的そして主観的な性格をもつ」各人の良心（実定法秩序以外の秩序の主観的発現形体）の命ずるところに従う権利というようにみることは、語の定義に際して考慮さるべき語の用例に反するもので、ここから教授の抵抗権定義は適当でないと判断する。

教授のそれとは別箇の抵抗権概念を採るならば、この意味の抵抗権の存否の問題は、専ら、法内容の問題である。

個々の実定憲法を離れて、論理的にその有無を決することはできない問題である。ヘッセン憲法やブレーメン憲法のように、明示的に国民「各人」にこれを認めておれば、抵抗権規定の適用不可能性が積極的に論証されぬ限り、そうした憲法の下での抵抗権の存在は肯定されねばならぬ。また、明示的に抵抗権を認めていない場合でも、憲法解釈を通じて、その憲法下での抵抗権の存在が肯定されるといったこともありうるであろう。

もとより、抵抗権が憲法上の権利として認められている場合でも、特定情況下での特定態様の抵抗行為が、果して、抵抗権の行使といえるかどうかは、裁判所が有権的に判断するわけで、このことは、例えば表現の自由権が実定法上の権利だからといって、あらゆる形式・内容の表現行為がそのまま権利の行使とみなされることにはならず、裁判所が憲法適用の問題として有権的にこの点についての判断をなすのと格別異なるところはない。

教授は、憲法調査会第一委員会において、「抵抗権」は「事柄の性質上、一往は制度化されましても、しかし最後に問題は残る。仮に裁判所にもっていって判断するということになりましても、裁判の結論に対して、どうしてもそれは承認できないという場合が出てこないとはいえない、元来そういう場合にこそ、本来の抵抗権がいわれるわけですから、抵抗権を完全に制度化するということはできないと思うのであります」（憲法調査会第一委員会第三十九回会議議事録一四頁）と発言されているが、「どうしてもそれは承認できないという場合」が出てくるのは、あながち、抵抗権に限ったことではなく、「実定法化・制度化」されているはずの自由権のすべてについていいうること、より広くは、憲法規定（例えば第九条）の適用一般についていえることなのだから、こうした理由で抵抗権は実定法上の権利たりえないといわれるのなら、同様の理由で自由権が実定法上の権利であることも否定されねばならぬであろう。

教授はまた、「どういう場合に抵抗権を発動できるのか、だれがそれを行使する資格があるのか、その内容はどんなものか、その行使が妥当かどうかをだれが判断するのか、その不当な行使については、どのような責任が伴うのか、……というような点を実定法的・制度的に明確に定めることは概念必然的に不可能である」（憲Ⅱ一六三頁）とまで断言されている。なるほど、将来起こりうる事態のすべてを予見して、予めこれについて明確に法的処理の仕方を定めておくといったことは、神ならぬ人間にとって不可能であろう。しかし、これは何も抵抗権に限ったことではないが、この点は別としても、如何なる場合に抵抗権の発動が許されるかとか、その行使の資格者であるとか、行使が妥当か否かについての認定機関であるとか、不当な行使についての責任といったものについての定めが、何故実定法の内容たりえないのか、何故、こうしたことを定めることが「概念必然的に不可能」なのか、筆者には理解できない。少なくとも、教授の抵抗権概念とは異なる、先に示した抵抗権概念を前提とする限り、このような事柄を実定憲法が予め定めておくことは可能である。実定法は、それが事実上の不可能事の命令でない限り、如何なることをも内容となしうる。抵抗権がどのような場合発動できるかは、不確定概念を用いざるをえないだろうが、これを規定しておくことは可能である。また、行使の資格者を特定すること、抵抗行為の態様を限定しておくこと、抵抗権行使の妥当性の有無の認定機関を定めること、不当な行使についての責任を定めること、これらの事項が実定法の内容たりうるのは明らかである。「概念必然的に不可能」とされる教授の主張は、教授の抵抗権概念を前提とする場合は、先述した理由の範囲内で、これを首肯しうるとしても、いずれにせよ別箇の抵抗権概念を採る場合にはこの主張は肯定できぬものといわねばなるまい。

　これを要するに、同じく抵抗権というも、教授の抵抗権概念と結城教授等が念頭に置いているとみられる抵抗権概念との間には相当なずれがあり、教授の「抵抗権」についていいうることが必ずしも別箇の抵抗権概念に関してもいいうるとは限らず、両者の差異は意識されねばならぬが、宮沢教授も両者を混同して立論されているのではあるまいか、という疑念を禁じえない。

五

宮沢教授の抵抗権定義には疑問があり、別箇の定義を採るならば、法実証主義を堅持しながら抵抗権を実定法上の権利として認めるのは可能であるということを前章まで論じてきたが、このような判断に対しては、教授は、自分とは「概念のたて方」を異にするだけだ、とつき放されるかも知れぬ。それでは、次に、教授のいわゆる「抵抗権」の問題の処理の仕方そのものを検討してみよう。

教授はいう、如何に立法者や裁判官、行政官が賢明になり、そして人権保障が技術的に完備し、その結果として「世界人権宣言が念願しているように『専制と圧制に対する最後の手段として反逆に訴える』必要がますます小さくなる」としても、「『義務の衝突』がまったく生じなくなり、それに応じて、抵抗権がなんら問題にならなくなるかといえば、少なくとも、われわれの見通しうる将来に関するかぎり、そうはいえないようにおもう〔傍点筆者〕」（憲Ⅱ一五八－一五九頁）と。

確かに、教授のいわれる「抵抗権」の問題は、およそ社会の存する限り消滅することはないだろう。後に明らかになるように、それは実は全体と部分もしくは個との対立の問題なのであって、すべての人々が同じような物の考え方をし、同じことを同時に欲するのでなければ消滅しえない「永遠の問題」だから。しかし、筆者が選び採った意味内容の抵抗権ならば、そして「専制と圧制」なるものが国権に服する個人の主観によって決まるのではなくて、国権が吾人にとっての客観的所与たる憲法（歴史的意味のそれ）に従って行使されるか否かによって決まるとするならば、筆者は、教授ほどペシミスティクな未来像を持ちえない。だが今はこのことを直接に問題にしようとしているのではない。引用した部分を通じて教授の「抵抗権」論を検討しようとしているのである。

教授は、筆者が傍点を付した部分から知られるように、「抵抗権」問題を義務の衝突として捉えられる。教授は「抵抗権は……『義務の衝突』のひとつの場合である」と断言され、特に「義務の衝突」という一節を設けられてこの角度からも「抵抗権」を論じておられる（憲Ⅱ一四八－一五〇頁）。即ち、「実定法上の義務（法律義務）」と「非法律義務」、「実定法以外の秩序にもとづく義務」との衝突こそ「抵抗権の問題」に他ならぬと考えられている。

だが、そもそも両者が「衝突」をきたしうる性質のものか否かが問題である。なるほど、法の命ずるところとは法以外の規範の命ずるところとが矛盾する、といったことはある。このような場合を捉えて「衝突」といえばいえるだろうが、こうした現象を目して「義務の衝突」と呼ぶことが果して適当かどうかが疑問である。

教授は、嘗て、法学協会五十周年記念論文集で発表された「法の義務づけよう」と題する論文の中で、「法が道徳と同じく人の良心において義務づける」とする考え方と、「法の義務づけようが全くamoralなもの」とする考え方とを対比され、どちらの考え方に従っても「法義務と道徳義務との間に矛盾・衝突はありえぬ」、「『義務』の衝突は生ずる余地がないことはいうをまたぬ」と論断された（前掲書、四九八頁、五〇二頁）。しかもこの論文の結尾において、「法は良心において義務づけるかという問いについてのalternativeは終局的なものであって、一応回避することはできてもこれを理論的に超克することはできぬ」（前掲書、五三一頁）とまでいわれている。したがって、この時点においては、法と道徳との関係について教授は、法を道徳化する見解と法と道徳とを完全に切断する見解との二つしかありえず、しかもどちらの見解を採ってみても法と道徳間の「義務」の衝突は不可能と考えておられた、とみてよいだろう。現在、教授が「抵抗権は……『義務の衝突』のひとつの場合である」とされるとき、往時の見解を棄てられた、とみてよいのだろうか。それとも、世間一般の用語法に従って「義務の衝突」という多分に比喩的な表現を用いられたに止まる、とみるべきだろうか。

先ず一往、前者と想定して、この問題についての私見を述べてみよう。筆者は往時の教授の結論と等しく、「理論的」には「法律義務」と「非法律義務」との間には、「『義務』の衝突は生ずる余地がない」と考える。ただこのテーゼの根拠づけの仕方を異にするだけである。

宮沢教授も、「法の義務づけよう」の中で共感をもって引用されているが（四八八頁）、ケルゼンは認識観点の統一という見地から、「……常に只一つの規範体系のみが妥当すると想定されねばならぬ」とし（Vgl. *Allgemeine Staatsleher*, S. 104.）、「規範衝突」、「義務衝突」の存在を否定していた。しかるに、最近、ケルゼンは、矛盾律は言明と峻別される規範に関しては適用不能という理由で規範衝突を肯定するに至っている（Vgl. Die Grundlage der Naturrechtslehre, *Österreichische Zeitschrift für öffentliches Recht*, Bd. XIII, S. 2f.）。

ケルゼンの改説にもかかわらず、この問題に関しては旧説を採りたい。なるほど、第三者的に社会現象をみるならば、そこには常に複数の規範体系がそれぞれ自己貫徹の要求を持って存在している。法はその中の一つの規範体系であるにすぎない。第三者的に、いわば法超越的にみる者にとっては、「規範衝突の存在は……疑われえない」（H. Kelsen. a. a. O., S. 2）事実であるが、法内在的にみる者にとっては、法そのものの見地からは、法に矛盾する内容の法以外の規範は妥当しない、つまり存在せぬことになるから、「規範衝突」とか「義務の衝突」といったものもありえぬことになる。法は、「その固有の内在的観点よりすると」排他的当為なのだから（Vgl. H. Kelsen, Die Idee des Naturrechts. *Aufsätze zur Ideologiekritik*, S. 84.）、法を価値判断の唯一の規準として選び採る限り、法とその内容が矛盾する何らかの他の規範の妥当性は否定されてしまい、両者の間に衝突の生ずる余地がなくなる。

ケルゼンが以前「規範衝突」を否定したのも、こうした理由による。このことは、例えば、「……法律家としては——即ち、法規範の認識をこととする場合には——、彼は道徳の見地を無視せねばならぬ〔傍点筆者〕」(H. Kelsen, *General Theory of Law and State*, p. 410. 尚、Vgl. *Allgemeine Staatslehre*, S. 104.) といっているところからも知れる。法律家、即ち、法内在的見地に立つことを要求され、また通常この見地に立っている者にとっては、その法的判断の唯一の規準は実定法だから、法と矛盾する道徳規範は存在しないかのように扱われ、その結果「規範衝突」は彼にとって現前しないことになる。このことは法規範についてのみあてはまるのではなく、道徳規範に内在する見地についてもいえる。この見地に立つときは、道徳規範に矛盾する内容の法規範は妥当せぬ、つまり存在しない、より正確には存在せぬかの如く扱われる。「如何なるモラリストも、彼が自己の見地から承認している〔道徳〕規範の妥当性〔の有無の問題〕に実定法の考慮を介入せしめるつもりはないだろう」(H. Kelsen, *General Theory of Law and State*, p. 410.)。

すべての規範体系は、その内在的観点よりすると、いずれも排他的当為であるから、それと矛盾する如き他の規範の妥当性を容認するはずはなく、したがって、規範内在的立場を採る限り、それと矛盾する内容の別体系の規範の存在を否定せざるをえない。それ故、法内在的立場に立つも、道徳内在的立場に立つも、法と道徳との衝突、「法義務」と道徳義務との間の衝突は現前しないことになる。ガラスが「法義務」と道徳義務とは果たして「法的に意味ある仕方で in rechtlich erheblicher Weise」衝突することが可能か否かを問い、これを否定しているのも、同様な考え方に由るものと思われる (Vgl. W. Gallas, Pflichtenkollision als Schuldausschließungsgrund, *Festschrift für E. Mezger*, S. 315-7.)。

以上の理由で、筆者は、「法義務と道徳義務との間に矛盾・衝突はありえぬ」とされた往時の教授の結論を支持する。

しかし、この結論に対しては、法受命者たる個人の心理についていうならば、疑うべからざる事実として「義務の衝突」が存在し、「内心の葛藤」として現れるのではないかといった反論も予想される。事実、教授が「義務の衝突」の具体例として示されているのは、アンティゴネや平重盛の悲劇である。そこで、多分に個人心理の分析の問題ではあるが、「理論的」な観点から離れて、「内心の葛藤」の問題としてこの問題を検討してみることにする。

法の命ずる行態と彼の道徳が命ずる行態とが逆方向である場合、両者の受命者において「義務の衝突」が発生し、その内心に「葛藤」が生ずるのは、一見すると当然であるかのように思われる。しかし、一個人において「法義務」と道徳義務とが矛盾した場合、常に必ずそこに義務の衝突が成立し、悲劇的な内心の葛藤を生ずることになるか、といえば、そうはいえないものと考えられる。義務とは、その通常の意味では、「法感情乃至《ナイシ》良心による心内からの慫慂《ショウヨウ》」（R. Laun, *Recht u. Sittlichkeit*, 2 Aufl., S. 11.）なのであって、各人の「倫理的意識に基礎を置く」もの、即ち「道徳義務」に他ならない（Vgl. J. Binder, *Rechtsphilosophie*, S. 356.）。義務という語をこのように限定して用いるならば、実定法はそれ自体としては「権力の一定の秩序（組織）」（H. Kelsen, ***RRL*** II, S. 221.）に過ぎないから、「権力を人々が『法』と名づけているからといって、権力からは決して義務は導出されえぬ……」（R. Laun, *a. a. O.*, S. 9.）、「……権力は決して義務を創出しえない、創出できるのは常に恐怖と強制のみだ」（*Widerstandsrecht u. Grenzen der Staatsgewalt*, herausgegeben von B. Pfister u. G. Hildmann, S. 158.）ということになる。

もっとも、個々の実定法規範を捉えてみれば、その内容如何によっては、受命者の承認を受けることによって、その受命者にとっての義務を創出することは可能である。即ち、受命者が実定法の内容の正しさを承認して、その法規範に服従することを自己の義務と考える、といったことはありうる。しかし、個々の内容を捨象しての実定法一般が義務、「当為の意識」をすべての受命者の側に生ぜしめることになるとは到底考えられない。全受命者の側に、内容の如何を問わず国家の命令に服すべきであるという意識、一種の倫理的意識を想定すれば別であるが、そうした想定はもとよりナンセンスだから、実定法一般が受命者を真の意味で義務づけることになるかどうかは、個々の受命者の倫理的意識の内容如何に関わる、ということになるだろう。受命者がアナーキストの場合は、大多数の「法義務」は単なる「恐怖と強制」、「必然 Müssen」としてしか受けとめられぬだろうし、受命者が国家に対し厚い忠誠心を抱いている場合には、実定法一般が彼に対して義務を創出することになるだろう。そして国家への忠誠心が厚い受命者にとってのみ、実定法の要求するところと彼に妥当する道徳規範の要求するところとが矛盾した場合、常に必ずそこに義務の衝突が生じ、内心の葛藤が悲劇的色彩を帯びるに過ぎない。

平重盛の、「忠たらんと欲すれば孝ならず、孝ならんと欲すれば忠ならず」という悲劇にしても、重盛の倫理的意識を媒介として始めて成立しえたものである。皇室に忠たるべし、という規範は、重盛にとっては、単なる実定法ではなくて、それ以上のもの、その内容の正しさを彼自身承認している規範であったからこそ、あの場合、彼に同時に妥当していた「親に孝たるべし」という道徳規範との間に衝突をきたし、義務の衝突を生ぜしめたのである。重盛の悲劇は、実は、彼において同時に妥当していた二つの道徳規範相互間の衝突、道徳義務間の衝突に由来するものであって、教授が考えられるような「法律義務」と「非法律義務」との衝突ではないと思われる。もし重盛にとって、皇室への忠誠の要求が単に実定法の命令たるに止まりそれ以上のものでないとしたならば、即ち、彼によってこの実定法の内容の正しさが承認されていなかったとしたならば、あの場合、たかだか、法皇の幽閉が平家一門にとってプラスかマイナスかの利害衡量の問題が生じたに止まり、悲劇にまで高まることはなかったであろう。「義務の衝突」と密接な関連を持つ問題として、ここで、「悪法も法」かどうかという問題に触れてみよう。この問題に対して端的に結論を示すと、「悪法も法」と考える。しかし、悪法も遵守されるべきであると主張するつもりは全くない。なるほど、伝統的には、この命題は、「悪法も遵守されるべきである」といった趣旨の当為命題として理解され、国家権力への盲従を要求するものとして受けとられてきているが、この命題にそのような意味を含ませねばならぬ必然性は別にないだろう。筆者がこの命題を肯定するのは、法実証主義的な法の定義を採る結果なのであって、その限りにおいてのことである。法と道徳との間に必然的連関性は存在しないという立場を採れば「悪法も法」というのは、いわばトートロジィであって、何びとも肯定せざるをえないはずのものである。法と道徳とは一体化して規範秩序を形成しており、しかもその際、道徳が上位にあるとする立場、自然法論を前提とした場合にのみ、正反対の結論、この命題の否定が許されるに止まる

ある当為命題が法か否かは、どのような条件を充たした場合に特定当為命題を法とみるかについての約束によって決まる。法の定義の中に道徳的要素を持ちこまない法実証主義を採る限り、或る種の道徳規範の眼からみて反価値的と評価されるような内容の規範であっても、法としての条件が備わる以上、その規範を法と判断せざるをえない。「悪法」も遵守されるべきかどうかは、これとは全く異なる問題である（cf. H. L. A. Hart, Positivism and the Separation of Law and Morals, *Harvard Law Review*, Vgl. 71. 尚参照、樋口陽一「憲法の政治学的考察について（三）」法学二九巻三号、三五一－三六頁）。

むしろ「悪法」は、これを悪と判断する個人の眼には、「これは法ではあるが、適用もしくは服従されるには余りにも邪悪に過ぎる」と映ずるであろう（cf. H. L. A. Hart, *The Concept of Law*, p. 203, A. Ross, *On Law and Justice*, p. 32.）。即ち、「悪法」は遵守すべきではないと彼は考えるだろう。ただ、これを適用もしくは遵守しないと、国家によって制裁を加えられる可能性が大きく、制裁の結果、妻子に対する義務が果せなくなるやも知れぬという危惧

感・顧慮が、彼に「内心の葛藤」を生ぜしめることになる。彼に関して国家に対する忠誠心を想定しなければ、この場合の彼の内心の葛藤は、妻子に対する義務と或る法を悪と判断せしめる彼に妥当している道徳規範に由来する義務との二つの道徳上の義務間の衝突に発する。

もし、「悪法も法」という命題に「悪法も遵守されるべきである」という意味を含ましめた上でこれを肯定し、しかも学問の名においてこのことを主張しようとするのであれば、何よりもまず、国家の命令はその内容の如何を問わず遵守されるべきである、といった趣旨の規範の普遍妥当性が証明されねばならないだろう。自然法の存否を問題にした際に、既に述べたことがこの場合にもあてはまる。即ち、国家の存在に神の意志の表現を認めるときにのみ、国家を「神のStiftung」とみるときにのみ、このような規範の普遍妥当性が証明可能であるにすぎない。神の存在を肯定せぬか、もしくはそれは信仰の問題であって学問の問題ではないという立場を採るならば、内容の如何を問わない実定法への服従を要求する規範の普遍妥当性の証明は到底不可能であって、かくして伝統的意味での「悪法も法」という主張は、認識をこととする学問の主張としては成立しえなくなる。悪法も遵守されるべきだということを実践的主張としてではなく、学問上の主張として唱える人々は、自らそれと意識しない一種の自然法論者である、と断じたならば過言であろうか。

もとより、宮沢教授が自然法論者だというつもりはない。教授は価値相対主義者であり、ケルゼニストである。おそらくは、日本で最も良くケルゼンの考え方を自己の血肉化された学者である。「悪法も法」と同義の「法律は法律」という主張に「実際的効用」を認められるに止まっておられるところからも、このことは知られる（参照、憲Ⅱ一六八頁）。

また、教授が、「抵抗権」の問題は「終局において、実定法秩序とこれによって義務づけられる各個人の『内の声』ないしは『良心』との矛盾・衝突である」とされ、「各個人が具体的な場合について、対決し、解決するよりしかたがないもののようである」といっておられるのも（憲Ⅱ一七二頁）、教授の自然法論者ならざる証左である。即ち、教授は、実定法と良心とが「衝突」した場合、良心の方に従うべきだとされていないが、価値相対主義に立つ以上、この結論は正当である。もし、学問の名において、良心の方に従うべきだと主張されるならば、これまた、一種の自然法論者と判断せざるをえなくなる。

仮にもし、「神の言葉に拘束された良心」、或いはより広く、「神の秩序に拘束された良心」（Vgl. *Widerstandsrecht u. Grenzen der Staatsgewalt*, S. 116.）といったものが在るとすれば、そうした良心とは、実は、真正の自然法の主観的発現形体に他ならないから、かかる良心によって反価値的と評価される法に由来する「義務」の履行は当然拒否されるべきだ、良心の方に従うべきだ、ということになるだろう。まさに、「良心の中に居るのは人間ではなくて神である。されば、良心の中に現れるのは個人の恣意ではなくて、客観的なもの、神の掟なのだ」（E. v. Hippel. *Einführung in die Rechtstheorie*, S. 52.）から。

しかし、神と共に真正の自然法を否定する立場を採るならば、良心と呼ばれるものは、その本体においては、個々人の意識に内面化し定着化したところの部分社会の規範にすぎず、如何なる社会規範も普遍妥当性を持つものではないのだから、その主観的発現形体としての「内の声」を実定法秩序に特に優越せしめる客観的根拠はないということになる。したがって、学問的には、良心に従うべきだと主張することはできない。

教授が、良心という語も括弧を付した上で使用され、「良心」は「必然的に、個人的そして主観的性格をもつ」（憲Ⅱ一六六頁）といわれているのは、教授が価値相対主義の立場に立たれていることを示すものであり、また、この立場に立つ以上、「義務の衝突」に逢着した人間は、「まったく個人的に、もっぱら彼みずからの全責任において、それに対する答えを決定しなくてはならない……」（憲Ⅱ一七二―一七三頁）というしかないし、またこの答えは論理的に一貫している（Vgl. G. Radbruch, *Rechtsphilosophie* 5. Aufl., 1956, S. 102.）。

ただ、教授が「抵抗権」の問題は、「実定法秩序とこれによって義務づけられる各個人の『内の声』ないしは『良心』との矛盾・衝突である（傍点筆者）」（憲Ⅱ一七二頁）といわれるとき、法と道徳との区別、自然法論の否定に教授が徹せられていないのではないか、という疑念が残る。「法律義務」というも、単に法によって命ぜられている、当為とされている、というのと同義であって、個人の倫理的意識に基づくところの、語の通常の意味での義務、道徳義務、「良心による心内からの慫慂」とは性質を異にし、両者間には本来「矛盾・衝突」がありえないのに、教授はこれを認めるかの如くにみえるからである。

ともあれ、上に引用した箇所からも知られるように、宮沢教授が「抵抗権」という標題の下で論じられたのは、憲法学上の問題というよりも、国家に対して忠たるべきか、それとも自己の良心の方により忠たるべきかという問題、自己の良心により忠たるべしとする主張（「抵抗権」論）が果たして正しいかどうかという問題である。そして良心の本体は、各個人の意識に内面化し定着化して、彼の善悪判断の無意識の規準となっている特定の社会規範なのだから（cf. A. Ross, *Towards a Realistic Jurisprudence*, p. 113-114.）、良心により忠たるべしとの主張、「抵抗権」論は、個人は、自己がその中へ深く組み込まれている特定社会に対し、国家に対するよりも更に大きな忠誠を捧げるべきだとする主張に他ならない。教授が「抵抗権」問題の具体的な裁判例として挙げられた「石井事件」をみても、このことは明かである。石井氏が、自己の所属するジャーナリズム社会により忠たろうとして、国の命令への服従を拒否した事件であるから。

教授が念頭に置かれた抵抗権の問題が以上のようなものだとすると、国家に忠たるべしとする主張も、個人が深く組み込まれている社会の方により忠たるべきだとする主張も、教授が暗黙に採っておられる価値相対主義よりすると、共に相手方に対して優越性を主張しえないはずだから、「抵抗権」の存在が認められぬのはもとよりのこと「抵抗権」論と正反対の内容の主張として捉えられる限りでの「法実証主義」もまた容認しえないことになる。その意味では、この問題に関して与えられた教授の解答は論理的に首尾一貫していると思われる。ただ、この場合も、法実証主義が本来的に国民に対して国権への盲目的服従を要求するものであるかのような誤解を惹起する虞のある論述の仕方が見受けられる（憲Ⅱ一六三頁）のは幾分気がかりである。

法実証主義というラベルの下に種々の主張内容が包括されてきているが（cf. H. L. A. Hart, *The Concept of Law*, p. 253.）、法と道徳との峻別がその主要なテーゼであることは何びともこれを認めるであろう。そして、法と道徳とを峻別する以上は、国家への忠誠の問題は法それ自身の問題ではなくて、道徳の問題だということもまた認められねばなるまい。

ビンダーの如く、終局的には「法秩序に対して存在している義務」といったものを肯定する、つまり、国家への忠誠を肯定する場合でも、「この義務は法秩序に由来したり、法秩序に基礎を持ったりするものではなくて、我々自身の超個人的且つ社会的被制約性の意識としての、そしてそこから生じてくるところの法秩序の倫理的必要性の意識としての、吾人の倫理的意識に根差すものである」ということ、即ち、国家への忠誠の問題は道徳の問題だということが意識されねばならない（Vgl. J. Binder, *Rechtsphilosophie*, S. 354.）。

法実証主義は、普通に解されている意味での「悪法も法」とか「法律は法律」といった思想と本来別箇のものであるし、また判然とこれらの思想から分別可能のものである。ハートが多大の共感をもって引用しているオースティンの言、「法の存在の問題と法の理非曲直の問題とは別物である」という主張こそ法実証主義の真髄ではないだろうか（cf. H.L.A. Hart, *The Concept of Law*, p. 203.)。もしこれが法実証主義だとすれば、それは、教授の考えておられる「抵抗権」思想と「法律は法律」的実証主義のいずれにも属さぬものであろう。第三の途というよりも、両者とは主張の次元を異にすることになる。

「抵抗権」論と「法律は法律」的実証主義とは、内容こそ正反対であるが、どちらも、人間を全人的に拘束しようとする意図でもって、「良心に忠実であれ」とか「国家に忠たれ」と主張している点で共通性がある。法と道徳とを峻別する立場よりみると、両者共、普遍妥当の行為規範として自己を主張している点で、道徳的な要求をしている点で、共通性を持つ。

法実証主義は、その前提よりして、人間を全人的に拘束しようとは意図しない。法的判断（この中には、法の存否の判断も当然含まれる）は、専ら、吾人にとっての客観的所与たる実定法によってなされるべきだ、ということを恰もメートル法によって物の長さが測られねばならぬという位の意味合いで主張するにすぎない。この主張は、法を遵守すべきであるという主張と決して同一ではない。後者と異なって、法適用客体である人間に対する何等の要求をも含まぬばかりか、法適用主体たる人間に対しても、法的判断を行なう限度内において、実定法という特定の尺度を用いることを要求するに止まる。

法実証主義がこうしたものだとすれば、「抵抗権」思想や「法律は法律」的実証主義と全く無縁のものであることはもはや明白であろう。このような法実証主義は、如何なる価値観とも結合可能である。価値相対主義に結びつかねばならぬという論理的必然性は特にない（参照、加藤新平「価値相対主義」『法解釈学および法哲学の諸問題』二七五頁、H.L.A. Hart, Positivism and the Separation of Law and Morals, *Harvard Law Review*, Vol. 71, p. 625 et seq.)。価値絶対主義者にして法実証主義を採り、法的判断に際して実定法のみを基準として用いるのは、アスケーゼを要することには違いなかろうが不可能事ではないだろう。不正な国権行使に対する抵抗の客観的正当性を肯定しつつも、同時にその行為を違法と評価することは十分可能である。

価値相対主義と共に法実証主義を受け入れた場合には、如何なる国権行使に対するものであれ、それに対する抵抗行為の客観的正当性の論証は当初から断念されることにはなるが、抵抗行為の客観的正当性の論証の不可能性の容認は、宮沢教授のそれとは別箇の概念の抵抗権の否定に通ずるものではなく、国家機関担当者による憲法的秩序の破壊を阻止するため、それ自体としては有効な国家行為への服従・受忍を拒否する権利という意味での抵抗権の存否は、専ら実定憲法の内容の問題として確かめられることになる。即ち、価値相対主義と法実証主義との両者の採択は、今述べた意味の抵抗権の否定を論理必然的にもたらすものではない。

もし、教授が、今述べた意味での抵抗権をも、専らアナーキィの懸念を理由として斥けられるとすれば、断章取義の嫌いはあるが、H・ヘラーと共に、「アナーキィの亡霊が不当にも呼び出されている」(*Vgl. Staatslehre, S. 227.*)ということができようか。もともと、アナーキィの懸念は抵抗権否定の理論的根拠とはなりえないはずである。秩序価値を最高至上のものとする一種の自然法論でも採らない限りは。

また、「実際的効用」という見地からすると、先に規定した意味での抵抗権の承認が果してアナーキィをもたらすことになるか、それとも「公権力に対する奴隷的盲従」の一般化を阻止して、法治国を存続せしめる一手段となりうるかは、一種の事実の予測の問題として軽々に断言できぬ性質のものであり、いずれにせよ、アナーキィの懸念を理由として抵抗権を否定し去るのは適当でないといわねばならぬ。

むすび

抵抗権の問題は、究極するところ、法と道徳との関係を如何に捉えるかの問題であるように思われる。その意味では、宮沢教授の、抵抗権の問題は「実定法を超えた問題――法哲学の問題――である」（憲Ⅱ一六三頁）とされる指摘は首肯できる。

本稿でも、法と道徳との関係について、一往筆者なりの見解を披瀝したが、法と対比される意味での道徳とは何かとか、良心とこの意味での道徳とはどのような関係に立つのかとか、また「良心において義務づける」とは正確には何を意味するのかといった事柄に関しては、もっと詳密に論議されるべき問題が多々残されている。

また、抵抗権の実定法化が可能だとしても、その行使を許容する事情とか行使の態様といった事柄についての「法律家」的考察が、本稿において、殆どなされていないのも、筆者の自覚するところである。

結局、本稿は、宮沢教授の抵抗権論に関して筆者がかねがね抱いていた疑問を呈示するに止まったもののようである。教授の論旨を誤解しているところがなければ幸いである。

初出一覧

Ⅰ　抵抗権論とロック、ホッブズ　日本大学・政経研究三六巻四号・平成一二年

Ⅱ　J・ロックの抵抗権概念　岡田与好・広中俊雄・樋口陽一編『社会科学と諸思想の展開（世良教授還暦記念下）』創文社・昭和五二年（『国権の限界問題』木鐸社・昭和五三年所収『国権』と略記）

Ⅲ　「自然状態において人間は自由かつ平等である」という命題について　日本大学法学部法学研究所・法学紀要三五巻・平成六年（『論争　憲法・法哲学』木鐸社・平成六年所収『論争』と略記）

Ⅳ　ジョン・ロックの広義のプロパティー概念について　日本大学法学部法学研究所・法学紀要四〇巻・平成一一年

Ⅴ　ホッブズの抵抗権？　『法学』四六巻二号・昭和五七年（『続・国権の限界問題』木鐸社・昭和六三年所収『続・国権』と略記）

Ⅵ　T・ホッブズの自然法論についての一考察　日本大学法学部研究所・法学紀要三六巻・平成七年

Ⅶ　単眼ホッブズ論　日本大学法学部法学研究所・法学紀要三八巻・平成九年

Ⅷ　L・シュトラウスのホッブズ解釈についての一つの疑義―社会契約論と死刑制度覚書―　日本大学・政経研究三五巻二号・平成一〇年

Ⅸ　トマス・ホッブズの法理論覚書―配分法と刑罰法―　中山政夫博士古稀記念論文集『政治をめぐる諸問題』・平成三年（『論争』所収）

Ⅹ　『リヴァイアサン』「序説」中の'Fiat'の訳について　日本大学大学院法学研究科・法学研究年報二八号・平成一一年

Ⅺ　抵抗権論についての若干の考察　新潟大学法経論集一七巻三・四合併号・昭和四二年（『国権』所収）

事 項 索 引

B

C

D

F

G

H

I — K

L — N

O — P

R

人名索引

但し　Ⅱ，Ⅲ，Ⅳにおけるロック，
Ⅴ，Ⅵ，Ⅶ，Ⅷ，におけるホッブズとマイヤ＝タッシュ，
Ⅸにおけるホッブズ，
Ⅺにおける宮沢俊義の名は一々挙げていないことをお断りしておく。

著者紹介

菅野 喜八郎 （かんの きはちろう）

1928年仙台生れ　東北大学名誉教授　法学博士

主 著 『国権の限界問題』（木鐸社，1978年），『続・国権の限界問題』（木鐸社，1988年），『論争　憲法・法哲学』（木鐸社，1994年）ほか。

抵抗権論とロック、ホッブズ

2001年９月30日　初版第１刷発行

著者　菅野喜八郎
発行者　今井貴＝村岡侖衛
発行所　信山社出版株式会社
〒113-0033　東京都文京区本郷６-２-９-102
TEL 03-3818-1019　FAX 03-3818-0344

印刷・松澤印刷　製本・渋谷文泉閣

ISBN4-7972-5224-3 C3032